Informatik-Fachberichte 203

Herausgeber: W. Brauer
im Auftrag der Gesellschaft für Informatik (GI)

Subreihe Künstliche Intelligenz

Mitherausgeber: C. Freksa
in Zusammenarbeit mit dem Fachausschuß 1.2
„Künstliche Intelligenz und Mustererkennung der GI"

Kai von Luck (Hrsg.)

Künstliche Intelligenz

7. Frühjahrsschule, KIFS-89
Günne, 11. – 19. März 1989

Proceedings

Springer-Verlag
Berlin Heidelberg New York
London Paris Tokyo

Herausgeber

Kai von Luck
Wissenschaftliches Zentrum der IBM Deutschland
Institut für Wissensbasierte Systeme
Wissens- und Sprachverarbeitung 3
Postfach 80 08 80, D–8000 Stuttgart 80

CR Subject Classification (1987): I.2

CIP-Titelaufnahme der Deutschen Bibliothek.
Künstliche Intelligenz: ... Frühjahrsschule; proceedings / KIFS ... – Berlin; Heidelberg;
New York; London; Paris; Tokyo: Springer.
   Teilw. mit d. Erscheinungsorten Berlin, Heidelberg, New York. –
   Teilw. mit d. Erscheinungsorten Berlin, Heidelberg, New York, Tokyo. –
   Bis 1985/86 ohne Kongressbenennung
NE: KIFS
7. 1989. Günne, 11. - 19. März 1989. – 1989
   (Informatik-Fachberichte; 203 : Subreihe künstliche Intelligenz)

   ISBN-13: 978-3-540-50878-6   e-ISBN-13: 978-3-642-74563-8
   DOI: 10.1007/978-3-642-74563-8

NE: GT

2145/3140 – 543210 – Gedruckt auf säurefreiem Papier

Vorwort

Der hier vorliegende Band stellt eine Aufbereitung von Unterrichtsmaterialien zur KIFS-89 dar. Die KIFS-89, die Künstliche-Intelligenz-Frühjahrs-Schule 1989, ist die siebte in der Reihe von Frühjahrsschulen über Künstliche Intelligenz, die seit 1982 stattfinden und von dem Fachausschuß 1.2 der Gesellschaft für Informatik (GI) veranstaltet werden. Aufgabe der KIFS ist es, sowohl Einführungen in repräsentative Teilbereiche der Künstlichen Intelligenz als auch tiefergehende Aufbaukurse in aktuellen Spezialgebieten anzubieten.

Diesem Anspruch wurde durch eine Aufteilung der Kursangebote versucht, Rechnung zu tragen. Durch einen ersten Veranstaltungsteil soll eine Bestimmung des Forschungsgegenstandes der Künstlichen Intelligenz vorgenommen werden. Dieser Teil soll den Rahmen bilden, der es ermöglicht, die folgenden Veranstaltungen und Aufsätze einzuordnen und somit als "Landkarte" dienen. Der Aufsatz von C. Habel in diesem Band dient diesem Zweck.

Ein Überblick über drei Grundgebiete der KI soll durch die folgenden Aufsätze von G. Görz über Verarbeitung natürlicher Sprache, von E. Lehmann über Wissensrepräsentation und von H. Stoyan über KI-Programmierung gegeben werden.

Die Aufsätze von H.-J. Eikmeyer über Prolog, von T. Christaller, R. Mantz und M. Scheer über LISP, von F. Puppe über Expertensysteme, von P. Levi über Robotik und Planung, von M. Pinkal über neuere Techniken der Verarbeitung natürlicher Sprache und von P. Struß über qualitatives Schließen sollen einzelne Bereiche der Forschung innerhalb der Künstlichen Intelligenz etwas tiefer beleuchten.[1] Sie sind (tendenziell) mehr für Interessierte gedacht, die schon einiges Vorwissen über die Künstliche Intelligenz besitzen.

Den Abschluß bilden vier Aufsätze, die aus den Nachbardisziplinen Philosophie (G. Link), Linguistik (S. Kanngießer), Psychologie (M. Wettler) und Neurobiologie (G. Palm) stammen. Sie sollen Querverbindungen zwischen den Forschungsaktivitäten innerhalb der Künstlichen Intelligenz und den jeweiligen anderen Fachdisziplinen aufzeigen, aber auch eine kritische Beleuchtung dieser Forschung anregen.

Allen an der KIFS-89 beteiligten Kollegen, die trotz ihres z.T. erheblichen Arbeitspensums in der Lage waren, für diesen Band einen Beitrag beizusteuern, sei an dieser Stelle mein Dank ausgesprochen. Aber auch den anderen Mitgliedern des Organisations- und Programmkomitees, Thomas Christaller, Christine Harms, Hans Haugeneder, Michael Laska und Herbert Stoyan, danke ich an dieser Stelle nochmals ausdrücklich für ihre Unterstützung, die sie der KIFS-89 und damit auch diesem hier vorliegenden Band gegeben haben. Bei Bernd Owsnicki-Klewe möchte ich mich ebenfalls für seinen Einsatz auch für diese KIFS bedanken.

Ebenfalls nicht unerwähnt bleiben soll der Dank an die folgenden Firmen und Institutionen, die durch Spenden und andere Unterstützung zu dem Gelingen der KIFS-89 beigetragen haben (Stand: 16. Januar 1989):

ACTIS GmbH, Digital Equipment GmbH, IBM Deutschland GmbH, Volkswagen AG

Stuttgart im Januar 1989, K. v. Luck

---

[1]Der Beitrag von B. Wielinga ist als B.J. Wielinga, B. Bredeweg, J.A. Breuker: *Knowledge Acquisition for Expert Systems* in: R.T. Nossum (ed.): *Advanced Topics in Artificial Intelligence*. Springer Lecture Notes in Computer Science 345 (Subseries AI) 1988, p. 96-124 erschienen.

Inhalt

Künstliche Intelligenz
Woher kommt sie, wo steht sie, wohin geht sie?

Christopher Habel

Universität Hamburg

Fachbereich Informatik

Obwohl die Künstliche Intelligenz (KI) mittlerweile eine feste Position innerhalb der Informatik einnimmt, ist sie m.E. die Teildisziplin der Informatik, die für viele Outsider - innerhalb und ausserhalb der Informatik - am meisten geheimnisumwittert ist, deren wissenschaftliche Respektabilität immer noch partiell umstritten ist und deren bisherige und zu erwartende Leistungen am schwersten einzuschätzen sind. "Outsider" bezieht sich hier insbesondere auf die in Abschnitt 2.1 dargestellten Nachbardisziplinen. Die externe Einschätzung der KI wird gerade durch deren Interdisziplinarität erschwert: vielen Kognitionswissenschaftlern erscheint die KI-Position als zu technisch und hierdurch unangemessen, während zahlreiche Informatiker den kognitiven Anteil als unpräzise und irrelevant erachten. Dass beide Einschätzungen dem Kern des Forschungsunternehmens "Künstliche Intelligenz" nicht gerecht werden, muss hier nicht weiter betont werden.

Im vorliegenden Aufsatz will ich einige Gründe für diese Einstellung zur KI beleuchten und dabei sowohl den Versuch einer - subjektiven - Standortbestimmung vornehmen als auch einige zukünftige Entwicklungsmöglichkeiten aufzeichnen.

Bevor ich in den folgenden Abschnitten ausführlich auf den Gegenstandsbereich und die Entwicklung der KI eingehen werde, möchte ich noch einmal kurz den Namen der Disziplin diskutieren. Ein Problem, dem man durch die Bezeichnung "Künstliche Intelligenz" immer ausgesetzt ist, besteht sicherlich darin, dass durch "künstlich" - im Zusammenhang mit "Intelligenz" - bei den meisten Hörern ausserhalb des Feldes KI weitgehend negative Konnotationen bzw. Emotionen hervorgerufen werden; häufig ergeben sich Assoziationen, die durch Schlagworte wie "künstliche Menschen", "Homunculi" oder "Ablösung des Menschen durch Siliziumintelligenz" gekennzeichnet sind. Obwohl es mittlerweile kaum mehr möglich sein dürfte, die Bezeichnung zu wechseln (entsprechende Versuche - wie "Intellektik" - wurden in den letzten Jahren häufig vergeblich unternommen), werde ich hier kurz eine alternative Benennung diskutieren; nicht als Umbenennungsvorschlag, sondern um eine Erläuterung dessen, was KI bedeuten kann, durchzuführen. Ich folge hierbei einem Vorschlag des amerikanischen Philosophen John Haugeland (1985; p 255), der für die Bezeichnung "synthetische Intelligenz" eintritt, und dies am Beispiel bzw. der Gegenüberstellung von natürlichen, synthetischen und künstlichen Diamanten erläutert. Der Kern des Vergleichs betrifft die Tatsache, dass synthetische Diamanten unter den gleichen Prinzipien erzeugt werden, wie sie den natürlichen Prozessen zugrundeliegen; diese Prinzipien betreffen insbesondere das gleiche Ausgangsmaterial (Graphit) und gleiche Prozessbedingungen, nämlich hohe Temperatur und hohen Druck. Im Gegensatz zu synthetischen Diamanten, die strukturgleich zu natürlichen sind, sind für Haugeland "künstliche Diamanten" simple, nur dem Augenschein nach erfolgreiche Nachbildungen echter, natürlicher Diamanten: "fake imitations".[1]

Diesen Gedankengang Haugelands aufgreifend will ich kurz auf die - in mancher Hinsicht zur Situation der KI analoge - Geschichte der organischen Chemie eingehen.[2] Der schwedische Chemiker Berzelius, der Anfang des 19. Jahrhunderts mit "Vorlesungen über Tierchemie" die organische Chemie begründete, verglich den Organismus mit einer chemischen Werkstatt. Er ging - wie seine Zeitgenossen - davon aus, dass gewisse chemische Verbindungen nur unter dem Einfluss der "Lebenskraft" erzeugbar und daher ausserhalb des Organismus nicht künstlich (d.h. synthetisch) herstellbar seien. Die epochale Leistung Wöhlers im Jahr 1828 bestand dann gerade darin, Harnstoff "ohne Nieren" zu synthetisieren, und somit nachzuweisen, dass - gewisse - organische Substanzen ausserhalb von Organismen "künstlich" herstellbar sind. Diese und weitere Entdeckungen des 19. und 20. Jahrhunderts führten dazu, dass heute davon ausgegangen wird, dass die gleichen chemischen Prinzipien für Prozesse in Organismen und ausserhalb von ihnen angenommen werden.

Entsprechend zur Annahme genereller Prinzipien der Chemie wird in der KI davon ausgegangen, dass allgemeine Prinzipien der Informationsverarbeitung existieren, denen sowohl Maschinen, also künstliche Systeme, als auch Menschen und Tiere, also natürliche Systeme, unterliegen. Diese Grundannahme, die nicht in einem strengen mathematischen Sinne beweisbar ist, wird auf Newell/Simon (1976) zurückgehend als "physical symbol system hypothesis" bezeichnet. (vgl. Abschnitt 1.). Im Sinne des Haugeland'schen Terminologievorschlages ist es als ein Ziel der KI anzusehen, synthetische Intelligenz - zumindestens in einigen Bereichen - zu erreichen.

Neben der bisher skizzierten Ausrichtung der KI, die als Forschungsziel Erkenntnisgewinn in Hinblick auf die kognitiven Fähigkeiten natürlicher Systeme aufweist, ist die "technische KI" zu nennen, deren Zielsetzung in der Konstruktion leistungsfähiger Systeme zur Lösung komplexer Probleme der Informationsverarbeitung besteht. Dieser Bereich, der ebenfalls in gewissem Umfang der Idee der "synthetischen Intelligenz" verpflichtet ist, beschäftigt sich z.B. mit der Entwicklung von praxisorientierten Systemen der Sprach- und Bildverarbeitung und von "Expertensystemen". Gegenwärtig nicht geklärt ist m.E., inwieweit bei der Konstruktion derartiger technischer Systeme die Analyse natürlicher Systeme berücksichtigt werden sollte. Wenn man natürliche Systeme als "evolutionär erprobt" ansieht, so leitet sich hieraus als eine Forschungsstrategie ab, entsprechende kognitive Fähigkeiten zu analysieren und hierauf aufbauend Anwendungssysteme zu entwickeln. Bei diesem Vorgehen sollten natürlich die Vorteile von künstlichen Systemen, insbesondere in Hinblick auf die Geschwindigkeit, Genauigkeit und Fehlerunanfälligkeit bei gewissen Prozessen,

---

[1] Dass simple Imitationen von Intelligenz (d.h. Verhalten, das Intelligenz nur vorgaukelt) zu erreichen, nicht das Ziel der KI sein kann, wird durch diesen Artikel hoffentlich deutlich werden.

[2] Vgl. hierzu etwa die Einleitung von Holleman/Richter (1961).

sowie auf die Speicherbarkeit grosser Datenmengen ausgenutzt werden.[3] Die hier skizzierte Vorgehensweise kann somit durch die "Formel"

> KI-Anwendungssysteme   =   synthetische Intelligenz
>   +   technische Verstärkung/Unterstützung

zusammengefasst werden.[4]

1. Versuch einer Standortbestimmung: Gegenstandsbereich und interdisziplinäre Stellung

Unter der Bezeichnung "Künstliche Intelligenz" werden seit Mitte der 50er Jahre theoretische Untersuchungen durchgeführt und Computersysteme entwickelt, deren Leistungen solche Fähigkeiten betreffen, bei denen man, falls Menschen (oder Tiere) die entsprechenden Aktionen ausführen würden, Intelligenz als Voraussetzung annehmen würde. Diese Beschreibung oder Charakterisierung dessen, was den Forschungsgegenstand der KI ausmacht, ist unter KI-Forschern weitgehend akzeptiert; sie stellt den wohl gelungensten Versuch einer "Definition des Gegenstandsbereichs" dar; gewissermassen handelt es sich um den "grössten gemeinsamen Nenner", auf den innerhalb der KI-Wissenschaftler-gemeinschaft eine Einigung möglich ist. Ein weiterer Vorteil dieser Charakterisierung liegt darin, dass durch die KI keine wissenschaftliche Klärung von "Intelligenz" versucht wird, sondern in diesem Punkt auf ein intuitives, informelles Vorverständnis zurückgegriffen wird. Ähnliche Definitionsschwierigkeiten liegen auch in der Psychologie, d.h. in bezug auf "natürliche Intelligenz" vor; Sternberg/Salter (1982) wählen die Charakterisierung "zielgerichtetes adaptives Verhalten" als gemeinsamen Kern für das "Handbook of Human Intelligence".

Intelligenzerfordende Leistungen, die von der KI untersucht werden, sind (u.a.): die Verarbeitung natürlicher Sprache, Sehen (hierbei insbesondere das Bildverstehen), Problemlösen (einschliesslich Spielen und Planen, hieraus ergibt sich die Anwendung in Expertensystemen) und Lernen. Zu beachten ist hierbei jedoch, dass die Beschäftigung mit intelligenzerfordenden Prozessen in künstlichen Systemen, zum Teil die Einordnung von Leistungen (in Bezug auf die Frage, ob sie Intelligenz voraussetzen) verändert. Den Prozessen des Rechnens wird innerhalb der KI - gerade deswegen, weil künstliche Systeme hierbei keine nennenswerten Schwierigkeiten haben - kaum Aufmerksamkeit gewidmet. Im Gegensatz hierzu weisen die Prozesse des Sehens und des Bewegens, aus Sicht der KI, zahlreiche Eigenschaften intelligenzerfordernder Prozesse auf, obwohl in naiver Sichtweise hierbei von Leistungen Gebrauch gemacht wird, die teilweise schon bei niederen Tieren vorhanden sind. Dies bedeutet, dass sich die Untersuchungsbereiche in Bezug auf menschliche, tierische und künstliche Intelligenz nicht vollständig überdecken.

---

[3] Als weiterer Vorteil von künstlichen Systemen ist die grössere Ausdauer bei der systematischen Bearbeitung komplexer Suchräume zu nennen.

[4] Diese Forschungsstrategie ist in der KI nicht allgemein akzeptiert. Die Berücksichtigung kognitiver Verfahren wird z.T. für unergiebig oder zu kompliziert gehalten. Die hier von mir vorgeschlagene Berücksichtigung von Erkenntnissen der Kognitionswissenschaft ist sicherlich nicht für alle Aufgabenstellungen (gleich) relevant.

Zusammenfassend ergibt sich hieraus, dass die KI als Forschungsgegenstand den "menschlichen Geist" aufweist, und somit in einer langen Tradition der Wissenschaften (vgl. auch Abschnitt 2) steht.[5] Diese Einordnung betrifft nicht nur die kognitionsorientierte, sondern auch die technische KI, da in diesem Bereich die Lösung komplexer, geistige Fähigkeiten voraussetzende Problemstellungen angegangen wird. Die Besonderheit der KI-Analysen des Geistes liegt in der Methode, die durch strikte Formalisierung einerseits und exemplarische "Realisierung" durch Systeme andererseits gekennzeichnet ist. Grundlage des Vorgehens ist die schon erwähnte "physical symbol system hypothesis"; sie kann - wie in Habel (1986, Kap. 1) erläutert wurde - durch

> Der menschliche Geist ist - in Hinsicht auf (fast) alle relevanten Aspekte - ein informationsverarbeitendes System.

zusammengefasst werden. Diese Hypothese konstituiert das "Informationsverarbeitungs-paradigma" der KI und der Kognitionswissenschaften.[6] Bevor ich auf dieses Paradigma und die an der KI beteiligten Disziplinen näher eingehen werde, sind zwei wichtige Erläuterungen notwendig. "Informationsverarbeitende Systeme" sind insbesondere auch abstrakte Maschinen, wie sie etwa durch Turing (1936) in die Grundlagenforschung der Mathematik und Logik eingeführt wurden. Dies bedeutet, dass im Rahmen des Informationsverarbeitungsparadigmas die gemeinsamen Prinzipien abstrakter und konkreter Systeme der Informationsverarbeitung untersucht werden; die konkreten Systeme können in natürliche (z.B. Menschen) und künstliche (z.B. Computersysteme) unterteilt werden. Als zweites ist wichtig darauf hinzuweisen, dass die oben von mir gewählte Formulierung der Informationsverarbeitungs-Hypothese den menschlichen Geist (mind) und nicht das Gehirn (brain) betrifft. Um Missverständnissen, die in Hinsicht auf die Arbeiten der KI häufig auftreten (man denke hier an Formulierungen wie "Elektronengehirn"), hier in kurzer Form entgegenzutreten, sei daran erinnert, dass die überwiegende "Geist-Orientierung" der KI-Forschung u.a. dahingehend relevant ist, dass in bezug auf das Leib-Seele-Problem davon ausgegangen wird, dass der Geist auf dem Gehirn realisiert ist. Dies bedeutet, dass die informationsverarbeitenden Prozesse in Maschine und Mensch gleichen Prinzipien unterliegen können, obwohl sie - technisch gesprochen - auf völlig unterschiedlicher Hardware realisiert sind; einerseits im menschlichen Gehirn, d.h. im Organismus, andererseits - beim gegenwärtigen Stand der Technik - über auf Halbleitertechnologie basierenden Prozessoren. Abschliessend für diesen Exkurs über Geist und Gehirn sei erwähnt, dass nur ein Teil der KI gegenwärtig die Erforschung (Simulation) neuronaler Prozesse betrifft; die aktuelle Forschungsrichtung des Konnektionismus (vgl. Abschnitt 3.3)

---

[5] Da die KI eine Forschungsaufgabe angeht, an der in den vergangenen 2500 Jahren zahlreiche der besten Köpfe der Wissenschaft gearbeitet haben, sollte man schon aus diesem Grunde keine schnellen Lösungen erwarten.

[6] Wenn ich an dieser Stelle den Plural "Kognitionswissenschaften" verwende, so deshalb, weil m.E. die Entwicklung von einer Disziplinenfamilie zu einer Disziplin "Kognitionswissenschaft" gegenwärtig noch nicht abgeschlossen ist, und die physical symbol system hypothesis auch schon vielen Ansätzen innerhalb der Einzeldisziplinen zugrundeliegt.

bemüht sich um eine integrative Betrachtungsweise von Prozessen, die Geist und Gehirn zuzurechnen sind.[7]

Man beachte, dass bei der Erforschung der menschlichen Kognition und Perzeption ebenfalls zwei stark unterschiedliche Forschungsrichtungen und Traditionen existieren: einerseits die der kognitiven Psychologie, die den Geist betrifft, andererseits die der Neurologie, die das Gehirn untersucht. Die Integration beider Forschungsrichtungen bzw. -gegenstände ist auch für den Bereich der natürlichen Informationsverarbeitung noch lange nicht abgeschlossen.

Die oben skizzierte Situation in Hinblick auf den Gegenstandsbereich und die Methodologie der KI legt nahe, dass die Künstliche Intelligenz als interdisziplinäres Disziplinengebilde aufgefasst werden kann. Beteiligt sind einerseits die Mutterdisziplinen, die sich traditionellerweise mit der Erforschung des menschlichen Geistes, d.h. kognitiven und perzeptiven Fähigkeiten und Prozessen, befassen, also: Psychologie, Neurologie, Linguistik und Philosophie, und andererseits die Disziplinen, auf denen die KI-typische Vorgehensweise der Formalisierung und Systemrealisierung beruht, nämlich Informatik und Logik.[8]

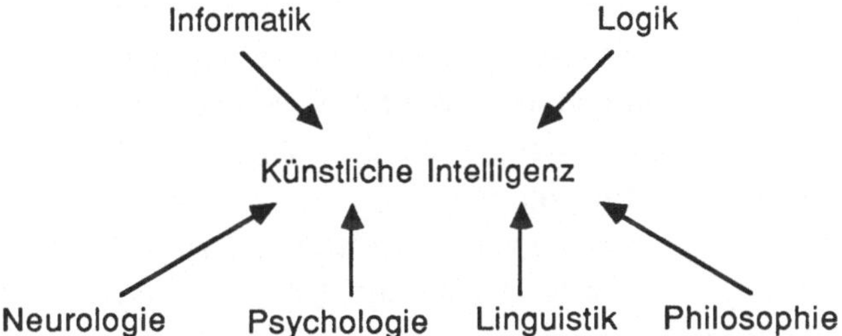

Abb. 1: Die interdisziplinäre Einordnung der Künstlichen Intelligenz

In Hinblick auf die KI-Methodologie soll hier erwähnt werden, dass die Formalisierung und Realisierung von KI-Theorien in (Simulations-) Systemen durch empirische Untersuchungen, wie sie in den "klassischen Kognitionswissenschaften" (Psychologie, Neurologie, Linguistik) üblich sind, ergänzt wird. Somit ergeben sich für die KI zwei Wege für eine empirische Überprüfung von Hypothesen über informationsverarbeitende Systeme: einerseits die empirische Analyse von Prozessen in natürlichen Systemen, andererseits der Test vermittels von Simulation durch KI-Systeme.

---

[7] Dies bedeutet jedoch nicht, dass sich die konnektionistische KI als Ziel den "Bau künstlicher Gehirne" gesetzt hätte (vgl. 3.3). Vielmehr wird davon ausgegangen (Smolensky 1988), dass die Ähnlichkeit von Architekturen für kognitive und neuronale Systeme in Hinblick auf die oben skizzierte Vorstellung der "Realisierung des Geistes aus dem Gehirn" relevant ist.

[8] Wenn hier die Mathematik nicht genannt wird, so deswegen, weil sie m.E. überwiegend indirekt, und zwar über die Informatik und die Logik in die KI hineinwirkt. Dies gilt auch für den Bereich des Theorembeweisen, in dem sie entweder via Logik oder als Anwendungsgebiet involviert ist.

2. Die historische Verankerung der Künstlichen Intelligenz

Gerade für eine verhältnismässig junge Disziplin wie die KI ist die Kenntnis der Verankerung in den Traditionen und Fragestellungen der Mutterdisziplinen von besonderer Wichtigkeit, wenn man die Charakteristika der aktuellen Strömungen verstehen möchte.

Ich komme daher zur Informationsverarbeitungs-Hypothese der Kognitionswissenschaften zurück. Auf den ersten Blick scheint diese Hypothese ein typisches Produkt des Computerzeitalters zu sein; sie hat jedoch - wie die Geschichte der KI-Mutterdisziplinen (Psychologie, Philosophie, Linguistik, Logik) zeigt - durchaus eine längere Tradition. Blickt man in die 50er-Jahre zurück, so sieht man, dass - wie Newell (1980) es formuliert - 1956 "a busy year" war. 1956 fand die Dartmouth-Conference statt, die als die Geburtsstunde der KI angesehen wird. An dieser Konferenz nahmen fast alle Forscher teil, die in den folgenden Jahrzehnten die Entwicklung der KI an leitender Stelle vorantrieben.[9] Der Begriff "Artificial Intelligence" wurde durch den Namen der Tagung in die wissenschaftliche Diskussion eingeführt. Neben den auf dieser Tagung diskutierten Arbeiten der KI wurden 1956 zwei weitere für die Zukunft des Informationsverarbeitungsparadigmas äusserst wichtige Arbeiten publiziert. Noam Chomsky (1956) stellte mit "Three Models for the Description of Language" die formalen Grundlagen der Theorie generativer Grammatiken bereit; hiermit wurde der Leitgedanke W. v. Humboldts, dass die menschliche Sprachfähigkeit auf dem "unendlichen Gebrauch endlicher Mittel" basiert, expliziert und formalisiert. Der Psychologe George Miller (1956) legte mit "The Magical Number Seven" wesentliche Grundlagen für die zukünftigen Arbeiten zum menschlichen Verstehen und Problemlösen.

Zehn Jahre vorher, 1946, fand die erste "Conference on Cybernetics" statt. Die Tagungen dieser Serie führte neben Mathematikern - wie N. Wiener und J. v. Neumann - u.a. Psychologen und Neurologen (W. McCulloch) zusammen, die unter der Bezeichnung "Kybernetik" die regelhaften Prozesse in biologischen, historischen und sozialen Systemen in strikt formaler Weise beschreiben und untersuchen wollten. Das Interesse an der Kybernetik beginnt zwar zeitlich parallel zur Entwicklung der ersten Elektronenrechner, ist von dieser jedoch weitgehend unabhängig.[10] Die kybernetische Ausrichtung verlor in den folgenden Jahrzehnten immer stärker an Einfluss auf die Informatik, wobei als Ausnahme der Bereich der quantitativen Simulation zu nennen ist. Die gegenwärtig aktuellen Entwicklungen im Bereich hochparalleler Systeme, z.B. der Konnektionismus, nimmt jedoch zahlreiche Fragestellungen und Lösungsvorschläge von Kybernetikern wieder auf.[11]

Eine gemeinsame Wurzel (neben anderen) für Kybernetik, Informatik, aber auch für die KI-Forschung und die generative Linguistik, ist in der formalen Logik und der Theorie der Berechenbarkeit auszumachen, durch die der Begriff der "Ableitung" in das Zentrum der

---

[9] Vgl. McCorduck (1979) und Fleck(1982). Beide Autoren geben ausgezeichnete Überblicke über die "Frühgeschichte der KI".

[10] J. v. Neumann war eine der wenigen Persönlichkeiten, die gleichermassen die theoretischen Probleme einer generellen Kybernetik und die praktischen Fragen der Rechnertechnik bearbeiteten.

[11] Diese wiederaufkommende Aktualität kybernetischer Forschungen zeigt sich u.a. daran, dass die "Klassiker der Kybernetik", z.B. McCulloch, wieder rezipiert werden. Vgl. das Vorwort zu McCulloch (1988).

Untersuchungsmethoden gestellt wurde. Für diesen Forschungsbereich, die Grundlagenmathematik, ist das Jahr 1936 als ein Höhepunkt anzusehen: A. Turing legte seine Konzeption einer abstrakten, mathematischen Maschine (später als Turing-Maschine bezeichnet) vor, die eine Explizierung des Berechnungsbegriffes und somit des Algorithmus an sich darstellt. A. Church formulierte die - später nach ihm benannte These -, dass alles, was in einem intuitiven Sinne berechenbar ist, vermittels einer speziellen Funktionenklasse, der der rekursiven Funktionen, berechnet werden kann. Die Church'sche These sollte - wie Emil Post im gleichen Jahr postulierte - weder als Definition noch als Axiom angesehen werden, sondern als Naturgesetz, das "the mathematicizing power of Homo Sapiens" betrifft. Und somit betrifft die Church'sche These - wie ich es in Abschnitt 1 für die Fälle der organischen Chemie und der informationsverarbeitenden Systeme skizziert habe - die Prinzipien gewisser symbolverarbeitender Prozesse unabhängig von der zugrundeliegenden Realisierung (auf einer speziellen abstrakten oder konkreten Maschine).[12] An dieser Stelle soll noch einmal daran erinnert werden, dass in der Folgezeit, für alle relevanten Explikationen des Berechnungsbegriffs, z.B. die von Church und die von Turing, die Äquivalenz nachgewiesen werden konnte; die Äquivalenz der verschiedenen Berechenbarkeitskonzepte kann als Evidenz für die Bewährung der Church'schen These aufgefasst werden. Gerade aus diesem Grund konnte die Turing-Maschine zum "universalen Rechner" und somit zur theoretischen Basis eines Forschungsparadigmas für Logik und Informatik werden.

In den 30er Jahren des vorigen Jahrhunderts arbeitete der englische Philosoph und Mathematiker Charles Babbage an der Konzeption einer "Analytical Engine". Diese Maschine, die, in der heutigen Terminologie charakterisiert, universellen Prinzipien der mechanischen Berechnung folgt, und somit als Vorläufer eines programmierbaren Universalrechners angesehen werden kann, wurde aufgrund der technischen Schwierigkeiten feinmechanischer Rechenmaschinen nie vollständig realisiert; sie ist jedoch, wie inzwischen nachgewiesen wurde, in Hinsicht auf die zugrundeliegenden Prinzipien, ein "vollwertiger Computer".

Den Exkurs durch die Geschichte des "mechanischen Denkens" will ich mit Leibniz beenden: In der "Vorrede zur allgemeinen Wissenschaft"[13] beschreibt er die Nützlichkeit eines formalen Systems zum quasi-mechanischen Schliessen. Überzeugt von der Realisierbarkeit eines derartigen Systems, an dessen Entwicklung er arbeitete, stellte er in Aussicht, dass Kontrahenten in einem beliebigen wissenschaftlichen Disput die Korrektheit der jeweiligen Argumentation unter Zuhilfenahme von Feder und Papier durch Rechnen prüfen würden: Calculemus (Lasst uns (nach-)rechnen!).

---

[12] Neuere Arbeiten zum Konnektionismus (vgl. Smolensky 1988) und zu Prozessen in hochparallelen Architekturen (Schnelle 1988) legen es nahe, die Church'sche These in Hinblick auf kognitive Prozesse - insbesondere unter der Problemstellung der Analyse unbewusster, intuitiver Prozesse - neu zu überdenken. Derartige Vorschläge sind nicht als Zurückweisung der Church'schen These zu interpretieren, sondern als ergänzende Modifikation.

[13] ca. 1677; eine genaue Datierung ist bis heute nicht möglich.

3. Künstliche Intelligenz - heute

Nachdem ich im vorangegangenen Abschnitt die Wurzeln der KI skizziert habe, will ich nun den Stand der KI-Forschung, und somit einige wichtige Ausrichtungen der Disziplin exemplarisch beschreiben. Die Entwicklung der KI seit 1956, also seit der Dartmouth Conference, ist hinreichend durch Zeitschriften und Tagungsbände dokumentiert[14], so dass hier auf eine detaillierte Darstellung verzichtet werden kann.

KI-Systeme werden häufig als "wissensbasierte Systeme" bezeichnet. Ohne hier eine Definition für den Begriff "wissensbasierte Systeme" geben zu wollen, seien derartige Systeme dadurch charakterisiert, dass ihre Zielsetzung in der Problemlösung von Aufgaben in komplexen Weltausschnitte liegt. Somit kommt der Frage nach der geeigneten Modellierung derartiger Weltausschnitte die zentrale Rolle bei der Entwicklung wissensbasierter Systeme zu. Antworten auf diese Frage zu finden, ist der Forschungsgegenstand des KI-Teilbereiches "Wissensrepräsentation" (vgl. hierzu: Cercone/McCalla (1987) und Habel (1988)).

Ausgehend von dieser Situationsbeschreibung sind Formalismen zur Wissensrepräsentation Beschreibungsmittel, um formale, interne Beschreibungen der Realität durchzuführen, d.h. systeminterne Modelle aufzubauen[15]. Ohne dass hier auf die Funktion und die Verwendung von Repräsentationen ausführlich eingegangen werden soll, ist es angebracht, die Repräsentationsrelation zwischen der Realität, speziell einem Weltausschnitt, und einem internen Modell genauer zu betrachten, wobei die Frage nach der "Ähnlichkeit" (hier in einem nicht formal explizierten Sinne verwendet) zwischen Modell und Realität, also zwischen Repräsentation und Repräsentiertem, im Vordergrund steht. Charakteristisch für die Situation wissensbasierter Systeme ist es, dass die zu repräsentierende Realität - sowohl in qualitativer als auch in quantitativer Hinsicht - derart komplex ist, dass eine vollständige Repräsentation nicht erreicht werden kann. Mit anderen Worten (vgl. auch Woods 1987): "Interne Modelle sind als Approximationen aufzufassen." Die Unvollständigkeit von wissensbasierten Systemen, betrifft zwei Aspekte: einerseits die durch Abstraktion bzgl. der Realität, d.h. aufgrund von Idealisierungen, verursachte "Annäherung" an die Realität, die bei sorgfältigem Vorgehen in ihrer Wirkung abschätzbar ist, und andererseits "echte Lücken", die darin begründet sind, dass (zum Teil relevante Fakten) nicht repräsentiert werden bzw. werden können; dieser zweite Typ von Unvollständigkeit ist in seinen Auswirkungen nicht kalkulierbar und stellt somit eine Gefahr in Hinsicht auf mangelnde Adäquatheit des Systems

---

[14] Für den internationalen Bereich sind hier das Artificial Intelligence Journal und die seit 1969 im Zweijahresrhythmus stattfindende International Joint Conference on Artificial Intelligence (IJCAI) zu nennen. Die Künstliche Intelligenz Forschung in der Bundesrepublik ist durch die Tagungsbände des German Workshop on Artificial Intelligence (GWAI) und der KI-Frühjahrsschule (KIFS) - erschienen im Springer Verlag als Informatik Fachberichte der Gesellschaft für Informatik - umfassend dargestellt.
Einen guten Überblick über die Grundlagen der KI geben die Lehrbücher von Nilsson (1981) und Rich (1983) sowie Shapiro (1987) und der vorliegende Band.

[15] Man beachte, dass 'System' im weiteren (wie in der KI üblich) systematisch mehrdeutig verwendet wird. Zum einen werden hierdurch formale, theoretische Systeme, d.h. Formalismen, wie das der Prädikatenlogik, bezeichnet, zum anderen konkrete Systeme, z.B. Software- oder Hardware-Systeme.

dar. Man bedenke, dass auch natürliche Systeme, z.B. Menschen, in diesem Sinne nur über unvollständiges Wissen verfügen.

Die wesentliche Stärke wissensbasierter Systeme liegt in der Fähigkeit, über dem internen Modell Schlüsse durchzuführen und hierdurch Problemlösungen zu erreichen. Schlussfolgerungs- und Problemlösungsverfahren beruhen darauf , dass Teile des internen Modells, z.B. repräsentationssprachliche Ausdrücke, aufgrund von Manipulationsvorschriften ausgewertet werden. Das Standardbeispiel für derartige Manipulationen stellen deduktive Schlüsse (im Sinne der klassischen Logik) dar.

Die wesentlichen Forschungsaufgaben im Bereich der Wissensrepräsentation bestehen nun darin, einerseits generelle Mechanismen zur Darstellung und Verarbeitung von Wissen bereitzustellen und andererseits spezielle Domänen adäquat zu repräsentieren. Für den ersten dieser Bereiche bedeutet dies, dass generell verwendbare Repräsentationssysteme, wie KL-ONE (Brachman/Schmolze, 1985) entwickelt werden, und dass universelle ontologische Strukturen, etwa für Raum und Zeit, analysiert werden.

Die Analyse von Weltausschnitten beginnt üblicherweise damit, dass die Objekte der Domäne in bezug auf die Subklassen-Superklassen-Hierarchie eingeteilt werden, d.h. dass eine Taxonomie der Konzepte aufgestellt wird. Die Aufgabenstellung bestimmt hierbei, in welcher Detailtiefe (Granularität) der betreffende Weltauschnitt dargestellt wird.

Neben der terminologischen Komponente, in KL-ONE als A-Box bezeichnet, wird eine weitere wesentliche Komponente des Wissensrepräsentationssystems benötigt: die assertorische Komponente (in KL-ONE als A-Box bezeichnet). Während durch terminologische Komponente (T-Box) die Struktur der Domäne festgelegt wird, werden in der A-Box Einzelfakten abgespeichert und bearbeitet[16]. Erst das Zusammenspiel von assertorischem und terminologischem Wissen ermöglicht ein leistungsstarkes wissensbasiertes System.

Als besonders relevantes Problem bei der Wissensrepräsentation hat sich in den letzten Jahren der Bereich der Repräsentation von Alltagswissen (common sense knowledge) erwiesen. Diese Bereich ist deswegen von besonderer Schwierigkeit, weil einerseits in grossem Umfang nicht-bewusste Kenntnisse betroffen sind, die zu analysieren und zu repräsentieren z.T. in erheblichem Umfang empirische Forschung erfordert. Andererseits ist es notwendig auch Schlussverfahren, die auf unvollständiger Information basieren, zu berücksichtigen (vgl. Abschnitt 3.1). Menschliches Schliessen (und allgemeiner: Problemlösen) funktioniert auch dann, wenn Wissenslücken vorliegen; in derartigen Fällen werden Standardannahmen - in der KI-Terminologie als "Defaults" bezeichnet - eingesetzt.

Im weiteren werde ich nun auf speziellere Probleme und die Anwendung von Wissensrepräsentationen eingehen. Da auch die Bereiche der natürlich-sprachlichen KI, der Bildverarbeitung und der autonomen Systeme (Robotics) über wissensbasierte Teilsysteme verfügen, ist hiermit der Kern der KI Thema der weiteren Ausführungen.

---

16 Die Unterscheidung T-Box vs. A-Box ist die KL-ONE-Realisierung der Unterscheidung semantisches vs. episodisches Gedächtnis, die in der Psychologie (vgl. Tulving 1972) vorgenommen wird.

3.1 Nicht-monotones Schliessen und Revision von Wissensbeständen

Schlussverfahren bilden den Kern jedes wissensbasierten Systems: Im Schluss-System (in der Inferenzmaschine) kann der prozedurale Anteil der Wissensrepräsentation und Verarbeitung separiert dargestellt werden, während die deklarativen Repräsentationsaspekte durch taxonomisches und assertorisches Wissen abgedeckt werden.[17]

Das Standardparadigma formalen Schliessens ist auch in der künstlichen Intelligenz durch die Prädikatenlogik 1. Stufe (im weiteren als PL-1 bezeichnet) gegeben. Eine der wesentlichen Eigenschaften von PL-1 ist - in der Terminologie Minsky's (1974) - die der Monotonie:

(1) A und B seien Satzmengen bzgl. PL-1, p ein weiterer Satz.
 Falls $A \vdash p$, dann gilt $A \cup B \vdash p$[18]

Nicht-monotones Schlussverhalten ist hingegen dadurch gekennzeichnet, dass die Erweiterung der Wissensbasis, also das Hinzufügen der Satzmenge B, dazu führen kann, dass vorher ableitbare Sätze p, später, d.h. in einer umfangreicheren Wissensbasis, nicht mehr ableitbar sind. Schlüsse, die derartiges Verhalten verursachen, werden insbesondere dann, wenn unvollständiges Wissen über eine Domäne vorliegt, verwendet, um durch Standardannahmen "Wissenslücken" aufzufüllen.[19]

Menschliches Schliessen weicht unter vielen Umständen von der Monotonieeigenschaft ab; es kann sogar davon ausgegangen werden, dass die Fähigkeit, Standardannahmen wirksam einsetzen und somit nicht-monoton vorgehen zu können, eine wesentliche Voraussetzung für die Leistungsfähigkeit des menschlichen Inferenzvermögens darstellt[20]. Eng verbunden mit der Fähigkeit nicht-monoton zu schliessen, ist die Notwendigkeit den Wissensbestand bei Bedarf, dann z.B. wenn sich eine Standardannahme für den speziellen Fall als unzutreffend erwiesen hat, die Wissensbasis revidieren zu können. Betrachtet man etwa Standardwissen in bezug auf Vererbungshierarchien[21], so ergibt sich z.B. für eine Domäne, in der IC-Verbindungen dargestellt werden, folgende PL-1-ähnliche Darstellung der Vererbungsannahme für die Eigenschaft des täglichen Verkehrens von IC-Zügen ("$_d\Rightarrow$" bezeichnet eine Implikationsbeziehung, die standard-mässig, d.h. default-mässig, anzunehmen ist.).

---

[17] Die Frage nach der Trennung bzw. Trennbarkeit von deklarativem und prozeduralem Wissen hat eine lange Tradition innerhalb der KI (vgl. Winograd 1975). Wenn hier Schlussverfahren zu prozeduralem Wissen in Beziehung gesetzt werden, so ist dies kein Widerspruch dazu, dass Regelwissen in deklarativer Form vorliegt (Habel 1986). Zu taxonomischem und assertorischem Wissen siehe: Brachman/Schmolze (1985) oder Habel (1988).

[18] $\vdash$ symbolisiert die Beziehung der Ableitbarkeit, ohne dass hier ein spezielles Ableitungsverfahren angesprochen ist.

[19] Die Frage, wann und in welcher Weise Wissenslücken geschlossen werden dürfen, hängt eng damit zusammen, ob von einer vollständigen oder unvollständigen Repräsentation der Domäne ausgegangen wird. Dieser Problemkreis wird in der KI unter der Fragestellung: closed world vs. open world diskutiert (vgl.Reiter (1980)).

[20] Insbesondere im Bereich von Expertenwissen (vgl. Abschnitt 3.2) wird in vielen relevanten Fällen auf Standardannahmen zurückgegriffen.

[21] Dieses Beispiel ist ausführlich in Habel (1988) erläutert worden, wobei über die Probleme der Nicht-Monotonie hinaus weitere wesentliche Aspekte der Wissensrepräsentation dargestellt werden.

(2.a) $\forall x$ IC(x) $_d \Rightarrow$ verkehrt-täglich (x)

Instanziiert man diese für einen speziellen Zug, so erhält man etwa den folgenden Schluss:

(2.b)   IC (IC-532)

   also: verkehrt-täglich (IC-532)

Die aktuellen Gegebenheiten der Domäne sind jedoch anders gelagert, nämlich wie in (2.c) dargestellt:

(2.c)   aber: verkehrt-nicht-sonntags (IC-532)

   mit der Regel: $\forall x$ verkehrt-nicht-sonntags(x) $\Rightarrow \neg$ verkehrt-täglich (x)

   folgt: $\neg$ verkehrt-täglich (IC-532)

Ein klassisches, monotones PL-1-System mit strikter Ableitung würde bei der in (2) dargestellten Situation einen Widerspruch herbeiführen, d.h. zu einem inkonsistenten Zustand des Wissenssystems führen. (Inkonsistente Wissenssysteme, d.h. Axiomenmengen, sind für klassisch deduktive Verfahren, wie sie etwa in Theorembeweisern realisiert sind, nicht akzeptabel.)

Das Ziel des Forschungsgebietes nicht-monotones Schliessen (vgl. Bobrow 1980) ist es, formale Systeme zu entwickeln, die über PL-1 gerade in der Hinsicht hinausgehen, dass sie dem Aspekt von Standardschlüssen (Default-Schlüssen) Rechnung tragen. Notwendig für derartige Schlussmechanismen ist es, konkurrierende Schlussmöglichkeiten (wie im Beispiel (2) dargestellt) daraufhin zu prüfen, ob die Schlussresultate zu Inkonsistenz führen. Falls derartige Unverträglichkeiten auftreten, ist zu entscheiden, welcher der möglichen Schlüsse durchzuführen ist, bzw. wie eine Revision des Wissensbestandes zu erfolgen hat.[22] Auf die formalen Details der verschiedenen Ansätze kann hier nicht eingegangen werden (vgl. etwa: McDermott/Doyle 1980; McCarthy 1980, 1986; Reiter 1980; Moore 1983), der Kern derartiger Konzeptionen soll jedoch skizziert werden:

Eine Variante des nicht-monotonen Schliessens basiert auf der Verwendung eines "Konsistenzoperators" **M** (vgl. McDermott/Doyle 1980, Reiter 1980), der die Konsistenz zwischen zusätzlichen Prämissen und der aktuellen Wissensbasis überprüft. Für das Beispiel (2) lässt sich die Default-Regel in einer an Reiter (1980) angelehnten Form[23] wie folgt explizieren:

(3)   IC (x): **M** verkehrt-täglich (x) $\rightarrow$ verkehrt-täglich (x)

Diese Default-Regel kann durch

(4.a)   Wenn für einen IC x gilt, dass es mit der aktuellen Wissensbasis verträglich ist, anzunehmen, dass x täglich verkehrt, so darf geschlossen werden, dass x täglich verkehrt.

oder

(4.b)   Falls über den IC x nichts Gegenteiliges bekannt ist, darf angenommen werden, dass x täglich verkehrt.

---

22 Derartige Probleme der Konsistenzerhaltung von Wissenssystemen werden innerhalb der KI unter der Bezeichnung Truth Maintenance (Doyle 1979) untersucht. Das Forschungsgebiet der Revision von Wissensbeständen hat in den letzten Jahren immer stärkere Bedeutung erlangt, vgl. auch Gärdenfors (1988).
23 Freie Variablen werden - wie in Regeln üblich - als all-quantifiziert interpretiert.

paraphrasiert werden. Ist also - wie in (2) - für IC-532 bekannt, dass dieser Zug sonntags nicht verkehrt, also

    (5.a)   verkehrt-nicht-sonntags (IC-532),

kann (klassisch, monoton) auf

    (5.b)   ¬ verkehrt-täglich (IC-532)

geschlossen werden. Hierdurch, d.h. nach Durchführung des Schlusses auf (6.b) gilt

    (5.c)   ¬ **M** verkehrt-täglich (IC-532),

und daher ist die Default-Regel (2.a) nicht anwendbar. Diese - vereinfachte - Darstellung des Reiter-Ansatzes darf nicht darüber hinwegtäuschen, dass mit einem derartigen System erhebliche Probleme verbunden sind. Insbesondere ist das Reiter-Verfahren nicht vollständig, d.h. es sit nicht sichergestellt, dass alles default-mässig ableitbare Wissen durch das System auch wirklich abgeleitet wird.

Dies liegt u.a. daran, dass die logische Fundierung und die praktische Realisierung derartiger Ansätze eine Hauptschwierigkeit aufweist: die Interpretation des **M**-Operators. **M** ist - wie Moore (1983) nachweist - ein indexikalischer Operator, d.h. für den vorliegenden Fall, ein Operator der situations- (bzw. zustands-) abhängig ist, da er den aktuellen Stand der Wissensbasis betrifft. Dies bedeutet insbesondere, dass zu verschiedenen Zeitpunkten unterschiedliche Schlüsse zulässig sind. Die Folge einer derartigen Sichtweise ist, dass Ableitbarkeit (in bezug auf ein derartiges nicht-monotones System) ein zeit- bzw. zustandsabhängiges Konzept darstellt (vgl. Habel 1987), und somit schon aus diesem Grund PL-1 verlassen wird.

Die Prüfung auf Verträglichkeit mit dem aktuellen Wissensbestand kann vermieden werden, wenn "common-sense-Schlüsse", wie der in (2) verwendete, auf typische Instanzen eingeschränkt werden. Dieser Weg wurde von McCarthy (1980, 1986) durch die Verwendung von Axiomen-Schemata der Circumscription innerhalb von PL-1 beschritten; Voraussetzung für die Durchführung des Schlusses aus (2) - bzw. für die Blockierung - wäre Wissen über die Typikalität von IC-532. Wenn

    typisch-IC (IC-530)

gegeben ist, aber

    typisch-IC (IC-532)

nicht vorliegt, darf bzgl. IC-530 auf tägliches Verkehren geschlossen werden, bzgl. IC-532 jedoch nicht.

Aus den obigen Beispielen sollte deutlich geworden sein, dass Standardannahmen insbesondere dann notwendig sind, wenn unvollständige Wissensbasen vorliegen. In der Praxis ist davon auszugehen, dass vollständiges Wissen über eine Domäne (fast) nie erreicht werden kann. Default-Schlüssen kommt daher die Aufgabe zu, Wissenslücken - bei Bedarf - zu schliessen. Dies bedeutet aber auch, dass ein wissensbasiertes System - wenigstens in gewissem Umfang - über "Metawissen" verfügen muss, und zwar dahingehend, welches Wissen vorhanden ist, bzw. wo Wissenslücken vorliegen. Vorschläge zu einer derartigen Konzeption wurden u.a. von Levesque (1982, 1984) vorgelegt. Gerade derartiges Metawissen steuert die Entscheidungen bei der Wissensrevision, und zwar dahingehend, dass von ihm abhängig ist, welche Bestandteile der Wissensbasis beibehalten und welche revidiert werden sollen (siehe hierzu: Gärdenfors 1988).

Zusammenfassend kann festgestellt werden, dass die Probleme des nicht-monotonen Schliessens gegenwärtig in zahlreichen, wohlfundierten Ansätze untersucht werden, eine in jeder Hinsicht befriedigende Lösung jedoch noch aussteht. Insbesondere liegt in allen nicht-monotonen System ein wesentliches Problem darin, dass die Verfahren in Hinblick auf Komplexität und Entscheidbarkeit "unangenehme Eigenschaften" aufweisen (vgl. Abschnitt 4.1).

3.2 Expertensysteme

Der Aufgabenbereich von Expertensystemen (XPS) umfasst - wie die Bezeichnung schon aussagt - solche Probleme, für die bisher Kenntnisse und Fähigkeiten menschlicher Experten benötigt wurden, z.B. bei der Erstellung von Diagnosen, der Analyse von Fehlern oder der Zusammenstellung von Objekten zu Konfigurationen. Aufgrund derartiger Anwendungsmöglichkeiten ist es offensichtlich, dass gerade dieser Teilbereich der KI in besonderem Masse das Interesse der Gesellschaft auf sich zieht. Insbesondere führt diese Situation dazu, dass XPSe dem ingenieurwissenschaftlichem Teil der Informatik besonders nahe stehen[24]. Dementsprechend ist für Arbeiten an XPSen nicht nur notwendig, die generellen Techniken der KI - in Hinblick auf Wissensverarbeitung, wie Schluss- und Suchverfahren und heuristisches Problemlösen - zu berücksichtigen; darüberhinaus sind die Verfahren der Kerninformatik, die die Entwicklung komplexer Systeme betreffen, anzuwenden. Aus diesem Grund ist die Forschung im Bereich der XPSe gegenwärtig durch Arbeiten an Entwicklungsumgebungen und generell einsetzbaren Wissensverarbeitungs-mechanismen gekennzeichnet, die den Prinzipien des Software-Engineering verpflichtet sind.

3.3 Konnektionismus

Seit Beginn der 80er Jahre ist innerhalb der KI eine einflussreiche neue Forschungsrichtung, der Konnektionismus, entstanden, der - auf den ersten Blick zumindest - der an Symbolverarbeitungsprozessen orientierten KI der ersten KI-Dekaden diametralen Forschungsinteressen und Methoden aufzuweisen scheint. Als wichtigste Merkmale des Konnektionismus sind zu nennen[25]:
- Ablösung sequentieller Prozesse über komplexen Einheiten durch hochparallele Prozesse über grossen Netzwerken, deren atomare Einheiten eine "einfache Bauart"

---

[24] Man beachte hierzu die Bezeichnung 'Knowledge Engineering' mit der hieraus abgeleiteten 'Berufsbezeichnung' Wissensingenieur, die heutzutage schon in Stellenanzeigen zu finden ist.

[25] Vgl. hierzu die Arbeiten der PDP- (≈ Parallel Distributed Processing) Gruppe, Rumelhart & McClelland (1986) und McClelland & Rumelhart (1986), den Übersichtsartikel von Kemke (1988) und die Konnektionismusdebatte in "Behavioral and Brain Sciences", Smolensky (1988). Im folgenden werde ich insbesondere auf diesen Aufsatz Bezug nehmen.

aufweisen. Die Leistungsfähigkeit beruht auf der komplexe Interaktion der Berechnungs-
einheiten.

- Annahme einer subkonzeptuellen Darstellungsebene, Konzepte sind als Muster von subkonzeptuellen Einheiten darstellbar, d.h., dass einzelnen Elemente der subkonzeptuellen keine eigenständig interpretierbare Bedeutung zukommt. Aus diesem Grunde wird von einer Ablösung vom Paradigma der symbolischen KI durch eine KI der sub–symbolischen Prozesse gesprochen.

- Die qualitative Symbolverarbeitung der traditionellen KI wird durch quantitative Prozesse, die Aktivationen betreffen, auf subsymbolischer Ebene abgelöst.

Die ersten Anwendungsbereiche und die ersten Erfolge des subsymbolischen Paradigmas lagen im Bereich "niederer Verarbeitungsprozesse", z.B. in der Bildverarbeitung, der akustischen Sprachverarbeitung und der motorischen Kontrolle von Fingerbewegungen; mittlerweile werden auch zahlreiche "höhere Problembereiche", in der Sprachverarbeitung etwa Probleme des Erwerbs von Tempora oder bei der Zuweisung von Rollen, bearbeitet (vgl. hierzu die Arbeiten der PDP-Gruppe).

Konnektionistische Ansätze, die auf der Annahme eines komplexeren Systems quantitativer Bezeichnungen, also einem dynamischen System, basieren, weisen insbesondere das Problem auf, das Wissen eines kognitiven Systems in der Form von Aktivationswerten festzulegen. Aufgrund dieser Schwierigkeiten kommen Prozesse der automatischen Bestimmung von Aktivationsparametern besondere Bedeutung zu; somit sind Lernprozesse, die ausgehend von Trainingsdaten (Input-/Output-Paaren) die Aktivationen von internen Einheiten berechnen, für konnektionistische Systeme fundamental (vgl. Smolensky (1988; p.8)).

Die hier - äusserst knapp - skizzierte "Konnektionistische Wende" in der KI, deren Aus-wirkungen gegenwärtig noch nicht abzusehen sind, machen einige Änderungen des in den Abschnitten 1 und 2 gezeichneten Bildes notwendig:

- Aufgrund der Sichtweise des Konnektionismus, kognitive Systeme als auf quantitativen Grössen basierte dynamische Systeme aufzufassen, ist die Physik, als die Disziplin, die bisher die Theorie dynamischer Systeme (mit-) entwickelt hat, als weitere Mutterdisziplin der KI anzunehmen. (vgl. Abb 1).

- Die hochparallele Struktur der subkonzeptuellen Ebene, die durch die Verwendung der theoretischen Konzepte "Aktivation", "Aktivationseinfluss" und "Aktivationsausbreitung" gekennzeichnet ist, legt eine Beziehung zu neuronalen Netzen nahe. Aus diesem Grund gewinnt die Verbindung zwischen KI und Neurologie zunehmend an Einfluss. Wichtig ist jedoch, festzustellen, dass subsymbolische und neuronale Ebene _nicht_ identisch sind. (Gegen diesen Fehlschluss argumentieren zu müssen, zieht sich als roter Faden durch die zusammenfassende Darstellung Smolensky's (1988)).

Eines der wesentlichen Ziele konnektionistischer Ansätze ist darin zu sehen, dem offensichtlicherweise Unterschied zwischen bewussten und nicht bewussten Informations-verarbeitungsprozessen Rechnung tragen zu müssen, und hiermit eng verbunden, die Flexibilität und Robustheit menschlicher Schlussverfahren beschreiben zu können

(Smolensky 1988; p. 17-19). Somit liegt - wenn auch bei völlig anderem Vorgehen - eine gemeinsame Zielsetzung mit Forschungen im Bereich nicht-monotoner Schlussverfahren (vgl. 3.1) vor.

Zum Abschluss dieser Bemerkungen zum Paradigma der hochparallelen Prozesse sei eine wissenschafts-historische Tatsache erwähnt, die m.E. zu Unrecht in Vergessenheit geraten ist. John von Neumann wird mittlerweile häufig ausschliesslich als Verfechter sequentieller Berechnungen angesehen; "die Schwächen der von-Neumann-Architektur zu überwinden" ist explizites oder implizites Ziel (fast) aller konnektionistischen Arbeiten. In Zusammenhang von selbst-reproduzierenden Automaten hat v. Neumann (1966/z.T. posthum veröffentlicht) ebenfalls parallele Bedeutungsverfahren entwickelt, die in der Informatik seiner Zeit nicht auf Interesse stiessen, jedoch als frühere Vorläufer konnektionistischer Verfahren nützlich gewesen wären[26].

4. Tendenzen der Künstlichen Intelligenz

Nachdem in den vorangegangenen Abschnitten der gegenwärtige Stand der KI skizziert wurde, sollen im vorliegenden, abschliessenden Abschnitt einige relevante Perspektiven für die zukünftige Entwicklung der KI aufgezeichnet werden. Die Tendenzen, die sich aus der aktuellen Situation der KI-Forschung ableiten lassen, betreffen einerseits die Strömungen innerhalb der KI (vgl. 4.1 und 4.2) und andererseits die Beziehungen zu den Mutter-disziplinen (4.3 und 4.4).

4.1 Grundlagenforschung und Anwendungen

Wie in Abschnitt 1 dargestellt wurde, verfügt die KI über - zumindestens - zwei Aus-richtungen, eine kognitionsorientierte und eine "technische", die den Einsatz von KI-Systemen in realen Anwendungen zum Ziel hat.[27] Unabhängig von dieser Orientierung ist ein gemeinsamer Bereich vorhanden, in dem die Grundlagen für eine erfolgreiche Forschung und Entwicklung erarbeitet werden müssen. Hier sei sowohl an Arbeiten zum nicht-monotonen Schliessen als auch zu hoch-parallelen Architekturen erinnert. In beiden Bereichen hat die Forschung innerhalb des letzten Jahrzehnts sicherlich erhebliche Fort-schritte gemacht; es sollte über diesen relevanten Resultaten jedoch nicht vergessen werden, dass auch im Grundlagenbereich noch signifikante Lücken existieren, die zum Teil bisher nur in Ansätzen lokalisiert sind. An dieser Stelle möchte ich exemplarisch noch einmal auf Probleme der Wissensrepräsentation im allgemeinen und der Nicht-Monotonie im

---

[26] Zielsetzung und Methoden des modernen Konnektionismus unterscheiden sich signifikant von denen von Neumann's. Heute lassen sich - bestenfalls - Mutmassungen anstellen, welche Richtung die KI-Forschung (und die Informatik im generellen) genommen hätte, wenn die erwähnten Arbeiten von Neumann's weiterverfolgt worden wären. Zur Bedeutung des von-Neumann-Programms vgl. Schnelle (1988).

[27] Gerade die Hoffnung auf reale Anwendungen (z.B. im Bereich der XPSe) führen zur starken KI-Förderung durch Staat und Industrie. Bedauerlicherweise ist gegenwärtig weitgehend eine Schieflage in Richtung auf die "technische KI" unter Vernachlässigung der Grundlagen und der kognitiven Aspekte zu beobachten.

speziellen eingehen. Die zahlreichen Ansätze zum nicht-monotonen Schliessen (und eng hiermit verbunden zum Truth bzw. Reasoning Maintenance) dürfen nicht darüber hinweg täuschen, dass gegenwärtig keine Einigkeit darüber herrscht, welcher Mechanismus für welche Problemstellungen adäquat ist. Ein wichtiges Ziel zukünftiger Forschung wird sicherlich darin bestehen, eine Typologie von Nicht-Monotonie-Situationen zu entwickeln. Dies bedeutet, dass u.a. die Gründe (d.h. die Motivation) für nicht-monotones Schlussverhalten genauer analysiert werden müssen. Eine der wichtigen offenen Fragen ist z.B., wie default-Schlüsse und Schlüsse unter Unsicherheit (etwa vermittels von Sicherheitsbewertungen) in Beziehung zu setzen sind.[28]

Darüberhinaus ist über die formalen, d.h. mathematischen Eigenschaften nicht-monotoner Systeme bisher wenig Erfreuliches (s.u.) zu berichten. Diese Situation liegt nicht nur im nichtmonotonen Bereich vor; selbst "klassische KI-Bereiche" wie das terminologische Schliessen sind problematisch. Nebel (1988) weist nach, dass jedes nicht-triviale System des terminologischen Schliessens von seiner Komplexität her "intractable" ist. Eine Konsequenz derartiger Resultate ist, dass ein Auswahldilemma zwischen "schwacher Semantik mit vollständigen Algorithmen ... und starker Semantik mit unvollständigen Algorithmen" (vgl. Nebel 1988) vorliegt.

Die hier aufgeführten Problembereiche zeigen, dass sowohl in Hinblick auf epistemologische als auch formale, mathematische Grundlagen der Wissensrepräsentation und - Verarbeitung auch in den kommenden Jahren (und Jahrzehnten) zahlreiche relevante Probleme zu bearbeiten sind. Jegliche Anwendung der technischen KI kann nur so leistungsfähig sein, wie die theoretischen Grundlagen. Erst eine Klärung epistemologischer Fragen wird weitere komplexe Anwendungsdomänen erschliessen. Nur das Wissen um die mathematischen Grundlagen wird es ermöglichen, Anwendungssysteme zu entwickeln, die - ungefähr - das leisten, was der Entwickler beabsichtigt; das von Nebel (1988) beschriebene Dilemma hat wichtige Konsequenzen für jedes System, das über eine terminologische Komponente verfügt. Ohne Kenntnis derartiger Dilemmata wird Systemverhalten absolut unvorhersehbar.

Trotz der genannten Defizite im Grundlagenbereich ist die Zeit reif für den Einsatz von KITechniken in der Anwendung. Da die Domäne und die Funktion des Systems die verwendeten Techniken bestimmen, kann für zahlreiche interessante Anwendungsfälle - wie sich schon gegenwärtig zeigt - innerhalb des KI-Paradigmas eine adäquate Lösung entwickelt werden.[29] Dieser Trend, der insbesondere im Bereich Expertensysteme, Robotics, Bild- und Sprachverarbeitung betrifft, wird sich m.E. in Zukunft verstärken. Wenn in der anwendungsorientierten Forschung die Probleme der Grundlagenlücken berücksichtigt werden, und wenn Anwendungsprobleme nicht zu ad-hoc-Lösungen führen, sondern als Motivation und Aufgabenstellung in die Grundlagenforschung zurückfliessen, kann[30] auch in

---

[28] Untersuchungen in diesem Problembereich finden sich u.a. bei Pearl (1988).

[29] Und zwar in solchen Bereichen, die in Hinblick auf epistemologische und mathematische Probleme "wohluntersucht" sind.

[30] Andererseits besteht m.E. sicherlich die Gefahr, dass "übertriebene, zu frühe Anwendung" die Solidität des Forschungsunternehmens "Künstliche Intelligenz" in Misskredit bringt. Vorsicht ist also geboten!

Zukunft in einer fruchtbaren Symbiose zwischen den KI-Orientierungen für die Disziplin wissenschaftlicher Fortschritt und Erkenntnisgewinn erreicht werden.

4.2 Integration von symbolischer und subsymbolischer KI

Die Debatte zwischen "Symbolisten und Subsymbolisten" ist gegenwärtig - noch lange - nicht entschieden. Vielmehr kann und sollte davon ausgegangen werden, dass - und dies wird von Smolensky (1988) sehr deutlich gemacht - der Konnektionismus als Ergänzung, d.h. nicht als Ablösung der symbolischen KI angesehen werden sollte.[31]
Die Integration von symbolischer und subsymbolischer KI wird m.E. eines der wichtigsten Forschungsziele des kommenden Jahrzehntes sein. Hierbei sind zumindestens zwei Wege der Integration zu unterscheiden, zum einen die echte Integration in einer Architektur, die symbolische (≈höhere) und subsymbolische (≈niedere) Repräsentations- und Verarbeitungsebenen zusammenführt (überwiegende Sichtweise der Symbolisten), zum anderen die Integration der Resultate der traditionellen KI in konnektionistische Lösungen (Sichtweise der Subsymbolisten). Bei diesem zweiten Weg werden Konzepte der traditionellen KI als theoretische Entitäten angesehen, die forschungsleitend in der konnektionistischen Forschung verwendet werden (vgl. Smolensky 1988).
Eine anwendungsorientierte konnektionistische KI ist gegenwärtig durch die zur Verfügung stehende Hardware-Ressourcen beschränkt. Eine - stürmische - Entwicklung in diesem Bereich wird sicherlich die Integrationsmöglichkeiten wesentlich beeinflussen.

4.3 KI als Paradigma der Informatik

Seit Beginn des Computerzeitalters ist eine Entwicklung von der numerischen zur symbolischen Informationsverarbeitung festzustellen.[32] Dieser Trend zur KI wird m.E. besonders deutlich im Datenbankbereich: Der Übergang zu deduktiven Datenbanken bedeutet die Verschmelzung von Datenbank- und KI-Techniken. Je komplexer die symbolischen Entitäten sind, insbesondere je komplexer die Prozesse über diesen Entitäten sind, desto mehr nähert sich die Informatik den Problembereichen der KI. Als Schlagwort formuliert: "Die Datenverarbeitung wird zur Wissensverarbeitung."
Auch in anderen Bereichen, z.B. dem der Programmiersprachen, ist der Einfluss der KI auf die "traditionelle Kerninformatik" festzustellen. Logische und funktionale Programmierung haben ihre Wurzeln in der KI, sind jedoch mittlerweile als normale Programmierstile in der gesamten Informatik etabliert. Diese Beispiele zeigen, dass die KI aus einer "Nehmer-Situation" herausgewachsen ist. Die KI ist ein normaler Informatikbestandteil geworden. Die Entwicklungen der KI werden m.E. dazu führen, dass KI-Fragestellungen sämtliche Bereiche

---

[31] Wie sehr häufig in der Wissenschaft (und anderswo) gibt es zahlreiche "übereifrige Anhänger der reinen Lehre", die mit den unbestreitbaren (Anfangs-) Erfolgen des Konnektionismus das Ende der symbolischen KI gekommen sehen.
[32] Auch der Konnektionismus ist - von der Zielsetzung her - dem Ideal der symbolischen Informationsverarbeitung verpflichtet, auch wenn quantitative Verfahren die Grundlage der Informationsverarbeitungsprozesse darstellen.

der Informatik berühren und daher mitbestimmen, ohne dass die Informatik zur KI oder die KI zur Informatik wird.

4.4 KI als Paradigma der Kognitionswissenschaft

Die Kognitionswissenschaften haben in den letzten Jahrzehnten eine deutlich bemerkbare Entwicklung zur Formalisierung durchgemacht. Diese Entwicklung, die das Entstehen der KI (vgl. Abschnitt 2) erst ermöglicht hat, ist in ihren Anfängen als Mathematisierung der Kognitionswissenschaften charakterisierbar. Mit zunehmender Berücksichtigung von Prozessen der Informationsverarbeitung hat die Informatik als Disziplin von Informations-zuständen und Zustandsänderungen, die führende Rolle in der Formalisierung über-nommen. Dies insbesondere deswegen, weil sie das methodologische Hilfsmittel der Computer-Simulation bereitstellt.
Die Informatisierung der Kognitionswissenschaften, d.h. die KI-Orientierung, ist in weiten Bereichen der Kognitionswissenschaft mittlerweile nicht mehr aus dem Forschungsalltag wegzudenken. Entsprechend zur Beziehung KI - Informatik hat sich auch hier die Geber-Nehmer-Situation in den letzten Jahren zugunsten der KI verändert: KI verwendet nicht nur Resultate der Psychologie und Linguistik, sondern liefert theoretische Grundlagen für Untersuchungen in den kognitionswissenschaftlichen Einzeldisziplinen.
Eine immer engere Verzahnung in die Kognitionswissenschaften wird in Zukunft m.E. dazu führen, dass die KI eine zentrale Stellung in der Erforschung des menschlichen Geistes einnimmt, und insofern das Paradigma der Kognitionswissenschaft massgebend beeinflusst.

4.5 Anmerkungen zur Einheit der KI

Die Entwicklung der KI hat gezeigt, dass aus einem kleinen, homogenen Forschungsgebiet (Mitte der 50er Jahre) eine Disziplin geworden ist, die sowohl in ihrer inneren Struktur (Aufgabenbereiche und methodologische Grundlagen) als auch in ihrer Orientierung (zu den Nachbardisziplinen) zunehmend umfangreicher und grösser, aber auch inhomogener geworden ist.
Ob die KI in Zukunft eine Einheit - wenn auch inhomogen - bleiben wird, oder aber in den Nachbardisziplinen und Mutterdisziplinen aufgehen wird, ist gegenwärtig nicht abzusehen. Wenn Ideenpluralismus nicht nur zwischen Disziplinen, und dies hat zur KI geführt, sondern auch innerhalb einer Disziplin (hier der KI) erfolgreich und relevant ausgeübt wird, wird die KI als Bindeglied zwischen Kognitions-, Natur-, Struktur- und Ingenieurswissenschaften in der Zukunft eine immer stärker werdende Rolle einnehmen.

5. Resümee

Zum Abschluss will ich noch einmal auf die Eingangsbemerkungen zurückkommen, in denen ich die externen Einschätzungen der KI angesprochen habe.

Die KI hat mit ihrem Forschungsziel, den menschlichen Geist zu untersuchen, einen der anspruchvollsten Problembereiche der Wissenschaften zum Thema gewählt. Selbst wenn man der technischen KI zugeordnet Fragen der Kognition nicht behandelt, so bleibt die Schwierigkeit hoch-komplexe, intelligenzerfordende Fähigkeiten in Systemen realisieren zu müssen. Aus diesen Gründen sind generelle Lösungen in - verhältnismässig - kurzer Zeit nicht zu erwarten.

Die interdisziplinäre Stellung der KI führt sicherlich dazu, in den Mutterdisziplinen (vielleicht sind es mittlerweile Schwesterdisziplinen) durch KI-spezifische Impulse neue Entwicklungen anzustossen. Hieraus darf jedoch (s.o.) ebenfalls nicht die Erwartung abgeleitet werden, dass alle Probleme durch Adaption neuer, aus der KI stammender Methoden lösbar sein werden.

Die in Abbildung 1 dargestellte Nachbarschaftsstruktur der Disziplinen hat sich in den letzten dreissig Jahren - wie in den Abschnitten 3.3, 4.3 und 4.4 erläutert - nicht unerheblich verändert und sollte daher eher wie in Abb. 2 dargestellt werden.

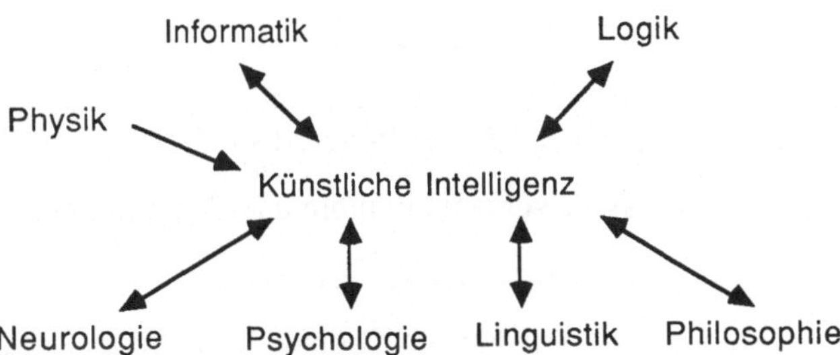

Abb. 2: Die interdisziplinäre Einbettung der Künstlichen Intelligenz

Die Interdisziplinarität der KI führt u.a. dazu, dass wissenschaftliche Traditionen und Methoden sehr unterschiedlicher Art aufeinander treffen. Das Verständnis für das Forschungsvorhaben Künstlichen Intelligenz wird sicherlich auch dadurch erschwert, dass ausserhalb der KI bisher zu wenig Kooperation zwischen den in Abb. 2 aufgeführten Disziplinen herrscht, und somit die für die KI notwendige fächerübergreifende Sicht selten existiert. An dieser Stelle ist anzumerken, dass die Nachbarschaftsstruktur der Disziplinen nicht rein zufällig gewählt wurde. Der Leserin (dem Leser) sei eine weitere, tiefergehende Interpretation der Abbildung überlassen.

Danksagung
Meine Kolleginnen Carola Eschenbach und Simone Pribbenow haben mir durch ausführliche Diskussionen zur KI im allgemeinen und zu diesem Aufsatz im speziellen sehr geholfen; ich möchte ihnen hierfür danken und sie gleichzeitig von jeder Verantwortung für die subjektive KI-Beschreibung dieser Arbeit entlasten.

20

Literatur

Bobrow, D. ed. (1980): Special Issue on Non-Monotonic Logic. Artificial Intelligence 13.

Brachman, R. / Schmolze, J. (1985): An Overview of the KL-ONE Knowledge Representation System. Cognitive Science 9. 171-216.

Cercone, N. / McCalla, G. eds.(1987): The Knowledge Frontier. Springer: New York.

Chomsky, N. (1956): Three Models for the Description of Language. I.R.E. Transactions on Information Theory. Vol. II 2-3. 113-124

Doyle, J. (1979): A truth maintenance system. Artificial Intelligence 12. 231-272.

Fleck, J. (1982): Development and Establishment in Artificial Intelligence. in N. Elias/H. Martins/R. Whitley (eds): Scientific Establishments and Hierarchies. D. Reidel: Dordrecht. 169-217.

Gärdenfors, P. (1988): Knowledge in Flux. MIT Press: Cambridge, Mass.

Habel, Ch. (1986): Prinzipien der Referentialität. Springer: Berlin.

Habel, Ch. (1987): Remarks on The Status of Inference in the Area of Knowledge Representation. Univ. Hamburg, FB Informatik. FBI-HH-Bericht 133.

Habel, Ch. (1988): Repräsentation von Wissen. Erscheint in: Informatik-Spektrum (1988/89).

Haugeland, J. (1985): Artificial Intelligence. MIT-Press: Cambridge, Mass.

Holleman, A.I./ Richter, F. (1961): Lehrbuch der organischen Chemie. De Gruyter: Berlin.

Leibniz, G.W. (ca. 1677): Vorrede zur allgemeinen Wissenschaft. In: Fragmente zur Logik. Akademie-Verlag: Berlin. 1960, 87-92.

Kemke, C. (1988): Der Neuere Konnektionismus. Ein Überblick. Informatik-Spektrum 11. 143-162.

Levesque, H. (1982): A Formal Treatment of Incomplete Knowledge Bases. Fairchild Lab. Artificial Intelligence: FLAIR Techn. Rep. 3.

Levesque, H. (1984): A Logic of Implicit and Explicit Belief. Proc. of AAAI-84. 198-202.

McCarthy, J. (1980): Circumscription: A Form of Non-Monotonic Reasoning. Artificial Intelligence 13. 27-39.

McCarthy, J. (1986): Applications of Circumscription to Formalizing Common-Sense Knowledge. Artificial Intelligence 28. 89-116.

McClelland, J. / Rumelhart, D. (1986): Parallel Distributed Processing, vol 2. MIT-Press: Cambridge, Mass.

McCorduck, P. (1979): Machines who think. W. Freeman: New York.

McCulloch, W. (new. ed. 1988): Embodiments of Mind. MIT-Press: Cambridge, Mass.

McDermott, D. / Doyle, J. (1980): Non-Monotonic Logic I. Artificial Intelligence 13. 41-72.

Miller, G.A. (1956): The Magical Number Seven, plus or minus two. In: The Psychology of Communication. Penguin (1968): Harmondsworth. 95-123.

Minsky, M. (1974): A Framework for Representing Knowledge. MIT AI-Lab. Memo 306. Teilweise abgedruckt in: J. Haugeland (ed. 1981): Mind Design. MIT-Press: Cambridge, MA. 95-128.

Moore, R. (1983): Semantical Considerations on Non-Monotonic Logic. 8th-IJCAI. Karlsruhe. 272-279.

Nebel, B. (1988): Computational Complexity of Terminological Reasoning in BACK. Artificial Intelligence 34. 371-383.

von Neumann, J. (1966): Theory of Self-Reproducing Automata. Edited and completed by A. Burks. Illinois Univ. Press: Urbana.

Newell, A. (1980): Physical symbol systems. Cognitive Science 4. 135-83.

Newell, A. / Simon, H. A. (1976): Computer Science as Empirical Inquiry Communications of the ACM 19: 113-126.

Nilsson, N. (1982): Principles of Artificial Intelligence. Springer: Berlin.

Pearl, J. (1988): Embracing Causalities in Default Reasoning. Artificial Intelligence 35. 259-271.

Reiter, R. (1980): A Logic for Default Reasoning. Artificial Intelligence 13. 81-132.

Rich, E. (1983): Artificial Intelligence. McGraw-Hill: New York.

Rumelhart, D./McClelland, J. (1986): Parallel Distributed Processing, vol 1. MIT-Press: Cambridge, Mass.

Schnelle, H. (1988): Turing Naturalized: Von Neumann's Unfinished Project. in: R. Herken (ed.): The Universal Turing Machine: A Half-Century Survey. Kammerer & Unverzagt: Hamburg. 539-559.

Shapiro, St. ed. (1987): Encyclopedia of Artificial Intelligence. John Wiley: New York.

Smolensky, P. (1988): On the proper treatment of connectionism. Behavioral and Brain Sciences 11. 1-23.

Sternberg, R.J., Salter, W. (1982): Conceptions of intelligence. in: R. J. Sternberg (ed.): Handbook of Human Intelligence. Cambridge UP: Cambridge. 3-28.

Tulving, E. (1972): Episodic and Semantic Memory. in: E. Tulving / W. Donaldson (eds.): Organization of Memory. Academic Press, NY. 382-404.

Turing, A.M. (1936): On computable numbers, with an application to the Entscheidungsproblem. Proc. London Math. Soc., Ser.2. 42. 230-265.

Winograd, T. (1975): Frame Representations and the Declarative / Procedural Controversy. in: D. Bobrow / a. Collins (eds.): Representation and Understanding. Academic Press: New York. 185-210.

Woods, W. A. (1987): Knowledge Representation: What's Important About It? in: N. Cercone & G. McCalla (eds.): The Knowledge Frontier. Springer: New York. 44-79.

Verarbeitung natürlicher Sprache

G. Görz
Stuttgart und Erlangen-Nürnberg

Zusammenfassung

Diese Einführung hat das Ziel, einen Überblick über zentrale Fragestellungen der maschinellen Sprachverarbeitung und einige exemplarische Ansätze zu ihrer Lösung zu vermitteln. Ausgehend von einer Charakterisierung des Gegenstandsbereichs werden Prinzipien und Methoden der Repräsentation natürlich-sprachlicher Objekte vorgestellt. Im Mittelpunkt steht die Frage der Modellierung menschlichen Sprachhandelns und ihre Umsetzung in Verarbeitungsmechanismen. Gemäß der Einteilung der Sprachwissenschaft in die Lehre von der *Ordnung* (Phonologie, Morphologie und Syntax), vom *Inhalt* (Semantik) und vom *Gebrauch* (Pragmatik und Diskurs) der Sprache werden Sprachverarbeitungssysteme diesen Abstraktionsebenen entsprechend modularisiert. Dabei beschränken wir uns auf die linguistische Analyse; die Behandlung der maschinellen Generierung natürlich-sprachlicher Äußerungen mußte aus Platzgründen entfallen. Die Darstellung der Verarbeitungsebenen wird durch einige Anmerkungen zur Architektur von Sprachverarbeitungssystemen abgeschlossen[1].

Durch die Entwicklung der modernen Linguistik und Logik sowie der klassischen Universalrechner wurden die wurden die Voraussetzungen für die maschinelle Verarbeitung natürlicher Sprachen geschaffen. Seit Anfang der fünfziger Jahre hat die Forschung eine Vielfalt an Methoden zur Analyse und Generierung geschriebener und gesprochener umgangssprachlicher Äußerungen hervorgebracht. Primäres Ziel der vorliegenden Darstellung ist es, in exemplarischer Weise in das Gebiet einzuführen und so eine Übersicht über den aktuellen Entwicklungsstand zu vermitteln. Zugleich soll zur vertieften Einarbeitung angeleitet werden. Der Aufbau dieser Einführung orientiert sich an den linguistischen Abstraktionsebenen — der Lehre von der *Ordnung* (Phonologie, Morphologie und Syntax), vom *Inhalt* (Semantik) und vom *Gebrauch* (Pragmatik und Diskurs) der Sprache[2]. Abstraktion ist das entscheidende Mittel zur Reduktion der Komplexität des Sprachverarbeitungsproblems. Für jede dieser Ebenen wird eine typische moderne Methode vorgestellt; Hinweise zu anderen Ansätzen finden sich in den Literaturangaben. Im Hintergrund soll dabei die Frage stehen, was eine natürlich-sprachliche Komponente eines "allgemeinen KI-Systems" leisten muß. Wir wollen dabei gleichermaßen die fundamentalen Probleme aufzeigen und möglichst allgemeine Ansätze zu ihrer Lösung vorstellen, wobei wir theoretisch fundierten Methoden gegenüber ad hoc Verfahren den Vorzug geben. Das Sprachverarbeitungsproblem ist geradezu typisch für das Problem "Künstlicher Intelligenz" aufgrund seiner Querverbindungen zu allen Gebieten der KI; es läßt sich nicht isoliert von anderen Bereichen der Wahrnehmung, von der Akquisition, Repräsentation und Verarbeitung von Wissen über die Lebenswelt und von verschiedenen Formen der Schlußfolgerung bearbeiten. Erwerb und Gebrauch der Sprache sind integrale Bestandteile des sozialen Handlungszusammenhangs; jede formale Rekonstruktion menschlichen Sprachhandelns, die ja letztlich auf das Verstehen sprachlicher Äußerungen zielt, muß von dort ausgehen.

---

[1] Wegen des beschränkten Umfangs muß diese Einführung notgedrungen skizzenhaft bleiben. Dennoch wurde versucht, in der zumindest einen Eindruck von der Vielfalt der in den letzten 30 Jahren entwickelten Verfahren zu vermitteln. Leider mußte auch weitgehend auf Beispiele verzichtet werden, die jedoch im Kurs einen breiten Raum einnehmen. Für wertvolle Hinweise und Anregungen ist der Autor Peter Bosch, Wolfgang Hoeppner, Godehard Link, Hajo Novak, Manfred Pinkal, Gert Smolka, Petra Steffens und Hans Uszkoreit zu besonderem Dank verpflichtet.

[2] vgl. hierzu z.B. Grewendorf et al. [24]

1 Das Problem der maschinellen Sprachverarbeitung

Das Sprachverarbeitungsproblem. Aufbau, Erwerb und Mitteilung von Wissen wird erst möglich durch das einzigartige Medium der Sprache, das die kulturelle Evolution der menschlichen Gesellschaft hervorgebracht hat. Durch die Konstruktion von Verarbeitungsmodellen sollen die Strukturen und Prozesse hinter der menschlichen Sprachpraxis aufgedeckt werden. Im diesem Sinne ist die maschinelle Sprachverarbeitung als kognitive Simulation der derzeit "letzte" Schritt in der Konsequenz des neuzeitlichen Wissenschaftsprogramms.

Wir konzentrieren uns primär auf die Frage, wie sprachliche Äußerungen in Strukturen überführt werden können, die ihre Bedeutung repräsentieren. Diese zentrale Fragestellung wird auch als *grammatisches Abbildungsproblem* bezeichnet, wobei wir die These zugrundelegen, daß diese Abbildung selbst als *wissens-basierter Prozeß* zu verstehen ist. Im Mittelpunkt dieses Beitrags stehen also Darstellung und Verarbeitung von Wissen über die Sprache selbst, welche uns gestatten, dieses Abbildungsproblem präzise zu fassen.

Die Einsicht, daß Sprechen ein Handeln ist, mit dem wir uns in der Welt orientieren und mit dem wir zu anderen Menschen in Beziehung treten, ist fundamental. Sprache als besondere "künstliche" Handlung wird als aktuelles Sprechen, als "Rede" (*parole*), ausgeführt und kann beliebig oft wiederholt werden, weil man die Sprache (*langue*) beherrscht. Dieser bedeutsame Unterschied wurde zuerst durch F. de Saussure [42] erkannt. "Sprechen ist Handeln" meint aber mehr als die Behauptung, Sprache könne man "anwenden". Der dadurch formulierte pragmatische Aspekt zielt darauf, daß es gar nicht sinnvoll ist, "Anwendung " und "Werkzeug" in der Beschreibung zu trennen: "Die Sprache ist nur dann angemessen beschrieben, wenn sie von vornherein unter dem Aspekt der Handlung gesehen wird, d.h., wenn die Kategorien und Klassifizierungen pragmatisch fundiert sind. Konkreter gesagt: Wenn sich über Bedeutungen nur in Kategorien des Gebrauchs sprechen läßt, und wenn man ferner zeigen kann, daß es nicht sinnvoll ist, syntaktische Kategorien unabhängig von semantischen zu bilden, dann ergibt sich ein Fundierungsverhältnis, dessen Basis die Pragmatik bildet, auf der zunächst die Semantik und schließlich die Syntax aufruht."[3]

Besonderheiten des Gegenstandsbereichs "Natürliche Sprache". Was sind die besonderen Eigenarten der natürlichen Sprache, denen ein System zu ihrer automatischen Verarbeitung Rechnung tragen muß? In Anlehnung an Lehmann ([32], S. 126f.) ist zu nennen:

- Die natürliche Sprache verfügt über ein reichhaltiges Repertoire an weitgehend semantisch fixierten *Grundelementen* (Wortschatz) und generellen *Ausdrucksmitteln* (grammatische Formen und Funktionen, Referenzmechanismen, etc.).

- Die natürliche Sprache kennt eine Vielfalt von Äußerungsformen (Sprechhandlungen).

- Die Ausdrucksmittel der natürlichen Sprache sind primär angelegt auf die aktuelle Herstellung von *Sachbezügen,* d.h. auf die *situationsabhängige* Charakterisierung *sinnlich wahrnehmbarer* Gegenstände und Sachverhalte der Umwelt, die sie

- auf die objektivierte Darstellung *abstrakter* Beziehungen und *verallgemeinerter* Aussagen durch Generalisierung und Abstraktion überträgt; und

- natürliche Sprache dient zugleich auch als *Metasprache* für sich selbst (Selbstreferenz), für alle einzelsprachlichen Ausprägungen und zugleich auch für alle formalen Sprachen.

Die Einbettung sprachlicher Handlungen in einen sprachlichen und situativen Kontext ist von entscheidender Bedeutung für die Mühelosigkeit und das Tempo verbaler Interaktion. Damit hängt die intendierte Bedeutung jeder Äußerung von der Folge der ihr vorangegangenen Ereignisse und Äußerungen ab, von der *Kommunikationssituation* — Ort, Zeit, beteiligte Personen, Umgebung,

---

[3]Schneider [45]

Anlaß und Zweck der Äußerung — und von der Gesamtheit des beim Hörer verausgesetzten *Vorwissens.*

Ambiguität. Weitere wichtige Eigenschaften der Umgangssprache, die ihre maschinelle Verarbeitung vor große Probleme stellen, sind: *Ambiguität* auf verschiedenen sprachlichen Ebenen (lexikalische, strukturelle, referentielle, pragmatische Ambiguität), *Vagheit, anaphorische Referenzen,* Möglichkeiten der *elliptischen Verkürzung* und des *metaphorischen Sprachgebrauchs.*

Darüber hinaus ist zu beachten, daß natürliche Sprache nicht für alle Zeiten festgefügt, sondern *historisch gewachsen* ist und sich weiterentwickelt.

Geschriebene und gesprochene Sprache. Gesprochene Sprache ist etwas anderes als bloß "vorgelesener Text", das Verhältnis von Satz zu gesprochener Äußerung ist nicht das zwischen Prototyp und Instanz ("type" und "token"). Kommunikation mit gesprochener Sprache ist dadurch gekennzeichnet, daß sie in einem Interaktionskontext stattfindet, in dem eine Reihe verschiedener Kommunikationsformen zusammenwirken und dadurch oft diesen Zusammenhang erst herstellen — situationsabhängige und allgemeine, wie Gestik, Mimik, Deixis etc. Die Übermittlung einer Nachricht in visuell und akustisch redundanter Form erhöht die Stabilität dieser Situation und bestimmt nicht unwesentlich den Stil der gesprochenen Sprache.

Eine Besonderheit der gesprochenen Sprache besteht darin, daß sie Information auf verschiedene Weisen codieren kann, insbesondere auch in prosodischen Merkmalen. Üblicherweise werden vier Arten von Merkmale zur Gliederung einer Äußerung *("Gliederungssignalen")* unterschieden: Intonation, Pausen, lexikalische Merkmale, Konstruktionswechsel (Anakoluthe — Neuansätze und Satzbrüche) und Wiederholungen von Wörtern oder Satzteilen. Experimente haben bestätigt, daß temporale Phänomene in gesprochenen Äußerungen aber auch durch im engeren Sinne linguistische Faktoren, insbesondere syntaktische, bestimmt werden, z.B. im Falle von Pausen zwischen Konstituenten.

Neben den Gliederungssignalen in Äußerungen kommen in Dialogen auch *Sprecher-* und *Hörersignale* vor, die durch sog. Kontaktwörter realisiert werden. In diesem Fall haben wir es mit rein kommunikativen Handlungen zu tun, die eine Vergewisserungs-, Bestätigungs- oder Ablehnungsfunktion haben.

Linguistische Beschreibung und Erklärung, Kompetenz und Performanz. Die zeitgenössische Linguistik tritt uns in zwei Varianten gegenüber[4]: In ihrer *empirisch-analytischen* (bzw. deskriptiven) Variante ist sie am Theorieideal der Physik orientiert. Ihr Gegenstand sind natürliche Sprachen, deren Beschreibungen mit Hilfe von Gesetzeshypothesen erklärt werden. Die Daten werden aus beobachteten bzw. gemessenen Variablen des "Sprachverhaltens" gewonnen. Das diesem Verständnis innewohnende Verhältnis von Theorie zu Wirklichkeit ist deduktiv-nomologisch; theoretisches Wissen ersetzt Alltagswissen. Die *rekonstruktive* (bzw. explikative) Variante setzt am "intuitiven Regelbewußtsein" an, das ein kompetenter Sprecher von seiner Sprache hat, und versucht so, die Bedeutung symbolischer Gebilde anhand der Regeln zu explizieren, nach denen sie hervorgebracht worden sein müssen. Natürliche Sprache erscheint als Ausdrucksform eines rekonstruierbaren vortheoretischen Wissens und die Theorie nimmt damit die Form einer Bedeutungsexplikation an. Alltagswissen wird nicht eliminiert, sondern mehr oder weniger explizit dargestellt. Durch das rekonstruktive Verfahren wird "ein praktisch beherrschtes vortheoretisches Wissen (know how) kompetenter Subjekte in ein gegenständliches und explizites Wissens (know that)" überführt[5].

Diesem pragmatischen Begründungsansatz entspricht in der strukturalistischen Linguistik die Theorie der *funktionalen* Grammatik, die von der Saussureschen Unterscheidung zwischen Form *(langue)* und Funktion *(parole)* ausgeht. Worauf sollte sich die linguistische Forschung primär konzentrieren: auf Form oder Funktion oder beide gleichermaßen?

Chomsky gibt eindeutig der Form die Priorität, er hat die Unterscheidung von Kompetenz

---

[4]vgl. Braun und Radermacher [10] S. 346ff.
[5]Habermas [28] S. 191

und Performanz eingeführt. "Wir machen … eine grundlegende Unterscheidung zwischen *Sprach-kompetenz* ('competence'; die Kenntnis des Sprecher-Hörers von seiner Sprache) und der *Sprach-verwendung* ('performance'; der aktuelle Gebrauch der Sprache in konkreten Situationen). Nur in der … postulierten Idealisierung kann die Sprachverwendung als direkte Wiederspiegelung der Sprach-Kompetenz aufgefaßt werden …" (Chomsky [14] S. 13f.)

Den pragmatischen Aspekt weist Chomsky der Performanztheorie zu: "Performance includes 'extralinguistic' information about the context of actual use and operates under constraints of memory, time, and organization of perceptual strategies that are not matters of grammar." (Chomsky [15]). Nach seiner Ansicht liefert die Performanz Daten für die Erforschung der Kompetenz, und die Untersuchung der Performanz sollte eine Grammatik einbeziehen, die die Kompetenz des idealen Sprecher/Hörers modelliert — eine Theorie der Performanz liegt für ihn jedoch außerhalb der Sprachwissenschaft.

In der Tradition der funktionalen Grammatik (Prager Schule, vgl. Broekmann [11]) ist die Trennung von Form und Funktion unmöglich; sie stellt den Handlungsaspekt und damit die grundlegende kommunikative Funktion der Sprache ins Zentrum. So wird das Wort seiner Funktion nach als Ergebnis einer Prädikationshandlung verstanden und damit jede ausschließlich mechanistische Sprachauffassung ausgeschlossen. Angesichts dieser Tatsache sieht sich die maschinelle Sprachverarbeitung mit dem Problem der Beschränkung auf rational rekonstruierte Fragmente natürlicher Sprachen konfrontiert. Auch wenn wir nicht der Meinung sind, daß die Modellierung des menschlichen Sprachhandelns Performanzaspekte von vorneherein ausschließen sollte, so kann sie doch nur deren operationalisierbare Aspekte einbeziehen. Um den Rahmen einer Einführung nicht zu sprengen, werden wir uns aber auf den Bereich der Kompetenz konzentrieren.

Sprache als Objekt zu untersuchen, heißt, Sätze als formale Gegenstände zu sehen, die unabhängig von Sprecher, Zeit und Kontext existieren. Sich um die Sprache als Handeln zu bemühen, heißt dagegen, Sätze als Ereignisse zu betrachten, die eine zeitliche Dimension haben, die Zwecken genügen, und die von Subjekten erzeugt werden, welche Intentionen haben und vornehmlich zweckgerichtet handeln[6].

Modellbildung. Psycholinguistische Untersuchungen haben deutlich gemacht, daß sprachliche Wahrnehmung als ein Prozeß der Bildung stabiler Hypothesen über die *situativ* wahrgenommenen Reize im Sprachsignal angesehen werden kann. Dieser Prozeß verläuft zumeist unbewußt, es besteht jedoch starke Evidenz, daß er als *kompositional* zu verstehen ist im Sinne des Zusammenwirkens verschiedener epistemologischer Einheiten mit dem Ziel der Optimierung einer besten Hypothese. Solche Einheiten können rekonstruiert werden als Annahmen darüber, was die Gegenstände der Wahrnehmung und die Regeln ihrer Zusammensetzung sind. Demnach sind die wahrnehmbaren Elemente Mengen von Merkmalen aus dem Sprachsignal, sowohl segmentale (lokale) — die Phoneme — als auch suprasegmentale, wie die Intonation. Die Regeln bestimmen die Bildung von Wörtern, Konstituenten, Sätzen und kohärenten Diskursen.

Die komplexe Aufgabe der Modellierung des Sprachverstehens wird üblicherweise in mindestens zwei Phasen eingeteilt, eine *zeit-orientierte*, die direkt auf dem Sprachsignal arbeitet, und eine *struktur-orientierte*, die auf abstrakten Objekten wie Phonemen, Worthypothesen, Konstituenten, Sätzen und semantisch-pragmatischen Einheiten operiert.

Im Mittelpunkt des Interesses steht der Kommunikationsprozeß, der auf Wissen basiert. In jeder Situation, in der sie Sprache verwenden, verarbeiten Sprecher (Produzent) und Hörer (Adressat) Information unter Rückgriff auf ihr Wissen über die Sprache und das Thema ihrer Interaktion. Das Ziel der Modellbildung besteht darin, die Organisation dieser Prozesse sowie Struktur und Inhalt des Wissens als *informationsverarbeitende Systeme* zu rekonstruieren. Dieser Ansatz, dem gemäß kognitive Prozesse auf algorithmische Weise adäquat modelliert werden können, wird auch als *"Computerparadigma"* bezeichnet. Die wichtigsten Schritte sind (in Anlehnung an Winograd [56]):

---

[6]vgl. Winograd [57]

- Sprachliche Kommunikationssituationen folgen einem Schema derart, daß der Sprecher mit kommunikativen Zielen beginnt, wozu das Erreichen bestimmter Wirkungen, die Übertragung von Information und der Ausdruck von Einstellungen gehören. Zusammen mit Wissen über die Sprache, die Welt und die Situation werden diese Ziele vom kognitiven Apparat verarbeitet und in eine Folge von Lauten oder Schriftzeichen abgebildet, die dann der Hörer in analoger Weise zu "decodieren" hat, um den Sinn des Mitgeteilten zu verstehen. Dabei wird für das Verarbeitungsmodell des Sprechers/Hörers eine modulare Struktur angenommen.

- Der Kontext wird primär durch kognitive Strukturen von Sprecher und Hörer repräsentiert.

- Von zentraler Bedeutung ist der *Prozeßbegriff*, hier bezogen auf kognitive Prozesse, die der Produktion und dem Verstehen von Äußerungen zugrundeliegen. Durch diese dynamische Sichtweise gestattet das Modell u.a., die "Ablaufsteuerung" von kognitiven Prozessen einzubeziehen.

- Derartige Prozeßmodelle realisieren komplexe Transformationen, die durch Differenzierung in ein geschichtetes Schema wiedergegeben werden. Jeder "Schicht" entspricht eine linguistische Abstraktionsebene (s.u.).

- Jeder einzelne Prozeß hat eine Fein-Struktur, die aus aktiven und passiven Elementen aufgebaut ist. Die passiven Elemente werden gemäß der psychologischen Modellbildung in permanente und temporäre Speicher (Langzeit- und Kurzzeitgedächtnis) unterteilt; über ihnen arbeitet eine (aktive) Verarbeitungseinheit (Prozessor).

Sprachkenntnis und die Repräsentation sprachlichen Wissens. Zur Modellierung werden Methoden der *wissens-basierten Systeme* eingesetzt, mithin muß *Sprach-Kenntnis* in der Form propositionalen Wissens dargestellt und verarbeitet werden. Ist aber Sprachbeherrschung mit den sie ermöglichenden Wissenssystemen strukturgleich mit Sprachkenntnis-Systemen, speziell den Grammatikkenntnissen? Die Antwort auf die letzte Frage kann nur negativ ausfallen, wenn man sich vergegenwärtigt, worin das entscheidende Charakteristikum des Wissensbegriffs besteht. Nach allgemeinem Sprachgebrauch nennt man eine Menge von Aussagen *(propositionales) Wissen* einer (oder mehrerer) Person(en) dann und nur dann, wenn diese Aussagen bestimmte inhaltliche Bedingungen erfüllen, die Person(en) vom Wahrheitsgehalt dieser Aussagen überzeugt sind und sie dafür gute Gründe geltend machen können. Es liegt auf der Hand, daß die Grammatikkenntnisse keine Wissenssysteme in diesem Sinn sein können. Sprecher/Hörer, obwohl in ihren Urteilen sicher, sind nicht in der Lage, ihre Grammatikkenntnisse durch einen wie auch immer gearteten Begründungszusammenhang zu explizieren. Andererseits besteht heute die einzige Möglichkeit der Modellierung des Sprachhandelns darin, Sprachkenntnis in der Form propositionalen Wissens zu explizieren und sie als solches zu repräsentieren und zu verarbeiten, wenn auch an die Stelle eines Begründungszusammenhangs nur ein Verweis auf die Lebenswelt treten kann. Dieser Umstand muß bestimmend sein bei der Auswahl von Repräsentationsschemata und ihrer Interpretation, zumindest im Sinne eines negativen Selektionskriteriums. Fundamental für diesen Ansatz die von B. Smith [44] so genannte *Wissensrepräsentations-Hypothese:*

"Any mechanically embodied intelligent process will be comprised of structural ingredients that

- we as external observers naturally take to represent a propositional account of the knowledge that the overall process exhibits, and

- independent of such external semantical attribution, play a formal but causal and essential role in engendering the behaviour that manifests that knowledge."

Zunächst muß also geklärt werden, welche Arten von Wissen darzustellen sind und wie dieses Wissen zu verwenden ist, also sein Erwerb, der Zugriff darauf, und die Ausführung von Schlußfolgerungen. Dabei muß ein Repräsentationssystem gewährleisten:

- *Adäquatheit des Ausdrucks*, d.h. insbesondere, welche Unterscheidungen getroffen werden können und welche unspezifiziert bleiben dürfen, um auf diese Weise partielle Information auszudrücken;

- *Effizienz der Notation*, d.h., welche Form und Struktur die Darstellung hat und welche Konsequenzen für die Arbeitsweise des Systems daraus folgen, insbesondere die algorithmische Effektivität für verschiedene Arten der Schlußfolgerung und die Klarheit der Darstellung.

Notwendigerweise müssen die Repräsentationskonstrukte als *Aussagen* zu interpretieren sein und für die Repräsentationssprache muß eine *Wahrheitstheorie* existieren. Darüberhinaus sollen diese Konstrukte eine *kausale Rolle* für das Verhalten des Systems spielen, dessen Wissensbasis aus ihnen aufgebaut ist.

Allgemein versteht man unter einer *Darstellung* oder *Repräsentation* den Vollzug von Zeichenhandlungen oder deren Ergebnis. *"Wissensrepräsentation"* ist somit die *formale Rekonstruktion des Wissens und seine Implementierung*[7]. Repräsentationen sind formalsprachliche Objekte mit einem Personen- oder Sachbezug, die aus Zeichen als ihren Objekten aufgebaut werden.

Ohne an dieser Stelle auf eine epistemologische Begründung eingehen zu können[8], hat sich für das darzustellende Wissen die folgende Klassifikation bewährt:

- *Wissen über Objekte*

- *Wissen über Ereignisse und Handlungen*

- *Wissen über Performanz*

- *Meta-Information*

Bezogen auf unseren Anwendungsbereich der natürlichsprachlichen Systeme, hat Wahlster[9] eine umfassende Liste der erforderlichen Wissenskomponenten zusammengestellt:

1. Diskursbereichs-unabhängiges Wissen

    - Segmentierunsregeln für Sprachsignale

    - Wort-Lexikon

    - Syntagmen-Lexikon (Mehrwortlexeme, feste Redewendungen)

    - Konzept-Lexikon (Definitionen und terminologische Regeln)

    - Phonologische Regeln (einschl. Prosodie)

    - Morphologische Regeln

    - Grammatik

    - Allgemeine Schlußregeln

    - Diskursregeln (Dialog-, Textgestaltung)

---

[7] vgl. den Beitrag von Lehmann in diesem Band
[8] vgl. hierzu jedoch Brachman [9]
[9] Wahlster [54] S. 21 f.

2. Diskursbereichs-abhängiges Wissen

- Referentielles Wissen (referenzsemantische Relationen)

- Spezielle (inhaltliche) Schlußregeln

- A priori Partnermodelle (beim Dialogpartner vermutetes Vorwissen und vermutliche Dialogziele)

- Spezielle Dialogstrategien bzw. Lese-/ Schreibstrategien.

2 Lexikon und Morphologie

Morphosyntaktische Merkmale. Das Lexikon ist eine Zusammenstellung des Wortschatzes einer Sprache, wobei jedem Wort mindestens eine Kategorie, eine Menge phonologischer und morphosyntaktischer Merkmale sowie — mindestens — ein semantisches Schema zugeordnet wird. Die Definition der *Morpheme* als der Bauelemente der Wörter orientiert sich üblicherweise[10] an der des *Phonems* als kleinster bedeutungs*differenzierender* Einheit: Morpheme sind kleinste bedeutungs*tragende* Einheiten eine Sprache. Die morphologische Analyse hat zum Ziel, Form bzw. Formvarianten, Vorkommen und Funktion der Morpheme zu beschreiben und damit die Bildung der verschiedenen Wortformen zu erklären. Morphologische Merkmale bezeichnen die *Flexion* (Konjugations- und Deklinationsformen) der Wörter — z.B. Numerus-, Tempus- und Personenangaben bei Verben, Kasus- und Genuskennzeichnung bei Nomen. Die Bildung von Wortformen wird als regelhafter Prozeß verstanden. Hierzu ist eine Vielfalt von Information erforderlich: über Wortstämme und zulässige Affixe (Vorsilben und Endungen, z.B. ge+kommen), über zulässige Morphemkombinationen (z.B. Läuf+er, nicht aber Komm+er) und über orthographische Variation (z.B. laufen, läuft).
Finite-State-Morphologie. Bis zum Anfang dieses Jahrzehnts beschränkten sich morphologische Analysesysteme auf jeweils eine natürliche Sprache. Obwohl der Formalismus der generativen Phonologie, der Ersetzungsregeln der allgemeinen Form

$$\alpha \rightarrow \beta / \lambda \underline{\qquad} \rho$$

benutzt, mächtig genug zur Behandlung wohl aller Sprachen wäre, erwies sich seine Implementation als zu schwierig. Erst durch neuere Untersuchungen, die zeigten, daß morphologische Analyse im allgemeinen mittels endlicher Automaten möglich ist, öffneten den Weg zu ihrer effizienten Behandlung. Ausgangspunkt war eine Beobachtung Johnsons "(that) any theory which allows phonological rules to simulate arbitrary rewriting systems is seriously defective, for it asserts next to nothing about the sorts of mappings the rules can perform... (Johnson) proves that a phonology that permits only simultaneous rule application, as oppposed to iterative derivational application, is equivalent to a FST (Finite State Transducer). And he argues then that most of the phonology current around 1970 could either be formalized or reanalyzed in terms of simultaneous rule application, and could thus be reduced to FSTs."[11]

FSTs sind endliche Automaten, die simultan auf einem Eingabe- und einem Ausgabeband arbeiten und so gleichzeitig zwei Symbole inspizieren. Kay und Kaplan[12] zeigten 1981, wie die iterativ angewandten Regeln der generativen Phonologie einzeln in FSTs compiliert werden können, mit der Einschränkung, daß keine Regel auf ihr Resultat wiederholt angewandt werden darf. Eine solche Kaskade von FSTs kann dann in einen einzigen FST verschmolzen werden, dessen Verhalten äquivalent zu dem der ursprünglichen generativen Regeln ist[13]. Bei Kay tragen die Kanten des FST ein Paar von Markierungen, von denen sich jeweils eine auf ein Band bezieht. Ein FST **akzeptiert** ein Paar von Bändern, wenn die in ihnen enthaltenen Symbole auf eine Folge von Zustandsübergängen passen, die von einem Anfangszustand beginnt in einen der ausgezeichneten

---

[10]vgl. Grewendorf [24], S. 254
[11]nach Gazdar [19], S. 2
[12]unveröffentlicht
[13]s. Kay [30], S. 100–104

Endzustände führt. Kann eine solche folge nicht gefunden werden, so werden die Bänder **zurück-gewiesen**. Dieses Vorgehen hat neben der effizienten Implementierbarkeit noch einen weiteren Vorteil: Im Gegensatz zu ungeordneten Ersetzungsregeln kann derselbe Automat für Analyse und Generierung eingesetzt werden.

Koskenniemis *Zweiebenen-Modell* der morphologischen Analyse (s. u.a. Koskenniemi [31]) baut auf diesem Ansatz auf[14]. Hier wird die Repräsentation eines Wortes auf zwei Ebenen betrachtet: der *lexikalischen* und der *Oberflächen*-Ebene. Auf der Oberflächen-Ebene werden die Wörter in ihrer orthographischen Erscheinungsform dargestellt, auf der lexikalischen Ebene bestehen Wörter aus Folgen von Stämmen, Affixen, diakritischen Zeichen und Grenzmarkierungen ohne orthographische Veränderungen. Beispielsweise entspricht der Oberflächenform `tries` auf der lexikalischen Ebene `try+s`. Eine Regel zur orthographischen Veränderung wird als Restriktion (Constraint) auf der Korrespondenz zwischen der lexikalischen und der Oberflächen-Zeichenkette ausgedrückt. I.a. geben solche Regeln an, wie ein lexikalisches Segment zu realisieren ist, wenn (und nur wenn) eine bestimmte Kontextbedingung zutrifft. Stark vereinfacht hätten wir in unserem Beispiel eine "Y-Change"-Regel, die `y` in `i` ändert, bevor `es` hinzugefügt wird. Dies würde als Restriktion über dem Vorkommen der lexikalisch/Oberflächenpaare `y/y` und `y/i` formuliert. Ein lexikalisches `y` muß mit einem Oberflächen-`i` korrespondieren, wenn es vor einem `+es` vorkommt. Jede derartige Regel bzw. Restriktion kann durch einen endlichen Automaten dargestellt werden; die Menge aller dieser Automaten arbeitet parallel geschaltet. Für die orthographischen Veränderungen im Englischen sind sechs derartige Automaten erforderlich. Trotz der Parallelisierung hinsichtlich der Regeln erfolgt die Ersetzung aber sequentiell: Eine Wortform wird Zeichen für Zeichen — oder Morphem für Morphem — verarbeitet.

Es ist möglich, auch die Ersetzung parallel vorzunehmen, wenn man die Unterscheidung der beiden Ebenen aufgibt und stattdessen Ersetzungsregeln für vollständige Oberflächen-Wortformen benutzt [15].

Lexikalische Analyse. Zusätzlich zur Lemmatisierung und Flexionsanalyse muß ein Sprachberarbeitungssystem weitere Schritte der lexikalischen Analyse leisten[16]. Erstens erweist es sich oft an dieser Stelle bereits als zweckmäßig, eine Ersetzung von Synonyma vorzunehmen. Zweitens zeichnet sich gerade das Deutsche durch eine reiche Vielfalt an Wortbildungsmöglichkeiten, vor allem durch Nominalkomposita, aus, sodaß eine Wortbildungsanalyse für alle Beschreibungsebenen vorgenommen werden muß. Drittens sind Idiome und Mehrwortlexeme zu identifizieren und mit geeigneten Beschreibungen zu kennzeichnen.

Die in neueren Grammatikmodellen erkennbare Tendenz, dem Lexikon eine immer bedeutendere Rolle beizumessen, bringt eine zunehmende Komplexität in Struktur und Inhalt der lexikalischen Information mit sich. Es liegt daher nahe, zu ihrer Darstellung moderne Wissensrepräsentationssysteme einzusetzen, die über entsprechende Mechanismen wie z.B. Vererbung verfügen[17].

3 Grammatik und Strukturanalyse

Eine zentrale Aufgabe für jedes Sprachverarbeitungssystem besteht in der Realisierung der sog. *grammatischen Abbildung*. Diese bestimmt für jede zulässige Zeichenkette die entsprechenden grammatischen Relationen, sodaß jeder sprachlichen Äußerung eine — oder im Fall der Ambiguität mehrere — strukturierte Beschreibung zugeordnet werden kann, die ihre Bedeutung repräsentiert. Als Lösungsansatz für so komplexe Aufgaben hat sich Modularisierung bewährt. Dazu werden verschiedene Verarbeitungsebenen festgelegt, die miteinander in Wechselwirkung stehen sollen. In der ersten Stufe stellt man in einer Äußerung *sequentiell angeordnete diskrete Einheiten* fest.

---

[14]Wir folgen hier der Beschreibung von Barton et al. [4], S. 115 ff.
[15]vgl. Görz und Paulus [23]
[16]vgl. Wahlster [53] S. 29
[17]vgl. hierzu Flickinger et al. [18]

Dann werden, wie im letzten Abschnitt beschrieben, diesen diskreten Einheiten *unterschiedliche Kategorien* zugeordnet. Die dritte Stufe, der wir uns nun zuwenden, besteht in einer *Gruppierung* dieser kategorisierten Einheiten oder Konstituenten. In einem vierten Schritt schreibt man den strukturellen Gruppierungen spezifische und wohlunterschiedene *Funktionen* zu, z.B. — zumindest in den indoeuropäischen Sprachen — Subjekt, Prädikat oder Objekt. In der fünften Stufe schließlich versucht man, *Dependenzen* zwischen den funktionalen Einheiten zu identifizieren, z.B. die Dependenzrelation der Übereinstimmung von Person, Numerus und Genus.

Die Strukturierung sprachlicher Äußerungen mittels Kategorien, Funktionen und Relationen wird durch Grammatiken vorgeschrieben. Es besteht weitgehend Übereinstimmung darin, daß eine Grammatik die folgenden Komponenten umfassen muß[18]: ein *Lexikon*, eine *phonologische*, eine *syntaktische* und eine *semantische* Komponente.

Das analytische Instrument zur Bearbeitung dieser Aufgabe sind Systeme von Regeln: *Regeln der Kombination* und *Regeln der Verwendung*. Erstes Ziel der Analyse ist die Zerlegung eines sprachlichen Ausdrucks in eine Struktur von Konstituenten. Die gewonnene strukturelle Information wird üblicherweise in *Baumdiagrammen* dargestellt. Über die bloße Konstituentenstruktur hinaus müssen wir aber noch fragen, *wie* diese innerhalb eines Satzes funktioniert. Wir fragen also nach dem Zusammenhang zwischen *Konstituententypen* wie Nominalgruppe und *funktionalen* (oder *relationalen*) Begriffen wie Subjekt oder Objekt, denn durch sie wird erst die Verbindung zur semantisch-pragmatischen Interpretation hergestellt.

In der Theorie der formalen Sprachen werden Bildungsgesetze für Zeichenketten untersucht. Chomsky hat, ausgehend von unbeschränkten Regelsystemen, durch immer stärkere Einschränkung der Regeln eine Hierarchie von Klassen formaler Sprachen definiert: turing-äquivalente, kontextsensitive, kontextfreie und reguläre Sprachen. Von besonderer Bedeutung für die Anwendung auf natürliche Sprachen ist die *kontextfreie* Familie, da der überwiegende Teil der Strukturen natürlicher Sprachen mit kontextfreien Mitteln elegant und hinreichend effizient beschrieben werden kann.

Kontextfreie Grammatiken definieren definieren die Ausdrücke einer Sprache durch Regeln der Form:

$$N_0 \rightarrow V_1 \cdots V_n,$$

die rekursive Gleichungen über Typen von Ausdrücken, bezeichnet durch *nicht-terminale* Symbole, und primitiven Ausdrücken, bezeichnet durch *terminale* Symbole, sind. Auf der linken Seite stehen stets nichtterminale Symbole (wie N_0), die Symbole auf der rechten Seite (V_i) sind entweder terminal oder nichttterminal.

Beispiel: Kontextfreie Grammatik für einfache Sätze, die aus einer Nominalgruppe und einer Verbalgruppe bestehen (*S:* Satz, *NP:* Nominalphrase, *VP:* Verbalphrase, *NPR:* Eigenname, *N:* Nomen, *Det:* Artikel, *TV:* transitives Verb, *IV:* intransitives Verb):

$$
\begin{array}{lll}
S & \rightarrow NP\ VP & \\
NP & \rightarrow NPR & \\
NP & \rightarrow Det\ N & \\
VP & \rightarrow TV\ NP & \\
VP & \rightarrow IV & \\
Det & \rightarrow \text{ein} & \\
NPR & \rightarrow \text{Linus} & (R_1) \\
NPR & \rightarrow \text{Lisa} & \\
N & \rightarrow \text{Fahrrad} & \\
TV & \rightarrow \text{fährt} & \\
TV & \rightarrow \text{liebt} & \\
IV & \rightarrow \text{schläft} &
\end{array}
$$

---

[18] vgl. Grewendorf [24] S. 41

Mit dieser Grammatik können wir einfache Hauptsätze wie "Lisa fährt ein Fahrrad" oder "Linus liebt Lisa" oder "Linus schläft" generieren bzw. klassifizieren. Die Klassifikation eines Ausdrucks und seiner Teilausdrücke gemäß einer kontextfreien Grammatik wird üblicherweise als Konstituentenstrukturbaum oder — in linearer Form — als Klammerstruktur dargestellt, z.B.

$$[_S[_{NP}[_{NPR} \text{Lisa}]][_{VP}[_{TV} \text{fährt}][_{NP}[_{Det} \text{ein}][_N \text{Fahrrad}]]]]$$

Jedes Verfahren, das zu einer Zeichenketten den bzw. die korrespondierenden Strukturbäume bestimmt, muß die Regeln in einer vorgegebenen Reihenfolge anwenden. Die Folge dieser Schritte wird *Ableitung* der Zeichenkette genannt. Beginnen wir die Ableitung mit dem Startsymbol S der Grammatik und "expandieren" dann NP und VP, bis wir bei den terminalen Symbolen — den Wörtern — angelangt sind, so bezeichnet man eine solche Ableitung als *"top-down"*. Beginnt man die Ableitung bei den terminalen Symbolen, also ganz "unten" im Baum und wendet die Regeln quasi von rechts nach links an, so spricht man von einer *"bottom-up"*-Ableitung. Orthogonal dazu unterscheidet man *"Tiefe-zuerst- (depth first)"* und *"Breite-zuerst- (breadth first)"* Ableitungen, je nachdem, ob die Expansion (Ableitung) in Teilbäume in die Tiefe — jeweils ein Pfad im Baum über mehrere Niveaus — oder in die Breite — zuerst alle Knoten auf einem Niveau — erfolgt. Durch Kombination dieser Dimensionen sind auch andere Ordnungen der Ableitungsschritte möglich; im Strukturbaum wird über die Reihenfolge abstrahiert. In der Praxis empfiehlt es sich, das Lexikon aus dem Regelsystem, der Grammatik im engeren Sinn, herauszuziehen und als separaten Modul zu realisieren.

Kontextfreie Grammatiken können direkt logisch axiomatisiert werden, wenn man die nichtterminalen Symbole als zweistellige Relationen über (Wort-)Positionen in der gegebenen Zeichenkette interpretiert, durch die Teilketten miteinander verknüpft werden. Eine derartige Axiomatisierung kann direkt in PROLOG übertragen werden, sodaß der PROLOG-Interpreter die Grammatik in Klauselform unmittelbar ausführt[19]. Durch seine Standard-Ableitungsstrategie realisiert er einen Parser, der top-down, Tiefe-zuerst operiert.

Anstelle von Regelsystemen, die formale Sprachen durch Verkettung von Zeichenketten definieren, kann man zu diesem Zweck auch *erkennende Automaten* benutzen, die feststellen, ob eine gegebene Zeichenkette zu einer Sprache gehört. Letztere werden auch als *Übergangsnetzwerke* bezeichnet. Ein solcher Automat besteht aus einer Menge von Zuständen, die durch gerichtete Kanten miteinander verbunden sind. Zu jedem Zeitpunkt ist genau ein Zustand aktiv; jeder Übergang zu einem Folgezustand entspricht der Verarbeitung des nächsten Symbols in der gegebenen Zeichenkette. Jede Kante ist dazu mit dem jeweils nächsten zulässigen Zeichen als Bedingung für den Übergang markiert. Werden mit Abarbeitung der Zeichenkette bestimmte ausgezeichnete Endzustände erreicht, so gilt diese als erkannt und damit als Element der formalen Sprache. Ein Übergangsnetzwerk heißt *rekursiv*, wenn es aus eine Menge besonders — nämlich mit nichtterminalen Symbolen — markierter Anfangszustände besitzt und zusätzlich diese Symbole auch als Bedingungen für Zustandsübergänge zulässig sind. Ein derartiger Übergang darf vollzogen werden, wenn das durch den betreffenden Anfangszustand bezeichnete Teilnetzwerk erfolgreich durchlaufen wurde. Die Entsprechung zu (rekursiven) Prozeduraufrufen in algorithmischen Programmiersprachen ist offensichtlich. RTNs sind mit den nichtdeterministischen Stack-Automaten verwandt, die ihrerseits die zu kontextfreien Sprachen äquivalenten abstrakten Maschinen sind. Werden zusätzlich zu dem Test auf Zulässigkeit eines Übergangs noch andere Operationen zugelassen, so erhält man *"Erweiterte Übergangsnetzwerke" (ATNs)*. Die meisten ATN-Systeme — von denen viele Varianten existieren — operieren mit Registern, die den Variablen in algorithmischen Programmiersprachen entsprechen und bieten eine besondere strukturbildende Operation, mit der im Verlauf der Analyse Strukturbäume konstruiert werden können[20]. Als problematisch wurde die

---

[19]vgl. Pereira und Shieber [37], Kap. 2

[20]Umfassende Einführungen bis hin zur Implementation geben u.a. Allen [2]; Bates [6]; Bolc [8], darin besonders die Beiträge von Christaller und Laubsch; Charniak und McDermott [13], Kap. 3, 4; Winograd [56]

zu große Ausdruckskraft der ATNs erkannt, denn sie ist turing-äquivalent. Es besteht allgemeine Übereinstimmung darin, daß die Ausdruckskraft von Grammatikformalismen durch Restriktionen der linguistischen Theorie begrenzt werden sollte.

Merkmals-basierte Grammatikformalismen (Unifikationsgrammatiken). Durch den Strukturalismus wurden zwei Arten von Beschreibungsmitteln für sprachliche Objekte eingeführt: Systeme distinktiver Merkmale, vor allem für die Phonologie, und Baumstrukturen, vor allem für die Syntax. Unter dem Begriff des *Merkmals* werden linguistisch relevante Eigenschaften von phonologischen, morphologischen, syntaktischen oder semantischen Einheiten verstanden. Merkmale bezeichnen linguistisch relevante kleinste Beschreibungselemente, die sich auf Sachverhalte der außersprachlichen Wirklichkeit beziehen.

Die Forschung der letzten zehn Jahre hat eine Klasse von Formalismen hervorgebracht, die es gestatten, in uniformer Weise sowohl das linguistische Wissen als auch die durch die grammatische Abbildung erzeugten Beschreibungen sprachlicher Objekte darzustellen. Die Familie dieser Formalismen, die die Vorteile der beiden genannten Beschreibungsarten vereinen, wird als *merkmalsbasiert* bezeichnet. Eine Schlüsselrolle für die Charakterisierung wohlgeformter Äußerungen fällt dem Begriff der partiellen Information und einer Menge voneinander unabhängigen, aber in Wechselwirkung stehenden *Restriktionen und Prinzipien ("Constraints")* zu[21]. Letztere werden oft als Systeme von Gleichungen, die Übereinstimmung von Merkmalen ausdrücken, formuliert und mit Hilfe der fundamentalen Operation der Unifikation gelöst. Aus diesem Grund werden solche Formalismen auch *unifikations-basiert* genannt.

Unter einem *Grammatikformalismus* verstehen wir somit eine formale Sprache, die wir als *Metasprache* zur Beschreibung einer *Objektsprache*, hier einer natürlichen Sprache, verwenden, d.h. zur Beschreibung ihrer Sätze (als Mengen von Zeichenketten), deren strukturellen Eigenschaften (ihrer Syntax) und der durch diese Sätze ausgedrückten Bedeutungen (ihrer Semantik)[22]. Die Wahl eines Grammatikformalismus wird von einer Reihe von Kriterien beeinflußt, deren wichtigste sind:

- *linguistische Adäquatheit*: inwieweit Beschreibungen linguistischer Phänomene in einer der zugrundeliegenden Theorie angemessenen Form ausgedrückt werden können;

- *Ausdruckskraft*: welche Klassen von Analysen überhaupt formulierbar sind;

- *Algorithmische Effektivität*: welche algorithmischen Mittel verfügbar sind, um in dem Formalismus notierte Grammatiken effektiv zu interpretieren, und, sofern solche Mittel existieren, wo ihre Grenzen liegen.

Unter diesen Kriterien erscheinen merkmals-basierte Grammatikformalismen als besonders geeignet, denn sie sind:

- *oberflächenorientiert*: d.h., es ist eine direkte Charakterisierung der faktischen Ordnung der Oberflächenstruktur — der aktuellen Anordnung der Zeichen in einem Satz — möglich;

- *interpretativ* in dem Sinne, daß mit den als Zeichenketten gegebenen sprachlichen Äußerungen wohldefinierte Beschreibungen assoziiert werden;

- *induktiv* durch rekursive Definition der Assoziation von Beschreibungen mit Zeichenketten, so daß neue Beschreibungen aus Beschreibungen von Teilketten auf wohldefinierte Weise erzeugt werden, wobei die Kombinationsoperationen von Zeichenketten vorgegeben sind;

- *deklarativ*: die Assoziation zwischen Zeichenketten und Beschreibungen ist in einer Weise definiert, die nur angibt, welche Assoziationen zulässig sind, nicht, wie sie berechnet werden.

---

[21] Dies steht im Gegensatz zur transformationellen Tradition, denn an die Stelle der dynamischen Transformation von Baumstrukturen treten nun statische Restriktionen über der Information, die mit strukturierten Ausdrücken assoziiert ist.

[22] Wir orientieren uns im folgenden insbesondere am PATR-II Formalismus nach Shieber [48]

Die Beschreibungen selbst sind wie folgt charakterisiert:

- Ihre Elemente sind entweder atomar (Konstanten) oder komplex mit hierarchischer interner Struktur.

- Die interne Struktur eines Elements ist durch seine Attribute und deren Werte bestimmt. Werte können beliebige Elemente (atomar oder komplex) sein.

- Gemeinsame Werte mehrerer Attribute sind zulässig.

Solche Beschreibungen heißen *Attributterme*; sie bezeichnen *Merkmalsstrukturen*, die im Hinblick auf ihre linguistische Interpretation auch *Funktionale Strukturen (f-Strukturen)* genannt werden. Attributterme sind Ausdrücke, die komplexe Typen (Sorten) bzw. Kategorien spezifizieren und damit Mengen von Objekten beschreiben[23]. Wir wollen Merkmalsstrukturen im folgenden als mathematische Objekte betrachten, genauer als Menge von azyklischen gerichteten Graphen über einer endlichen Menge von Kantenmarkierungen und einer endlichen Menge von atomaren Werten. Unter dieser Perspektive besteht die Kombination von zwei Merkmalsstrukturen, d.h. von zwei Attributmengen — die ihrerseits nichts anderes als Paare von Merkmalsnamen (Attributnamen) und Merkmalswerten (Attributwerten) sind — darin, daß wir die Vereinigung dieser Attributmengen, insofern sie kompatibel sind, auf rekursive Weise bilden. Diese Vereinigung, die wir formal als Kombination von Graphen definieren können, entspricht genau der Unifikation, wie sie als zentrale Operation der Unifikationsgrammatik-Formalismen [24] eingeführt worden ist.

Die zunächst informell gegebene Charakterisierung der Beschreibungssprache soll nun etwas präziser gefaßt werden[25]:

- Die Ausdrücke der Beschreibungssprache (Attributterme) bilden eine Menge von *Beschreibungen* $\mathcal{D}$.

- Sie dienen zur Klassifikation von Objekten aus einer Klasse $\mathcal{E}$ (natürlich-sprachliche Äußerungen).

- Die Klassifikation ist gegeben durch eine *Beschreibungsrelation:*

  Ist $D \in \mathcal{D}$ (partielle) Beschreibung von $E \in \mathcal{E}$, so: $E \models D$ (*E erfüllt D*)

- Sei F Menge von Merkmalsnamen (Attributnamen), V Menge atomarer Merkmalswerte. Ein Beschreibungsterm (Attributterm) ist eine partielle Funktion $D \subseteq F \times (V \cup \mathcal{D})$

- Merkmalswerte $f \in F'$ können atomar sein ($v \in V$) oder selbst wieder Attributterme $D' \in \mathcal{D}$.

- $D = \{(f_1, v_1), \ldots, (f_n, v_n)\}$ schreibt man auch

$$D = \begin{bmatrix} f_1 : & v_1 \\ \vdots & \\ f_n : & v_n \end{bmatrix}.$$

Beispiel: Eine Funktion, die das Merkmal *num* auf den Wert *singular* und das Merkmal *pers* auf den Wert 3 abbildet (D_{3sg}):

$$\begin{bmatrix} num : & singular \\ pers : & 3 \end{bmatrix}$$

---

[23]vgl. Uszkoreit [52].

[24]z.B. Funktionale Unifikations-Grammatik (FUG), Lexikalisch-Funktionale Grammatik (LFG), Verallgemeinerte Konstituentenstruktur-Grammatik (Generalized Phrase Structure Grammar, GPSG), "Definite Clause Grammar" (DCG). Eine zusammenfassende Übersicht geben Gazdar et al. in "Category Structures" [21], zur Einführung aus linguistischer Sicht sei Sells [47], aus der Perspektive des Formalismus Shieber [48] empfohlen.

[25]Eine umfassende mathematische Ausarbeitung gibt Smolka [51]

Beispiel für komplexe Merkmalswerte: Die Beschreibung der Menge aller Nominalgruppen im Singular und in der dritten Person

$$\left[\begin{array}{ll} cat: & NG \\ agreement: & \left[\begin{array}{ll} num: & singular \\ pers: & 3 \end{array} \right] \end{array} \right]$$

- Es gibt eine Notation, um *Koreferenz* (Identität) von Werten verschiedener Merkmale auszudrücken.

- Beschreibungen sind i.a. *partiell,* sie können zu spezielleren Beschreibungen (mehr Information, weitere Attribute) erweitert werden. Damit wird eine Halbordnung $D \sqsubseteq D'$ auf $\mathcal{D}$ induziert. Im Endeffekt zielt man auf eine Verbandsstruktur via *Subsumtion*:

$$D \sqsubseteq D' \leftrightarrow \bigwedge_E E \models D' \rightarrow E \models D.$$

- Attributterme D', D'', die unter Durchschnitt und Vereinigung wohlgeformte Attributterme liefern, heißen *kompatibel*:

$$\bigvee_D D' \sqsubseteq D \wedge D'' \sqsubseteq D.$$

- Die *Unifikation* $D = D' \sqcup D''$ von zwei (kompatiblen) Attributterme D' und D'' ist der allgemeinste Attributterm D, für den $D' \sqsubseteq D$ und $D'' \sqsubseteq D$ gilt:

$$\bigwedge_E E \models D' \sqcup D'' \rightarrow E \models D' \wedge E \models D''.$$

- Die Unifikation soll sich wie *(logische) Konjunktion* verhalten:

$$\bigwedge_E E \models D' \wedge E \models D'' \rightarrow E \models D' \sqcup D''.$$

- Somit ist die Merkmals-Unifikation

  - *invariant* bzgl. der Reihenfolge der Schritte.
  - *additiv* und *monoton* :

$$[f:v] \sqcup [g:w] = \left[\begin{array}{ll} f: & v \\ g: & w \end{array} \right]$$

  - *idempotent*:

$$[f:v] \sqcup \left[\begin{array}{ll} f: & v \\ g: & w \end{array} \right] = \left[\begin{array}{ll} f: & v \\ g: & w \end{array} \right]$$

  - Sie erhält den Unterschied zwischen Gleichheit und Identität von Teilstrukturen.
  - Der leere Attributterm ist *Einselement*:

$$[\,] \sqcup [f:v] = [f:v]$$

Durch die Konsistenzforderung, nämlich daß Unifikation nur dann zulässig ist, wenn die zu kombinierenden Strukturen kompatibel sind, kann die kombinierte Struktur keine neue Information enthalten, die über die in den Teilstrukturen enthaltene Information hinausgeht *(Monotonie)*. Modifikationsoperationen, die *neue* Werte einführen, sind per definitionem nicht zulässig. Neben der Grammatik selbst ist die einzige Quelle neuer Information, d.h. neuer Merkmalsstrukturen, das

Lexikon. Damit kommt dem Lexikon eine besondere Rolle zu: Wir fordern vom Grammatikformalismus eine lexikalische Orientierung.

Diese Beschreibungssprache ist nicht als eine formale Sprache für sich anzusehen, vielmehr sollten ihre Terme als Sprachelemente in ausdrucksstärkere Sprachen wie z.B. logik-orientierte Programmier- oder Wissensrepräsentationssprachen integriert sein. So bieten sie z.B. eine elegante Erweiterungsmöglichkeit für die ordnungs-sortierte Prädikatenlogik, indem man sie zur Definition von Sorten (Typen) einsetzt.

Durch die Merkmalsstrukturen ist der Bereich der Formen charakterisiert, mit dessen Elementen die zu analysierenden Objekte, nämlich Zeichenketten, beschrieben werden. Die Mengen der Objekte und Beschreibungen sowie die Beschreibungsrelation sind normalerweise nicht endlich. Um das vorgestellte Instrumentarium praktisch nutzen zu können, sucht man nach Möglichkeiten, die Beschreibungsrelation endlich zu charakterisieren. Eine *Grammatik* ist nicht anderes als eine solche Charakterisierung. Mithilfe von *parametrisierten Beschreibungen* und *Regeln*[26] gibt eine *Grammatik* an,

- wie wohlgeformte Zeichenketten zu größeren wohlgeformten Zeichenketten zusammengesetzt werden dürfen und

- in welcher Beziehung die assoziierten Beschreibungen (Attributterme) zueinander stehen.

In der Praxis benutzt man zumeist durch Mengen von Gleichungen annotierte kontextfreie Regeln. *Beispiel:* Regel für Sätze, die aus einer Nominalgruppe und einer Verbalgruppe bestehen

$$
\begin{aligned}
X_0 &\rightarrow X_1\, X_2 \\
&\langle X_0\ cat \rangle = S \\
&\langle X_1\ cat \rangle = NP \\
&\langle X_2\ cat \rangle = VP \\
&\langle X_0\ head \rangle = \langle X_2\ head \rangle \\
&\langle X_0\ head\ subject \rangle = \langle X_1\ head \rangle.
\end{aligned}
\qquad (R_2)
$$

Die Gleichungen drücken die Anwendbarkeitsbedingungen für die jeweilige Regel aus und können als Anweisungen interpretiert werden, die in ihnen benannten Teilstrukturen durch ihre Unifikation zu *ersetzen.* Die Notation wird erheblich vereinfacht, wenn man die Unifikationen für das Kategorie-Attribut *cat* durch Verwendung der Kategoriensymbole als Konstituentennamen eliminiert. Damit ergibt sich für unser Beispiel:

$$
\begin{aligned}
S &\rightarrow NP\ VP \\
&\langle S\ head \rangle = \langle VP\ head \rangle \\
&\langle S\ head\ subject \rangle = \langle NP\ head \rangle
\end{aligned}
\qquad (R_2')
$$

Die Analyse eines Satzes mit einer solchen Grammatik erfolgt derart, daß durch Anwendung der kontextfreien Regeln eine Konstituentenstruktur (Syntaxbaum) erzeugt wird und dabei gleichzeitig die Gleichungen durch Unifikation gelöst werden (s.u.). Als Lösung wird eine funktionale Beschreibung generiert, in die die spezifizierte Information aus Lexikon und Konstituentenstruktur eingesetzt ist. Aufgrund des deklarativen Charakters unfikations-basierter Grammatikformalismen ist es möglich, zur Analyse Verfahren des automatischen Beweisens heranzuziehen: Die durch eine Grammatik spezifizierte Analyse von Zeichenketten kann auch als konstruktiver Beweis der Grammatikalität der Zeichenketten angesehen werden, m.a.W., Strukturanalyse ist nichts anderes als eine Variante logischer Deduktion. Klassische Verfahren zur kontextfreien Syntaxanalyse wie z.B. der Earley-Algorithmus können in der Form von Schlußregeln formuliert und von einem allgemeinen (bzgl. der Strategie parametrisierbaren) Beweissystem ausgeführt werden[27]. Ein Vorteil dieses

---

[26]vgl. Pereira [36]
[27]vgl. Pereira und Shieber [37], Kap. 6.6, Shieber [50]

Vorgehens ergibt sich auch daraus, daß detaillierte Untersuchungen über die Komplexität dieser Verfahren vorliegen.

Es liegt nahe, Grammatikformalismen als spezielle Programmiersprachen zu sehen. So gelang es, mithilfe des in der Theorie der Programmiersprachen entwickelten Instrumentariums der *denotationalen Semantik* für unifikations-basierte Grammatikformalismen eine präzise Spezifikation ihrer Semantik zu entwickeln. Aus diesem Vorgehen ergeben sich weitere Vorteile: Die verschiedenen Formalismen können formal mathematisch auf eine wohldefinierte Weise miteinander sowie mit anderen Wissensrepräsentations-Systemen verglichen werden und es eröffnen sich Querverbindungen zur Theorie der abstrakten Datentypen. In der Tat sind diese Formalismen eng mit objektzentrierten Wissensrepräsentationssystemen wie z.B. KL-ONE[28] verwandt.

Die mathematischen Eigenschaften der derzeit üblichen Grammatikformalismen werden bei Perrault [39] und Gazdar [20] dargestellt. Shieber [49] behandelt das Problem der Äquivalenz verschiedener unifikations-basierter Grammatikformalismen.

Chart-Analyse. Mit der *aktiven Chart-Analyse* wollen wir ein prominentes Analyseverfahren betrachten, das zur Familie der *tabellarischen Analyseverfahren*[29] gehört. Diese Verfahren sind dadurch besonders effizient, daß sie Zwischenergebnisse der Analyse in einer Tabelle ablegen. Einfache Analyseverfahren haben die folgende unangenehme Eigenschaft: Ist der Anfang einer Zeichenkette auf mehr als eine Weise als Konstituente eines bestimmten Typs analysierbar, so wird jede Berechnung, die im Rest der Zeichenkette weitere Konstituenten zu erkennen versucht, für jede dieser Alternativen wiederholt. Um diesem Problem abzuhelfen, wurde eine Tabelle, die sog. *Well-Formed Substring Table* (WFST), eingeführt, in die jede analysierte Konstituente zusammen mit der Stelle ihres Vorkommens eingetragen wird. Die Vorzüge einer solchen Tabelle liegen auf der Hand:

- Sie gestattet eine effiziente Darstellung struktureller Mehrdeutigkeiten, da bei verschiedenen grammatischen Zerlegungen eines Satzes gleiche Anteile nur einmal gespeichert zu werden brauchen;

- Sie erlaubt effizientes "Backtracking", da bereits einmal bestimmte Konstituenten nicht mehr gelöscht werden.

Die *aktive Chart* ist eine Verallgemeinerung der WFST; sie wird als gerichteter Graph dargestellt, dessen Knoten die Wortpositionen darstellen und dessen Kanten mit dem entsprechenden Zustand der Analyse (Teilergebnisse, Information über den Folgeschritt) markiert sind[30].

Die Chart wird initialisiert als eine Folge von Knoten, die den Anfang, das Ende und die Wortgrenzen eines Satzes darstellen. Diese Knoten werden durch *inaktive Kanten* miteinander verbunden, die mit den Wörtern und ihrer zugehörigen lexikalischen Information markiert sind. Immer, wenn während der Analyse eine Konstituente gefunden wird, wird eine neue inaktive Kante in die Chart eingefügt. *Aktive Kanten* repräsentieren unvollständige Konstituenten: Sie "enthalten" die Kategorie der gesuchten Konstituente, ihre bisher bekannte Beschreibung und Information, wie diese vervollständigt werden kann. Die Analyse beginnt (bei Top-down-Strategie) mit einer *leeren* aktiven Kante — einer Schleife — am ersten Knoten. Die Erzeugung neuer aktiver und inaktiver Kanten stellt den Kern der aktiven Chart-Analyse dar. Das entscheidende Ereignis liegt in der Wechselwirkung zwischen aktiven und inaktiven Kanten: Immer, wenn eine aktive und eine inaktive Kante zusammentreffen und die inaktive Kante die Bedingungen — in unserem Fall das Gelingen der Unifikation — der aktiven Kante erfüllt, kann eine neue, "vollständigere" Kante konstruiert werden. Dies wird durch das *Fundamentalprinzip* der aktiven Chart-Analyse festgelegt.

Agenda, Such- und Analysestrategien. Die Auswahl des jeweils nächsten Verarbeitungsschritts wird mittels einer *Agenda* (Prozeßliste) realisiert. Immer, wenn eine aktive Kante in die

---

[28]vgl. den Beitrag von Lehmann in diesem Band
[29]vgl. Pereira und Shieber [37], Kap. 6.6
[30]vgl. z.B. Winograd[56], Görz[22]

Chart eingefügt wird, werden die möglichen nächsten Schritte als "Tasks" in diese Liste eingetragen. Dieser Vorgang wird prioritätsgesteuert durch einen *Scheduler* ausgeführt. Der *Selektor* wählt aus der Agenda eine Task aus und bringt sie zur Ausführung. Das Spektrum der Auswahlstrategien wird durch Tiefensuche (Agenda als Stack) und Breitensuche (Agenda als Warteschlange) begrenzt. Die Strategie der Regelanwendung ("Parsingstrategie") — top-down oder bottom-up — kann somit völlig unabhängig davon gewählt werden: Sie ist gegeben durch Bedingungen für die Einführung neuer leerer Kanten in die Chart. Erst durch die Festlegung dieser Strategien wird aus einem Algorithmenschema ein bestimmter Analysealgorithmus[31].

Die entscheidenden Vorteile der aktiven Chart-Analyse sind damit:

- Sie geht *daten-gesteuert* vor. Linguistisches und strategisches (Verarbeitungs-) Wissen werden getrennt.

- Sie ist *monoton* vor, denn es wird stets neue Information (Kanten) hinzugefügt, nie bereits vorhandene Information modifiziert.

- Im Falle *syntaktischer Ambiguität* werden alle gültigen Zerlegungen unabhängig von der Reihenfolge der Analyseschritte gefunden.

- An verschiedenen Stellen der Chart können verschiedene Analyseprozesse gleichzeitig (quasi-) parallel arbeiten.

- Das Analyseergebnis ist weitestgehend unabhängig von der Wahl der Parsing- und Suchstrategien.

- Die Analyse von Satzfragmenten ist ohne zusätzlichen Aufwand möglich.

- Die Möglichkeit zur inkrementellen Analyse ist unmittelbar gegeben.

Grammatische Phänomene. Auf die Behandlung der grammatischen Phänomene einzelner natürlicher Sprachen und ihre Codierung in einem deskriptiven Grammatikformalismus kann hier aus Platzgründen nicht eingegangen werden. Einen ersten Zugang für das Englische (z.B. Possessiva, PPs, Subjekt-Verb-Übereinstimmung, Relativsätze, Subkategorisierung, Hilfsverben, Modifikatoren etc.) vermitteln z.B. Pereira und Shieber [37], Kap. 3, 4, Allen [2] , Kap. 5 (Bewegungsphänomene), sowie die im Anhang von Winograd [56] wiedergegebene Grammatik; eine Auflistung der für das Deutsche charakteristischen Phänomene gibt z.B. Görz [22], S. 133 f.

4 Semantische Interpretation

Semantik: Textuelle Bedeutung. In einem Sprachverarbeitungssystem sind aufgrund der verschiedenartigen Funktionen, die eine Äußerung im Dialog erfüllt, vier für das Verstehen relevante Bedeutungsaspekte zu unterscheiden:

- die innersprachlich-textuelle Bedeutung, die sich vor allem auf die Wortbedeutung abstützt und damit innerhalb des Sprachsystems selbst repräsentiert werden muß;

- die referentielle Bedeutung, die auf das Alltagswissen der Kommunikationspartner Bezug nimmt, d.h. auf Faktenwissen und Handlungsregeln;

- die kommunikative, situative Bedeutung, zu deren Darstellung Interaktionsregeln herangezogen werden müssen; und

- die soziale, emotive und rhetorisch-stilistische Bedeutung, die aus dem soziokulturellen Umfeld zu erklären ist.

---

[31]Wahlster [54] gibt ein Klassifikationsraster für Parser an.

In dieser Reihenfolge — die gleichzeitig auch einen zunehmenden Anteil an Intentionalität und lebensweltlicher Erfahrung beinhaltet — entziehen sich die genannten Bedeutungsaspekte mehr und mehr einer Operationalisierung. Anderseits müssen wir uns vergegenwärtigen, daß zwischen diesen Ebenen nicht scharf getrennt werden kann, vielmehr stehen sie untereinander in mannigfachen Wechselwirkungen.

Als Untersuchungsgegenstand der *semantischen* Analyse einer Äußerung sehen wir ihre im *Sprachsystem* angelegte Bedeutungsstruktur — unabhängig von situativen und kommunikativen Faktoren und von ihrem Bezug auf die außersprachliche Wirklichkeit. Dabei wird unter "Bedeutungsstruktur" insbesondere die Repräsentation der innertextlichen *funktionalen* und *logischen* *Relationen* ihrer Elemente zueinander verstanden. Das Ziel der semantischen Analyse ist damit

- die Auflösung lexikalischer Mehrdeutigkeiten,

- die Darstellung verschiedener Lesarten einer Äußerung, und

- die Aufdeckung semantischer Anomalien.

Somit fällt ihr sowohl eine *Bewertungs-* und *Auswahlfunktion* als auch eine *Repräsentationsfunktion* zu. Zur Urteilsfunktion gehört, zu entscheiden, ob eine syntaktisch wohlgeformte Struktur eine eindeutige Bedeutung besitzt oder ob sie semantisch mehrdeutig oder "abweichend" ist, ob sie mit den bisher erzielten Ergebnissen verträglich ist, und — im Falle der Mehrdeutigkeit — welche der möglichen Interpretationen die plausibelste ist. Ihre strukturierende Funktion umfaßt den Aufbau von Abhängigkeitsstrukturen aus einer Menge von Konstituenten durch Festlegung der übergeordneten und der abhängigen Elemente und die Verarbeitung der von der syntaktischen Analyse vorgegebenen Prädikat-/Argument-Struktur, nämlich die Spezifikation der logisch-semantischen Rollen der Argumente bezüglich der Prädikation. Weiterhin will man aus dem jeweils aktuellen Zustand der Analyse auch Hypothesen über den Rest des Satzes aufstellen, die in späteren Analysephasen zu überprüfen sind. Daraus resultiert eine gewisse *Vorhersage-Funktion*, und zwar auf der Ebene von Wörtern (z.B. Konjunktionen, Präpositionen), Wortgruppen (z.B. Kasus, syntaktische Kategorien) und semantischen Relationen (z.B. Argumentfunktion, semantische Kategorie).

Im folgenden wollen wir bei der semantischen Analyse die Bereiche der *lexikalischen* und *kompositionalen* Semantik betrachten[32]. Die lexikalische Semantik befaßt sich mit der Darstellung der Bedeutung der deskriptiven Ausdrücke (Inhaltswörter) der Sprache und den Beziehungen zwischen diesen, insbesondere dem Netzwerk von Begriffen. Auch die Frage, auf welche Objekte sprachliche Ausdrücke sich beziehen und die der Unterscheidung verschiedener Objekttypen soll hierin aufgenommen werden. Die kompositionale Semantik untersucht, wie die Bedeutungen komplexer sprachlicher Objekte sich aus denen ihrer Komponenten zusammensetzen. Eine besondere Rolle spielen dabei die Mechanismen der Quantifikation und die Auflösung des Quantorenskopus.
Lexikalische Semantik. In der kontextfreien Beispielgrammatik im letzten Abschnitt bestand das Lexikon lediglich aus einer Menge von präterminalen Ersetzungsregeln. Als Voraussetzung für eine semantischen Analyse müssen die lexikalischen Elemente aber eine viel reichhaltigere Struktur aufweisen. I.a. muß ein Lexikon muß die folgenden Typen von Information enthalten: *Phonetische Repräsentation, Kategorisierung, Subkategorisierung, Selektionsrestriktionen, Argumentstruktur* und *Lexikalische Semantik*.

Die Spezifikation der Bedeutung von von Wörtern und Äußerungen setzt Methoden der Wissensrepräsentation (s.o.[33]) voraus. Die Klassifikation von Objekten mittels einer Hierarchie bzw.

---

[32]vgl. den Beitrag von Link in diesem Band.
[33]vgl. auch den Beitrag von Lehmann in diesem Band

eines Netzwerks von *Typen* ist ein wichtiges Hilfsmittel zur Strukturierung eines Wörterbuchs. Dadurch ist es möglich, Relationen wie Spezialisierung (ein `Schimmel` ist ein `weißes` `Pferd`) und Synonymität (`Pferd` und `Roß` sind synonym) auszudrücken. Analoges gilt für Ereignisse und Zustände; Allen ([2], S. 196) illustriert das typische Vorgehen: "The class EVENT includes verb senses such as WALK, DONATE, FALL, SLEEP, and so on, while the class STATE involves word senses such as BE ..., BELIEVE, WANT, and OWN. These verb classes can be distinguished by certain linguistic tests ..." Auch Abstrakta (Farben, Zeit etc.) werden als Typen modelliert. Ambige Wörter haben mehrere Wortbedeutungen, deren jede durch einen Typ identifiziert wird.

Selektionsrestriktionen. Gemäß der Leitidee der Kompositionalität (s.u.) werden die Repräsentationen der Bedeutung zusammengesetzter sprachlicher Ausdrücke aus den Repräsentationen der Wörter, aus denen sie bestehen, aufgebaut. Ein erster Schritt hierzu besteht in der Berücksichtigung der semantischen Kompatibilität: Die Bedeutung eines Wortes schränkt die Bedeutungen anderer Wörter ein, die mit ihm "zusammengehen" können. Wird beispielsweise grün als Adjektiv verwendet, so ist die Restriktion auszudrücken, daß es als Modifikator für physische Objekte semantisch zulässig ist: "`der grüne Baum`" ist eine semantisch wohlgeformte NP, "`die grüne Idee`" jedoch nicht. Im Falle ambiger Wörter wird dadurch ein erster Disambiguierungsschritt geleistet. Solche *Selektionsrestriktionen* werden oft als Muster dargestellt, mit denen die Kompatibilität semantischer Attribute (z.B. `PHYSOBJ = +`) in bestimmten syntaktischen Strukturen überprüft werden kann.

Thematische Rollen und Kasusrelationen. Chomsky hat in der neuesten Version seiner Theorie, der "Rektions- und Bindungstheorie" ("Government and Binding", GB) dem Konzept der thematischen Rollen eine zentrale Position eingeräumt. Dies sei am Beispiel eines Lexikoneintrags für das Verb `schlagen` illustriert:

$$\text{schlagen}: V, \langle VP \rangle, (AGENT,\ THEME,\ INSTR)$$

In diesem Eintrag besteht die *Kategorisierung* aus der Angabe der Wortkategorie V. Die Subkategorisierung für `schlagen`, $\langle VP \rangle$, gibt an, daß es sich um ein transitives Verb handelt, das eine *NP* als Objekt fordert. Eine andere Unterkategorie von Verben, z.B. die intransitiven wie `gehen` haben an dieser Stelle einen leeren Eintrag ($\langle\ \rangle$), wieder andere fordern ergänzende Präpositionalphrasen, etc. Die *Argumentstruktur* besteht aus einer Liste von thematischen Rollen, die mit diesem Verb assoziiert sind; die wesentlichen sind *AGENT, GOAL, SOURCE, THEME, LOCATION, INSTR(ument)*. In dem Satz "`Maria schlägt Hans mit einem Golfschläger`" ist `Maria` *AGENT* des Ereignisses, `Bill` das *THEME*, und der Golfschläger ist das *INSTR(ument)*. Für die Zuordnung thematischer Rollen verfügt die GB-Theorie über zwei Prinzipien: das *Theta-Kriterium* und das *Projektionsprinzip*. Das Theta-Kriterium besagt, daß jede Nominalgruppe in einem Satz genau eine thematische Rolle empfangen muß und daß jede mit einem Prädikat assoziierte Rolle auch tatsächlich zuzuweisen ist. Das Projektionsprinzip fordert, daß Subkategorisierungseigenschaften aus der lexikalischen Ebene auf jede grammatische Repräsentationsebene "projiziert" werden und somit dort als Restriktionen agieren.

Am einflußreichsten für die maschinelle Sprachverarbeitung hat sich die verwandte Fillmoresche [17] Theorie der *Kasusgrammatik*[34] erwiesen. Sie geht von folgenden Grundannahmen aus: Neben den syntaktischen und funktionalen Relationen bestehen in einem Satz zwischen dem Verb und anderen Satzteilen semantische Relationen (z.B. Ausführender einer Handlung), die *Tiefenkasus* genannt werden. Aus diesen Relationen läßt sich die syntaktische Ausprägung mittels *Transformationen* ableiten. Es gibt ein (relativ kleines) *universelles Inventar* von Tiefenkasusrelationen bzw. -rollen, die empirisch bestimmt sind. Eine bestimmte Tiefenkasusrolle ist in einem Satz nur *einmal* vertreten. Jedem Verb wird ein *Kasusrahmen* zugeordnet, der die obligaten und fakultativen Tiefenkasusrollen spezifiziert. Die von Fillmore angegebenen Tiefenkasus entsprechen im wesentlichen den genannten thematischen Rollen. Die Attraktivität der Kasustheorie für die maschinelle

---

[34]vgl. Allen [2], Kap. 7.4, Charniak und McDermott [13], Kap. 4.5

Sprachverarbeitung rührt daher, daß die Tiefenkasusrollen einen ersten Schritt zur semantischen Interpretation eines Satzes bieten und eine semantische Auflösung syntaktischer Mehrdeutigkeiten gestatten. Tiefenkasusrollen sind im Unterschied zu syntaktischen Relationen an Handlungen, Vorgängen und Ereignissen orientiert und es ist leicht möglich, für einen speziellen Diskursbereich das Tiefenkasusinventar gezielt zu erweitern.

Varianten der Kasusgrammatik wurden in vielen Sprachverarbeitungssystemen angewandt. In diesem Zusammenhang müs auch der Ansatz der *Conceptual Dependency* von Schank und anderen[35] erwähnt werden.

Kompositionale Semantik. Im Mittelpunkt der kompositionalen Semantik steht die Frage, wie die Bedeutungen komplexer sprachlicher Objekte sich aus denen ihrer Komponenten zusammensetzen. Üblicherweise geht man dabei so vor, daß man mit jeder Konstituente eine *logische Form* assoziiert, d.h. einen Ausdruck einer logischen Sprache, der dieselben Wahrheitsbedingungen wie die Konstituente besitzt. Der Ansatz der kompositionalen Semantik geht davon aus, daß die logische Form einer Konstituente rekursiv aus den logischen Formen ihrer Komponenten aufgebaut werden kann.

In den sechziger Jahren hatte der Logiker Richard Montague[36] begonnen, mit den Mitteln der Modelltheorie eine umfassende semantische Theorie für natürliche Sprachen zu entwickeln. Im Mittelpunkt dieses Versuchs stand die Rekonstruktion eines Fragments des Englischen als formale Sprache. Als Sprache der logischen Formen hatte Montague eine Logik höherer Stufe auf der Basis des Lambda-Kalküls, *intensionale Logik*, benutzt und für diese eine mit dem Konzept der "möglichen Welten" begründete Semantik definiert. Trotz der Problematik dieses Vorgehens (s.u.) wurden wertvolle Impulse zur Behandlung einer Reihe von bis dahin ungelösten Problemen wie Referenzauflösung und Quantorenskopus gegeben[37].

Das Prinzip der kompositionalen Semantik sei in Anlehnung an Pereira und Shieber[38] in einer stark vereinfachten Form illustriert. Für die logischen Formen wird eine um den untypisierten Lambda-Kalkül[39] erweiterte Logik erster Stufe benutzt. Mit jeder Regel der kontextfreien Grammatik wird eine entsprechende Regel zum Aufbau der logischen Form der Mutterkonstituente aus den logischen Formen ihrer Töchter assoziiert.

Beispiel:

Syntax-Regel 1:

$$S \rightarrow NP\ VP$$

Semantik-Regel 1: Ist NP' die logische Form der NP und VP' die logische Form der VP, so ist die logische Form für S gegeben durch $VP'(NP')$.

Syntax-Regel 2:

$$VP \rightarrow TV\ NP$$

Semantik-Regel 2: Ist TV' die logische Form des TV und NP' die logische Form der NP, so ist die logische Form für die VP gegeben durch $TV'(NP')$.

Die logische Form für den Satz "Bertrand **verfaßte** Principia" erhält man dann auf folgende Weise: Die logischen Formen für Bertrand und Principia seien *bertrand* bzw. *principia*, die des Verbs **verfaßte** sei durch den Lambda-Ausdruck $\lambda x.\lambda y.verfaßte(y,x)$ gegeben. Nach der zweiten Regel wird die VP "**verfaßte Principia**" mit dem Ausdruck $\lambda x.\lambda y.verfaßte(y,x)(principia)$

---

[35]s. u.a. Schank und Riesbeck [43]

[36]vgl. Montague [34]

[37]Eine umfassende Einführung gibt Link [33]

[38]Pereira und Shieber [37], Kap. 4.1; dort wird auch eine Einbettung in den Formalismus der Definite Clause Grammar angegeben. S.a. Allen [2], Kap. 9.5.

[39]loc. cit. S. 91 ff.

assoziiert, der durch β-Reduktion (Funktionsanwendung) äquivalent zu $\lambda y.verfaßte(y,principia)$ ist. Nun wird nach der ersten Regel der Satz "Bertrand `verfaßte` `Principia`" mit der logischen Form $\lambda y.verfaßte(y,principia)(bertrand)$ assoziiert, die wiederum durch β-Reduktion zu $verfaßte(bertrand,principia)$ äquivalent ist.

Dieser einfache Ansatz der kompositionalen Semantik ließ sich bei der Behandlung der *Quantifikation* nicht aufrechterhalten: In der logischen Form eines bedingten Allsatzes `alle` `P` `sind` `Q` wird die Quantorenphrase `alle` `P` in zwei Teile zerlegt, syntaktisch bildet sie als NP *eine* Konstituente[40]. Innerhalb der Formalisierung in der intensionalen Prädikatenlogik zweiter Stufe wurde die folgende Lösung gefunden[41]: "(i) die natürlichsprachlichen Quantorenausdrücke sind Determinatoren, die mit einem Nomen N eine NP bilden ...; (ii) eine NP aber denotiert ...eine Menge von Eigenschaften; (iii) eine VP, die sich mit einer NP zu einem Satz verbindet, steht für eine einzelne Eigenschaft, welche im Fall der Wahrheit des Satzes ein Element jener Menge ist. Das Problem natursprachlicher Quantifikation besteht also *kategoriell* in der Charakterisierung der für jeden Quantor typischen Relation zwischen zwei Eigenschaften, der N-Eigenschaft und der VP-Eigenschaft, und *technisch* in der Herstellung der korrekten Skopus-Beziehungen zwischen mehreren Quantoren und sonstigen Operatoren unter Beibehaltung der Baukasten-Kombinatorik." Die gewünschten Skopus-Beziehungen können mithilfe der λ-Abstraktion hergestellt werden. Zur Behandlung der *generalisierten Quantoren* — sie haben i.a. die Form $[Det\ N]$, z.B. `ein` / `kein` / `jeder` / `der` / `einige` / `manche` / `viele` / `die meisten` / `drei` / `mindestens sieben` ...— werden algebraische Methoden herangezogen; dies ist ein aktuelles Forschungsthema der formalen Semantik.
Strategien der semantischen Interpretation. Die Assoziation semantischer Konstruktionsregeln mit den Regeln der Grammatik ist nur eine aus einem Spektrum möglicher Strategien der Interaktion zwischen syntaktischer und semantischer Interpretation. An dessem einen Ende stehen die sog. "semantischen Grammatiken", bei denen semantische Information direkt in der Grammatik codiert ist. An die Stelle der wenigen traditionellen syntaktischen Kategorien treten viele (speziellere) semantisch oder gar pragmatisch bestimmte Kategorien und es wird bei der Analyse direkt eine semantische Repräsentation — ohne die Zwischenebene einer syntaktischen Repräsentation — aufgebaut. Das andere Ende nimmt eine Strategie ein, nach der die Konstruktion einer semantischen Repräsentation erst dann einsetzt, wenn größere Konstituenten oder gar der ganze Satz vollständig syntaktisch analysiert sind.

Jede dieser Strategien hat Vor- und Nachteile. Semantische Grammatiken können für kleine Diskursbereiche schnell erstellt werden und gestatten eine effiziente Gestaltung der Analyse. Erweiterungen des Diskursbereichs hingegen erweisen sich oft als sehr schwierig und die Portierung in einen neuen Bereich ist zumeist unmöglich. Eine sequentielle Anordnung von syntaktischer und semantischer Analyse kann sich sehr bald als ineffizient erweisen. Da in der Regel erstere im Vergleich zu letzterer viel effizienter durchgeführt werden kann, sieht sich die semantische Analyse mit einer Vielzahl syntaktischer Alternativen konfrontiert, die dann mit hohem Aufwand auf ihre semantische Kompatibilität zu überprüfen sind. Der Mittelweg, die Assoziation semantischer mit syntaktischen Regeln, scheint deutlich flexibler zu sein und damit den besten Kompromiß abzugeben.

Für die Entscheidung über die semantische Kompatibilität verschiedener Konstituenten haben wir bisher nur Annahme oder Zurückweisung betrachtet. In einigen Systemen wird stattdessen eine an semantischer Plausibilität orientierte Präferenzordnung benutzt, etwa durch Zuweisung eines Evidenzmaßes an alternative Interpretationen.
Probleme der semantischen Interpretation. Eine Reihe von Problemen der semantischen Interpretation müssen in dieser Einführung unerwähnt bleiben. Hierzu gehören u.a. die Semantik der Modifikatoren, insbesondere der Adjektive, sowie die Behandlung des Plurals. Auch nach Anwendung aller syntaktischen und semantischen Restriktionen ist es möglich, daß keine vollständige

---

[40]zur Interpretation definiter Nominalphrasen s.a. Charniak und McDermott [13], Kap. 4.5, Allen [2], Kap. 10.
[41]Link [33]

Disambiguierung erfolgt ist. Ein weiteres umfangreiches Gebiet ist die Analyse vager Ausdrücke. Alle diese Probleme sind zur Zeit Gegenstand der Forschung.

Situationen und Diskursrepräsentation. Zum Abschluß dieses Abschnitts wollen wir noch kurz auf zwei neuere Entwicklungen im Bereich der semantischen Interpretation eingehen: die *Situationstheorie*, die Barwise und Perry [5] entwickelt haben und die in gewisser Hinsicht ähnliche *Diskursrepräsentationstheorie* von Kamp [29].

Während der Analyse werden aus dem Lexikon entnommene semantische Formen, die etwa die Prädikat-Argument-Struktur von Verben darstellen, instantiiert. Um zu einer Repräsentation der durch die sprachliche Äußerung ausgedrückten Bedeutung zu gelangen, müssen diese im Kontext — in der Situationstheorie gegeben durch beschriebene Situation und Äußerungssituation — interpretiert werden. Als verbindendes Glied dient im letzteren Fall eine Abbildung der instantiierten semantischen Formen auf Situationsschemata; diese haben selbst wieder die Form von Attributtermen. Diese Situationsschemata werden dann durch eine Logik von Situationen und partieller Information interpretiert.

Die Diskursrepräsentationstheorie "geht von einem *hörerorientierten* Bild sprachlicher Kommunikation aus ... Zunächst wird eine Repräsentation der Äußerung erstellt, die in die bereits vorliegende Repräsentation des vorausgegangenen Diskurses integriert wird ... Eine DRS (Diskursrepräsentationsstruktur) entspricht dem, was bisher logische Form genannt wurde, mit dem Unterschied jedoch, daß auf eine explizite Darstellung der Quantoren verzichtet wird: die Information über die logischen Beziehungen der sprachlichen Äußerung wird stattdessen mithilfe "freier" Diskursparameter durch ein Ensemble stratifizierter "Boxen" kodiert. Die technische Entscheidung der *quantorenfreien Darstellung* erlaubt die zwanglose Erweiterung einer gegebenen DRS zu einer die neue Äußerung umfassenden DRS und realisiert damit den Grundgedanken einer *dynamischen Semantik*. Zugleich baut der Hörer so etwas wie eine "kleine Welt" auf, ein partielles Modell der Wirklichkeit, so wie er sie sieht.

In einem zweiten Schritt gilt es nun, das durch die DRS gegebene partielle Modell "mit der Wirklichkeit zu konfrontieren". Technisch gesprochen bedeutet das, daß die Diskursparameter der DRS in dem Individuenbereich eines gegebenen semantischen Modells so zu verankern sind, daß die in der DRS beschriebenen Relationen zwischen den Parametern auch zwischen ihren semantischen Gegenstücken bestehen ... " (Link [33])

Ausgangspunkt der Situationstheorie ist das Bestreben, prinzipielle Beschränkungen der "logischen Semantik natürlicher Sprachen", die auf die Standardlogik erster Stufe und Erweiterungen von dieser aufbaut, zu überwinden. Der erste Versuch dieser Art, das Montaguesche Programm, wird heute weitgehend als gescheitert beurteilt, teilweise wegen der Inadäquatheit seiner Grundannahmen, aber auch wegen seiner effektiv nicht behandelbaren Komplexität. Die Situationstheorie gibt den modelltheoretischen Rahmen nicht auf, aber zeichnet sich wesentlich dadurch aus, daß an die Stelle der "möglichen Welten" als Grundelemente "Situationen" treten, die eine reichhaltige Ausstattung mit Individuen, Relationen, Zuständen, Propositionen, etc. aufweisen[42]. Situationen S, Lokationen L, Relationen R und Individuen D sind als Primitiva konstitutiv für die Situationstheorie. Weiterhin gibt sie den semantischen Holismus Freges mit seiner zu engen Fixierung auf die Wahrheitsbedingungen von Sätzen auf und operiert stattdessen mit partieller Information. Drittens versucht sie, statt der Bindung an die Einheit *Satz* dem *Kontext* und dem Phänomen der Kontextabhängigkeit eine zentrale Rolle beizumessen.

Bedeutung entsteht in der Situationstheorie aus *Relationen*, die zwischen Situationen gelten. Neu daran ist, daß Bedeutung aus konventionell gültigen *Restriktionen* (*"Constraints"*) entspringt, die zwischen Typen von Äußerungssituationen und Typen von durch Äußerungen beschriebenen Gegenständen gelten. Bedeutungen sind nur für solche Individuen erkennbar, die auf deren bedin-

---

[42]Damit werden die unrealistischen ontologischen Grundannahmen der Mögliche-Welten-Semantik aufgegeben, in der kognitiv elementare Eigenschaften (z.B. 'rot') als komplexe Funktionen (Abbildungen der Menge möglicher Welten in die Potenzmenge des Individuenbereichs) dargestellt werden.

gende Restriktionen "eingestimmt" sind. Im Fall konventionell gültiger Restriktionen, worin die linguistischen eingeschlossen sind, heißt dies Teilhabe an dem gemeinsamen kulturell vermittelten sozialen Wissensbestand. Statt direkt einen Wahrheitswert zu bezeichnen, bezeichnet eine Aussage in der Situationstheorie eine Menge von Situationstypen, die ihrerseits zu einem Wahrheitswert 'ausgewertet' werden können; die 'Interpretation' einer Aussage ist verschieden von ihrer 'Bewertung'. Der Kontext wird berücksichtigt bei der *Interpretation* zur Bestimmung der Person des Sprechers, des Zeitpunkts der Äußerung, und welche bestimmte Eigenschaft ein Prädikat bezeichnet, bei der *Bewertung* zur Bestimmung der Extension einer Eigenschaft und um festzustellen, ob die in der Äußerung ausgedrückten Relationen gelten. Aus dem Umstand, daß die Sprache hinsichtlich ihrer Interpretation vom Kontext abhängig ist, resultiert ihre besondere *Effizienz*. Damit wird z.B. die Eigenschaft von Substantiven bezeichnet, daß sie in verschiedenen Situationen immer wieder verwendet werden können, indem sie stets dieselbe Bedeutung, aber unterschiedliche Interpretationen besitzen.

Die *Situationssemantik* als semantische Theorie natürlicher Sprachen innerhalb der Situationstheorie stellt an ihren Anfang "... das Phänomen der Deixis: die systematische Beziehung zwischen konkreten Äußerungssituationen und beschriebener Situation... Einen zweiten Anstoß für die Situationssemantik haben Probleme mit propositionalen Einstellungen (z.B. 'glauben') und Prädikate der Sinneswahrnehmung (z.B. 'sehen') gegeben: Im Kontext dieser Verben sind weder logisch äquivalente Sätze noch Kennzeichnungen mit identischer Referenz gegeneinander austauschbar, und es ist im Rahmen der konventionellen logischen Semantik nicht möglich gewesen, zufriedenstellende alternative Situationsbedingungen zu formulieren."[43]

Das unifikations-basierte Verfahren zur Konstruktion von Situationsschemata aus einer gegebenen Äußerung hat mit der oben dargestellten Übersetzung in logische Formen nur noch entfernte Ähnlichkeit, die zentrale Eigenschaft beider ist Kompositionalität. Ausgangspunkt ist das Konzept der *strukturellen Korrespondenzen*, partielle Abbildungen, die Repräsentationen auf den verschiedenen linguistischen Abstraktionsebenen aufeinander beziehen. Diese Repräsentationen werden als *Projektionen* verschiedenartiger linguistischer Information betrachtet. Für eine ausführliche Darstellung sei auf Fenstad et al. [16] verwiesen.

Die Bedeutung eines Satzes[44] φ ist eine Relation zwischen einer *Äußerungssituation* u und einer *beschriebenen Situation* s. Das Situationsschema $SIT.\varphi$ — oder die Schemata —, das mit φ assoziiert ist, bildet die Verbindung zwischen s und u, notiert durch $u[SIT.\varphi]s$. Situierte Fakten werden als Attributterme notiert, sodaß sich für Situationsschemata die folgende Grundstruktur ergibt:

$$\begin{bmatrix} SITuation: & --- \\ RELation: & --- \\ ARG.1: & --- \\ \vdots & \\ ARG.n: & --- \\ LOCation: & --- \\ POLarity: & --- \end{bmatrix}$$

Zur Interpretation von Situationsschemata wird eine Logik von Situationen und partieller Information aufgebaut. Damit soll dem Umstand Rechnung getragen werden, daß wir es in der Regel nicht — wie in der Standardlogik erster Stufe — mit statischer und vollständiger Information zu tun haben; vielmehr ist unser Wissen dynamisch und unvollständig. Die Polarität gestattet, Fakten als "positiv" oder "negativ" auszuzeichnen. Situationen werden vorgestellt als eine Art von restringierten, partiellen Modellen, die bestimmte elementare Fakten klassifizieren. Dabei wird angenommen, daß die Grundelemente eine Struktur besitzen: Jede Relation hat eine feste Anzahl

---

[43]Pinkal [40]
[44]Fenstad et al. [16] untersuchen primär einfache deklarative Sätze

von Argumenten oder Rollen, für Situationen und Individuen sollte zumindest eine Enthaltenseinsrelation definiert sein und die Menge der raum-zeitlichen Lokationen weist eine geometrische Struktur auf. Bei der Interpretation einer Äußerung von φ in einem Kontext u gibt es einen Informationsfluß, zum Teil von der durch das Schema $SIT.\varphi$ dargestellen linguistischen Form, zum Teil von anderen kontextuellen Faktoren, die aus der Äußerungssituation u entnommen werden. Diese werden vereinigt in einer Menge von Restriktionen über der beschriebenen Situation s; s ist nicht eindeutig bestimmt: Sind u und eine Äußerung von φ in u gegeben, so können verschiedene Situationen s diese Restriktionen erfüllen.

Es muß aber festgehalten werden, daß die Korrelation von Situationstypen und Bedeutungen der lebensweltlichen Erfahrung bedarf. Die Lebenswelt als Voraussetzung für Sprachstrukturen und damit für die Möglichkeit kommunikativen Handelns ist eine irreduzible Komponente; *Pragmatik kann nicht vollständig in Semantik aufgelöst werden.*

5   Diskurs und Dialoggestaltung

Pragmatik: Kontext- und Weltbezug. Damit ein Hörer eine Äußerung über das rein wörtliche Verstehen hinaus auch in der zugrundeliegenden Sprecherintention und dem thematischen Zusammenhang begreifen kann, muß er sie in Beziehung zu seinem eigenen Hintergrundwissen und zum bisherigen Dialogverlauf setzen. Äußerungen sind normalerweise von pragmatischen Faktoren wie Präsuppositionen (implizite Voraussetzungen, z.B. Absichten einer Person) und den Absichten des Sprechers abhängig (indirekte Sprechakte). So kann z.B. in den meisten Fällen erst unter Berücksichtigung der pragmatischen Umstände einer Äußerung entschieden werden, ob eine Ja-/Nein-Frage "echt" ist oder eine implizite Aufforderung ausdrückt. Auch wenn die folgenden Ausführungen auf die Führung von Dialogen abheben, ist der Fall des monologischen "Textverstehens" grundsätzlich mit einbezogen.

Die wesentliche Aufgabe des Hörers und damit der pragmatischen Analyse besteht in der Erkennung und Analyse der Intentionen des Sprechers, insbesondere in

- der Herstellung von Korrespondenzen zwischen seinem eigenen und des Hörers Wissen über die Welt,

- dem Ziehen von Schlüssen, die der Sprecher vom Hörer erwartet, und

- der Einbettung dieser Schlußfolgerungen in den thematischen Bereich des Dialogs.

Hierzu ist in schematischer Form dargestelltes Wissen über Objekte, Verläufe und Abstraktionen erforderlich, das die Begriffe von Zeit, Raum, Kausalität, Ziel und Plan in ihrer pragmatischen Dimension, d.h. in ihrem Handlungsbezug, erfaßt. Weiterhin wird eine zweite Gruppe von Schemata benötigt, die das bereichsspezifische Wissen bereitstellt — sowohl durch Spezialisierung der allgemeinen Konzepte als auch durch Erweiterungen, die das Handeln im speziellen Anwendungsbereich, insbesondere dessen Voraussetzungen und Wirkungen, betreffen. Mit dem fortschreitenden Dialog muß die pragmatische Analyse einen *Plan (Aufgabenmodell)* als Folge von Aktionen konstruieren, die die aktuelle Situation(sbeschreibung) in den gewünschten Zielzustand überführen.
Referenz. Mit *Referenz* wird traditionellerweise die Bezugnahme sprachlicher Ausdrücke auf Objekte und Ereignisse (Handlungen, Zustände, etc.) der Welt bezeichnet. In Sprachverarbeitungssystemen werden letztere i.a. durch in einem Repräsentationsformalismus dargestellte *Referenzobjekte* repräsentiert. Die Aufgabe der Referenzbestimmung besteht darin, all jene Satzteile zu identifizieren, die ein Referenzobjekt bezeichnen, das prinzipiell an anderer Stelle im Diskurs wieder aufgegriffen werden kann, und zu erkennen, welche Konstrukte auf das gleiche Referenzobjekt Bezug nehmen.

Eine große Rolle spielt die NP-Referenz, bei der man zwei Varianten unterscheidet: *Anaphorische Referenz* liegt vor, wenn eine NP — oft ein Pronomen — sich auf ein vorher im gleichen oder in einem anderen Satz eingeführtes Referenzobjekt bezieht, z.B. "Ich habe *den Orient-Express* noch erreicht, *er war verspätet*". Durch *nicht-anaphorische Referenz* führt eine NP ein neues Referenzobjekt ein. Je nach Art des Artikels spricht man von *definiter* oder *indefiniter* Referenz.

Referenzbestimmung ist ein vielschichtiges Problem. Bei der Interpretation eines Pronomens spielen morphologische Übereinstimmung, syntaktische Kriterien, semantische Verträglichkeit, pragmatische Kriterien und Weltwissen eine Rolle. Eine gängige Heuristik zur Auflösung von Pronominalreferenz geht von der Annahme aus, daß sich ein Pronomen zumeist auf das zuletzt erwähnte Referenzobjekt bezieht, das die genannten Bedingungen erfüllt. Dies kann technisch durch einen "History-List"-Mechanismus, der den lokalen Kontext modelliert, realisiert werden[45].

Das Phänomen der *Ellipsis* ist ein weiterer Aspekt des Referenzproblems. Elliptische Äußerungen sind verkürzte Sätze, aber in der Regel grammatisch wohlgeformte Satzteile. Typischerweise können die fehlenden Konstituenten direkt aus dem Kontext, in vielen Fällen aus dem vorhergehenden Satz entnommen werden. Bei genauer Betrachtung erweist sich Ellipsis jedoch als wesentlich komplizierter: Neben den *syntaktischen* Ellipsen, von denen man die vorwärts- und rückwärtsgerichtete Variante unterscheidet, gibt es die große Klasse der *pragmatischen* Ellipsen. Die syntaktischen Ellipsen sind intrasententiell, d.h. sie können ohne Kontextinformation aus sich selbst heraus vervollständigt werden. Sie treten häufig im Zusammenhang mit koordinierten Strukturen (Konjunktionen, Komparationen) auf. Die pragmatischen Ellipsen umfassen *situative* — wozu konventionelle Kurzformen und typische Verkürzungen wie in Zeitungsüberschriften gehören — und *kotextuelle*. Kotextuelle Ellipsen haben die eingangs erwähnte Eigenschaft: Sie beziehen sich zumeist auf die letzten ein bis zwei Äußerungen im Diskurs. Die Feingliederung der kotextuellen Ellipsen in Ersetzungs-, Wiederholungs- und Expansions-Ellipsen korrespondiert mit dem Entsprechungsgrad (genau, partiell, keine) innerhalb der Rekonstruktionsprozedur, die die semantische Repräsentation der elliptischen Eingabe wird mit denjenigen der letzten vollständigen Äußerungen und ihren Teilen vergleicht.

Diskursanalyse. Die Definition von Handlungen ausschließlich durch Wissen darüber, wie sie ausgeführt werden, reicht nicht aus, um ihre Bedeutung zu erfassen, insbesondere hinsichtlich

- des Verstehens der Intentionen des Sprechers,

- des handlungsorientierten Schlußfolgerns, insbesondere der Spezifikation aller (einschließlich der impliziten) Information, die benötigt wird, um angemessen (und klug) zu handeln, und

- der situationsabhängigen Auflösung von Referenzen.

Die Diskursanalyse benötigt Wissen über Kommunikationssituationen, Standardmuster für Dialoge (Interaktionskonventionen, Sprechakttypen, natürliches Schließen, Dialogkohärenz) und Schemata, die diese allgemeinen Konzepte auf den gegebenen Anwendungsbereich hin spezialisieren. Mit diesem Wissen hat sie

- Schlußfolgerungen aus dem Dialogkontext und

- Schlußfolgerungen über den aktuellen Zustand des Sprechers, einschließlich seines — ihm unterstellten und aus dem Dialogverlauf entnommenen — Wissens, zu ziehen,

um daraus ein *Partnermodell* zu konstruieren. Analog zum Aufgabenmodell beginnt sie mit Standard-Dialogschemata und -Techniken und versucht, durch schrittweise Verfeinerung den Sprecher zu "verstehen" und den Dialog zu steuern, indem sie einen Dialogplan konstruiert mit dem Ziel, den Dialog zu einem erfolgreichen Abschluß zu bringen. Für das Partnermodell sind die folgenden Aspekte zu berücksichtigen[46]: A-priori-Wissen, das bei einem Dialogpartner vorausgesetzt werden kann, und stereotype Attribute, die die für eine Benutzerklasse gleiche Werte haben

---

[45]s. Allen [2], Kap. 12

[46]exemplarisch im HAM-ANS-System realisiert, vgl. Wahlster und Kobsa [55]

(z.B. Bewertungskriterien wie "teuer"). Dynamisch wird ein Partnermodell durch Berücksichtigung der im Dialog bereits gegebenen Information und der Schlüsse, die daraus gezogen werden können (z.B., daß ein erwähnter Sachverhalt auch besteht), sowie umgekehrt der Annahmen, die der Dialogpartner aufgrund seiner Äußerungen hat.

Der wesentliche Beitrag der allgemeinen pragmatischen Analyse besteht damit in einer Spezialisierung des allgemeinen "referentiellen Potentials" von Äußerungen — gegeben durch die lexikalischen Bedeutungen — in einen besonderen thematischen Rahmen, also in der Interpretation und fortlaufenden Verfeinerung einer Ausgangssituation auf einen gegebenen Diskurszweck hin. Der wesentliche Beitrag der Diskursanalyse besteht in einer Spezialisierung eines Dialograhmens mittels Kenntnis von Gesprächsstrategien und -schemata durch Ableitung von Erwartungen über nachfolgende Sprechakte, die die Interaktion mit dem Dialogpartner durch Rückfragen, Antworten oder Zurückweisungen zu steuern gestatten.

Sprechakte, Diskurs- und Dialogverstehen. Die Sprechakttheorie revidiert und erweitert den oben eingeführten Begriff der Kompetenz dadurch, daß sie eine kommunikative Kompetenz postuliert, die die Fähigkeit zur Verwendung von Äußerungen in Sprechhandlungen zum Gegenstand hat. Die Theorie der Sprechakte sucht nach einem fundamentalen Regelsystem, über das Sprecher und Hörer verfügen, soweit sie die Bedingungen für eine erfolgreiche Verwendung von Äußerungen in Sprechhandlungen erfüllen.

Die Wurzeln der Sprechakttheorie liegen in der Wittgensteinschen Auffassung, daß Sprachhandeln primär auf die Verständigung innerhalb gemeinsamen Handelns zielt. Darauf aufbauend unterscheidet Austin [3] konstative Äußerungen (Behauptungsäußerungen), die wahr oder falsch sein können, und performative Äußerungen, welche gelingen können oder auch nicht, während die Frage der Wahrheit bei ihnen keine Rolle spielt. Diese Unterscheidung rekonstruiert er als verschiedene Aspekte ein und derselben Sprechhandlung:

- *lokutionäre* Akte: das Äußern von Wörtern und Sätzen;

- *propositionale* Akte: Bezugnahme (Referenz) auf Objekte und Prädikation (Beziehungen zwischen Objekten);

- *illokutionäre* Akte: z.B. Behaupten, Fragen, Versprechen, Informieren etc. als Intention oder Redeabsicht;

- *perlokutionäre* Akte: Konsequenzen des illokutionären Aktes beim Hörer, die Wirkungen auf ihn haben, d.h. das, was er versteht und im Ergebnis tut.

Dies greift Searle [46] auf, indem er notwendige und hinreichende Bedingungen für das Äußern bestimmter Sätze als regelgeleitete Ausführung illokutionärer Akte formuliert und dabei besonders den intentionalen Charakter der Sprache betont. Indem man spricht, verfolgt man die Intention, sich anderen verständlich zu machen. Solches Sprechen ist ohne vorgängig ihm zugehörende — normative — Konventionen und Institutionen nicht möglich. Die Sprachtheorie ist damit Teil einer allgemeinen Handlungstheorie.

In der Betrachtung des Sprechakts als Grundeinheit der Kommunikation versucht Searle, analytische Beziehungen herzustellen zwischen "dem Sinn von Sprechakten, dem was der Sprecher meint, dem, was der geäußerte Satz bedeutet, dem, was der Sprecher intendiert, dem, was der Zuhörer versteht, und den Regeln, die für die sprachlichen Elemente bestimmend sind"[47].

Die Sprechakttheorie ist ihrer Herkunft nach ein sprachphilosophischer Entwurf. Versuche, sie für die empirische Analyse sprachlicher Korpora zu nutzen, stießen an systematische Schwierigkeiten, sodaß sich die Notwendigkeit zu einer Neuorientierung oder zumindest zu einer Erweiterung

---

[47]Searle [46] S. 36. Die geläufige Auffassung, Satz und Äußerungshandlung stünden im gleichen Verhältnis zueinander wie Typ und Vorkommnis ('type' und 'token') und Äußerungshandlungen seien nichts anderes als Satzvorkommnisse, ist nicht haltbar.

des Ansatzes auf die Diskursebene ergab. In der neuesten Entwicklung der Linguistik, oft "Performanzwende" genannt, rückt eine explizite Bezugnahme auf Sprecher, Hörer und Situation in den Vordergrund. Die Sprechakttheorie berücksichtigt den Hörer als eigenständigen Kommunikationspartner nicht hinreichend, sie ist zu sehr auf die Einheit 'Satz' fixiert und sie kann einer gegebenen Äußerung oft nicht eindeutig eine illokutive Funktion zuweisen. Gegenwärtige Untersuchungen konzentrieren sich auf die sog. "Diskursschwelle", wobei versucht wird, die linguistische Diskursanalyse und die aus der Soziologie herkommende Konversationsanalyse zusammenzuführen. Beiden ist gemeinsam:

- eine Konzentration auf Äußerungen,

- die Beschäftigung mit übersatzmäßigen Einheiten (z.B. Diskurseinheit, Handlungsschema),

- die Thematisierung der dialogisch/verbalen Interaktion,

- die Hervorhebung das Handlungs- bzw. Interaktionsaspekts,

- die Verwendung mentaler bzw. phänomenologischer Kategorien.

Ansätze zu einer Diskurskomponente. Es besteht kein Zweifel, daß zur Sprachverarbeitung neben sprach-spezifischem Wissen und zugehörigen Verarbeitungstechniken gleichermaßen auch allgemeines Weltwissen und Schlußfolgerungsmechanismen benötigt werden. Die Beteiligung verschiedner Partner am Diskurs setzt Möglichkeiten der Darstellung und Verarbeitung unterschiedlicher Überzeugungen und Einstellungen, unvollständigen oder gar inkonsistenten Wissens voraus. Eine sprachliche Äußerung zielt oft auf mehrere verschiedene Wirkungen und ist daher in mehr als einer Dimension zu interpretieren[48]. So unbestritten diese Einsichten sind, so fragmentarisch sind bisher operationalisierte Methoden zur Bearbeitung der Phänomene.

Exemplarisch sei hier der Ansatz von Grosz/Sidner [27] und Allen ([2], Kap. 14) genannt. Grosz und Sidner entwickeln eine Theorie der Diskursstruktur, die dem Begriff des Diskurszwecks und seiner Verarbeitung eine zentrale Rolle beimißt. Ihre Ziele sind eine Erklärung der *Diskurskohärenz*, die Behandlung der definiten Referenz (Anaphorik), die Bestimmung der Semantik und Pragmatik von Konnektiven und Stichwörtern (*"cue phrases"*) sowie der Funktion von Unterbrechungen. Die Diskursstruktur ist aus drei getrennten, aber aufeinander bezogenen Komponenten aufgebaut: der Struktur der Folge der Äußerungen ("linguistische Struktur"), einer Struktur von Zwecken ("intentionale Struktur") und dem Zustand des Aufmerksamkeitspartnerfokus ("Aufmerksamkeitszustand"). Die linguistische Struktur setzt sich aus Diskurssegmenten, die sich aus der Folge der Äußerungen ergeben, zusammen. Die intentionale Struktur erfaßt die für den Diskurs relevanten Zwecke, die in jedem der Segmente ausgedrückt werden, und die Beziehungen zwischen diesen. Der Aufmerksamkeitszustand ist eine Abstraktion des Aufmerksamkeitsfokus der Diskurspartner im Verlauf des Diskurses.

Diese Theorie von *Aggregation, Intention und Fokus* stellt einen Rahmen zur Beschreibung der *Verarbeitung* von Äußerungen in einem Diskurs bereit. Die Verarbeitung eines Diskurses erfordert, zu erkennen, *wie* sich die Äußerungen in Segmente gruppieren, *welche* Intentionen ausgedrückt werden und wie sie sich aufeinander beziehen, und den Diskurs anhand der mit dem Aufmerksamkeitszustand assoziierten Operationen zu *verfolgen*. Eine solche Beschreibung der Verarbeitung spezifiziert in diesen Erkennungsaufgaben die Rolle, welche die Information aus dem Diskurs und aus dem Hintergrundwissen der Partner spielt.

Die Bestimmung von Diskurssegmenten erfolgt nach Allen derart, daß ein Diskurssegment aus einer Sequenz von lokal kohärenten Äußerungen besteht, wobei die Menge der Diskurspartner und die Menge der Hintergrundannahmen fest sind, Zeit und Ort sich nicht sprunghaft ändern

---

[48]vgl. Grosz [25]

und Verarbeitungstechniken, die auf Vorerwähntheit beruhen (wie die oben genannte History-Liste), für Referenzauflösung und Ellipsenbehandlung nutzbar sein sollten. Daraus folgt, daß die Modalität eines Segments konstant ist, die Äußerungen eines Segments jedoch nicht unbedingt im Diskurs unmittelbar aufeinanderfolgen müssen. Segmente werden hierarchisch aufgebaut; sie können ineinander verschachtelt sein.

Stichwörter bilden ein wichtiges Strukturierungsmerkmal für Segmente; sie können das Ende eines Segments ("das war's ..."), die Wiederaufnahme eines früheren Segments ("also, so, ...") oder den Beginn eines neuen Segments ("nun, als nächstes ...") anzeigen. Auch Tempus und Verlaufsform einer Äußerung geben Indiz über den temporalen oder kausalen Zusammenhang mit den umgebenden Äußerungen und damit ihre Zugehörigkeit zu einem Segment. Im Unterschied zu Grosz und Sidner hält Allen allerdings an einer festen Menge von Kohärenzrelationen fest.

Die Erkennung von Intentionen, ihre Verfolgung im Diskursverlauf und ihre Strukturierung in übergeordnete und untergeordnete Zwecke (Dominanzhierarchie) muß letztlich auf eine allgemeine Handlungstheorie zurückgeführt werden. Für die technische Realisierung wird eine Planungskomponente eingesetzt, die auf Wissen über zulässige Situationen, Bedingungen und Wirkungen von Aktionen, Überzeugungen der verschiedenen Diskurspartner und globale Zwecke zugreifen muß.

Der Fokusmechanismus geht auf frühere Arbeiten von Sidner zurück, die vier Fokusarten unterscheidet: Eine Äußerung kann denselben Fokus wie die vorhergehende Äußerung haben, sie kann ihn auf ein Objekt verschieben, das in der vorangegangenen Äußerung explizit erwähnt wurde, sie kann zu einem früheren Fokus zurückführen oder ihn auf ein Objekt verschieben, das sich implizit auf einen früheren Fokus bezieht. Das vorgeschlagene Verfahren basiert auf einer Menge von Präferenzen, die ihrerseits in thematischen Rollen begründet sind. Sie räumt damit dem Thema den Primat zur Fokusbestimmung zu, im Unterschied zur konventionellen Auffassung, die dem Satzsubjekt diese Rolle zuweist. Dieser Mechanismus spielt eine entscheidende Rolle bei der Referenzauflösung.

Alle die genannten Bedingungen werden als Filter realisiert und unterstützen in ihrem Zusammenwirken die Entscheidung, ob eine gegebene Äußerung ein Segment fortführt oder ein neues Segment eröffnet. Technisch wird die Verarbeitung von Diskursen durch einen Stackmechanismus für Segmente verwaltet. Einen verwandten Ansatz präsentieren Charniak und McDermott ([13], Kap. 10).

Ein derartiges Vorgehen, das eine Planungskomponente mit Schlußfolgerungsfähigkeiten einsetzt, die über allgemeinem Wissen über Handlungen und Ziele operiert, ist bis heute komplexen realen Situationen nicht gewachsen. Im Gegensatz dazu steht ein Ansatz im Rahmen der "Conceptual Dependency"[49], der umfangreiche "Scripts" und Pläne einsetzt, die stereotype Situationen und Handlungsabläufe in einer frame-artigen Form einsetzt. Diese Technik ist zwar einfacher zu realisieren, jedoch in ihrer Anwendbarkeit auf offene Situationen zu beschränkt. In diesem Zusammenhang soll auch die Arbeit von Reichman [41] nicht unerwähnt bleiben, die Diskursmodellierung mithilfe von ATNs vornimmt.

6 Zur Architektur von Sprachverarbeitungssystemen

Modularisierung und Komponenteninteraktion. Es gibt eine Vielzahl von Gründen, so komplexe Systeme wie Sprachverarbeitungssysteme nicht als monolithische Blöcke, sondern aus einer Menge von Modulen aufzubauen. Dabei liegt es nahe, die Module entsprechend den linguistischen Abstraktionsebenen zu strukturieren. Die Aufgabe der Systemarchitektur ist es, die Anordnung und Interaktion der Module festzulegen. Schon früh wurde erkannt, daß eine sequentielle Anordnung der Art Phonologie – Morphologie – Syntax – Semantik wegen der komplexen Wechselwirkungen zwischen diesen Ebenen der Aufgabenstellung nicht gerecht werden kann. Un-

---

[49]vgl. Schank et al. [43]

sere obigen Ausführungen legen nahe — und dies scheint gegenwärtig der erfolgversprechendste Ansatz zu sein — eine "Constraint"-orientierte Organisationsform zu wählen: Phonologie, Morphologie und Syntax liefern eine Menge von Constraints, die die Semantik direkt restringieren. Alle semantisch relevanten Aspekte der sprachlichen Form der Äußerung sowie kontextuelle Faktoren tragen zu *einer* Menge von Constraints bei, deren Lösung die Bedeutung der Äußerung bestimmt. Dabei soll die Eigenständigkeit jeder linguistischen Abstraktionsebene erhalten bleiben; jede Ebene verfügt über eigene Prinzipien und Regeln, die die Eigenschaften der ihr eigenen Repräsentation bestimmen. Alle Ebenen sind autonom, stehen aber in einer wechselseitig einschränkenden Beziehung zueinander. Diese Organisationsform gestattet, daß verschiedene Aspekte der linguistischen Form und des Kontexts alle partiell und gleichzeitig die Interpretation durch wechselseitiges Zusammenwirken unterschiedlicher Restriktionen bestimmen.

Strukturelle Korrespondenzen. Aus einer rein formalen Perspektive erscheinen die mathematischen Konzepte der Funktionsanwendung und Gleichheit hinreichend zur Lösung des grammatischen Abbildungsproblems zwischen Form und Bedeutung. Die jeder Abstraktionsebene entsprechenden Strukturen können einheitlich in der Form von Attributtermen dargestellt werden. Diese Strukturen werden durch *strukturelle Korrespondenzen* aufeinander bezogen, die ihrerweits aus komponentenweisen Abbildungen bestehen. Diese sind zumeist weder eineindeutig noch surjektiv.

Mit dem Prinzip der multiplen strukturellen Korrespondenzen ist also eine modulare Dekomposition der grammatischen Abbildung möglich. Durch die Verwendung eines *uniformen Beschreibungssystems* können die Restriktionen, die aus unabhängigen, modularen, durch die linguistische Theorie bestimmten Spezifikationen resultieren, in einem Verarbeitungssystem miteinander verwoben werden.

Literaturverzeichnis

[1] Allen, J., Litman, D.: *Plans, Goals, and Language.* Proceedings of the IEEE, Vol. 74, 1986, 939–947

[2] Allen, J.: *Natural Language Understanding.* Menlo Park: Benjamin/Cummings, 1987

[3] Austin, J.L.: *Zur Theorie der Sprechakte. (How to do Things with Words)* Stuttgart: Reclam, 1972

[4] Barton, E.G., Berwick, R.C., Ristad, E.S. (Eds.): *Computational Complexity and Natural Language.* Cambridge, Mass.: MIT Press, 1987

[5] Barwise, J., Perry, J.: *Situations and Attitudes.* Cambridge, Mass.: MIT Press, 1983

[6] Bates, M.: *The Theory and Practice of Augmented Transition Network Grammars.* In: Bolc, L. (Ed.): *Natural Language Communication with Computers.* Berlin: Springer (LNCS 63), 1978, 191–259

[7] Bierwisch, M.: *Strukturalismus. Geschichte, Probleme und Methoden.* In: *Kursbuch 5.* Frankfurt: Suhrkamp, 1966, 77–152

[8] Bolc, L. (Ed.): *The Design of Interpreters, Compilers, and Editors for Augmented Transition Networks.* Berlin: Springer, 1983

[9] Brachman, R.J.: *On the Epistemological Status of Semantic Networks.* In: Findler, N.V. (Ed.): *Associative Networks — Representation and Use of Information by Computers.* New York: Academic Press, 1979, 3–50

[10] Braun, E., Radermacher, H. (Hg.): *Wissenschaftstheoretisches Lexikon.* Graz: Styria, 1978

[11] Broekmann, J.M.: *Strukturalismus: Moskau — Prag — Paris.* Freiburg: Alber, 1971

[12] Bußmann, H.: *Lexikon der Sprachwissenschaft.* Stuttgart: Kröner, 1983

[13] Charniak, E., McDermott, D.: *Introduction to Artificial Intelligence.* Reading, Mass.: Addison-Wesley, 1985

[14] Chomsky, N.: *Aspekte der Syntax-Theorie.* Frankfurt: Suhrkamp, 1969

[15] Chomsky, N.: *Sprache und Geist.* Frankfurt: Suhrkamp, 1970

[16] Fenstad, J.E. et al.: *Situations, Language and Logic.* Dordrecht: Reidel, 1987

[17] Fillmore, C.: *A Case for Case.* In: Bach, E., Harms, R. (Ed.): *Universals in Linguistic Theory.* London: Holt, Rinehart and Winston, 1968, 1–88

[18] Flickinger, D., Pollard, C., Wasow, D.: *Structure-Sharing in Lexical Representation.* Proceedings 23rd Annual Meeting of the ACL. Chicago, Ill., 1985, 262–267

[19] Gazdar, G.: *Finite State Morphology. A Review of Koskenniemi (1983).* Center for the Study of Language and Information, Stanford University, Report No. CSLI-85-32, Stanford, Cal., 1985.

[20] Gazdar, G., Pullum, G.K.: *Computationally Relevant Properties of Natural Languages and their Grammars.* In: Savitch, W.J. et al. (Ed.): *The Formal Complexity of Natural Language.* Dordrecht: Reidel, 1987, 387–437

[21] Gazdar, G. et al.: *Category Structures.* Computational Linguistics, Vol. 14, 1988, 1–19

[22] Görz, G.: *Strukturanalyse natürlicher Sprache — Ein Verarbeitungsmodell zum maschinellen Verstehen gesprochener und geschriebener Sprache.* Bonn: Addison-Wesley, 1988

[23] Görz, G., Paulus, D.: *A Finite State Approach to German Verb Morphology.* Proceedings of the 12th International Conference on Computational Linguistics (COLING-88), Budapest, 1988, 212–215

[24] Grewendorf, G., Hamm, F., Sternefeld, W.: *Sprachliches Wissen — Eine Einführung in moderne Theorien der grammatischen Beschreibung.* Frankfurt: Suhrkamp (stw 695), 1987

[25] Grosz, B.: *Utterance and Objective: Issues in Natural Language Communication.* AI Magazine, Vol. 1, 1980, 11–20

[26] Grosz, B. et al. (Ed.): *Readings in Natural Language Processing.* Los Altos: Morgan Kaufmann, 1986

[27] Grosz, B., Sidner, C.: *Attention, Intention, and the Structure of Discourse.* Computational Linguistics, Vol. 12, 1986, 175–204

[28] Habermas, J.: *Was heißt Universalpragmatik?* In: Apel, K.O. (Hg.): *Sprachpragmatik und Philosophie.* Frankfurt: Suhrkamp, 1976, 174–222

[29] Kamp, H.: *A Theory of Truth and Semantic Representation.* In: Gronendijk, J. et al. (Eds.): *Formal Methods in the Study of Language.* Amsterdam, 1981

[30] Kay, M.: *When Meta-Rules are not Meta-Rules.* In: Sparck Jones, K., Wilks, Y.: *Automatic Natural Language Parsing.* Chichester: Ellis Horwood, 1983, 94–116

[31] Koskenniemi, K.: *A General Computational Model for Word-form Recognition and Production.* Proceedings of the 10th International Conference on Computational Linguistics (COLING-84), Stanford, 1984, 178–181

[32] Lehmann, E.: *Computersimulation des Verstehens natürlicher Sprache.* Nova acta Leopoldina N.F. 54, Nr. 245, Halle, 1981, 125–174

[33] Link, G.: *Formale Methoden in der Semantik.* Erscheint in: Wunderlich, D., v.Stechow, A. (Hg.): *Handbuch der Semantik.* 1989

[34] Montague, R.: *Formal Philosophy — Selected Papers of Richard Montague.* Ed. R.H. Thomason. New Haven: Yale Univ. Press, 1974

[35] Pelz, H.: *Linguistik für Anfänger.* Hamburg: Hoffmann und Campe, 1975

[36] Pereira, F.C.N.: *Information, Unification, and Locality.* Preprints of the Conference on Theoretical Issues on Natural Language Processing (TINLAP-3), Las Cruces, New Mexico, 1987, 32–36

[37] Pereira, F., Shieber, S.: *Prolog and Natural Language Analysis.* Stanford: CSLI (LN 10) 1987

[38] Pereira, F.: *Grammars and Logics of Partial Information.* Proceedings Fourth International Conference on Logic Programming. Melbourne, 1987, 989–1013

[39] Perrault, R.: *On the Mathematical Properties of Linguistic Theories.* Computational Linguistics, Vol. 10, 1984, 165–176

[40] Pinkal, M.: *Situationssemantik und Diskursrepräsentationstheorie — Einordnung und Anwendungsaspekte.* In: Stoyan, H. (Hg.): *GWAI-85.* Berlin: Springer (IFB) 1985

[41] Reichman, R.: *Geeting Computers to Talk Like You and Me*. Cambridge, Mass.: MIT Press, 1985

[42] de Saussure, F.: *Cours de linguistique générale*. Paris, 1916. Deutsch: *Grundfragen der allgemeinen Sprachwissenschaft*. Hg. von P. v. Polenz. 2. Aufl. Berlin, 1967

[43] Schank, R., Riesbeck, C. (Ed.): *Inside Computer Understanding*. Hillsdale, N.J.: Erlbaum, 1981

[44] Smith, B.C.: *Reflection and Semantics in a Procedural Language*. Ph.D. Thesis, MIT-LCS-TR-272, Cambridge, Mass., 1982

[45] Schneider, H.J.: *Pragmatik als Basis von Semantik und Syntax*. Frankfurt: Suhrkamp, 1975

[46] Searle, J.R.: *Sprechakte — Ein sprachphilosophischer Essay*. Frankfurt: Suhrkamp, 1977

[47] Sells, P.: *Lectures on Contemporary Syntactic Theories*. CSLI Lecture Notes, No. 3. Stanford University, Stanford, Cal., 1985

[48] Shieber, S.: *An Introduction to Unification-based Approaches to Grammar*. CSLI Lecture Notes, No. 4. Stanford University, Stanford, Cal., 1986

[49] Shieber, S.: *Separating Linguistic Analyses from Linguistic Theories*. In: Reyle, U., Rohrerm C. (Ed.): *Natural Language Parsing and Linguistic Theories*. Dordrecht: Reidel, 1988, 33–68

[50] Shieber, S.: *A Uniform Architecture for Parsing and Generation*. Proceedings of the 12th International Conference on Computational Linguistics (COLING-88), Budapest, 1988, 614–619

[51] Smolka, G.: *A Feature Logic with Subsorts*. LILOG Report 33, IBM, Stuttgart, 1988

[52] Uszkoreit, H.: *From Feature Bundles to Abstract Data Types: New Directions in the Representation and Processing of Linguistic Knowledge*. In: Blaser, A. (Ed.): *Natural Language at the Computer*. Berlin: Springer (LNCS 320) 1988, 31–64

[53] Wahlster, W.: *Natürlichsprachliche Argumentation in Dialogsystemen*. Berlin: Springer (IFB 48), 1981

[54] Wahlster, W.: *Natürlichsprachliche Systeme - Eine Einführung in die sprach-orientierte KI-Forschung*. In: Bibel, W., Siekmann, J. (Hg.): *Künstliche Intelligenz*. Frühjahrsschule, Teisendorf, 15.–24. März 1982. Berlin: Springer (IFB 59), 1982, 203–283

[55] Wahlster, W., Kobsa, A.: *Dialogue-Based User Models*. Proceedings of the IEEE, Vol. 74, 1986, 948–960

[56] Winograd, T.: *Language as a Cognitive Process. Volume I: Syntax*. Reading, Mass.: Addison-Wesley, 1983

[57] Winograd, T., Flores, F.: *Understanding Computers and Cognition: A New Foundation for Design*. Norwood, N.J.: Ablex, 1986

WISSENSREPRÄSENTATION

Egbert Lehmann
Institut für Informatik
Universität Stuttgart

Zusammenfassung

Ansätze zur Repräsentation von Wissen spielen heute in KI-Systemen eine zentrale Rolle. Nach Erläuterung der Begriffe "Wissen" und "wissensbasiertes System" wird auf eine Reihe von Problemaspekten dieser vielschichtigen Problematik eingegangen: Inventar an darzustellenden Gegebenheiten, formale Repräsentationskonstrukte, Methoden schlußfolgernder Wissensverknüpfung und Implementationsaspekte. Ausgehend von den Ausdrucksmitteln der Prädikatenlogik der ersten Stufe wird angedeutet, in welchen Richtungen in der KI nach erweiterter Ausdruckskraft gesucht wird. Repräsentationsformen wie Semantische Netze und hierarchisch angeordnete Schemata (Frames) werden vorgestellt und einige generelle Tendenzen der weiteren Entwicklung erörtert.

1.   Einleitung

In der Anfangszeit der KI-Forschung bemühte man sich darum, generelle Fähigkeiten des Menschen wie Denken (Problemlösen) und Wahrnehmen (Gestalterkennung) oder auch das intelligente Auskunfterteilen in analoger Weise zu verstehen und nachzubilden wie das damals bereits gut beherrschte Rechnen mit Zahlen. Es bestand die Hoffnung, sehr allgemeine algorithmische Vorgehensweisen zu finden, die den eigentlichen Kern von Intelligenzleistungen (z.B. dem Lösen von Problemen) ausmachen, und in Form geeignet kodierter Rechnerprogramme die Basis für die Entwicklung "intelligenter" Programmsysteme bilden könnten. Trotz sehr beschränkter rechentechnischer Ressourcen gelang es sehr bald, auf der Basis hierfür neu entworfener Programmiersprachen (IPL V, LISP) und -techniken zur Symbolmanipulation und Listenverarbeitung in Fallstudien erste prototypische Programme für einzelne Leistungsbereiche (heuristische Suche, Spielen von Brettspielen, Theorembeweisen, Erkennen von Mustern und Gegenständen, Führen einfacher Dialoge in Englisch, analoges Schließen) zu entwickeln (Feigenbaum/Feldman 63). Schien nicht damit das Problem, intelligentes Verhalten durch "heuristsiche Programmierung" maschinell nachzubilden, im wesentlichen darin zu bestehen, wie eine umfangreiche Programmbibliothek solcher intelligenter Verhaltensweisen aufgebaut und unter Berücksichtigung der erforderlichen Wechselwirkungen zwischen diesen Programmen organisiert werden muß?

Programme zur Beschreibung immer komplexerer dynamischer Abläufe werden sehr bald zu groß und unübersichtlich, was ihre Weiterentwicklung zunehmend erschwert. Auch machte man bald die Erfahrung, daß es bei realistischeren Aufgaben zunehmend komplizierter wird, überhaupt erst einmal die zu lösende Aufgabe hinreichend genau zu spezifizieren. Müßte man nicht vor dem eigentlichen Problemlösen viel mehr Wert auf das schrittweise Erarbeiten zweckmäßiger *Problembeschreibungen* legen (Amarel 68) und diese als selbst schon recht komplex strukturierten Informationen in einer Bibliothek oder Datenbank abspeichern, um bei Bedarf darauf Bezug nehmen zu können? Doch nach welchen Prinzipien wäre dabei vorzugehen? Auch zeigte sich immer wieder, daß außerdem ein Verständnis der *Aufgabenumgebung*, des erforderlichen *Kontext-* oder *Weltwissens*, das sich vielfach am ehesten *in natürlicher Sprache* beschreiben läßt, von entscheidender Bedeutung für den Erfolg der Bearbeitung sein kann. Es kam also nicht allein auf die konsequente Algorithmierung von Intelligenzprozessen an, sondern ebenso auf die *zusammenhängende Modellierung* eines bestimmten Tätigkeitsfeldes oder Erfahrungsbereichs. Neben dem *"heuristischen"* (die effiziente Verarbeitung betreffenden) Aspekt beanspruchte offenbar der *"epistemologische"* (die zweckmäßige Darstellung betreffende) Aspekt in der KI größere Aufmerksamkeit (McCarthy/Hayes 69, Mc Carthy 77), neue Formen *"semantischer Informationsverarbeitung"* (Minsky 68) schienen erforderlich.

Der allgemeine Eindruck, daß intelligente Systeme offenbar in vielfältiger Form "Wissen" benötigen und ausnützen sollten, wurde durch zahllose Einzelbeobachtungen verstärkt und führte Anfang der 70er Jahre in der KI zu einem Paradigmenwechsel mit terminologischen Neuschöpfungen wie "knowledge base", "knowledge based systems" und "knowledge-intensive domains". Entscheidende Impulse kamen auch von Forschungen zur *inhaltsorientierten Sprachverarbeitung* und *natürlichsprachlichen Dialogsystemen* (Allen 88; vgl. auch den Beitrag von Görz in diesem Band), die die neueren Errungenschaften im syntaktischen Bereich der Linguistik durch computerunterstützte Vorstöße der KI in das Niemandsland der Semantik (Minsky 68, Quillian 68, Sandewall 70, Palme 73, Schank 72, 75, Bobrow/Collins 75, Norman/Rumelhart 75) und Pragmatik (Winograd 72) und durch Fallstudien zur Integration der diversen Teilprozesse des Sprachverstehens (Winograd 72) zu ergänzen suchten. Parallel dazu gab es allerdings auch in der theoretischen Linguistik bemerkenswerte neue Ansätze zur formalen Behandlung der Semantik natürlicher Sprachen (Fillmore 68, Montague 74, Barwise/Perry 83, Kamp 88). Der Frage nach der *Natur von Wissen* und der Entwicklung von Methoden seiner *Modellierung, Ausnutzung, Vermittlung* und *Aneignung* fiel offenbar die Schlüsselrolle bei der Nachbildung intelligenten Verhaltens zu. Auch unter praktischen Gesichtspunkten schien das so verstandene Grundanliegen der KI ("knowledge processing", "knowledge engineering", "knowledge akquisition") in Gestalt hochgradig fachspezifisch diversifizierter *Expertensysteme* (Feigenbaum 77, Lehmann 86, Jackson 87) ein weites Feld interessanter Anwendungen zu eröffnen .

Aus dem hier Gesagten dürfte klar geworden sein, daß die Auseinandersetzung mit dem Phänomen "Wissen" in der KI aus technischen Sachzwängen heraus unvermeidlich geworden war und die in diesem Zusammenhang geprägten Begriffe primär zur Selbstverständigung unter KI-Forschern entstanden sind und metaphorisch gemeint waren. Es erschien nicht als praktikables Ziel, in einem gewaltigen Kraftakt die Gesamtheit dessen, was man als menschliches Wissen bezeichnet, formal nachzubilden und einer maschinellen Verarbeitung zuzuführen. Dazu waren die entsprechenden Aktivitäten der KI immer zu sehr auf einzelne Fallstudien und mit den verfügbaren Computern implementierbare Demonstrationsprogramme ausgerichtet. Nach dem gewaltigen KI-Boom der letzten Jahre blüht allerdings die Begriffsinflation. Fachtermini wie Wissensbasis oder "wissensbasiertes System" werden nun im alltagssprachlichen Sinne interpretiert, was unversehens zu enormen Übertreibungen führt. Einstmals zu reinen Modewörtern und damit zu abgegriffenen und bedeutungsleeren Worthülsen. Was man früher schlicht "Programm" nannte, präsentiert sich heute gern als Wissensbasis. Und was wird nicht alles als wissensbasiertes System oder als Expertensystem offeriert!

Obwohl über die zentrale Rolle von Wissen für die Vorhaben der KI heute weithin Einigkeit besteht, befinden sich die Untersuchungen zur Entwicklung von fundierten Verfahren der Repräsentation von Wissen noch immer in einem frühen und wenig befriedigenden Stadium. Hier klafft eine Lücke zwischen Anspruch und Wirklichkeit, die auch bei stark anwendungsorientierten Entwicklungen - etwa von Expertensystemen - nicht übersehen werden darf.

Dieser Beitrag will in kurzer orientierender Form dem interessierten Laien einen ersten Zugang zu der facettenreichen Forschungslandschaft und ein Verständnis für die wesentlichen Entwicklungslinien in diesem Gebiet ermöglichen. Dabei konnte aus Raumgründen vieles nur erwähnt oder kurz angedeutet werden, wobei auch auf Beispiele von Repräsentationsstrukturen weitgehend verzichtet werden mußte. Das recht ausführliche aber keinesfalls umfassende Literaturverzeichnis soll hier dem Leser weiterhelfen. Es enthält sowohl einschlägige Lehrbücher (Nilsson 80, Winston 84, Rich 83, Charniak/McDermott 85, Genesereth/Nilsson 87) und Gesamtdarstellungen (Barr/Feigenbaum 81, Shapiro 87) über KI wie einschlägige Sammelbände (Bobrow/Collins 75, Brachman/Levesque 85, Brodie/Mylopoulos/Schmidt 87, Cercone/McCalla 87, Findler 79, Gallaire/Minker 78, Heyer/Krems 88, Hobbs/Moore 85, Minsky 68, Schank 75, Schank/Riesbeck 81) wie Einführungsartikel (Barr/Davidson 81, Bobrow 75, Brachman 79, Cercone/McCalla 87, Habel 83, Hayes 74, Laubsch 85, Mylopoulos/Levesque 83, Rahmstorf 88, Schefe 82, 86, Woods 75) und Positionspapiere zum Thema Wissensrepräsentation, wobei die deutschsprachige Literatur besonders berücksichtigt wurde. Schließlich sind einige ausgewählte Artikel zu einzelnen Repräsentationsaspekten und -paradigmen sowie Beschreibungen einiger wichtiger Repräsentationssprachen angeführt.

2. Zur Begriffsklärung
2.1 Wissen

Nachdem wir bereits den vorwiegend technischen Ursprung der mit "knowledge" gebildeten termini technici in der neueren KI skizziert haben, wollen wir hier kurz andeuten, was unter Wissen ganz allgemein zu verstehen ist. Wissen kann (als Verb oder Nomen gebraucht) sowohl einem Individuum wie auch einer Gruppe zugeschrieben werden. *Etwas wissen bedeutet, daß bestimmte Sachverhalte* (meist bereits in abstrahierter Form) *im menschlichen Bewußtsein abgebildet sind.* Im Gegensatz zu "Kennen" und "Können" geht es beim Wissen weder um die Fähigkeit der (Wieder-)Erkennung aufgrund sinnlicher Wahrnehmung, noch um Fertigkeiten zur Ausführung spezieller Handlungen. Den eigentlichen Gegenstand von Wissen bilden *begründbare wahre Ansichten.* Wissen ist also relativ *statisch, abstrakt* und *objektivierbar.* Es umfaßt diejenigen Bewußtseinsinhalte, die am ehesten *sprachlich faßbar, interindividuell vermittelbar* und *überprüfbar* sind. Im Hinblick auf die Erfordernisse der *Repräsentation komplexer Sachverhalte* geht es allerdings nicht primär um die Feststellung der Wahrheit bzw. des Zutreffens bestimmter Ansichten, sondern um deren *begrifflich-logische Strukturiertheit.* Ob etwas wahr ist oder nur für wahr gehalten wird, ist für uns oft nur schwer zu entscheiden. Unter dem Gesichtspunkt der Repräsentation interessieren uns *Meinungen, Überzeugungen, Hypothesen, Pläne, Wünsche* ebenso wie Wissen. So müßten wir hier konsequenterweise anstelle von "knowledge representation" eigentlich von "belief representation" sprechen (vgl. Levesque 86).

Der Übergang von *Intelligenz* zu *Wissen* als Zentralbegriff der KI markiert durchaus eine bemerkenswerte Veränderung. Die Zielsetzung ist etwas bescheidener, die Vorgehensweise realistischer geworden. Der Begriff des Wissens als Gesamtheit individuell vorhandener propositionaler Bewußtseinsinhalte ist deutlich eingeschränkter und faßbarer als Begriffe wie Intelligenz, Bewußtsein, Geist, Seele oder Vernunft. Er beschreibt etwas relativ Statisches - im Gegensatz zu Denken, Lernen und Erkenntnis. Wissen als abstraktes Modell einer als gegeben zu betrachtenden konkreten Welt ist relativ gut objektivierbar, verbalisierbar und kommunizierbar. Eine Arbeitsdefinition von Wissen als

> *"Verfügbarkeit eines brauchbaren begrifflich-propositionalen Modells des für ein intelligentes System relevanten Wirklichkeitsbereichs als Voraussetzung rationalen Handelns"*

erscheint hinreichend nüchtern und pragmatisch, um in der KI verwendbar zu sein.

Wissen und symbolgebundenes Denken als phylogenetisch wohl jüngste Errungenschaften der Entwicklung natürlicher Intelligenz werden auch wegen ihrer besonderen Affinität zu den Gegebenheiten heutiger Computertechnologie zum Ausgangspunkt für das Verständnis menschlicher Intelligenz; auch wenn sich daraus die paradox erscheinende Konsequenz ergibt, daß "artifizielle" Intelligenzleistungen wie das Entscheidungsfinden durch hochqualifizierte Fachexperten oder das Beweisen mathematischer Sätze technisch noch relativ einfach nachzubilden sind, während besonders elementare und bereits im frühen Kindesalter scheinbar mühelos praktizierte Fähigkeiten zum visuellen Wahrnehmen und erfahrungsgeleiteten Lernen extrem kompliziert erscheinen. So hat sich in den letzten Jahren als Alternative zu einer wissenszentrierten Betrachtungsweise von Intelligenz der sogenannte Konnektionismus wissenschaftlich etabliert, der sich mit Entwurf und experimentellem Studium "künstlicher neuronaler Netze" beschäftigt, die aus stark parallel in mehreren Schichten angeordneten adaptiven Schwellwertelementen bestehen und etwa als lernfähige Klassifikatoren für ein weites Spektrum von Erkennungaufgaben eingesetzt werden können (vgl. z.B. McClelland/Rumelhart 86).

2.2   Wissensbasierte Systeme

Wenn man heute von wissensbasierten Systemen spricht, so ist damit mehr ein genereller Entwicklungstrend der architektonischen Systemgestaltung als eine klar abgrenzbare und technologisch voll beherrschte Klasse anwendungsorientierter Software identifiziert. Als zentrales architektonisches Gliederungsprinzip wird nicht mehr die algorithmische Struktur operationaler Abläufe, sondern eine die betroffenen *statischen Gegebenheiten beschreibende und klassifizierende Wissensbasis als Modell des Aufgabenbereiches* zugrundegelegt. Die *dynamischen* (prozedural realisierten) *Anteile* des Gesamtsystems werden demgegenüber möglichst stark *eingeschränkt, vereinheitlicht, vereinfacht* und *modularisiert.* Dabei wird vor allem versucht, spezielle *Prozeduren* als explizite Handlungsvorschriften *durch generelle Schlußfolgerungsmechanismen* zur Verknüpfung einzelner Elemente der Wissensbasis *zu ersetzen,* die *implizit* zu äquivalentem Verhalten führen. Es besteht gegenwärtig weithin Konsens darüber, daß es vorteilhaft ist, komplexe Softwaresysteme weitgehend deskriptiv und modular zu spezifizieren sowie deskriptive (deklarative) und prozedurale Anteile klar zu trennen. Wenn dies halbwegs erreicht ist, spricht man oft bereits von den deskriptiven Anteilen als der "Wissensbasis". Je spezialisierter und fragmentarischer das in dieser enthaltene Wissen ist, desto klarer scheint es sich dabei um typisches *Expertenwissen* ("expertise")zu handeln. Seit dem vielbeachteten Artikel von Feigenbaum (77) werden in der Literatur zu Expertensystemen immer wieder Metaphern variiert, die veranschaulichen, wie Expertenwissen durch Techniken der "Wissensakquisition" quasi aus den Köpfen von Fachleuten "extrahiert" und in kleinen Portionen in die Wissensbasis von Expertensystemen eingebracht werden kann. Dabei wird unausgesprochen der Eindruck suggeriert, daß die Methoden zur Repräsentation aller wesentlichen Wissensinhalte und ihrer organischen Integration in ein umfangreiches Gesamtsystem im wesentlichen bekannt, ausgereift und verfügbar sind. Weiterhin lernt man, daß es sogar mehrere bewährte Repräsentationsparadigmen gibt, nämlich die Verwendung von *Regeln,* von *prädikatenlogischen Ausdrücken* (meist Hornklauseln), von *Frames* oder von *semantischen Netzen*, deren jede ihre spezifischen Vorzüge und Schwächen hat, woraus folgt, daß nur die Mischung all dieser Repräsentationsformen in einem *hybriden* Repräsentationsformalismus dem Wissensingenieur ein unbeschwertes Arbeiten garantiert.

Gegenüber diesen recht euphorischen Schilderungen ist darauf zu verweisen, daß bis heute Erfahrungen mit dem Aufbau wirklich *großer* Wissensbasen noch nicht existieren, daß bewährte Richtlinien und Entscheidungskriterien für die formale Beschreibung einzelner nichttrivialer empirischer Sachverhalte wie auch für die globale Gestaltung von Wissensbasen weitgehnd fehlen und daß die heute bekannten und teilweise in sog. KI-Tools vorgefertigten *Inferenzmechanismen* nur einen bestimmten Teil der erwarteten Problemlösefähigkeiten abdecken können.

Um zu einer ausgereifteren Wissensverarbeitung zu gelangen, genügt es nicht, komplexe Informationsbestände in Programmiersprachen wie LISP (Steele 84, Christaller in diesem Bande) oder PROLOG (Clocksin/Mellish 81) deskriptiv darzustellen. Vielmehr ist es darüber hinaus erforderlich, daß *alle Elemente einer Wissensbasis nach einheitlichen Prinzipien gestaltet* sind, die dann auch ihrer Interpretation zugrundeliegen. Sie müssen also, anders ausgedrückt, einen semantisch klar definierten Status besitzen, dürfen mithin ihre Bedeutung nicht erst durch die auf sie zugreifenden speziellen Programme erhalten. Außerdem sollte die Bezugnahme auf einen Grundbestand allgemeinen, zumindest begrifflichen Wissens immer die Voraussetzung zum Aufbau stark spezialisierter Wissensbasen sein, da anders ein späteres Zusammenwachsen zunächst einzeln entwickelter spezieller Wissensbasen nicht vorstellbar ist.

Nicht zu vernachlässigen ist bei diesen Betrachtungen, daß Wissen in seiner Gesamtheit immer ein *extrem komplexes*, wohl auch *heterogenes* System aus *hochgradig miteinander verbundenen Teilen* ist, das ein *ganzheitliches Modell der Welt* darstellt. Ob es daher sinnvoll und zulässig ist, aus diesem ganzheitlichen Modell unter Ignorierung des generellen Alltagswissens, das dem Menschen die Orientierung in der Welt ermöglicht, einen speziellen Teilbereich herauszuschneiden und diesen als "das Expertenwissen eines Spezialgebietes" der Simulation niveauvoller menschlicher Problemlösungsprozesse zugrundezulegen, ist noch nicht endgültig erwiesen. Die Darstellungsmöglichkeiten eines Repräsentationsformalismus sollten (analog wie bei Beschreibungen in natürlicher Sprache) gestatten, einen Sachverhalt bei Bedarf immer genauer und in allen Details darzustellen und das Beziehungsgeflecht, in dem er zu anderen Sachverhalten steht, immer dichter werden zu lassen. Vielleicht sind gerade *Vielfalt und Dichte der darstellbaren Zusammenhänge* Wesensmerkmale repräsentierten Wissens.

Die Bedeutung dieser für echte Wissensverarbeitung unumgänglichen Forderungen kann nicht eindringlich genug betont werden. Sie werden durch die heute existierenden Systeme durchweg nicht erfüllt. So erweisen sich die als gängige Repräsentationsformen betrachteten *Regeln* (Forgy/McDermott 77, Hayes-Roth 85, Krickhahn/Radig 87) und *Frames* (Roberts/ Goldstein 77, Fikes/Kehler 85) bei genauerem Hinsehen als nichts weiter als bestimmten syntaktischen Forderungen genügende Datenstrukturen, die *als Implementationskonstrukte nichtprozeduraler Programmiersprachen* in beliebiger Weise eingesetzt werden können. Von einer *verwendungsunabhängigen* Repräsentation von Wissen kann in Systemen wie MYCIN (Buchanan/Shortliffe 84) oder XCON (McDermott 82) noch keine Rede sein. Das Grundanliegen bei der Entwicklung von Expertensystemen (Jackson 87, Lehmann 86, 88, Puppe in diesem Band) muß wohl derzeit mehr in der Nachbildung *hochspezialisierter Problemlösefähigkeit* als in der Darstellung von Fachwissen gesehen werden.

3.   Dimensionen der Wissensrepräsentation

Will man Wissen zum Zweck der Modellierung intelligenter Fähigkeiten durch ein wissensbasiertes System formal rekonstruieren, so bewegt man sich einerseits in einem Spannungsfeld zwischen *Sprache* und *Wirklichkeit*. Denkt man dazu noch über die Implementierungsaspekte von Wissensbasen nach, so gerät man in ein zweites, dazu offenbar orthogonales Spannungsfeld zwischen den Erfordernissen ökonomischen *Speicherns* (Gedächtnis) einerseits und effizienten *Verarbeitens* (Denken, Schlußfolgern) anderererseits. In Abb. 1 ist diese Situation graphisch dargestellt, wobei versucht wurde, eine Art Landkarte der verschiedenen Problemaspekte und Leistungsbereiche im Zusammenhang mit der Repräsentation von Wissen zu skizzieren. Beim Entwurf von Formalismen und Techniken der Wissensrepräsentation muß diesen sehr unterschiedlichen Aspekten Rechnung getragen werden, was unweigerlich zur Überlagerung verschiedenartiger Strukturierungsebenen und Gestaltungskriterien führt.

Bei den in der Literatur über Wissensrepräsentation zu findenden Ansätzen stehen ganz offensichtlich jeweils *unterschiedliche Darstellungsaspekte* im Vordergrund. Dies erschwert zusammen mit der äußerst uneinheitlichen Terminologie den Vergleich der einzelnen Ansätze ganz erheblich. Auch gehen die Vorstellungen darüber wesentlich auseinander, ob es sich bei den angestrebten Repräsentationssystemen mehr um *Sprachen*, *Daten-* oder *Speicherstrukturen*, *Notationen*, *Formalismen*, *Logiken* oder *Implementationsprinzipien* handeln soll. Dies behindert unweigerlich die wissenschaftliche Diskussion der Gesamtproblematik. Kritische Beobachter aus der KI-Szene nannten den innerdisziplinären Zustand der Auseinandersetzung mit den Problemen der Wissenrepräsentation (wie er sich in der Bestandsaufnahme von Brachmann/Smith (80) niederschlägt) vor einigen Jahren noch desolat und skandalös, und auch die letzten Jahre haben leider noch keine

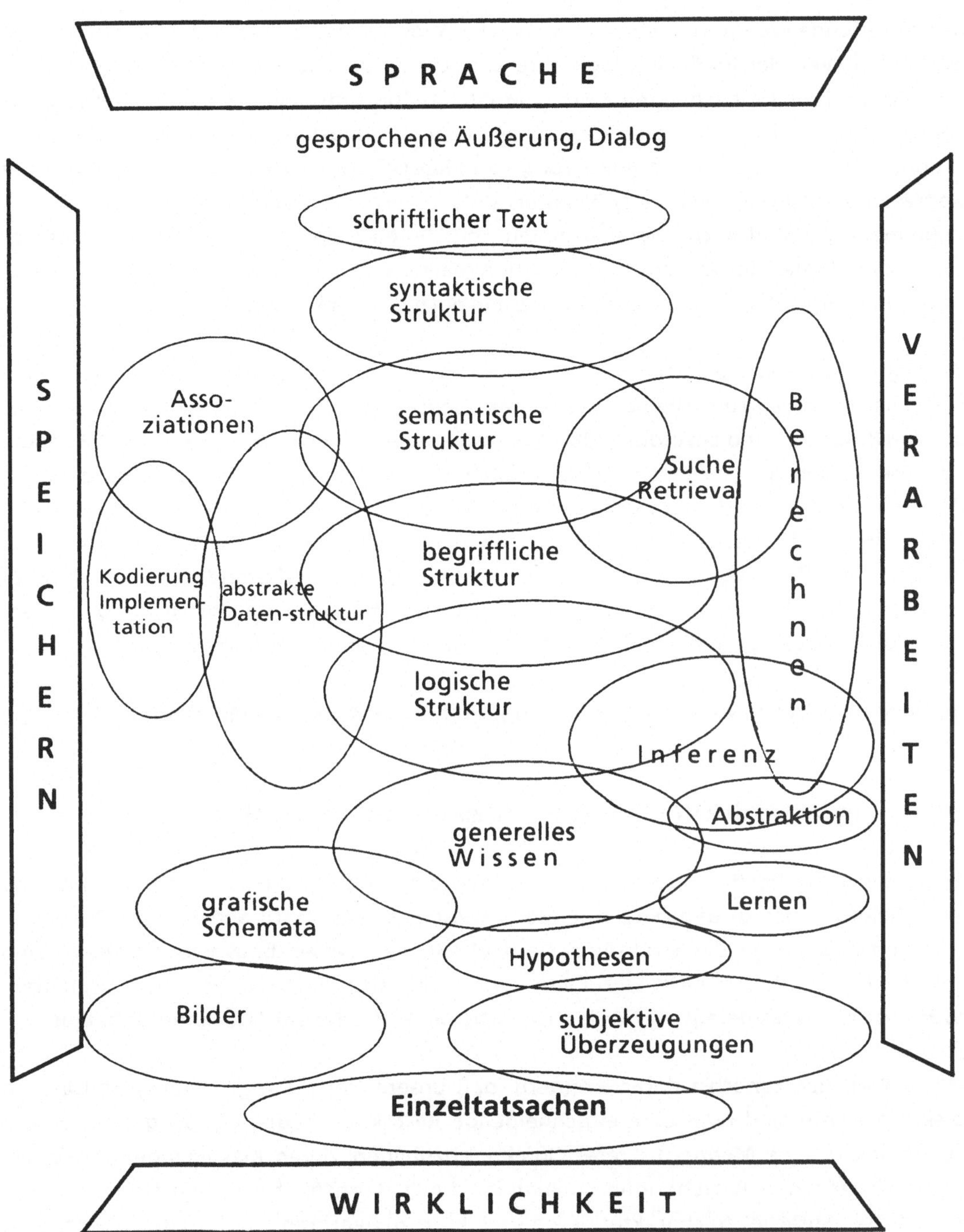

Abb 1: Dimensionen der Wissensrepräsentation

durchgreifende Wende zum Besseren gebracht. Andere Forscher wiederum neigen dazu, in der heilen Welt der Prädikatenlogik ihre Zuflucht zu suchen oder auf ihr Programmiergeschick und die Möglichkeiten einer weitgehend "prozeduralen Wissensdarstellung" zu vertrauen (bisweilen konvergieren beide Tendenzen, wobei dann des öfteren das "logische Programmieren", speziell die Benutzung von PROLOG, einen eleganten Ausweg aus der Repräsentationsmisere verheißt). Wieder andere versuchen, möglichst leistungsfähige Implementationshilfsmittel bereitzustellen, mit denen jeder nach eigenem Geschmack seine Formalismen der Wissensrepräsentation realisieren kann, solange ein generell akzeptiertes leistungsfähiges Repräsentationssystem noch nicht in Sicht ist.

Auch gibt es bis heute (trotz der großen Zahl von Einzelveröffentlichungen) noch kein spezielles Lehrbuch zum Thema "Wissensrepräsentation in der KI". So bildet vorerst noch die von Brachman und Levesque (1985) herausgegebene Sammlung ausgewählter Beiträge zu diesem Thema die am ehesten in der akademischen Lehre verwendete Literaturquelle. Zumindest hat seit Mitte der siebziger Jahre (Bobrow 75, Woods 75, McDermott 76, Hayes 74, 77, 79, Hendrix 79, Brachman 79) innerhalb der KI-Forschung ein kritisches Problembewußtsein deutlich zugenommen und an der Entwicklung umfassenderer und sauberer fundierter Repräsentationsformalismen wird gearbeitet. Auf die Entwicklung anwendungsorientierter Systeme hat dies allerdings noch kaum einen Einfluß ausgeübt.

Im folgenden wollen wir nun einige wichtige Problemaspekte genauer umreißen.

3.1 Inventar des Weltmodells und ontologische Aspekte

Ein erster Schritt bei der Modellierung eines Weltausschnitts ist die Bestandsaufnahme und Klassifizierung des zu berücksichtigenden *Inventars*. Sie soll nach allgemeinen Prinzipien erfolgen und sich in der Struktur der aufzubauenden Wissensbasis widerspiegeln. Eine solche Klassifikation ist nicht schon von vornherein durch die Vorgabe eines bestimmten Weltausschnitts festgelegt und läuft auch nicht immer wieder auf Altbekanntes hinaus.

Wir sollten uns zunächst daran erinnern, daß unsere Darstellungsmittel grundsätzlich diskreter Natur sind (was eine einschneidende Restriktion bedeutet). So gelingt es uns relativ leicht, eine *Menge diskreter Objekte* abzubilden, deren Klassenzugehörigkeiten, Eigenschaften und Beziehungen zueinander durch *Begriffe* (bzw. Begriffsworte einer natürlichen Sprache) zu charakterisieren sind. Es ist zu beachten, das dies im wesentlichen auch die Ausdruckskraft für konkrete Gegebenheiten kennzeichnet, die in der Sprache der Prädikatenlogik erster Stufe angelegt ist. (Hinzu kommen noch die Verfügbarkeit von Individuenvariablen und Quantoren, aussagenlogischen Junktoren und die Möglichkeit der Schachtelung von Ausdrücken durch Klammerung.) Ein Musterbeispiel einer solchen endlichen diskreten Welt aus physischen Objekten stellt die "Klötzchenwelt" des Systems SHRDLU (Winograd 72) dar. Hier werden auf einem Tisch befindliche Bausteine durch ihre Form (Quader, Kegel, Pyramide, offene Kiste), Größe und Farbe sowie durch bestimmte räumliche Beziehungen zueinander charakterisiert. Eine solche Welt könnte als rein statisch betrachtet werden. Im Falle von SHRDLU kann jedoch ein simulierter Robotergreifarm in diskreten Zeittakten Veränderungen (etwa der Position von genau einem Objekt) bewirken, was erste Ansatzpunkte für das Planen oder Interpretieren zielgerichteter Handlungsfolgen liefert. Will man die Verhältnisse in einer solchen Welt genauer charakterisieren, benötigt man dazu symbolische und abstrakte Größen wie Namen, Zahlen, physikalische Größen (etwa Länge, Masse, Temperatur) und Maßeinheiten, außerdem Möglichkeiten zur Kennzeichnung von Raumbereichen und Zeitpunkten.

Eine Verfeinerung dieser Darstellungsmöglichkeiten wird nötig, wenn *zusammengesetzte physische Gebilde* (Organismen, Apparate, Gebäude, Landschaften) dargestellt werden sollen. Analog zum Übergang von Massenpunkten zu starren Körpern in der klassischen Mechanik wird auch hier oft die genauere Charakterisierung der *räumlichen Ausdehnung* und *Orientierung* eines Objekts sowie der Art der *Verbindung* oder des *Kontakts* zu anderen Objekten notwendig. Gerade die Behandlung der *physischen Gestalt* und das "räumliche Denken" sind in einem rein symbolischen Repräsentationsformalismus recht schwierig. Auch der Mensch verfügt hierfür anscheinend (als Alternative und Ergänzung zur Symbolverarbeitung) über spezielle (analoge oder ikonische) kognitive Repräsentationen und Mechanismen, die noch wenig erforscht sind.

Wenn ein Weltausschnitt zeitlichen Veränderungen unterliegen kann, müssen Klassen von *Zuständen* und *Ereignissen* gebildet und deren *zeitliche* und *kausale Beziehungen* zueinander charakterisiert werden. Für das *Planen* oder *Verstehen zeitlich aufeinanderfolgender Handlungen* müssen geeignete Formen des *zeitlichen Schlußfolgerns* entwickelt werden (vgl. etwa Allen 1984). Falls der zu modellierende Bereich eine stärkere Dynamik aufweist, muß auch ein brauchbares Modell dynamische, prozeßhafte Züge tragen. Die qualitative Modellierung des Zeitverhaltens (Simulation) einfacher physikalischer oder technischer Systeme oder einfacher Ausschnitte der Alltagswelt in einer von den etablierten quantitativen Methoden der Physik abweichenden Weise ist derzeit ein aktuelles Grundlagenforschungsgebiet der KI (naive physics (Hayes 85), qualitative physics (Bobrow 84, Hobbs/Moore 84, Forbus 88), qualitative process theory (Forbus 84), causal reasoning (Kuipers 84); vgl. hierzu auch den Beitag von P. Struß in diesem Band).

Sowohl Objekte als auch zeitlich veränderliche Situationen und Ereignisse müssen im allgemeinen als *in sich gegliederte Bestandteile komplexer Strukturen* aufgefaßt und entsprechend dargestellt werden. Beim Übergang von punktförmigen zu ausgedehnten Objekten und ebenso von momentanen zu eine Zeit lang andauernden Ereignissen, dann weiter zu Ensembles gleichartiger Objekte oder Ereignisse bis hin zu *Substanzmengen* und *zeitlich veränderlichen Kontinua* (man denke etwa an strömende Flüssigkeiten oder die zeitliche Veränderung der Häufigkeit gleichartiger Einzelereignisse, etwa der Ehescheidungen in einem Land) ergeben sich wegen der diskreten Natur unserer Repräsentationskonstrukte grundsätzliche Schwierigkeiten.

Wenn *mit Bewußtsein ausgestattete Handlungsträger* im betrachteten Bereich zu berücksichtigen sind, müssen neben *kausalen* auch *motivationale* und *intentionale* Strukturen sowie *soziale Normen und Konventionen* beachtet werden. Gegebenenfalls müssen die unterschiedlichen *subjektiven Weltmodelle* der Akteure wie auch deren unterschiedliche *Bedürfnisse, Interessen, Ziele und Pläne* gesondert repräsentiert werden. Ansätze für die Darstellung solcher Aspekte finden sich vor allem in Forschungsarbeiten zum *wissensbasierten Verstehen natürlichsprachlicher Texte* (z.B. *story understanding*) und *Dialoge* (vgl. z.B. Schank/Abelson 77, Schank/Riesbeck 81 sowie Arbeiten zu *belief systems*, zu *Dialogstrategien* und *Partnermodellen*).

Eine wichtige Rolle spielt die Unterscheidung von unmittelbar erfahrbarem individuellem *Faktenwissen über Einzeltatsachen* und *generalisiertem empirischen Wissen*, etwa über Naturgesetze oder statistisch ermittelbare Regularitäten. Während Einzeltatsachen oft verhältnismäßig anschaulich (bildhaft oder schematisch) darstellbar sind, nimmt der Abstraktionsgrad generalisierter Aussagen und damit die Unsicherheit über ihren epistemologischen Status schnell zu. Auch bei Versuchen der präzisen sprachlichen Formulierung solch genereller Beziehungen durch den Menschen stellen sich solche Unsicherheiten und gelegentlichew Fehlleistungen leicht ein. Verallgemeinerungen empirischer Beobachtungen sind meist *in ihrer Gültigkeit beschränkt*, etwa durch die Angabe von *Ausnahmen* oder durch die *quantitative Charakterisierung des Gültigkeits- oder Verläßlichkeitsgrades* im Bereich zwischen Null und Eins. Wie mit solchen meist nicht explizit ausgedrückten Gültigkeitsbeschränkungen (etwa den bekannten "Ausnahmen von der Regel" wie weißen Elefanten und flugunfähigen Vögeln) beim Schlußfolgern umzugehen ist, ist eines der zentralen Themen der Behandlung nichtmonotonen Schlußfolgerns (McCarthy 80, Reiter 88).

Ein einigermaßen intelligentes System sollte ein umfangreiches Verhaltensrepertoire an spezifischen mentalen Fähigkeiten besitzen und möglichst auch ein deskriptives Modell solcher Fähigkeiten zur Verfügung haben. *Metawissen* ist *Wissen über das eigene Wissen*, die eigenen *Fähigkeiten* und das eigene *Tun*. Es kann sich auf Umfang, Herkunft, Grenzen oder Zuverlässigkeit des eigenen Wissens beziehen, auf die subjektiven Schwächen und Stärken eines Individuums, auch auf die Relevanz bestimmter Sachverhalte und Erfahrungen für das Lösen bestimmter Aufgaben. Es ermöglicht auch zielgerichtetes Planen und Erklären der eigenen Handlungen (wie man es sich etwa von Expertensystemen oder auch von intelligenten Robotern wünscht). Eine ebenfalls sehr interessante und nützliche Form des (Meta-)Wissens ist *heuristisches Wissen*, das nicht die Natur des Objektbereichs sondern zweckmäßige Vorgehensweisen bei gebietsspezifischen Problemlöseanforderungen betrifft.

3.2.   Begriffe und begriffliche Repräsentationsstrukturen

Während man die Gesamtheit der unter einem Begriff subsumierbaren Gegebenheiten im jeweiligen Weltmodell als dessen *Extension* bezeichnet, versteht man unter der *Intension* eines Begriffes die Beschreibung (Erklärung, Definition) seiner Bedeutung durch Bezugnahme oder Zurückführung auf andere Begriffe. *Begriffe* dienen ganz allgemein zur intensionalen Charakterisierung von Klassen bestimmter Dinge oder Beziehungen in einem zu modellierenden Bereich und können u.a. sehr wirkungsvoll benutzt werden, um mit ihrer Hilfe charakterisierende Beschreibungen spezieller Individuen zu bilden.

Mit der Entwicklung intellektueller Fähigkeiten des Menschen ging auch eine zunehmende Ausformung und Verfeinerung seines Begriffssystems einher. Begriffssysteme sind zugleich als Ergebnis der praktischen Auseinandersetzung mit der Welt und als wesentliches Hilfsmittel der erfolgreichen differenzierenden Untergliederung des Wissens über die Welt zu betrachten. Menschliche Erfahrungen konnten durch natürliche Sprache interindividuell übermittelt und über Generationen hinweg tradiert werden. Der sprachlichen Fixierung verdanken sozio-kulturell determinierte Begriffssysteme ihre beträchtliche zeitliche Stabilität. Mit der Bewältigung zunehmend komplizierter und abstrakter kognitiver Anforderungen wurden sie bei gleichzeitiger präziser Festlegung der wechselseitigen Beziehungen immer weiter ausgestaltet.

Für die Strukturierung von *Wissensbasen* spielen hierarchische und heterarchische Ordnungsschemata (Taxonomien) eine dominierende Rolle. Sie gestatten ein ökonomisches Operieren mit Begriffen durch Ausnutzung von Mechanismen der *Eigenschaftsvererbung* (Touretzky 86) auf *Unterbegriffe* und *Individuen* der jeweiligen Begriffsextension und ermöglichen "default reasoning" als spezielle Form nichtmonotonen Schlußfolgerns (Reiter 85, 88). Begriffe sind immer mehr oder weniger abstrakt und daher von Repräsentanten *individueller Objekte* der Welt sorgfältig zu unterscheiden. Mit Hilfe von *Definitionen* kann die Bedeutung komplexer Begriffe auf einfachere zurückgeführt werden. Unter Umständen gelangt man so bis hinab auf eine von manchen Autoren (Schank 72, Wilks) postulierte Ebene atomarer *Primitivbegriffe* (semantic primitives) als Grundbausteine. Dabei ist dafür zu sorgen, daß die Repräsentation der inneren Begriffsstruktur durch die jeweiligen Repräsentationskonstrukte nicht zur Verwechslung mit gespeicherten empirischen Sachverhalten (Fakten) führen kann.

Zu beachten ist, daß immer nur ein Teil der benötigten und benutzten Begriffe in einer Nationalsprache durch entsprechende *Bedeutungswörter* belegt ist. Dabei ist auch in diesen Fällen eine *eindeutige Zuordnung zwischen Wort und Begriff* oftmals nicht möglich. Erschwerend kommt hinzu, daß die meisten Bedeutungswörter *semantisch mehrdeutig* (ambig) sind (Polysemie). Viele andere, lexikalisch nicht belegte Begriffe können nur durch komplexere Beschreibungen gekennzeichnet werden. Sie sind durch *Modifikation* anderer Begriffe oder durch *Abstraktion* aus Aussagen entstanden und besitzen eine eigene Infrastruktur, die in geeigneter Weise repräsentiert werden muß. Auf jeden Fall bestehen zwischen (sprachunabhängig postulierbaren) Begriffen und den entsprechenden Begriffsworten einer Sprache subtile Beziehungen, die das simple Vermengen oder Identifizieren beider Ebenen nicht zulassen.

Definitionen und *Bedeutungspostulate* zu Begriffen sollten im wesentlichen sprach-invariant und logisch eindeutig interpretierbar sein. Sie können unter Verwendung logischer Beschreibungsmittel formuliert und als Basis für Inferenzprozesse benutzt werden. Fragen der Stelligkeit der Prädikate und Funktoren, des Repertoires an Quantoren, der Charakterisierung der Wirkungsbereiche sowie der Stufigkeit, Mehrwertigkeit und Unschärfe (fuzzyness) der benötigten Logik sind hier zu beachten , nicht zuletzt auch unter ganz praktischen Gesichtspunkten des Umgangs mit sehr umfangreichen, kaum noch zu übersehenden Systemen logisch zu formalisierender Begriffe. Solche Betrachtungen können zum Wunsch nach Erweiterung der benutzten Logik führen und zu Ausflügen in das weite Feld nichtklassischer Logiken ermuntern (vgl. z.B. Richter 88; Walter in diesem Band).

3.3.   Inferentielle Verknüpfung von Wissen

Die einfachsten Fähigkeiten, über die eine Wissensbasis verfügen sollte, bestehen darin, daß geeignet repräsentierte Sachverhalte in diese aufgenommen und zweckmäßig abgespeichert werden können. Vorsichtshalber sollte zuvor jeweils die syntaktische Wohlgeformtheit und die logische Widerspruchsfreiheit zu bereits gespeicherten Sachverhalten überprüft werden. Das Gegenstück zum Speichern bildet das gezielte Wiederfinden (retrieval) bereits in der Wissensbasis gespeicherter Sachverhalte. So wünscht man sich elementare Fähigkeiten zur (formalen) Beantwortung sowohl von *Entscheidungsfragen* (Verifikation oder Falsifikation elementarer Behauptungen) wie von *Ergänzungsfragen* (Auffinden einer Menge von Gegebenheiten in der Wissensbasis, die den in der Frage spezifizierten Bedingungen genügen).

Die Gesamtheit des in einer Wissensbasis gespeicherten Wissens läßt sich untergliedern in das *explizit gespeicherte* Wissen und das *implizite*, durch Inferenzprozesse erschließbare

Wissen. Mit dem Begriff eines intelligenten wissensbasierten Systems verbindet sich die Vorstellung, daß der Anteil des impliziten Wissens möglichst hoch sein sollte. Das explizit gespeicherte Wissen beinhaltet einerseits eine große Zahl von *Einzeltatsachen*, wie sie prinzipiell auch in einer Datenbasis gespeichert sein könnten. Darüber hinaus enthält es aber auch noch eine beträchtliche Menge *genereller* (etwa *regelhafter*) *Zusammenhänge* zwischen Klassen von Sachverhalten. Diese sind es, die die Spezifik einer Wissensbasis - etwa im Kontrast zu einer Datenbasis - ausmachen und die entscheidende Voraussetzung zum *Ableiten* weiterer Sachverhalte bilden. Allerdings muß man sich damit abfinden, daß die Bedeutung der klassischen Form des Schlußfolgerns, der *Deduktion* (Bläsius/Bürckert 87), bei der Wissensverarbeitung eher bescheiden ist, verglichen mit anderen Klassen von Inferenzprozessen wie dem *plausiblen, abduktiven, induktiven* und *analogen Schließen*. Wegen der *Unschärfe* und *Unsicherheit* empirischen Wissens dürften bestimmte Formen des *plausiblen (probabilistischen) Schließens* typisch für Inferenzprozesse über Weltwissen sein (Zadeh 83, Pearl 88). Typisch *analoges* Schließen wäre für das Übertragen von Kenntnissen über bekannte "Prototypen" auf andere unbekannte Elemente einer bestimmten Klasse erforderlich, während die für die *Begriffsbildung aus Beispielen* benötigten Abstraktionsprozesse *induktiver* Natur sind.

Prozesse der gezielten *Informationssuche* in Wissensbasen als Primitivaktionen beim Schlußfolgern können durch geeignete *Speicherung* (Indizierung) und *Kodierung* der Informationen stark effektiviert werden. Große Bedeutung kommt darüber hinaus effizienten Mustervergleichsoperationen (pattern matching) oder Unifikationsprozessen zu, die sehr unterschiedlich ausgeprägt sein können.

Im jeweiligen Aufgabenkontext ist zu entscheiden, *wann* und *wozu* Inferenzprozesse aktiviert werden sollen. So können sofort beim Bekanntwerden neuer Informationen *spontane ungerichtete Inferenzen* angestoßen werden. Es können aber auch durch spezielle Informationsanforderungen im Rahmen der jeweils bearbeiteten Aufgabe *gezielte Inferenzen* getriggert werden. Auch ist zu entscheiden, *wie weit* der Prozeß des Bildens von Konsequenzen - mit allmählich immer weiter abnehmenden Gewißheitsgraden - getrieben werden soll, bevor ein *Abbruch* erfolgt, und welche der neu abgeleiteten Konsequenzen *explizit gespeichert* werden sollen. Da Inferenzprozesse sehr aufwendig sein können, ist in komplizierten Fällen (vor allem aber auch beim Problemlösen unter Echtzeitanforderungen) eine geschickte *Planung des effizienten Einsatzes begrenzter Ressourcen* an Zeit, Speicherplatz und Verarbeitungskapazität erforderlich. Dabei wird des öfteren der Fall eintreten, daß bestimmte Inferenzprozesse wegen Ressourcenknappheit abgebrochen werden müssen.

Da Wissen über nichttriviale Weltausschnitte seinem Wesen nach *immer unvollständig* sein muß, muß der in der Datenbanktechnik übliche *"closed-world-approach"* hier aufgegeben

werden. Ihm liegt die Annahme zugrunde, daß alles, was man über den Gegenstandsbereich wissen kann, auch in der Datenbank gespeichert ist; daß es also nichts in der
Wirklichkeit gibt, was nicht auch im Modell abgebildet wäre. Stattdessen begibt man sich
auf den vorsichtigeren Standpunkt des *"open-world-approach"*, der der Tatsache
Rechnung trägt, daß die äußerst komplexe Wirklichkeit in unserer Wissensbasis nur
unvollkommen abgebildet werden kann und man daher mit einer großen *"Grauzone des
Unbekannten"* leben muß, die sich zwischen die Bereiche des definitiv Wahren und des
definitiv Falschen schiebt.

Oftmals werden in Ermanglung spezieller Kenntnisse über einzelne Gegenstände *plausible
Standardannahmen* (defaults) benutzt (vgl. Minsky 75, Reiter 85), die sich später durchaus
als unzutreffend erweisen können. Das Schlußfolgern mit solchen Verlegenheitsannahmen
(default reasonong) erfordert geeignete Formen des *nichtmonotonen Schließens*, woran
derzeit in der KI intensiv gearbeitet wird. Auch Techniken des plausiblen Schließens mit
abgestuften Gewißheitsfaktoren (certainty factors) erscheinen hierfür geeignet.

Beim *Planen* von Handlungsfolgen oder beim *Vorhersagen* der alternativen Entwicklungsmöglichkeiten *zeitlich veränderlicher* Systeme tritt die Schwierigkeit auf, möglichst ökono-
misch mit komplexen Beschreibungen von temporären Systemzuständen als auseinander
hervorgehenden Wissenskontexten umzugehen Eine überzeugende Lösung dieses sog.
"frame problems" ist bisher noch nicht in Sicht. Als Software-Werkzeuge zur Speicherung
und Verwaltung (Konsistenthaltung) von Abhängigkeitsnetzen wurden verschiedene
Varianten sogenannte *"truth maintenance systems"* (TMS, ATMS) entwickelt (Doyle,
deKleer). Häufig wiederkehrende, inhaltlich spezialisierte Inferenzprozesse betreffen z.B.
den Umgang mit zeitlich zueinander in Beziehung stehenden Ereignissen (temporal
reasoning) (Allen 84, Shoham/Goyal 88).

3.4.   Implementationsaspekte: Datenstrukturen und Speicherorganisation

Unter diesen Aspekt fallen alle Feststellungen darüber, welche Informationseinheiten
unmittelbar miteinander (d.h. durch direkte Zugriffsmöglichkeit) *verknüpft* sind und nach
welchen Kriterien umfangreiche Informationsbestände geordnet (*"indiziert"*) sind, um
möglichst geringe mittlere Zugriffszeiten auf die einzelnen Informationseinheiten zu
ermöglichen. Die Darstellung der inhaltlichen Beziehungen zwischen den Elementen der
Wissensbasis wird also in unterschiedlichen Repräsentationstechniken durch spezifische
Indizierungsschemata, Zugreifbarkeits- und *Erreichbarkeitsbeziehungen* überlagert. Der
relationen- oder aussagenzentrierten Indizierung, wie sie häufig bei relationalen
Datenbanken oder klassischen Theorembeweisern anzutreffen war, steht bei der
Repräsentation von Weltwissen die *objektzentrierte Indizierung* in semantischen Netzen

und frameorientierten Repräsentationssprachen gegenüber, die sich auch von der *objektorientierten Programmierung* her immer mehr durchsetzt.

Bei der Wissensverwaltung werden Vorkehrungen getroffen, daß *ein und dasselbe Ding* oder Ereignis der Welt - unabhängig von seiner "Erwähnungshäufigkeit" - in der Wissensbasis *nur ein einziges Mal repräsentiert* ist (*unikale Repräsentation*), obwohl natürlich von beliebig vielen Stellen aus darauf verwiesen werden kann. So können von einem Wissenselement aus die inhaltlich eng benachbarten Elemente so direkt wie möglich erreicht werden. Es gab bereits Überlegungen und Vorschläge, wie die wellenartige *Ausbreitung von lokalen Aktivierungen* in einer Wissensbasis durch deren spezielle Hardwareimplementation mit einem hohem Maß an Parallelverarbeitung effektiviert werden könnte (Fahlman 79), nur fehlt immer noch die Sicherheit bzgl. der zu implementierenden Repräsentationsstrukturen.

Ebenfalls im Sinne der Redundanzverminderung und Arbeitsökonomie wirkt sich die *hierarchische Anordnung* von Informationen aus. So ermöglichen *Begriffshierarchien* (oder auch -heterarchien) die Zuordnung von Merkmalen oder Aussagen über einzelne Objekte zu dem jeweils allgemeinsten Begriff, der die betreffenden Objekte umfaßt, was Voraussetzung für die sehr effiziente Ausführung einer wichtigen Klasse von Inferenzprozessen durch sogenannte *Vererbungsmechanismen* (Touretzky 86) ist.

Die Organisation der Wissensspeicherung kann wesentlich durch die physische Beschaffenheit und die Parameter des benutzten *Speichers* oder materiellen Gedächtnissubstrats beeinflußt werden. Speicherkapazität, charakteristische Zugriffs- und Einspeicherungszeiten, Adressierungsmodus, Zugriffsbreite, Grad der Parallelverarbeitung, Permanenz, Löschbarkeit und Zuverlässigkeit sind einige wichtige Kenngrößen von Speichermedien. Die für das zu repräsentierende Wissen angemessenen *Kodierungsformen* und *Zugriffsmechanismen* zu den einzelnen Ebenen der Speicherhierarchie wie auch der Modus für den *dynamischen Informationsaustausch* zwischen verschiedenen Speichern werden wesentlich durch diese Eigenschaften mitbestimmt. Durch Zugrundelegung einer digitalen Informationstechnologie wird offensichtlich die Repräsentation und Manipulation kontinuierlicher Gegebenheiten erschwert.

4. Paradigmen der Wissensrepräsentation

Während der siebziger Jahre wurde heftig darüber diskutiert (Winograd 75, Hayes 77), ob man für die Zwecke der KI mehr nach einer *prozeduralen* (Hewitt 71, Winograd 72, Woods) oder einer *deklarativen* Form der Wissensdarstellung (z.B. McCarthy/Hayes 69, Hayes 77, 79, Nilsson 80, Moore 82), etwa in Anlehnung an die Prädikatenlogik, streben soll. Einig war man sich allerdings, daß die in der Praxis der Computeranwendung weit verbreiteten prozeduralen Programmiersprachen wenig geeignet erschienen. Heute bevorzugt man weithin deklarative Repräsentationsformen.

So manches, was zunächst mit einer gewissen Selbstverständlichkeit als Darstellungsform für Wissen empfunden wurde (z.B. Produktionensysteme, vgl Newell 73, Davis/King 77, Hayes-Roth 85, Krickhahn/radig 87), erscheint uns heute wieder zutreffender unter dem (inzwischen erweiterten Begriff der Programmierung subsumierbar.

4.1. Logik

Die historische Entwicklung der Logik verfolgte, vor allem in ihren Anfängen, ganz ähnliche Absichten wie neuerdings wieder die Forschungen zur "Wissensrepräsentation" im Rahmen der KI: Man suchte nach einer genaueren Darstellungsform für den Inhalt von Gedanken und nach Möglichkeiten der formalen (und damit mechanisierbaren) Überprüfung der Richtigkeit von Gedankengängen und Argumentationen. In unserem Jahrhundert hat sich die *Prädikatenlogik der ersten Stufe* als ein vielseitig einsetzbares Hilfsmittel theoretischer Forschung besonders in der Mathematik fest etabliert. So erscheint es naheliegend, durch Zugrundelegung der Prädikatenlogik der ersten Stufe für die Wissensrepräsentation Nutzen aus dieser wissenschaftlich gut durchgearbeiteten und vor allem zum Zweck der *Formalisierung mathematischer Theorien* erfolgreich eingesetzten Disziplin zu ziehen. Die Verfechter logischer Wissensrepräsentation können auf deren Wohldefiniertheit und auf die Möglichkeit verweisen, an die reichen Erkenntnisse und Erfahrungen einer langen Forschungstradition anzuknüpfen. Insbesondere bieten sich die in den letzten zwei Jahrzehnten entwickelten *automatischen Beweiser* für die Prädikatenlogik der ersten Stufe als generelle Schlußfolgerungsmechanismen für logisch repräsentiertes Wissen an. Schließlich schlägt die auf der Hornklausel-Logik beruhende Programmiersprache PROLOG mit eingebautem Deduktionssystem als Kern des Sprachinterpreters eine wachsende Zahl begeisterter Anhänger in ihren Bann. Hier soll nicht auf Deduktionsverfahren (Bläsius/Bürkert 87, Siekmann 83) eingegangen werden, sondern lediglich die Ausdruckskraft der Sprache der Prädikatenlogik der ersten Stufe kurz charakterisiert werden.

Wissen wird in einer logischen Repräsentation dargestellt als *Menge logischer Formeln*, die bezüglich eines Anwendungsbereiches interpretiert sind und in einer Datenbasis verwaltet werden. Syntaktisch können aus dem Grundvorrat der prädikatenlogischen Sprachelemente (Individuenkonstanten, Individuenvariablen, Funktionen, Prädikate, logische Konnektoren und Quantoren) Terme, atomare Formeln, Literale und schließlich logische Formeln und Sätze aufgebaut werden. Das logische Schlußfolgern wird als formales

Ableiten logischer Formeln durch schrittweises Anwenden einer oder mehrerer Inferenzregeln aufgefaßt.

Vorzüge dieser Repräsentationsform sind die einheitliche, gut etablierte Darstellungsform, die sauber definierte Semantik und das Vorliegen gut ausgearbeiteter Inferenzverfahren, weiterhin die Modularität der Repräsentation und die Möglichkeit, partielles Wissen auszudrücken.

Als Nachteil wird oft die etwas unübersichtliche, wenig intuitive Darstellungsform empfunden. Deduktive Inferenzprozesse können u.U. sehr ineffizient sein. Es fehlen Mittel zur Strukturierung großer Wissensbasen. Für die Wissensdarstellung in empirischen Domänen macht sich eine gewisse Armut an Ausdrucksmitteln bemerkbar. So gibt in der Prädikatenlogik der 1. Stufe keine natürliche Darstellungsform, um Beziehungen zwischen Prädikaten, Aussagen über Aussagen, zeitliche Beziehungen, hypothetische Annahmen, subjektive Überzeugungen, Wahrscheinlichkeitsaussagen und partielle Unwissenheit auszudrücken oder mit vagen Begriffen und Aussagen umzugehen. Dies wird dadurch verständlich, daß die Weiterentwicklung der Prädikatenlogik der ersten Stufe vor allem mit der Absicht erfolgte, den Begriff des mathematischen Beweises zu präzisieren und zur Formalisierung mathematischer Theorien benutzbar zu sein, die mit artifiziellen abstrakten Größen umgehen.

Eine Anwendung auf die formale Darstellung von Ausschnitten der realen Welt wirft zahlreiche Probleme auf. *Nichtklassische Logiken* (Richter 88, Walter in diesem Band) bemühen sich um Erweiterung der Darstellungsmittel in verschiedenen Richtungen, sind aber meist nicht miteinander verträglich. Menschliches Wissen ist unvollständig, vage, assoziativ, sehr komplex und benutzt ein kompliziertes Begriffssystem mit Abstraktionen über zahlreiche Stufen. Die menschliche Umwelt ist kaum als Addition elementarer Objekte erfaßbar, zwischen denen präzise und vollständig beschreibbare Beziehungen bestehen. Kategorien wie *Raum* und *Zeit*, *Kausalität* und *Zweckgerichtetheit*, *Wirklichkeit* und *Möglichkeit* sind von eminenter Bedeutung und sollten daher auch in einem Repräsentationssystem fest (d.h. willkürfrei) verankert sein. Ungeachtet dessen gibt es viele eingeschränkte Bereiche (auch in technischen Anwendungen), wo eine einfache logische Repräsentation sinnvoll und praktikabel ist. Bei der Suche nach Repräsentationsformalismen höherer Ausdruckskraft sollte man darauf achten, zumindest die Ausdruckskraft der Prädikatenlogik der ersten Stufe sicherzustellen.

4.2.   Semantische Netze

Als semantische Netze bezeichnet man unterschiedliche netzartige Repräsentationsformen zur *Visualisierung* oder rechnerinternen *Modellierung* von *Begriffssystemen oder Wirklichkeitsausschnitten*. Es handelt sich bei dieser Darstellungsform um *interpretierte gerichtete Graphen*, deren *Knoten Begriffe* repräsentieren (die mindestens teilweise durch Bedeutungsworte einer natürlichen Sprache bezeichnet sind) und deren *Kanten* mit Namen zweistelliger *Relationen* (wie z.B. Prädikation, Unterbegriff-Oberbegriff, Teil-Ganzes-Beziehung, Besitz, Ort) markiert sind.

Semantische Netze erschienen intuitiv plausibel, gut überschaubar und insbesondere auch für Kognitionspsychologen attraktiv (Anderson/Bower 73, Norman/Rumelhart 75). Sie entstanden im Zusammenhang mit dem Bestreben, die *Bedeutung* sprachlicher Einheiten (Wörter, Sätze, Texte) bei Berücksichtigung ihrer Kontextabhängigkeit genauer zu erfassen, wodurch auch das Attribut "semantisch" zu erklären ist. Typischerweise wurden Bedeutungen ganzer Sätze, als Situations- oder Ereignisbeschreibungen aufgefaßt, durch Knoten repräsentiert, die über "Tiefenkasus"-Relationen für einzelne Handlungsrollen (wie Handlungsträger/Agens, Objekt/Patiens, Empfänger, Instrument, Richtung) mit anderen Knoten verbunden sind.

Im Laufe der Zeit entstanden untereinander stark abweichende und schwer vergleichbare Ansätze, deren theoretische Fundierung und Ausdruckskraft oft unbefriedigend war. So finden wir unter anderem Wort-Assoziations-Netze (ausgehend von der Assoziationspsychologie), Wort-Bedeutungs-Netze (z.B. Quillian 68), Begriffs-Netze zur Darstellung von Wort- und Satzbedeutungen (Schank 72), Individuennetze mit elementaren Relationen zwischen physischen Objekten (für Verwandtschaftsbeziehungen zwischen Personen oder die physischen Beziehungen zwischen den Bausteinen einer Spielzeugwelt), modifizierte Syntax- Bäume für natürlichsprachliche Sätze mit Vernetzung über terminale Einheiten, Satz-Bedeutungs-Netze unter Zugrundelegung von Kasusstrukturen (Fillmore 68, Simmons 73). Später ging dann der bevorzugte Trend zur klaren Trennung begrifflicher und referentieller Netzbereiche (Palme 73, Lehmann 76, Hendrix 79) und zur vernetzten Darstellung prädikatenlogischer Aussagen (Hendrix 79, Schubert 76, Shapiro 79, Sowa 84), wobei sich die Notwendigkeit einer geschachtelten oder überlappenden Unterteilung des gesamten Netzes in einzelne *Partitionen* ergab, und verschmolz zunehmend mit der Entwicklung von Frames und neueren framebasierten Wissensrepräsentationssprachen. Gewisse Wechselbeziehungen und Konvergenzen ergaben sich auch zu Entwicklungen auf dem Gebiet der Datenbanktechnik, wo Netzdarstellungen formaler Datenmodelle entwickelt wurden (insbesondere das Entity-Relationship-Modell steht den semantischen Netzen recht nahe).

Heute wird wohl von allen Seiten akzeptiert, daß zur Bedeutungsdarstellung sprachlicher Texte, zur Repräsentation von Wissen und zur Darstellung des Inhalts maschinell verarbeiteter Bilder und bewegter Szenen semantisch-begriffliche und logische Darstellungsmittel benötigt werden. In allen Darstellungsformen kann die Vernetzung bei der Implementation ein nützliches Mittel zur Effizienzsteigerung sein. (z.B. auch bei Theorembeweisern, Produktionensystemen und Parsern). LISP als Programmiersprache mit unikaler Darstellung elementarer Objekte, die bei Bedarf beliebig durch Attribut-Wert-Listen ergänzt werden können, erwies sich als nützliche Basis für die Implementation solcher Netze. Wieweit semantische Netze eigentlich "semantisch" sind und ob sie heute noch eine eigenständige Repräsentationsform darstellen, ist dagegen eher zweifelhaft.

4.3.   Framesysteme und neuere Repräsentationssprachen

Die Entwicklung von *Frames* ging aus von einer Reihe vager aber suggestiver Ideen über den Einfluß von *Vorwissen* (*Stereotype, defaults*) und *Erwartungen* auf spezielle kognitive Leistungen. Besonders einflußreich wurde hierbei eine Arbeit von M. Minsky (75), die (von verschiedenen Autoren entwickelte) Vorstellungen über Struktur und Wirksamkeit komplexerer Wissensbündel zusammenfassend formulierte. Unter Frames hat man sich *begriffliche Schemata, Rahmen oder Kontexte* vorzustellen, die in Weiterentwicklung der Repräsentationsform semantischer Netze (und der von Fillmore (68) vorgeschlagenen Kasusrahmen von Verben) zur schematischen Darstellung der *Infrastruktur begrifflicher Einheiten* bzw. zur objektorientierten Bündelung von (prototypischem) Wissen über bestimmte Gegenstände und zur generellen Erklärung von Intelligenzphänomenen eingeführt wurden. Sie enthalten komprimiertes Erfahrungswissen über bestimmte Gegebenheiten und werden bei Auftauchen ähnlicher Gegebenheiten (durch eine Art analogen Mustervergleichs) erneut aktiviert, was zu weiteren dynamischen Prozessen führt (gezielte Suche nach Übereinstimmungen oder Unterschieden zwischen einem Frame und einer neuen Situation, Fokussierung von Inferenzprozessen, Voraussage der mutmaßlich folgenden Situationen).

Nachdem Versuche zur Implementation solcher Frames notwendigerweise *syntaktische Konventionen* für die sprachliche Darstellung von Frames entwickeln mußten, verband man mit Frames vor allem die Vorstellung *hierarchisch organisierter, record-artig strukturierter Implementationskonstrukte der KI mit SlotFiller-Strukturen* und der Möglichkeit der Anlagerung von Prozeduren ("*procedural attachment*"). *Slots* (Attribute) können hier nicht nur durch explizite Angabe von Werten gefüllt werden (die selbst wieder Frames sein können), sondern auch durch Angabe zulässiger *Wertebereiche* (range, constraints), von *Standardannahmen* (defaults) oder von ggf. zu aktivierenden *Berechnungsvorschriften* charakterisiert werden. Automatische *Vererbungsmechanismen* in *Frame-Hierarchien* bewirken eine ökonomischere Speicherausnutzung und unterstützen gleichzeitig gewisse Formen des *nichtmonotonen Schließens*. Sind gewisse Objekteigenschaften nicht explizit bekannt, können diese automatisch *geerbt, berechnet* oder *gemutmaßt* werden.

Im Gegensatz zur prädikatenlogischen Darstellung und den naiven semantischen Netzen bieten Frames eine Möglichkeit, eine Anzahl *inhaltlich zusammengehöriger Sachverhalte zusammenzufassen*, zu einer komplexeren Wissenseinheit zu integrieren und damit gleichzeitig deutlich von anderen Sachverhalten abzugrenzen. Auf alle relevanten Informationen über eine solche Wissenseinheit kann praktisch *gleichzeitig zugegriffen* werden.

Als spezielle Art von Frames können die von Schank und Abelson (77) eingeführten *Scripts* betrachtet werden, die häufig wiederkehrende *stereotype Handlungsfolgen* repräsentieren (klassisches Beispiel: der Handlungsablauf beim Besuch eines Restaurants). Gerade bei Versuchen zur Modellierung anspruchsvollerer Formen inhaltlichen Sprachverstehens in der KI fühlte man sich veranlaßt, immer komplexer zusammengesetzte Formen gebündelten Wissens (Ziele, Pläne, Systeme subjektiver Überzeugungen) hypothetisch ins Spiel zu bringen. Letzten Endes laufen solche Bemühungen darauf hinaus, immer komplexere Bereiche unseres Alltagslebens schematisch zu erfassen und für die Wissensverarbeitung verfügbar zu halten (- ein sicher kaum zu vollendendes Vorhaben!).

Wesentliche frame-orientierte Repräsentationssprachen waren FRL (Roberts/Goldstein 77), KRL (Bobrow/Winograd 77), AIMDS (Sridharan 78), UNITS (Stefik 79) und in gewissem Sinne auch KL-ONE (Brachman/Schmoltze 85) und seine Abkömmlinge. Gegen 1980 spaltete sich hier die Entwicklung. Einerseits strebte man nach problemlos handhabbaren Implementationswerkzeugen zur Unterstützung objektorientierter Programmierung im Rahmen einer komfortablen Programmierumgebung, ohne dabei gravierende Entscheidungen hinsichtlich der zu beachtenden Grundprinzipien für die Representation von Wissen zu treffen. Diese Entwicklung führte, beeinflußt von Smalltalk, über Systeme wie Flavors, Loops und KEE (Fikes/Kehler 85) unter dem Vorzeichen der Verschmelzung unterschiedlicher Programmier-Paradigmen zu dem derzeit als Erweiterung des CommonLISP-Standards (Steele 84) vorgeschlagenen objektorientierten Systems CLOS (Bobrow 88).

Ein anderer bedeutender Entwicklungsstrang ging von der Sprache KL-ONE aus (Brachman 79, Brachman/Schmolze 85). Hier konzentrierte man sich auf epistemologische Fragen der sauberen und fundierten Bereitstellung elementarer Hilfsmittel für die Repräsentation von Begriffsdefinitionen. Begriffe werden als Frames dargestellt, deren Slots epistemologische Rollen (aus einem sehr beschränkten Repertoire) sind. Dabei wurde Wert darauf gelegt, die Bedeutung der so erzeugbaren Strukturen prädikatenlogisch zweifelsfrei angeben zu können. Die durch psychologische Betrachtungen inspirierte Absicht (vgl. Minsky 75), mit Frames prototypisches Wissen zu erfassen, wurde dagegen aufgegeben. Mit der Zeit gewann man die Überzeugung, daß ein praktikables Repräsentationssystem aus einer begrifflich-definitorischen Komponente a la KLONE, die für Terminologiefragen zuständig ist und auch die Verwaltung hierarchischer Begriffsnetze unter Einsatz eines automatischen Klassifikators übernimmt, und einer assertionalen Komponente, in der empirische Sachverhalte im wesentlichen prädikatenlogisch repräsentiert und deduktiv verknüpft werden können, bestehen sollte. Sprachen wie KRYPTON (Brachman/Fikes/ Levesque 83, Brachman/ Gilbert/Levesque 85), NIKL und BACK (Luck et al. 86, 87) bemühen sich in unterschiedlicher Art um Weiterentwicklung dieser recht ernsthaften, aber noch im Reifungsprozeß befindlichen und praktisch noch wenig erprobten Ansätze.

Zusammenfassend läßt sich sagen, daß heute die Bevorzugung linearer oder graphischer Notationen wie auch artifizieller oder an einer natürlichen Sprache angelehnter Konstrukte nicht mehr als klare Alternativen zu sehen sind, zwischen denen man beim Entwurf eines wissensbasierten Systems nur jeweils die geschickteste Auswahl treffen muß, sondern oft verschmelzen oder koexistieren.

5. Ausblick

Die derzeit im Einsatz oder in Entwicklung befindlichen wissensbasierten Systeme profitieren von einer fortgeschrittenen Software- und Hardwaretechnologie, die durch das Aufgreifen von Betrachtungs- und Vorgehensweisen der KI belebt werden können (Lehmann 88). Ansätze der KI in Richtung auf eine echte verwendungsunabhängige Repräsentation von Wissen (Newell 82, Minsky 75, Brachman 77, Levesque 86) sind heute offenbar für den praktischen Einsatz noch nicht genügend ausgereift. Sie werden am ehesten in vereinfachter Form als Vorschläge für Implementationskonstrukte aufgegriffen, was zu einem reicheren Repertoire nichtprozeduraler Formen der Programmierung führt. Die bisher für recht kleine, stark spezialisierte Bereiche entwickelten Wissensbasen orientieren sich stark am jeweiligen Verwendungszweck (Diagnose, Konfigurieren, Planen) einzelner Expertensysteme, ohne daß dabei bewährte allgemeinverbindliche Gestaltungsprinzipien beachtet würden. So bleibt für die Willkür der jeweiligen Entwickler ein weiter Spielraum. Die Möglichkeit des nachträglichen Zusammenfügens einzeln entwickelter Wissensbasen und einer zunehmenden Kumulation von Ergebnissen der bisher in zahlreichen Anwendungsgebieten geleisteten Arbeit besteht infolgedessen leider noch nicht.

Die Forschungen zur Repräsentation von Wissen haben sich in den letzten Jahren zunehmend auf Untersuchungen in zahlreichen speziellen Bereichen konzentriert. Die Integration der gewonnenen Teilergebnisse in ein umfassenderes Repräsentationsparadigma und seine Erprobung im Rahmen eines prototypischen operationalen KI-Systems steht somit noch aus. Vielleicht ergeben sich im Rahmen des recht langfristig angelegten

Forschungsprojekts CYC neue Erfahrungen und Impulse (Lenat et al. 86, 87), in dem versucht werden soll, das elementare Alltagswissen des Durchschnittsamerikaners durch einheitliche Repräsentation der wichtigsten Begriffserklärungen (eines Taschenlexikons) maschinell darzustellen. Bis auf weiteres muß man jedenfalls McCarthy rechtgeben, wenn er feststellt:

> *"... no one knows how to make a general database of commonsense knowledge that could be used by any program that needed the knowledge."* (McCarthy 87)

Während die Entwicklung der Computerhardware, insbesondere der Speichertechnologie, verheißungsvolle Perspektiven für eine zukünftige Wissenstechnologie eröffnet, sind die schwierigeren methodologischen und epistemologischen Fragen fast alle noch ungelöst. Bis zur souveränen Beherrschung des Repräsentierens von Wissen (falls dies überhaupt gelingen kann) ist noch viel Forschungsarbeit zu leisten. Man sollte sich dabei - trotz der enormen Schwierigkeiten - noch stärker als bisher auf die Repräsentation von Alltagswissen konzentrieren, wobei mit den einfachsten und am ehesten verstandenen Aspekten begonnen werden sollte (etwa der Repräsentation einer statischen Welt aus diskreten physischen Objekten). (Leider sind allerdings die meisten Bewußtseinsinhalte, über die Menschen in der Wissenschaft, in der Politik, aber auch im täglichen Leben nachdenken und sprechen, recht abstrakter Natur.)

Die Einbettung aller Repräsentationskonstrukte in ein generelles Begriffssystem, das auf die natürliche Sprache bezogen ist, sollte noch stärker angestrebt werden. Zweifellos erfordern solche Bemühungen die interdisziplinäre Zusammenarbeit von KI-Forschern mit Philosophen, Linguisten, Logikern und Vertretern anderer Einzelwissenschaften. Auch die Ausstattung von Systemen zum Aufbau größerer Wissensbasen mit Fähigkeiten zum Lernen, etwa zum halbautomatischen Wissensaufbau durch Auswertung von Textmaterial erschiene äußerst interessant und erstrebenswert. Wo gegebenenfalls die prinzipiellen Grenzen für die rationale Durchdringung und Objektivierung von Wissen liegen, wird uns wohl erst die Zukunft lehren.

6. Literatur

Allen, James: Natural language understanding. Benjamin/Cummings, Menlo Park, Calif. 1988
Allen, J.F.: Towards a general theory of actions and time. Artificial Intelligence 23 (1984)2, 123 - 154
Amarel, S.: On representations of problems of reasoning about actions. In: Machine Intelligence 3 (D. Michie, ed.). Edinburgh University Press, Edinburgh 1968, 131 - 171
Anderson, J.R.; Bower, G.: Human Associative Memory. Holt, New York 1973
Barr, A; Davidson, J. (eds.): Representation of Knowledge. In: Barr/Feigenbaum, eds.,1981, 141 - 222
Barr, A. and Feigenbaum, E.A. (eds.),The Handbook of Artificial Intelligence, vol. 1. W. Kaufmann, Los Altos, Calif. 1981
Barwise, J.; Perry, J.: Situations and Attitudes. MIT Press, Cambridge, Mass. 1983
Bibel, W.: Inferenzmethoden. In Ch. Habel (Hrsg.), Künstliche Intelligenz, Informatik-Fachberichte 93, Springer, Berlin 1985, 1 - 47

Bläsius, K.H.; Bürckert, H.J. (Hrsg.): Deduktionssysteme. Automatisierung des logischen Denkens. Oldenbourg, München 1987

Bobrow, D.G.: Dimensions of Representation. In Bobrow/Collins (1975), 1 - 34

Bobrow, D.G.; Collins, A.M. (eds.): Representation and Understanding Academic Press, New York 1975

Bobrow, D.G.: A panel on knowledge representation. Proc. IJCAI-77, 1977, 983 - 992

Bobrow, D.G.: Qualitative reasoning about physical structures. Artif. Intell. **24**(1984) 1-3,

Bobrow, D.G.: The Common LISP Object System: An example of integrating programming paradigms.In: Exploring Artificial Intelligence (H.E.Shrobe & AAAI, eds.). M. Kaufmann, Los Altos, Calif. 1988, 619 -640

Bobrow, D.; Winograd, T.: An overview of KRL, a knowledge representation language. Cognitive Science **1** (1977)1, 3 - 46

Brachman, R.J.: What's in a concept: structural foundations for semantic networks. Intern. J. Man-Machine Studies **9** (1977), 127 - 152

Brachmann, R.J.: On the epistemological status of semantic networks. In: Findler (1979), 3 - 50

Brachmann, R.J.; Smith, B.C. (eds.): Special issue on knowledge representation. SIGART Newsletter no. 70 (Febr. 1980). Association for Computing Machinery.

Brachman, R.J., Fikes, R.E.; Levesque, H.J.: Krypton: A functional approach to knowledge representation. IEEE Computer, Special Issue on Knowledge Representation, Oct. 1983, 67 - 73

Brachman, R.J.; Levesqe, H.J. (eds.): Readings in knowledge representation. Kaufmann, Los Altos, Calif. 1985

Brachman, R.J.; Schmolze, J. G.: An overview of the KL-ONE knowledge representation system. Cognitive Science **9** (1985)2, 171 - 216

Brachman, R.J.; Gilbert, V.P.; Levesqque, H.J.: An essential hybrid reasoning system: knowledge and symbol level accounts of KRYPTON. Proc. IJCAI-85, 1985, 533 - 539

Brodie, M.; Mylopoulos, J.; Schmidt, J. (eds.): On knowledge base management systems: Integrating Artificial Intelligence and database technology. Springer, Berlin 1987

Brown, J.S.; Burton, R.R.: Multiple representation of knowledge for tutorial reasoning. In: Bobrow/Collins (1975), 311 - 349

Buchanan, B.G.; Shortliffe, E.H.: Rule-based expert programs: the MYCIN experiments of the Stanford Heuristic Programming Project. Addison-Wesley, Reading, Mass. 1984

Cercone, N.; McCalla, G. (eds.): The knowledge frontier. Springer, Berlin 1987

Cercone, N.; McCalla, G.: What is knowledge representation? In Cercone/McCalla (1987), 1 - 43

Charniak, E.; McDermott, D.: An introduction to artificial intelligence. Addison-Wesley, Reading, Mass 1985

Clocksin, W.F.; Mellish, C.S.: Programming in Prolog. Springer, Berlin 1981

Davis, R.; King, J.: An overview of production systems. In: Machine Intelligence 8(E.W.Elcock and D. Michie, eds.). Wiley, New York 1977, 300 - 332

Etherington, D.W.; Reiter, R.: On inheritance hierarchies with exceptions. In Brachman/Levesque (1985), 329 - 334

Fahlman, S.E.: NETL: A system for representing and using real-world knowledge. Cambridge, Mass., MIT-Press 1979

Feigenbaum, E.A.: The art of artificial intelligence: themes and case studies in knowledge engineering. Proc. IJCAI-77, 1977, 1014 - 1029

Feigenbaum, E.A.; Feldman, J.(eds.): Computers and thought. McGraw-Hill, New York 1963

Fikes,, R.; Kehler, T.: The role of frame-based representation in reasoning. Comm. ACM **28** (Sept. 1985)9, 904 - 920

Fillmore, C.: The case for case. In: Bach/Harms (eds.), Universals in linguistic theory. Holt, Chicago 1968

Findler, N.V. (ed.): Associative networks: Representation and use of knowledge by computers. Academic Press, New York 1979

Forbus, K.D.: Qualitative physics: past, present, and future. In: Exploring Artificial Intelligence (H.E.Shrobe & AAAI, eds.). M. Kaufmann, Los Altos, Calif. 1988

Forgy, C.; McDermott, J.: OPS: A domain-independent production system language. Proc. IJCAI-77, 1977, 933 - 939

Gallaire, H.; Minker, J.: Logic and databases. Plenum 1978

Genesereth, M.R.; Nilsson, N.J.. Logical foundations of artificial intelligence. M. Kaufman, Los Altos, Calif. 1987

Habel, Ch.: Logische Systeme und Repräsentationsprobleme. In: B. Neumann (ed.), GWAI-83, Informatik-Fachberichte 76 (1983), 118 - 142

Hayes, P.J.: Some problems and non-problems in representation theory. Proc. AISB Summer Conference, Univ. of Sussex, 1974, 63 - 79.

Hayes, P.J.: In defence of logic. Proc. IJCAI-77, Kaufmann, Los Altos, Calif. 1977, 559 - 565

Hayes, P.J.: The logic of frames. In: Frame conceptions and text understanding (D. Metzing, ed.). Gruyter, Berlin 1979, 456 - 61

Hayes, P.J.: The second naive physics manifesto. In: Hobbs/Moore (1985), 1 - 36

Hayes-Roth, F.: Rule based systems. Comm.ACM **28** (Sept. 1985), 921 - 932

Hendrix, G.: Encoding knowledge in partitioned networks. In: Findler, N.V. (1979.), 51 - 92

Heyer, G.; Krems, J. (Hrsg.): Wissensarten und ihre Darstellung. Springer, Berlin 1988

Hobbs, J.R.; Moore, R.C.(eds.): Formal theories of the commonsense world. Ablex, Norwood, N.J. 1984

Jackson, P.: Expertensysteme. Eine Einführung. Addison-Wesley 1987

Kamp, H.: Discourse representation theory: What it is and where it ought to go. In: A. Blaser (ed.), Natural language at the computer. Springer, Berlin 1988, 84 - 111

Kowalski, R.: Logic for problem solving. North-Holland, Amsterdam 1979

Krickhahn, R.; Radig, B.: Die Wissensrepräsentationssprache OPS 5. Vieweg, Braunschweig 1987

Kuipers, B.: On representing commonsense knowledge. In: Findler (1979), 393 - 408

Kuipers, B.: Commonsense reasoning about causality: deriving behavior from structure. Artificial Intelligence **24**(1984), 169 - 203

Laubsch, J.: Techniken der Wissensdarstellung. In Ch. Habel (Hrsg.), Künstliche Intelligenz, Informatik-Fachberichte 93, Springer, Berlin 1985, 48 - 93

Lehmann, E.: Input processing in a German language question-answering system. In Conf. on Artificial Intelligence: Question-answering systems. June 23-25, 1975. International Institute for Applied Systems Analysis. Laxenburg, Austria. Publication CP-76-6, 105 - 130

Lehmann, E.: Computersimulation des Verstehens natürlicher Sprache. Nova Acta Leopoldina N.F. 54 Nr. 245 (1981), S. 125 - 174

Lehmann, E.: Wissensverarbeitung, Expertensysteme, AI-Tools. In H. Schwärtzel (Hrsg.), Informatik in der Praxis. Springer, Berlin 1986, 409 - 430

Lehmann, E.: Wissensverarbeitung und Softwareentwicklung. In: R. Lauber (Hrsg.), Prozeßrechensysteme '88. Stuttgart, März 1988, Proceedings. Springer, Berlin 1988, 21 - 38

Lenat, D.; Shepherd, M.; Ptrakash, M.: CYC: Using common sense knowledge to overcome brittleness and knowledge acquisition bottlenecks. AI Magazine, Winter 1986, 65 - 84

Lenat, D.; Feigenbaum, E.A.: On the thresholds of knowledge. Proc. IJCAI-87, 1987, 1173 - 1182

Levesque, H.J.: A fundamental tradeoff in knowledge representation and reasoning. In Brachman/Levesque (1985), 41 - 70

Levesque, H.J.: Making believers out of computers. Artificial Intelligence **30** (1986), 81 - 108

Luck, K.v.; Nebel, B.; Peltason, C.; Schmiedel, A.: BACK to consistency and incompleteness.In GWAI-85 (H. Stoyan, Hrsg.), Informatik-Fachberichte 118, Springer 1986, 245 - 256

Luck, K.v.; Owsnicki-Klewe, B.: Neuere KI-Formalismen zur Repräsentation von Wissen. In: T. Christaller (ed.), KIFS-87, Springer, Berlin 1987

McCarthy, J.: Programs with common sense. in Minsky (1968), 403 - 417

McCarthy, J.: Epistemological problems of artificial intelligence. Proc. IJCAI-77, 1977, 1038 - 1044

McCarthy, J.: Circumscription - a form of non-monotonic reasoning. Artificial Intelligence 13 (1980), 27 - 39

McCarthy, J.: What is common sense and how to formalize it? In GWAI-85 (H. Stoyan, Hrsg.), Informatik-Fachberichte 118, Springer 1986, 213 - 217

McCarthy, J.:Generality in artificial intelligence: Turing Award Lecture. Comm. ACM **30** (Dec. 1987) 12, 1030 - 1035

McCarthy, J.; Hayes, P.: Some philosophical problems from the standpoint of artificial intelligence. In: Machine Intelligence 4 (B. Meltzer and D. Michie, eds.), Edinburgh University Press, Edinburgh 1969, 463 - 502

McDermott, D.: Artificial intelligence meets natural stupidity. SIGART newsletter 57, April 1976

McDermott, J.: R1: a rule-based configurer of computer systems. Artificial Intelligence 19(1982)1, 339 - 388

McClelland, J.L.; Rumelhart, D.E.: Parallel distributed processing. 2 vols.. MIT-Press, Cambridge, Mass. 1986

Minsky, M. (ed.): Semantic Information Processing. MIT-Press, Cambridge, Mass 1968

Minsky, M.: A Framework for Representing Knowledge. In P. H. Winston (ed.), The Psychology of Computer Vision. Mc Graw-Hill, New York 1975, 211 - 277

Montague, R.: The proper treatment of quantification in ordinary English. In: Thomason, R. (ed.), Formal Philosophy: Selected Papers of Richard Montague. Yale University Press, New Haven, Conn. 1974

Moore, R.C.: The role of logic in in knowledge representation and commonsense reasoning. Proc. AAAI-82, 1982, 428 - 433

Moore, R.C.: Reasoning about knowledge and action. In: Hobbs/Moore (1985),

Mylopoulos, J.; Levesque, H.: An overview of knowledge representation. In: B. Neumann (ed.), GWAI-83, Informatik-Fachberichte 76 (1983), 143 - 157

Mylopoulos, J.; Brodie, M.(eds.): Readings in artificial intelligence and databases. M. Kaufmann, Los Altos, Calif. 1988

Newell, A.: Production systems - models of control structures. In: W.G.Chase (ed.), Visual Information Processing. New York 1973

Newell, A.: The knowledge level. Artificial Intelligence **18** (1982) 87 - 127

Nilsson, N.J.: Principles of artificial Intelligence. Tioga Press, Palo Alto 1980

Norman, D.A.; Rumelhart, D.E and the LNR Research Group: Explorations in cognition. Freeman, San Francisco, Calif. 1975

Palme, J.: The SQAP data base for natural language information. FOA P rapport C 8376-M (E5). Försvarets Forskninganstalt, Stockholm 1973

Pearl, J.: Evidential reasoning under uncertainty. In: H. Shrobe (ed.),, Exploring Artificial Intelligence. Kaufmann, Los Altos, Calif. 1988, 381 - 418

Quillian, M.R.: Semantic memory. In : M. Minsky (ed.), Semantic information processing. MIT-Press, Cambridge, Mass 1968, 227 - 270

Rahmstorf, G.: Orientierung zur Wissensrepräsentation. In: G. Rahmstorf (ed.), Wissensrepräsentation in Expertensystemen. Springer, Berlin 1988, 1 - 15

Reiter, R.: On reasoning by default.. In Brachman/Levesque (1985), 401 - 410

Reiter, R.: Nonmonotonic reasoning. In: Exploring Artificial Intelligence (H.E.Shrobe & AAAI, eds.). M. Kaufmann, Los Altos, Calif. 1988, 439 -481

Rich, E.: Artificial Intelligence. McGraw-Hill, New York 1983

Richter, M.M.: Künstliche Intelligenz und Logik. In: G. Rahmstorf (ed.), Wissensrepräsentation in Expertensystemen. Springer, Berlin 1988, 16 - 40

Roberts, R.B.; Goldstein, I.P.: FRL user manual. AI Memo 408. AI Lab, MIT, Cambridge, Mass. 1977

Sandewall, E.: Representing natural language in predicate calculus. In: Machine Intelligence 5 (B. Meltzer and D. Michie, eds.). Edinburgh University Press, Edinburgh 1970

Schank, R.C.: Conceptual dependency: A theory of natural language understanding. Cognitive Psychology 3 (1972), 552 - 631

Schank, R.C. (ed.): Conceptual information processing. North-Holland, Amsterdam 1975

Schank, R.C.; Abelson, R.: Scripts, plans, goals and understanding. Lawrence Erlbaum, Hillsdale, N.J. 1977

Schank, R.C.; Riesbeck, C.K.: Inside computer understanding. Lawrence Erlbaum, Hillsdale, N.J. 1981

Schefe, P.: Some fundamental issues in knowledge representation. GWAI-82 (W. Wahlster, ed.), Informatik-Fachberichte 58, Springer, Berlin 1982. 42 -62

Schefe, P.: Zur Rekonstruktion von Wissen in neueren Repräsentationssprachen der Künstlichen Intelligenz. In GWAI-85 (H. Stoyan, Hrsg.), Informatik-Fachberichte 118, Springer 1986, 230 - 244

Schubert, L.: Extending the expressive power of semantic networks. Artificial Intelligence 7 (1976)2

Shapiro, St. C. (ed.): Encyclopedia of Artificial Intelligence. 2 vols. Wiley, New York 1987

Shapiro, St.C.: The SNePS semantic network processing system. In : N.V. Findler (ed.) (1979), 179 - 204

Shoham, Y.; Goyal, N.: Temporal reasoning in artificial intelligence. In: H. Shrobe (ed.), Exploring Artificial Intelligence. Kaufmann, Los Altos, Calif. 1988, 419 - 438

Siekmann, J.; Wrightson, G. (eds.): Automation of reasoning; classical papers on computational logic. 2 vols. Springer, Berlin 1983

Simmons, R.F.: Semantic networks: Their computation and use for understanding English sentences. In: Computer models of thought and language (R.C.Schank and K.M.Colby, eds.), Freeman, San Francisco, Calif. 1973, 63 - 113

Sowa, J.: Conceptual structures. Information processing in mind and machine. Addison-Wesley, Reading, Mass. 1984

Sridharan, N.S.: AIMDS user manual - version 2. Techn. Report CBM-TR-89, Rutgers Univ., New Brunswick, N.J.; June 1978

Steele, G.: Common LISP: The language. Digital Press 1984

Steels, L.: Design requirements for knowledge representation systems. In: GWAI-84 (J. Laubsch, ed.), Informatik-Fachberichte 10, Springer, Berlin 1985, 1 - 19

Stefik, M.: An examination of a frame-structured representation system. Proc. IJCAI-79, 1979, 845 - 852

Sussman, G.; Steele, G.L.: Constraints - a language for expressing almost-hierarchical descriptions. Artificial Intelligence 14 (1980) 1 - 39

Szolovits, P.; Hawkinson, L.B.; Martin, W.A.: An overview of OWL, a language for knowledge representation. Report TM-86, Laboratory of Computer Science, M.I.T., Cambridge, Mass. 1977

Touretzky, D.: The mathematics of inheritance systems. M. Kaufmann, Los Altos 1986

Winograd, T.: Understanding natural language. Academic Press, New York 1972

Winograd, T.: Frame representation and the declarative/procedural controversy. In Bobrows/Collins (1975)

Winston, P.H.: Artificial intelligence, 2nd ed.. Addison-Wesley, Reading, Mass. 1984

Woods, W.A.: What's in a link: Foundations for semantic networks. In: Bobrow, D.G. and Collins, A.M.(eds.), Representation and understanding. Academic Press, New York 1975, 335 - 82

Zadeh, L.A.: Commonsense knowledge representation based on fuzzy logic. IEEE Computer 16 (1983) 10, 61 - 66

KI-Programmierung

H. Stoyan

Universität Konstanz

1 Eine Arbeitsmethode der KI

Zur Zeit ist die KI hauptsächlich *experimentelle Wissenschaft*: Menschliches Verhalten wird zum Vorbild genommen und mit mehr oder weniger Kunst werden immer neue Programme geschrieben, die

- natürliche Sprache verstehen,

- lernen und das gelernte Wissen wiedergeben,

- Aktionen planen, wenn sie über Situationen, verfügbare Mittel und Ziele informiert sind

- Bilder bzw. Szenen von Objekten aufnehmen, interpretieren usw.

Mit den Programmen wird ein theoretischer Ansatz auf seine Umsetzbarkeit überprüft. Das bedeutet, daß der experimentelle KI-Wissenschaftler Programme schreibt.

R.HALL und D.KIBLER haben sich mit Forschungsperspektiven im Bereich der KI beschäftigt [4] und dabei methodologische Kriterien benutzt. Sie zerlegen die KI in fünf Arbeitsrichtungen:

1. Angewandte KI mit dem Ziel leistungsfähiger Programme,

2. experimentelle (konstruktive) KI mit dem Ziel der experimentellen Entdeckung von Prinzipien der Intelligenz,

3. theoretische (formale) KI mit dem Ziel der allgemeinen Beschreibung von Prinzipien der Intelligenz bzw. Systematisierung und Erforschung ihrer Eigenschaften,

4. spekulative KI mit dem Ziel von Theorien über menschliches intelligentes Verhalten,

5. empirische KI mit dem Ziel der programmtechnischen Modellierung von natürlichen intelligenten Systemen.

Dabei versuchen sie Antworten auf die Fragen zu geben, wie ein KI-Forscher, entsprechend einer dieser Arbeitsrichtungen, sich ein Problem auswählt, wie er dieses Problem methodisch löst (oder zu lösen versucht), und wie er seine (bzw. fremde) Resultate bewertet. Bezogen auf die Methoden stellen die Autoren folgendes fest:

1. In der angewandten KI wird jede Methode oder Technik benutzt, um ein möglichst leistungsfähiges Programm zu erstellen.

2. In der experimentellen KI findet man das iterative Wechselspiel von Programmentwurf und -konstruktion sowie Experimentausführung und -bewertung, das in ähnlicher Weise für jede experimentelle Disziplin gelten mag.

3. In der theoretischen KI finden wir Arbeitsmethoden des Theoretikers aller Disziplinen, in denen ein hoher Grad von Mathematisierung zu verzeichnen ist: Versuch der formalen Definition von allgemeinen Problemen, die Fragestellungen aus der Anwendung reflektieren, Aufstellung von Hypothesen oder Algorithmen, die das Problem lösen, und schließlich den Beweis der Brauchbarkeit der Lösung.

4. In der spekulativen KI scheint es überhaupt keine Methodologie zu geben. Man darf eben, durch Introspektion geleitet, spekulieren, solange man "ökologisch gültige" Behauptungen aufstellt.

5. In der empirischen KI finden wir ein Wechselspiel zwischen Programmentwurf und -konstruktion sowie dem Vergleich mit menschlichem Verhalten.

Wir müssen angesichts der Situation die herausragende Qualität dieser Aussagen[1] feststellen. Dennoch sind wir nicht befriedigt. Es sind einfach keine spezifischen KI-Methoden, die da systematisiert werden.

Methoden sind Mengen von Regeln, die zur Erreichung vorgegebener Ziele verwendbar sind. Eine Methode muß kein Verfahren, kein mit Sicherheit zum Ziele führendes Regelgefüge sein – aber doch mehr als eine vage Empfehlung zum Handeln (Forschen).

Eine Wissenschaft kann Methoden auf zwei Ebenen anwenden: Auf einer *theoretischen* Ebene und auf einer *praktischen* Ebene. Was die theoretische Ebene betrifft – die in vielen Wissenschaften der Induktion und manchmal der Intuition überlassen bleibt –, so bildet die KI Analogien zu Problemlösern in der Natur, insbesondere zum menschlichen Gehirn. Was die praktische Ebene betrifft, so werden durch KI-Wissenschaftler Programme erstellt. Hier werden wir nach Programmiermethoden zu fragen haben. Diese Methoden sind bisher kaum je zusammenhängend dargestellt worden – ein erster Versuch war [10].

Gewöhnlich bekommt man als Namen von "Methoden der KI" Begriffe vorgesetzt, mit denen man weder Methoden der theoretischen noch der praktischen Ebene assoziieren kann. Beispiele sind: Das *heuristische Suchen*, die *Alpha-Beta-Methode*, die *Wissensrepräsentation* [8]. Mit diesen "Methoden" hat es eine eigentümliche Bewandtnis: Die KI, als Teilgebiet der Informatik, ist eine Wissenschaft, deren wesentliches Produkt Methoden sind. Diese Methoden sind sehr unterschiedlicher Natur. Teilweise könnten (und werden) sie von Menschen bei der Verfolgung irgendwelcher Ziele verwendet werden. Der größere Anteil dieser Methoden dient aber dazu, als "Philosophie", als Grundüberlegung, für den Entwurf von Programmen eingesetzt zu werden. Kein Mensch wird etwa Schach durch Baumsuche mit der Alpha-Beta-Methode spielen. Wissensrepräsentation ist keine Methode der KI, sondern ein Forschungsziel.

Wir merken aber an, daß die KI neben dem Wissen auch die Methoden als Gegenstand angehen und beherrschen lernen muß. So wird es Zeit, daß auf diesem Gebiet Fortschritte gemacht werden.

Doch zurück zu den Arbeitsmethoden! Die Situation wird also dadurch komplizierter – und das erklärt uns die unbefriedigenden Antworten –, daß die KI – wie die meisten Unterdisziplinen der Informatik – kaum je die von ihr erzeugten Methoden selbst verwendet. Im Vergleich wäre es ebenfalls absurd anzunehmen, die auf der Grenze zwischen Mathematik und Informatik anzusiedelnde mathematische Verfahrenstechnik bediene sich der von ihr erzeugten Methoden (zum Beispiel des Newtonschen Iterationsverfahrens), um zu neuen Verfahren zu kommen. Zwar wird von Leuten, die die KI negativ beurteilen, geäußert, die KI liebe (ihrer Auffassung nach) zweifelhafte Methoden, um zum Ziel zu kommen – aber daß es heuristische Suchverfahren sind, daran würden auch diese Spötter nicht glauben.

Arbeitsmethoden der KI müssen also wissenschaftliche Methoden sein – Methoden, die helfen, die wissenschaftlichen Ziele der KI zu erreichen. Diese bestehen, wie wir gesagt haben, in der Erstellung von Programmen, die Intelligenz zeigen, die Intelligenz simulieren.

---

[1]Die Autoren bemühen sich um Konstatierung des beobachtbaren Verhaltens, nicht um das Vorschreiben eines wünschenswerten Vorgehens.

Da die Hauptaktivität demnach die Programmierung ist, müssen es Programmiermethoden sein. Solche Methoden, wie etwa die strukturierte Programmierung, sind gut bekannt. Es gilt aber als sicher, daß derartige Methoden in der KI nicht angewandt werden. Vielmehr programmiert man "Middle-Out", d.h. im allgemeinen nicht sonderlich diszipliniert. Etablierte Programmiermethoden werden – soweit sichtbar – nicht benutzt.

Bei der Analyse von einflußreichen Arbeiten auf dem Gebiet der KI fällt uns auf, daß sie neue Programmierweisen sichtbar machten, die Verwendung einer solchen Programmierweise in der Form einer neuen Programmiersprache ermöglichten (oder eine existente Sprache erweiterten) und wesentliche Bestandteile des zunächst zu lösenden KI-Anwendungsproblems als Implementationsproblem dieser Sprache zu bewältigen trachteten.

Dies scheint uns eine wichtige wissenschaftliche Methode der KI zu sein [12,11,10], denn hierbei wird offensichtlich eine Verknüpfung von theoretischer und praktischer Programmierung vorgenommen: *Ein theoretischer kognitiver Apparat wird konzipiert* (etwa durch Studium menschlichen Problemlösens) *und in ein Informationsverarbeitungsmodell umgesetzt, für das dann eine Programmiersprache definiert wird.* Die Tragweite des Modells wird sodann durch Anwendung auf singuläre (Spiel-)Probleme oder praktische Anwendungsprobleme erforscht. Die Ergebnisse dieser Anwendung wird dann zur Verbesserung des ursprünglichen kognitiven Apparats benutzt bzw. zum Entwurf neuer Ansätze fruchtbar gemacht.

Die vorschlagene Arbeitsmethode läuft also in folgenden Schritten ab:

1. **Finde ein Verarbeitungsmodell, in dem das vorliegende Problem möglichst gut abgebildet wird.**

2. **Konzipiere einen entsprechenden Programmierstil.**

3. **Entwickle eine Programmiersprache, deren Semantik von dem Verarbeitungsmodell und deren Syntax von dem Programmierstil bestimmt ist.**

4. **Implementiere die Programmiersprache.**

5. **Programmiere das Verarbeitungsprogramm für das Anwendungsproblem in der neuen Programmiersprache und erprobe Ausdruckskraft und Implementation.**

6. **Wenn erforderlich, iteriere.**

2 Compilation von Zielen - Planen

Ein zentrales Problem der KI ist die Transformation von Zielplänen in Handlungspläne. Zielpläne sind dabei Konfigurationen oder Verknüpfungen von Zielen; Handlungspläne Ketten oder Strukturen von Aktionen, also Programme im prozeduralen Sinn. Insbesondere für die Robotik, aber auch in vielen anderen Zusammenhängen sind derartige Zielcompiler bedeutsam.

Die entsprechenden Probleme sind in der KI typischerweise unter der Rubrik 'Problemlösen', 'Planen' oder 'Programmgenerieren' behandelt worden. Diese Ansätze unterscheiden sich[3,7]

1. In der Beschreibung der Ziele

2. in der Beschreibung der Aktionen

3. in der Kontrollierbarkeit der Ausführung.

Für das Planungsproblem sind bisher nur Verarbeitungsmodelle vorgeschlagen worden, die auf verschiedenen Varianten von Problemlösermodellen basieren. Wir können demzufolge keine allzuhohen Qualitätsanspruche an aktuelle Planer stellen.

Problemlöser beruhen auf der Vorstellung, daß Probleme in *Objekte* und *Operatoren* zerlegt und beschrieben werden. Das Verarbeitungsmodell ist von *heuristischer Suche* und *Backtracking* gekennzeichnet.

Es ist von zentraler Bedeutung, daß der KI-Programmierer nicht die Ebenen verwechselt und sich vorstellt, es würden Planvarianten oder Robotersituationen durchsucht, wie das früher in der KI üblich war, und wie es zum Teil auch noch in den Büchern von Nilsson [7] und Charniak und McDermott [3] zu finden ist. In letzterem ist bereits der Übergang zum Umgehen mit dem abstrakten Problemlösermodell anzutreffen (dort mit "GPS" bezeichnet; doch gibt es einige Unterschiede zum originalen GPS). **Suchen, ob heuristisch oder systematisch, ist keine KI-Methode.** Es ist vielmehr das Grundfunktionsprinzip des Problemlösers, dessen sich der KI-Programmierer bedient, wenn er sich kein besseres Modell ausdenken kann.

Was wir tun müssen bei der Anwendung des Problemlösermodells auf das Planungsproblem ist demnach, passende Zustände und Operatoren zu bestimmen. Wie in [10] dargelegt, würde bei Einführung gewisser Prioritätsdeklarationen ein Modell resultieren, das effizienter ist (und ähnlich zu GPS).

Wir werden zu diesem Zweck das klassische Problemlösermodell und seine Varianten, insbesondere GPS, studieren. In diesem Umfang kann das allerdings nicht ausführlich geschehen. Der interessierte Leser sei auf [10] verwiesen.

2.1 Der klassische Problemlöser: Verarbeitungsmodell, Programmierstil, Programmiersprache

Ein klassischer Problöser löst *Probleme*, wenn neben der *Problemsituation* Vorräte an *Operatoren* und *Grundelemente* gegeben sind. Dazu leitet er Unterprobleme ab, die auf die gleiche Art zu lösen sind. Die Reihenfolge, in der die Operatoren angewendet werden – d.h. in der die Unterprobleme gelöst werden – ist *verborgen*[2]. Die Operatoren erzeugen aus einem Problem ein oder mehrere solche Unterprobleme. Ein Problem gilt als gelöst, wenn es mit einem Grundelement übereinstimmt bzw. wenn ein Unterproblem gelöst ist.

Hinter dieser Oberfläche wird bei den bisher implementierten operator-orientierten Programmiersprachen systematisch oder heuristisch nach der Lösung gesucht. Dazu verwendet man das Denkmodell des *Zustandsraums*. Der Zustandsraum ist die Menge aller möglichen Datenstrukturinstanzen (die als *Zustände* bezeichnet werden), die aus den Anfangszuständen (Problemen) durch Anwenden der Operatoren hervorgehen können. In diesem Zustandsraum kann man eine Ordnungsrelation *vom Zustand x ist der Zustand y durch Anwendung eines zugelassenen Operators erreichbar* einführen. Nun können wir von dem Zustandsraum zum *Zustandsgraphen* übergehen, indem wir die Zustände als Knoten annehmen und Verbindungen zwischen Knoten einführen, wenn zwischen zwei Zuständen die Ordnungsrelation besteht. Problemlösen bedeutet nun, von einem Knoten im Zustandsraum zu einem anderen Knoten längs der Kanten des Zustandsgraphens zu navigieren.

Im gewissen Sinne können Problemlöser selbst als Planer angesehen werden: Der klassische Problemlöser verfügte nicht über eine explizite Zielstruktur. Vielmehr wurden zwei Datenstrukturen verwendet, um einen Anfangs- und einen Endzustand implizit zu beschreiben. Die Aktionen wurden als Operatoren dargestellt, die schrittweise Zustände verändern. Der Problemlöser sollte eine Kette von Operatoranwendungen liefern, die geeignet sind, den Anfangszustand über eine Folge von Zwischenzuständen in den Endzustand zu überführen.

In einer Variante wurde anstelle des Endzustandes ein Kriterium angegeben, das Zielzustände von Zwischenzuständen unterscheiden kann. Diese Kriterien sind Vorformen von Zielbeschreibungen.

---

[2]Bei der Arithmetik bleibt auch verborgen, mit welchem Multiplikationsalgorithmus gearbeitet wird bzw. daß zur Division probiert werden muß – das sind Details des Verarbeitungsmodells!

2.2 Der erweiterte Problemlöser: Verarbeitungsmodell, Programmierstil, Programmiersprache

GPS ist wesentlich bestimmt von dem Abarbeitungsmodell der *heuristischen Suche*, die wir schon bei dem klassischen Problemlöser vorfanden: *Operatoren* werden zur *Transformation* von *Objekten* verwendet, die als Knoten in einem Objektbaum angesehen werden können – die Kanten beschreiben die durch Operatoranwendung möglichen Übergänge.

In GPS verarbeitet das System ein sogenanntes *aktuelles Objekt*. Dieses Objekt hat prinzipiell die gleiche Struktur wie das *Zielobjekt*. Unterschiede werden aber in der Belegung der Strukturteile (wir könnten sie als "Slots" bezeichnen) bestehen. Wenn das System Unterschiede feststellt, dann sucht es zunächst nach dem wichtigsten – unter Verwendung der Differenzrangordnung. Über die Zweck-Mittel-Relation wählt das System anschließend einen Operator aus, der zur Beseitigung dieses Unterschiedes fähig scheint. Wenn der Operator angewendet werden kann, so wird er angewendet und das System sucht die nächst wichtigste Differenz. Wenn der Operator nicht angewendet werden kann, so deshalb, weil seine *Anwendungsbedingungen* nicht erfüllt sind. Diese betreffen die Belegung von Strukturkomponenten des aktuellen Objekts. Die Nichterfüllung einer Bedingung ist natürlich auch als Unterschied zwischen einem erwünschten Zustand (Anwendbarkeit des Operators) und dem wirklichen Zustand auffaßbar. Die Anwendbarkeit des Operators ist also ein (*Unter*)-*Zielzustand*, der sich mit derselben Technik erreichen läßt, wie das globale (oder das nächst höhere) Ziel.

Nach der Operatoranwendung wird das aktuelle Objekt dem Zielobjekt in der Regel noch nicht entsprechen. Also wird mit der Suche nach Unterschieden fortgefahren.

Der wesentliche Unterschied zwischen dem einfachen, dieses heuristische Modell verwirklichenden, operator-basierten Interpreter der LT-Maschine und dem GPS zu Grunde liegenden Modell besteht also:

1. in der Verwendung der *Zweck-Mittel-Analyse* (engl. means-ends-analysis) zur *Operatorauswahl*, die die Beseitigung von Differenzen als die Zwecke und die Transformation durch Operatoren als die Mittel zum Zweck ansieht;

2. in der Verwendung einer (vom Programmierer zu liefernden) *Zweck-Mittel-Relation*;

3. in der Ausnutzung einer (wiederum vom Programmierer zu liefernden) *Rangordnung dieser Differenzen*.

Einen Schritt auf strukturierte Zielstrukturen bedeutete die Formulierungssprache für GPS. Hier wurde zwar noch die implizite Datenstruktur-Formulierung für den Anfangs- oder den Zielzustand verwendet, aber diese Datenstruktur war deutlich gegliedert: Es ist eine record-ähnliche Struktur aus Komponenten, den sog. 'Teilen' (parts).

Programmieren in GPS bedeutet also Zustände und Operatoren zu beschreiben. Zustände sind im wesentlichen record-ähnliche Datenstrukturen, die auch Mengen als Elemente enthalten können. Durch einfache Formulierungsmittel können auch rekursive Datenstrukturen dargestellt werden. Die Operatoren sind keine bloßen Paare von Zustände mehr, wie bei klassischen Problemlösern, sondern enthalten komplexe Zustandsbeschreibungen (die in [10] mit Mustern und einfachen Enthaltenseinsrelationen angereichert wurden). Die Nachfolgezustände werden entweder komplett beschrieben oder inkrementell durch Änderung des zu transformierenden Zustandes. Dabei werden gewöhnlich Record-Bestandteile ausgetauscht.

Der Programmierer hat die in der Angabe von Anfangs- und Endsituation implizite Zielbeschreibung durch Zusatzinformation zu strukturieren: Er muß in Form der Unterschied-Operator-Tafel die Zweck-Mittel-Relation elementeweise konstruieren. (Ursache ist natürlich einerseits die von Charniak und McDermott bemängelte fehlende Durchsichtigkeit der GPS-Operatoren[3]. Andererseits ermöglicht es freiere Zuornung.)

Desweiteren muß der Programmierer eine *Rangordnung der Unterschiede* und damit der Ziele mitteilen. Wichtigstes Ziel ist die Beseitigung des Unterschieds höchster Wertigkeit, nächstwichtig ist das Ziel, das dem Unterschied zugeordnet ist, der in der Unterschiedordnung folgt, usw.

2.3 Anwendung der Problemlösermodelle auf das Planungsproblem

Wie Charniak und McDermott ausführen [3], gibt es zwei Familien von Planern: Die einen fokussieren auf den Vergleich der Situationen und benutzen die Aktionen als Operatoren, die Situationen umformen, die anderen fokussieren auf den Vergleich der Pläne und führen Operatoren ein, um nicht ganz korrekte Pläne in korrekte bzw. Pläne auf hohem Niveau in Pläne niederen Niveaus zu überführen.

2.3.1 Planen als Antizipieren von Weltsituationstransformationen

Derartige Planer sind Anwendungen von Problemlösemodellen, bei denen die Weltsituationen die Zustände und die Aktionen die Operatoren sind. Zur Beschreibung eines Planungsproblems muß man sich also eine Datenstruktur ausdenken, die die Weltsituation repräsentieren kann. Die Operatoren müssen so beschrieben werden, daß sie die Transformation entsprechender Objekte realisieren können.

Der fertige Plan resultiert als Kette der Operatoranwendungen, wenn der Zielzustand erreicht ist. Man ist versucht, vom Problemlöser als 'Planinterpreter' zu sprechen, wenn man sich nicht klar macht, daß die Aktionen nur intern simuliert werden: Ein Roboter, der das operator-orientierte Programm direkt interpretativ abarbeiten würde, wäre bei einigermaßen interessanten Problemen in der ernsten Gefahr, sich zu zerstören, wenn er Aktionen versuchen würde, die nicht zum Ziele führen.

Das heißt also, daß der zum Planer verwendete Problemlöser nicht nur die Erreichung des Zieles zu melden hat, sondern auch die Operatorkette als Plan ausgeben wird.

Oben war nun bereits dargelegt worden, daß klassische Problemlöser durch ihre komplette Ungerichtetheit große Effizienzprobleme mit sich bringen. Es verwundert also nicht, wenn man sieht, daß sie auf das Planungsproblem auch nicht sehr erfolgreich angewandt worden sind.

Der erste einigermaßen diskutable Planer war STRIPS[3], der ein Verarbeitungsmodell verwendete, das zwischen dem des klassischen und des erweiterten Problemlösers lag: Wir finden einerseits klar den Begriff des *Unterschieds* als Unterschied zwischen zwei Situationen, die nutzbar gemacht wird, einen bestimmten Operator auszuwählen, andererseits fehlt die Priorisierung der Unterschiede und der Operatoren. Die Beziehung zwischen Operatoren und Unterschieden konnte ohne Verbindungstafel gestaltet werden, weil die Operatoren *transparent* waren, d.h. aus ihren Aktionsteil sind die Unterschiede, auf die sich die Operatoren beziehen, unmittelbar sichtbar[4].

Eine Situation in STRIPS ist eine *Menge von Komponentenformeln*, und das sind Atomformeln einfachster Art. Die Operatoren in STRIPS transformieren diese Formelmengen durch *Hinzufügung* und *Beseitigung*.

Würden wir STRIPS mit unserer operator-basierten Programmiersprache beschreiben, so hätten wir die Ausgangssituation schlicht als Liste von Formeln anzugeben, die Zielsituation vermutlich als Muster, d.h. als Liste von Formeln, in der bestimmte Zielformeln auftreten müssen, und irgend einem nicht weiter interessanten Rest. Die Operatoren wären Paare von Muster für zwei Situationen, eine Vor- und eine Nachsituation, beide enthalten Segmentvariablen für uninteressante Zustandskomponenten, sowie eine kleine Menge von detailliert beschriebenen Zustandsbestandteilen, die die eigentlichen Voraussetzungen der Aktion (bezogen auf das Planungsproblem) darstellen.

---

[3]STRIPS ist sicher schon eine geraume Zeit nicht mehr Stand der Kunst. Wir verwenden es hier nur als pädagogisches Vehikel. Ein Kurs über Planen würde dieses Modell vermutlich nicht einmal mehr erwähnen.

[4]So bedeutet der Verzicht auf die förmliche Konstruktion der Verbindungstafel einen Effizienzverlust, weil die Kandidatenoperatoren bei jedem Schritt der Zweck-Mittel-Analyse zusammengestellt werden müssen.

STRIPS verwendet statt Mustern eine strenge prädikatenlogische Notation. Zustände sind Mengen von Atomformeln. Jeder Operator wird in STRIPS dadurch beschrieben, daß der Programmierer die Voraussetzungen direkt angibt, d.h. eine gewisse Anzahl von Zustandsformeln, und zwei Mengen von Formeln zur Beschreibung der Änderung: Einmal die aus dem Zustand zu entfernen Formeln und zweitens die zum Zustand hinzuzufügenden Formeln. Das heißt, statt der Operatornotation

```
(($ a) (& (vor1 fo1)) ...  (& (vorn fon)) ($ e)) ->
(($ a) (neu1) ...  (neum) (& (vorj1)) ...  (& (vorjk)) ($ e))
```

verwenden wir in STRIPS die Notation

```
COND: (fo1 ...  fon) ADD: (neu1 ....  neum) DELETE (vori1 ...  voril)
```
(Natürlich ist $\{i1,...,il\} \cup \{j1,...,jk\} = \{1,...,n\}$)

Die Regeln enthalten Variablen, die bei der Regelauswahl während des Mustervergleichs (der Unifikation) instantiiert werden.
Beispiel: Der pickup-Operator:
```
COND: (ONTABLE x) (CLEAR x) (HANDEMPTY)

ADD: (HOLDING x)

DELETE: (ONTABLE x) (HANDEMPTY)
```
bzw.:
```
(($ a) (& (vor1 (ONTABLE (& x)))) (& (vor2 (CLEAR (& x))))
(& (vor3 (HANDEMPTY) )) ($ e)) ->

(($ a) (ONTABLE (& x)) (& vor2) ($ e))
```
Die STRIPS-Notation sollte verständlich sein. Die Notation der Operatoren stammt von der Problemlösersprache in [10]. Diese verlangt die Spezifikation zweier Muster, die jeweils einen Zustand beschreiben. In den Mustern treten zwei Variablentypen auf: Segment- und Elementvariablen. Die ersteren werden mit dem $ notiert (die Segmentvariable x als ($ x)), die letzteren mit dem & (die Elementvariable y als (& x)). Das heißt, das Bedingungsmuster in obigem Operator ist folgendermaßen zu lesen: *"Nach einem beliebig langen Anfangsstück* a *(von Teilformeln)* folgen hintereinander die Formeln (ONTABLE x), (CLEAR x), und (HANDEMPTY) mit irgendeiner Belegung der Variablen x gefolgt von irgendeinem Endstück e.*

Zur korrekten Beschreibung mit dem GPS-Formalismus fehlen nun noch die Unterschiede (wenn wir annehmen, daß syntaktische Elemente COND, ADD und DELETE in Regeln passende Tests bzw. Transformationen von Mengen auslösen würden). Die Formulierung des Zustandes als Formelmenge führt aber zu einem sehr unspezifischen Unterschiedsbegriff: *Vorkommen in einer Menge.* Wird dieses Vorkommen auf bestimmte Literaltypen bezogen, könnten wir wieder die Unterschied-Operator-Tafel aufbauen.

Nehmen wir das bekannte Baukastenbeispiel und formulieren in GPS:

```
(Problem Blocksworld
 (Types
  (Object (set <literals>))
  (<Literal> (predicate <Predicatesymbol> argument <term>))
  (<Term> (function <Function-symbol> argument <term>)
          <constant>)
  (<Predicatesymbol> (set (ON CLEAR HANDEMPTY ONTABLE ))
```

```
(<Constant> (set (A B C)))
(Operators
 (pickup (move-operator (ontable (the-one-of (ONTABLE x) object-1)
                         clear (the-one-of (CLEAR x) object-1)
                         handempty (the-one-of (HANDEMPTY) object-1))
         (if (and ontable clear handempty)
             ((remove-part-element object-1 ontable)
              (remove-part-element object-1 clear)
              (remove-part-element object-1 handempty)
              (add-part-element object-1 (HOLDING x))) )))
 (putdown (move-operator (holding (the-one-of (HOLDING x) object-1))
          (if holding
              ((remove-part-element object-1 holding)
               (add-part-element object-1 (ONTABLE x))
               (add-part-element object-1 (CLEAR x))
               (add-part-element object-1 (HANDEMPTY))) )))
 (stack (move-operator (holding (the-one-of (HOLDING x) object-1)
                        clear (the-one-of (CLEAR y) object-1))
        (if (and holding clear (not-equal x y))
            ((remove-part-element object-1 holding)
             (remove-part-element object-1 clear)
             (add-part-element object-1 (HANDEMPTY))
             (add-part-element object-1 (ON x y))
             (add-part-element object-1 (CLEAR x))) )))
 (unstack (move-operator (handempty (the-one-of (HANDEMPTY) object-1)
                          clear (the-one-of (CLEAR x) object-1)
                          on (the-one-of (ON x y) object-1))
          (if (and handempty clear on)
              ((remove-part-element object-1 handempty)
               (remove-part-element object-1 clear)
               (remove-part-element object-1 on)
               (add-part-element object-1 (HOLDING x))
               (add-part-element object-1 (CLEAR x))) ))))
(Diff-ordering (in-set))
(Table-of-Connections ((in-set pickup putdown stack unstack))))


(Solve Blocksworld
 (argument ! ((ON a b)(ONTABLE c)))
 (goal ((ON a b)(ON b c))))
```

Bei dieser Beschreibung wird zunächst die Zustandsdatenstruktur (Object) und alle Unterstrukturen beschrieben. Anschließend werden die Operatoren formuliert. Wir sehen dort die Identifizierung der relevanten Zustandselemente durch lokale Variablen, deren Zitierung in der Operator-Vorbedingung sowie deren fallweise Beseitigung im Aktionsteil. Neue Zustandselemente werden eventuell dazugestellt.

Nun gibt es in STRIPS, wie schon gesagt, keine Prioritäten von Unterschieden und Operatoren. Dies spiegelt sich in der angegebenen Formulierung darin wider, daß nur ein Unterschied angegeben wurde. Daraus würde ein sehr ineffizientes Planungsverhalten resultieren. Suchen wir nach Verbesserungsmöglichkeiten, dann müssen wir an den Prioritäten ansetzen.

Im GPS-Modell sind die Unterschiede hierarchisch geordnet: Zur Beseitigung eines Unterschieds niederer Priorität wird niemals ein Unterschied höherer Priorität erzeugt. Im Beispiel der

Baukastenwelt könnte man die Hierarchie `ON` > `CLEAR` > `HANDEMPTY` verwenden. Zu den Regeln würde das ganz gut passen: `pickup` beseitigt einen Unterschied, der aus einem fehlenden `HOLDING` besteht, `putdown` zielt auf die Einführung von `HANDEMPTY`, `stack` auf `ON` und `unstack` auf `CLEAR`. Beim *kreativen Zerstören* werden aber gerade `ON`-Übereinstimmungen beseitigt, das heißt, die zu lösenden Subprobleme sind in ihrer Komplexität nicht direkt als einfacher zu beurteilen.

GPS würde einen `ON`-Unterschied nicht einführen, um einen `CLEAR`-Unterschied zu beseitigen, weil die Prioritäten anders gesetzt sind. Hier erreichen wir also nichts – der Einsatz der Prioritäten muß unterbleiben.

Verfolgten wir die Arbeit des Planers, so würden wir in Übernahme von Begriffen aus dem Bereich der Logik von *Deduktion* sprechen: Die Operatoren deduzieren aus dem Zustand andere Zustände. Es ist bekannt, daß solche *Vorwärtsarbeit* nicht unbedingt auf das Ziel fokussiert ist. Zwar versucht GPS normalerweise mit Zwischenschritten zu arbeiten – das ist gerade die Auswirkung der Zweck-Mittel-Analyse – aber die ist durch die undifferenzierte Zuordnung von Operatoren und Unterschieden unterlaufen.

Die Frage ist, ob wir eine *Rückwärtsarbeit* mit dem GPS-Formalismus erreichen können. Das wäre möglich, wenn wir die zu erreichenden Ziele in die Zustandsstruktur aufnehmen und diesem Bestandteil den zu beseitigenden Unterschied zuordnen. Ein Operator der Art:

```
(solve-immediately (move-operator ()
                    (if (is-in (goal object-1) (sit object-1))
                        ((change-part goal T)))))
```

wäre dann der letzte Schritt eines Teilplanungsprozesses.

Allerdings müssen wir zu diesem Zweck die GPS-Beschreibungssprache erweitern, weil nun Mengenobjekte eine erheblich größere Rolle spielen: Da Ziele auch Mengen von Formeln sind, muß die Bedingung des Operators `solve-immediately` nicht eine Enthaltenseinsrelation beschreiben, sondern eine Teilmengenbeziehung. Als Operationen benötigen wir Vereinigung, Durchschnitt und Mengensubtraktion. Die oben angegebenen Operatoren `pickup` usw. sind so zu ändern, daß sie die Zielkomponente des Zustandes ändern. Etwa:

```
(pickup (move-operator (holding (the-one-of (HOLDING x)
                                            (goal object-1)))
        (if holding
            ((remove-part-element (goal object-1) holding)
             (add-part-element (goal object-1) (ONTABLE x))
             (add-part-element (goal object-1) (CLEAR x))
             (add-part-element (goal object-1) (HANDEMPTY))) )))
```

Schwerer ist die Formulierung von `unstack`, weil es zu zwei unterschiedlichen Zielen beiträgt: Zu `(HOLDING x)` und `(CLEAR y)`. Wenn beide Ziele gleichzeitig bestanden haben, dann müssen sie auch gleichzeitig beseitigt werden, wenn nur eins bestanden hat, natürlich nur dieses.

Wenn wir annehmen, daß `remove-part-element` nichts beseitigt, wenn es ein Objekt nicht findet, genügt eine Disjunktion als Operator-Bedingung zur Formulierung.

Wir müssen uns nun klar machen, daß auch die Situationskomponente zu ändern ist. Durch die Zieltransformation der Operatoren kommen immer neue Teilziele hinzu. Ein Zweig der Abarbeitung wird die Teilziele entsprechend dem Zeitpunkt ihres Auftretens, d.h. das letzte zuerst, angehen und zu beseitigen versuchen. Sind alle Teilziele, die zu einem Operator gehören, erreicht, dann muß der Zustand so geändert werden, wie es der Weltsituation nach der entsprechenden Handlung entspricht. Die Ursache ist, daß nicht nur die erstrebten Teilziele erreicht sind. Dies ist noch nicht ausgedrückt.

Der schwierige Punkt dabei ist, daß diese Änderung erst ausgeführt werden darf, wenn die Aktion, die der Operator einführt, in den Plan eingegangen ist, d.h. das gesamte Unterziel, das durch den Operator in die goal-Menge eingebracht worden ist, muß erreicht sein. Diese Unterziele haben wir bisher gar nicht separat behandelt. Der Abarbeitungszeitpunkt, zu dem dies geschehen ist, läßt sich in der deklarativen GPS-Formulierung nicht ansprechen. Nach Lösung des Teilziels wird einfach der Restunterschied angegangen. Bleiben wir dabei, daß die Teilziele in eine ungeordnete Menge von Zielen gestellt werden, gibt es nur ineffiziente Lösungen: Der Operator könnte ein weiteres Teilziel einbauen, das nur durch einen speziellen Operator zu beseitigen ist. Dieser ist nur anwendbar, wenn alle anderen Teilziele erreicht (d.h. beseitigt) sind.

Also:

```
(stack1 (move-operator (on (the-one-of (ON x y) (goal object-1)))
        (if (in-set on (goal object-1))
            ((remove-part-element (goal object-1) on)
             (add-part-element (goal object-1) (HOLDING x))
             (add-part-element (goal object-1) (CLEAR y))
             (add-part-element (goal object-1) (STACK x y))) )))
(stack2 (move-operator (stack (the-one-of (STACK x y) (goal object-1)))
        (if (and (in-set stack (goal object-1))
                 (not(in-set (HOLDING x)))
                 (not(in-set (CLEAR y))))
            ((remove-part (goal object-1) stack)
             (add-part-element (state object-1) (HANDEMPTY))
             (add-part-element (state object-1) (ON x y))
             (add-part-element (state object-1) (CLEAR x))) )))
```

In STRIPS ist man so vorgegangen, daß man statt einer Unterzielmenge einen Unterzielkeller verwendet hat. Dieser wird jeweils nur am Spitzenelement betrachtet. Dadurch ist die durch die Verwendung der Menge implizierte Ungerichtetheit der Auswahl des nächsten Unterziels beseitigt. Gleichzeitig kann man damit auch die Änderung der Situation realisieren, weil auf die ähnliche Art, wie eben besprochen, ein spezieller Operator die Situationstransformation durchführen kann, wenn in der Kellerspitze ein Element wie (STACK x y) gefunden wird.

Sowohl die Verwendung einer Menge als auch die Verwendung eines Kellers basieren auf der isolierten Sicht auf einzelne Teilziele. Doch diese Sicht ist fehlerhaft und führt dazu, daß erreichte Teilziele durch nachfolgende Aktionen wieder beseitigt werden. Man muß daher kontrollieren, ob nach der sequentiellen Erreichung aller Teilziele einzeln die Konjunktion der Teilziele auch erfüllt worden ist. Zu diesem Zweck kellert STRIPS zwischen dem ersten Teilziel und dem Operationanzeiger die gesamte Konjunktion. Auf diese Art entsteht noch einmal ein Gesamtüberblick über die Situation.

Solange auf diese Art nur ineffiziente Pläne erzeugt werden, könnte man dies noch tolerieren. Ein Plan-Optimierer nach dem Prinzip der *peep-hole* Optimierung kann die typischen Plan-Ineffizienzen leicht beseitigen. Für die Baukastenwelt-Aktionen genügen die folgenden Regeln:

```
(pickup(x), putdown(x)) -> ()
(putdown(x), pickup(x)) -> ()
(stack(x,y), unstack(x,y)) -> ()
(unstack(x,y), stack(x,y)) -> ()
(unstack(x,y), putdown(x), $1, pickup(x)) -> ($1, unstack(x,y))
(unstack(x,z), stack(x,y), $1, unstack(x,y)) -> ($1, unstack(x,z))
(pickup(x), stack(x,y), $1, unstack(x,y)) -> ($1, pickup(x))
```

Die letzten drei Regeln gelten nur, wenn in der Aktionskette $1 keine Aktion gefunden werden kann, die x, y und z involviert.

Diese Regeln drücken nicht mehr und nicht weniger aus, daß es unabhängige Aktionssequenzen gibt, die untereinander vertauschbar sind, und daß diese von STRIPS nicht immer optimal geordnet werden. An den Grenzen der Sequenzen kann es Interferenzen geben, die zu unnötigen Aktionen führen. Könnte man diese Aktionssequenzen zunächst ungeordnet lassen und erst nach Analyse der Bedingungen zum Schluß ordnen, so könnte man die Interferenzen minimieren.

Da die Aktionssequenzen weitgehend den Zielen entsprechen, liegen dort die Ursachen für die ineffizienten Pläne: Wenn die Teilziele und Zielkonjunktionen in Wechselwirkung stehen, kann der einfache Ansatz, die Teilziele als unabhängig zu betrachten, nicht zum optimalen Ziel führen. Es gibt sogar Fälle, wo der Ansatz zu keinem Ziel führt [13].

2.3.2 Planen als Transformieren von Plänen

Die Peephole-Optimierung war bereits solch eine Plantransformation und man könnte sich überlegen, wie sie in GPS auszudrücken wäre. Die Pläne machen nun den Zustand aus, die Optimierungsregeln sind in Operatoren umzuformen.

Wenn wir aber die Planstücke gleich ungeordnet lassen, dann könnte man durch Analyse der Ziele selbst die richtige Information für die Ordnung beschaffen.

Die Pläne stellen wir als Strukturen dar, die mehrere Komponenten enthalten[3]:

```
<Plan> := (steps (set <step-pair>) protect (set <protect-triples>)
           order (set <sequence-pair>))
<Step-pair> := (name <symbol> task <predicate>)
<Protect-triple> := (begin <symbol> condition <predicate> end <symbol>)
<Sequence-pair> := (first <symbol> second <symbol>)
```

Zum Expandieren von Plänen brauchen wir Operatoren, die zu einem Zielprädikat das entsprechende Plangerüst einbringen.

```
(expand-and (move-operator (task1 (the-one-of (name a task (AND x y))
                                              (steps object-1)))
                          (task11 (new-symbol))
                          (task12 (new-symbol))
                          (task-begin (new-symbol))
                          (task-end (new-symbol))
    (if task1
        ((remove-part-field (steps object-1) task1)
         (add-part-field (steps object-1) (name task-begin task T))
         (add-part-field (steps object-1) (name task-end task T))
         (add-part-field (steps object-1) (name task11 task x))
         (add-part-field (steps object-1) (name task12 task y))
         (add-part-field (protect object-1)
                                         (begin task11 end task-end))
         (add-part-field (protect object-1)
                                         (begin task12 end task-end))
         (add-part-field (order object-1)
                                         (first task-begin second task11))
         (add-part-field (order object-1)
                                         (first task-begin second task12))
         (add-part-field (order object-1)
                                         (first task11 second task-end))
         (add-part-field (order object-1)
                                         (first task12 second task-end))
```

```
      (change-all-part-fields (protect object-1)
                  (begin task1 end tsk) (begin task-end end tsk))
      (change-all-part-fields (protect object-1)
                  (begin tsk end task1) (begin tsk end task-begin))
      (change-all-part-fields (order object-1)
          (first task1 second tsk) (first task-end second tsk))
      (change-all-part-fields (protect object-1)
          (first task1 second tsk) (first task-end second tsk))
                                                          ) )))


(expand-on (move-operator (task1 (the-one-of (ON x y) (steps object-1))
                           task-begin (new-name)
                           task-end (new-name)
                           clear-place (new-name)
                           clear-object (new-name)
                           take (new-name)
                           put (new-name))
      (if task1
          ((remove-part-field (steps object-1) task1)
           (add-part-field (steps object-1)
                                       (name clear-place task (CLEAR y))
           (add-part-field (steps object-1)
                                       (name clear-object task (CLEAR x))
           (add-part-field (steps object-1)
                                         (name take task (HOLDING x))
           (add-part-field (steps object-1)
                                         (name put task (STACK x y))
           (add-part-field (steps object-1) (name task-begin task T))
           (add-part-field (steps object-1) (name task-end task T))
           (add-part-field (protect object-1)
                   (begin clear-place condition (CLEAR y) end put))
           (add-part-field (protect object-1)
                   (begin clear-object condition (CLEAR x) end put))
           (add-part-field (protect object-1)
                        (begin take condition (HOLDING x) end put))
           (change-all-part-fields (protect object-1)
                   (begin task1 end tsk) (begin task-end end tsk))
           (change-all-part-fields (protect object-1)
                   (begin tsk end task1) (begin tsk end task-begin))
           (add-part-field (sequence object-1)
                                       (first clear-place second put))
           (add-part-field (sequence object-1)
                                       (first clear-object second take))
           (add-part-field (sequence object-1)
                                             (first take second put))
           (change-all-part-fields (order object-1)
               (first task1 second tsk) (first task-end second tsk))
           (change-all-part-fields (protect object-1)
               (first task1 second tsk) (first task-end second tsk))
                                                          ) )))
```

Durch die Angabe solcher Operatoren können wir Pläne expandieren. Dabei findet eigentlich keine Suche statt, und das GPS-Modell ist für uns schlicht ein nicht-deterministischer Automat, von dem uns nur der Endzustand interessiert.

Ist einmal expandiert, dann kann die Exploration der Planvarianten erfolgen. Dies erfolgt im wesentlichen durch Beseitigung von leeren Aktionen oder Sequenzialisierung. Die Sequenzialisierung wird an Punkten betrachtet, wo mehrere Zweige zusammenlaufen, d.h. an Punkten x, für die es mehrere yi gibt, so daß

```
(first x second yi)
```

Je nach Planungsproblem existieren verschiedene Operatoren für die Transformation des Planzustandes. Zunächst ist offensichtlich:

```
(steps (...                            (steps (...
       (name x task a)                        (name x task a)
       ...                                    ...
       (name y task T)                        (name y task T)
       ...                                    ...
       (name z task b)                        (name z task b)
       ...)                                   ...)
 order (...                    ==>      order (...
       (first x second y)                     (first x second z)
       ...                                    ...
       (first y second z)                     (first y second z)
       ...))                                  ...))
```

Eine leere Aktion, d.h. (name a task T), die keine Vorgänger mehr hat, kann gestrichen werden.

Münden zwei echte Aktionen zusammen, sind die erwünschten Formeln zu vergleichen. Im Baukastenbeispiel gibt es im wesentlichen nur (ON x y) und (CLEAR x) Formeln. Stoßen zwei (CLEAR x)-Formeln zusammen, können wir frei sequenzialisieren - wir sollten allerdings eine Aktion eliminieren, wenn beide Formeln gleich sind. Stoßen zwei (ON x y)-Aktionen zusammen, dann sind drei Varianten möglich: Der Plan kann widersprüchlich sein (z.B.:(ON A B) und (ON A C)), eine Aktion kann gestrichen werden (bei identischen Formeln), die Reihenfolge kann frei sein (z.B.:(ON A B) und (ON C D), oder sie kann erzwungen sein: Wenn die Zweige mit (ON x y) bzw. (ON y z) bezeichnet sind, dann muß der Zweig mit (ON y z) vor dem Zweig mit (ON x y) liegen.

Solch ein Operator könnte etwa folgendermaßen aussehen:

```
(join-on (move-operator (pr1 (the-one-in (begin x1 condition (ON b1 b2)
                                          end y1)
                                (protect object-1))
                         pr2 (the-one-in (begin x2 condition (ON b2 b3)
                                          end y2)
                                (protect object-1))
                         s1 (the-one-in (first y1 second z)
                                (order object-1))
                         s2 (the-one-in (first y2 second z)
                                (order object-1))

       (if (and y1 y2 (not-equal y1 y2) (not-equal b1 b3)
               (not-equal b1 b2))
           ((remove-part-field (order object-1) s2)
            (remove-part-field (protect object-1) pr1)
            (add-part-field (order object-1) (first y2 second y1))
            (add-part-field (protect object-1)
```

```
(begin x1 condition
            (AND (ON b1 b2)(ON b2 b3)) y1)))
            )))
```

Für die Fälle, in denen freie Wahl besteht, haben wir zwei Operatoren zu entwickeln. Führt einer irgendwann auf einen Widerspruch, so wird durch das Backtracking der andere Fall exploriert.

2.3.3 Brauchbarkeit der Problemlösermodelle und der zugehörigen Problembeschreibungssprachen

Wir sollten uns nun die Frage vorlegen, wie geeignet die Problemlöser-Verarbeitungsmodelle und Programmiersprachen für das Planungsproblem sind.

Da bisher nicht viel mehr als heuristische Suche in diesem Bereich ausgeführt wird, ist die prinzipielle Eignung gegeben. Das Problemlöser-Verarbeitungsmodell ist aber nicht transparent: Ob Breiten- oder Tiefensuche oder heuristische Suche mit einer Bewertungsfunktion gemacht werden kann (und letzteres ist beim Planen wegen der Bewertbarkeit von Aktionen mittels Kosten sicher interessant) ist bisher nicht spezifizierbar. Es handelt sich damit eigentlich um verschiedene Verarbeitungsmodelle – diese sollten durch eine Programmiersprache ansprechbar sein. Es darf erwartet werden, daß sich die entsprechenden Programmierstile voneinander unterscheiden.

Die Programmiersprachen enthalten nun Beschränkungen, die nicht in den Verarbeitungsmodellen begründet sind.

Die erste verwendete Programmiersprache, die nur durch einen Beispieloperator hier vertreten war, die Problembeschreibungssprache, verwendete Muster zur Notation von Operator-Vorbedingung Hilfsfakten, Operator-Nachfolgesituation und Faktenbestand. Im Faktenbestand muß bei diesem Modell ein Zustand enthalten sein, der Lösungen beschreibt.

Lösungen von Plänen in der Variante der Suche durch den Zwischenzustandsraum (d.h. den Zustandsraum der Objekte, die Situationen nach den einzelnen Aktionen des Plans repräsentieren) lassen sich prinzipiell als Mengen von Listenstrukturen darstellen, die die konjunktiv verknüpften Prädikate symbolisieren. Diese Prädikate müssen aber Atomformeln sein – allgemeinere Formeln sind zwar beschreibbar, aber schlecht mit Operatoren transformierbar.

Die Bedingungsmuster sind nicht flexibel genug für die Beschreibung von Objekten, die als Subdatenstrukturen Mengen enthalten: Die in [10] eingeführten Musterelemente lassen nur die Beschreibung geordneter Folgen als Subdatenstruktur vor. Sollen konkrete Subobjekte in der Teilkomponente, die als Menge vorliegt, angesprochen werden, so wären mehrfache Formulierungen unter Erzeugung aller Permutationen die Folge – eine nicht tolerierbare Situation. Keller als Teilstrukturen lassen sich dagegen gut darstellen.

Die spezielle Anforderung, STRIPS mit dieser Programmiersprache zu realisieren, macht deshalb Schwierigkeiten. Die Musterbeschreibungssprache muß angereichert werden, um Mengenauswahl beschreiben zu können. Ist dieses Detailproblem gelöst, läßt sich die Implementierung von STRIPS vollziehen.

Die GPS-Problembeschreibungssprache mußte ebenfalls um Mengenoperationen erweitert werden. Die Differenz zwischen einer Menge, die ein Element nicht enthält, und einer, die es enthält, muß beschreibbar sein. Wir hatten aber feststellen müssen, daß das GPS-Modell Möglichkeiten zur Steigerung der Effizienz enthält, die im konkreten Falle nicht eingesetzt werden. Ein deutliches Zeichen ist die Deklaration von nur einer Differenz in der `Diff-Ordering`.

Die komplexen Operatoren des GPS-Programmes für die Plantransformation lassen Zweifel aufkommen, ob diese Programmiersprache in diesem Falle geeignet ist. Es hindert die mangelnde Abstraktionsfähigkeit. Daneben scheint der Differenzenformalismus unangemessen: Wir können zwar sagen, welche lokalen Datenkomponenten die Anwendung eines Operators angezeigt erscheinen lassen, aber die Zielsituation ist allenfalls negativ beschreibbar: Konstellationen von Komponenten gewisser Art sollen *nicht* mehr vorkommen.

2.4 Planen durch Beweisen

2.4.1 Bestandteile eines mit logischen Mitteln beschriebenen Plansystems

Schon 1958 wollte McCarthy das Planungsproblem dadurch lösen, daß er beweisen wollte, daß eine bestimmte Aktionsfolge eine bestimmte Situation herbeiführt, wenn man die Anfangssituation als Voraussetzung annimmt.

```
(1)  AT(I, Desk)
(2)  AT(Desk, Home)
(3)  AT(Car, Home)
(4)  AT(Home, County)
(5)  AT(Airport, County)
(6)  AT(x, y) ∧ AT(y, z) → AT(x, z)
(8)  WALKABLE(x) ∧ AT(y, x) ∧ AT(z, x) ∧ AT(I, y) →
                    CAN(Go(y, z, Walking))
(9)  DRIVABLE(x) ∧ AT(y, x) ∧ AT(Car, y) ∧ AT(I, Car) →
                    CAN(Go(y, z, Driving))
(10) WALKABLE(Home)
(11) DRIVABLE(Conty)
(12) DID(Go(x, y, z)) → AT(I, y)
(13) WANT(AT(I, Airport))
(14) (x → CAN(y)) ∧ (DID(y) → z) → CANACHULT(x, y, z)
(15) CANACHULT(x, y, z), CANACHULT(z, u, v) →
                    CANACHULT(x, Prog(y, u), v)
(16) x ∧ CANACHULT(x, y, z) ∧ WANT(z) → DO(y)
```

In diesem Programm (in dieser Axiommenge) beinhalten die Formeln (1) - (5) die eigentliche Situationsbeschreibung, (6) stellt eine Theorie des An-einem-Ort-seiens dar, eine Theorie der Bewegung könnte man (11) nennen; (12) ist eine Mischung zwischen einer Aussage über Bewegungen und über Zeiten, (13) ist das Ziel, und (14) - (15) *sind eine Planungstheorie* – alles natürlich nur skizziert.

Deutlich wird aus dem logischen Programm, welche Bestandteile man zum Planen benötigt:

1. Eine Planungstheorie (Aussagen über zusammengesetzte und optimale Pläne)

2. Eine Situationstheorie (Aussagen über zeitliche Abfolge von Situationen)

3. Eine oder mehrere Handlungstheorien (Aussagen über primitive Ziele und deren zweckmäßigste Realisierung)

4. Theorien über den Weltausschnitt, in dem die Handlungen ablaufen sollen (Aussagen über die Welt, in erster Näherung also über relevante Objekte und deren Relationen)

5. Situationsbeschreibungen

6. Zielbeschreibungen

An allen diesen Themen wird in der KI gearbeitet und alles wird sich wohl nur annähernd erreichen lassen.

Diese Theorien werden als Programme für das Beweiser-Verarbeitungsmodell verwendet. Dieses Verarbeitungsmodell wird aktiviert durch eine Existenzformel, in der die Existenz eines Plans behauptet wird, der die Ausgangssituation in die Zielsituation transformiert. Der Beweiser arbeitet *konstruktiv*, indem er bei Existenz des Plans diesen auch als Resultat liefert.

2.4.2 Ein logisches Verarbeitungsmodell

Das gängige logische Verarbeitungsmodell ist das der SLD-Resolution[5]. Wir wollen hier ein anderes verwenden, nämlich das Dialogmodell der Dialogischen Logik[6]:

Wir stellen uns vor, der Rechner bestehe aus zwei Partnern, dem *Opponent* und dem *Proponent*. Diese senden sich Nachrichten folgender Art zu:

1. (Z i j *formel*)

2. (A i j *formel*)

3. (AZ i j *formel*)

Eine Folge solcher Nachrichtenaustauschakte wollen wir einen "Streit" nennen. Ein Streitdialog ist eine Folge von Zusicherungen oder Streiten. Aus einer Zusicherung kann sich ein Streit ergeben (auf sie folgen), wenn die Zusicherung nicht bereits gemacht war oder wenn der Partner diese Zusicherung (Z-Nachricht) später selbst machen will.

Ein Streit kann für einen Partner *gewonnen* oder *verloren* werden – wobei der andere Partner verliert bzw. gewinnt, je nachdem ob der betreffende Partner sich mit einer Atomformel verteidigen kann, die der andere selbst vorher verteidigt hat, oder ob er keine Angriffsmöglichkeiten mehr hat und deshalb selbst eine Atomformel senden muß, die noch nicht verteidigt worden ist. Mit einer derartigen Nachricht ist ein Streit beendet. Ein Streit beginnt mit einem Angriff (einer A-Nachricht) auf eine Zusicherung.

Abhängig von den in ihm enthaltenen Streiten kann ein Streitdialog gewonnen oder verloren werden. Wenn der Streitdialog um eine Konjunktion geht und die Streitdialoge um die Komponenten werden beide gewonnen, dann wird der ganze Streitdialog gewonnen. Wird nur einer verloren, so ist insgesamt verloren worden. Ein Streitdialog um eine Disjunktion wird nur verloren, wenn beide Teilstreite verloren werden. Der Streit um eine Subjunktion (Implikation) wird nur verloren, wenn der Angreifer seinerseits den Streit um die Prämisse gewinnt, und wenn der Streit um die Konklusion verloren wird. Ein Streitdialog um eine All-Formel wird verloren, wenn ein einziger Teilstreit verloren wird. Ein Streitdialog um eine Existenz-Formel wird gewonnen, wenn ein einziger Teilstreit gewonnen wird.

Hat ein Partner einen Teilstreitdialog gewonnen, in dem er verteidigt hat, dann steht er vor folgenden Möglichkeiten: War dies ein Teil eines Streitdialogs um eine Konjunktion, und war der Teilstreit um die erste Komponente geführt worden, dann muß er die zweite Teilkomponente verteidigen, wenn sein Partner ihn damit angreift. War der Teilstreit um die zweite Teilkomponente geführt worden, dann hat er den umfassenden Streitdialog gewonnen. War dies Teil eines Streitdialogs um eine Disjunktion, dann ist es gleichgültig, um welche Komponente gestritten wurde – er hat den umfassenden Streitdialog gewonnen. War um die Prämisse einer Implikation gestritten worden, dann hat er die Implikation angegriffen. Er wird nun auf die Verteidigung der Konklusion reagieren können. Hat er dagegen die Konklusion erfolgreich verteidigt, dann hat er, da dieser Streit nur begonnen hatte, nachdem der Streit um die Prämisse durch den Sieg des Angreifers (der die Prämisse verteidigt hat) beendet wurde, als Verteidiger der Implikation gewonnen.

Hat ein Partner einen Streitdialog verloren, in dem er verteidigt hat, dann ist er noch nicht ganz chancenlos: War dies ein Streitdialog um eine Konjunktion, dann ist es gleichgültig, um welche Komponente der Streit geführt wurde – immer ist der umfassende Streitdialog verloren. War dies ein Streitdialog um eine Disjunktion und war der Teilstreit um die erste Komponente geführt worden, dann muß er die zweite Teilkomponente verteidigen. War der Teilstreit um die zweite Teilkomponente geführt worden, dann hat er den umfassenden Streitdialog verloren (weil er beidesmal verloren hat). War um die Prämisse einer Implikation gestritten worden, dann hat er die Implikation angegriffen und insgesamt verloren. Hat er dagegen die Konklusion erfolglos verteidigt, dann hat er als Verteidiger der Implikation verloren.

Hat ein Partner einen Streitdialog gewonnen, in dem er angegriffen hat, dann hat er folgende Perspektiven: War dies ein Streit um eine Konjunktion, dann ist es gleichgültig, um welche Komponente der Streit geführt wurde – immer ist der umfassende Streidialog gewonnen. War dies ein Streit um eine Disjunktion, und war der Teilstreit um die erste Komponente geführt worden, dann muß er die zweite Teilkomponente angreifen. War der Teilstreit um die zweite Teilkomponente geführt worden, dann hat er den umfassenden Streitdialog gewonnen (weil er beidesmal gewonnen hat). War um die Prämisse einer Implikation gestritten worden, dann hat ist er der Verteidiger der Implikation und hat den umfassenden Streitdialog gewonnen. Hat er den Streit um die Konklusion gewonnen, dann hat er als Angreifer der Implikation gewonnen.

Hat ein Partner einen Streitdialog verloren, in dem er angegriffen hat, dann muß er den umfassenden Streitdialog weiterführen. War dies ein Streitdialog um eine Konjunktion und war der Teilstreit um die erste Komponente geführt worden, dann muß er die zweite Teilkomponente angreifen. War der Teilstreit um die zweite Teilkomponente geführt worden, dann hat er den umfassenden Streitdialog verloren. War dies ein Streitdialog um eine Disjunktion, dann ist es gleichgültig, um welche Komponente der Streit geführt worden war – er hat den umfassenden Streit schon verloren. Im Falle des Streites um die Prämisse einer Implikation ist er der Verteidiger der Implikation. Er wird zu gegebenem Zeitpunkt die Konklusion verteidigen müssen.

Der Nachrichtenaustausch geschieht nach folgenden Prinzipien:

1. Zuerst sendet der Proponent eine Nachricht (Z 0 0 *formel*).

2. Sendet der Proponent eine Nachricht (*Typ-P* i j *formel*), so antwortet der Opponent mit einer Nachricht (*Typ-O* i+1 k *formel*) [5].

3. Sendet der Opponent eine Nachricht (*Typ-O* i j *formel*), so antwortet der Proponent mit einer Nachricht (*Typ-P* i+1 k *formel*).

4. Eine Nachricht (Z i j *atomare-formel*) wird vom Proponenten erst abgesandt, wenn es eine Nachricht (*Typ* k l *atomare-formel*) vom Opponenten gibt, die vorher abgesandt wurde (d.h. $k < i$) und für die *Typ*=Z oder *Typ*=AZ.

5. Erhält einer der Partner eine Z-Nachricht bestimmter Art, so sendet sie eine A-Nachricht zurück:

Muster	einlaufende Z-Nachricht	auslaufende A-Nachricht
Z-A-U	(Z i j $f_1 \wedge f_2$)	(A k i f_1)[6]
Z-A-O	(Z i j $f_1 \vee f_2$)	(A k i f_1)
Z-A-A	(Z i j $\forall x.f(x)$)	(A k i $f(t)$)
Z-A-E	(Z i j $\exists x.f(x)$)	(A k i $\exists x.f(x)$)

Dabei ist t ist ein beliebiger Term, den der Sender bestimmt.

Auf andere Z-Nachrichten werden AZ-Nachrichten zurückgesandt:

Muster	einlaufende Z-Nachricht	auslaufende AZ-Nachricht
Z-AZ-I	(Z i j $f_1 \rightarrow f_2$)	(AZ k i f_1)
Z-AZ-N	(Z i j $\neg f$)	(AZ k i f)

Auf eine Nachricht (Z i j *atomare-formel*) des Proponenten kann der Opponent keine Nachricht (A i+1 i *atomare-formel*) zurücksenden. Die nächste Nachricht hat er unter Berücksichtigung seiner Niederlage zu bestimmen.

6. Entsprechende Reaktionsmuster gibt es auf AZ-Nachrichten. So ist das Muster AZ-A-E:

Muster	einlaufende Z-Nachricht	auslaufende A-Nachricht
AZ-A-E	(AZ i j $\exists x.f(x)$)	(A k i $\exists x.f(x)$)

---

[5]Typ-O und Typ-P sind Abkürzungen für die Varianten Z, A bzw. AZ

Auf eine Nachricht (**AZ** i j *atomare-formel*) des Proponenten kann der Opponent keine Nachricht (**A** i+1 i *atomare-formel*) zurücksenden. Die nächste Nachricht hat er unter Berücksichtigung seiner Niederlage zu bestimmen. Es wird eine Nachricht (**Z** i+2 i *conclusio*) sein, denn es muß eine umstrittene Implikation geben.

7. Auf **A**-Nachrichten werden **Z**-Nachrichten zurückgesandt:

Muster	einlaufende **A**-Nachricht	auslaufende **Z**-Nachricht
A-Z-E	(**A** i j $\exists x.f(x)$)	(**Z** k i $f(t)$)

Alle anderen Muster (A-Z-U, A-Z-A, A-Z-I, A-Z-N) sind von der gleichen Form: Die Nachricht (**A** i j *formel*) wird mit (**Z** k i *formel*) beantwortet, es sei denn, es handelt sich um eine atomare Formel, die der Proponent in einer **A**-Nachricht erhält. Dann kann vorher keine **Z**-Nachricht mit der gleichen Formel erhalten haben – also verlöre er die Verteidigung.

8. Verliert ein Partner einen Streitdialog, dann hat er den nächstumfassenden zu finden (d.h. die Nachrichtennummer des entsprechenden Angriffs oder der entsprechenden Zusicherung). Hat er noch Reaktionsmöglichkeiten (etwa weil es sich um die erste Komponente einer Konjunktion oder Disjunktion handelte), dann muß er eine entsprechende Nachricht senden.

Diese sogenannte "streng-konstruktive" Regel bedeutet, daß beide Partner im Lorenzenschen Dialog streng immer nur auf vorhergehende Nachrichten reagieren dürfen.

Wir verwenden folgende Variation, die "konstruktive" Regel: Der Opponent hat immer nur auf die vorhergehnde Nachricht zu reagieren – der Proponent dagegen darf entweder eine bereits zugesicherte Aussage angreifen oder auf den letzten Angriff des Opponenten reagieren.

Ein Beispiel (aus [1]):

P sendet (**Z** 0 0 $(r(a) \land (\forall x[(q(x) \land r(x)) \to p(x)]) \land q(a) \land q(b)) \to p(a))$).

Q sendet (**AZ** 1 0 $(r(a) \land (\forall x[(q(x) \land r(x)) \to p(x)]) \land q(a) \land q(b))$).

P sendet (**A** 2 1 $(\forall x[(q(x) \land r(x)) \to p(x)])$)

Q sendet (**Z** 3 2 $(\forall x[(q(x) \land r(x)) \to p(x)])$)

P sendet (**A** 4 3 $(q(a) \land r(a)) \to p(a)$)

Q sendet (**Z** 5 4 $(q(a) \land r(a)) \to p(a)$)

P sendet (**A** 6 1 $q(a)$)

Q sendet (**Z** 7 6 $q(a)$)

P sendet (**A** 8 1 $r(a)$)

Q sendet (**Z** 9 8 $r(a)$)

P sendet (**AZ** 10 5 $q(a) \land r(a)$)

Q sendet (**Z** 11 5 $p(a)$)

P sendet (**Z** 12 1 $p(a)$)

In diesem Modell können wir die SLD-Resolution mit Horn-Klauseln wie folgt modellieren:

Startpunkt des Dialoges ist eine Implikation $P \to \exists variable.goal(variable)$, das heißt eine Implikation, deren Prämisse das logische Programm, und deren Konklusio das zu beweisende (und instantiierende) Ziel ist. Diese wird vom Proponenten an den Opponenten gesandt.

Der Opponent sendet gemäß Z-A-I die Nachricht (**AZ** 1 0 P) zurück. Nun sucht der Proponent ein Axiom in P, das (oder dessen Konklusio) mit dem Ziel unifizierbar ist. Findet er ein solches, so sendet er dieses Axiom als **A**-Nachricht ab. Findet er keines, so kann er nichts senden – das Ziel wurde nicht erreicht. Ist das Axiom in der **A**-Nachricht ein Fakt, so wird es vom Opponenten in eine **Z**-Nachricht verpackt und zurückgeschickt. Ist das Axiom eine Implikation, so ist diese Allquantifiziert, und der Opponent schickt sie an den Proponenten. Der setzt die Terme ein, die er beim Auswählen verwendet hat und schickt die so instantiierte Implikation als **A**-Nachricht zurück. Nun muß der Opponent gemäß A-Z-I diese Formel unverändert zurückschicken. Der Proponent geht nun schrittweise die Prämissen durch und schickt zu jeder eine **A**-Nachricht, je nachdem ob er in P einen Fakt findet, mit dem sich die Prämisse unifizieren läßt oder eine entsprechende

Implikation. Wenn nun der Proponent bei seiner Auswahl eines unifizierbaren Axioms in P einen Fehler gemacht hat, dann wird er irgendwann keine Angriffsmöglichkeiten finden, weil sein aktuelles Ziel keine unifizierbaren Gegenstücke findet. In diesem Fall darf er versuchen, den letzten Angriff auf eine andere Axiomformel umzulenken.

Ein Beispiel:

```
T={∀yuv.member(x,y) ∧ intersect(u,y,v) → intersect([x|u],y,[x|v]),
∀.intersect([],x,[]),
∀yuv.intersect(u,y,v) → intersect([x|u],y,v),
∀y.member(x,[x|y]),
∀yz.member(x,y) → member(x,[z|y])}

   (Z 0 0 T → intersect([a,b,c],[c,d,a],u))
 (AZ 1 0 T)
   (A 2 1 ∀yuv.member(x,y) ∧ intersect(u,y,v) → intersect([x|u],y,[x|v]))
 (Z 3 2 ∀yuv.member(x,y) ∧ intersect(u,y,v) → intersect([x|u],y,[x|v]))
   (A 4 3 member(a,[c,d,a]) ∧ intersect([b,c],[c,d,a],v)
                            → intersect([a,b,c],[c,d,a],[a|v]))
 (Z 5 4 member(a,[c,d,a]) ∧ intersect([b,c],[c,d,a],v)
                            → intersect([a,b,c],[c,d,a],[a|v]))
   (A 6 1 ∀yz.member(x,y) → member(x,[z|y]))
 (Z 7 6 ∀yz.member(x,y) → member(x,[z|y]))
   (A 8 6 member(a,[d,a]) → member(a,[c,d,a]))
 (Z 9 8 member(a,[d,a]) → member(a,[c,d,a]))
   (A 10 6 member(a,[a]) → member(a,[d,a]))
 (Z 11 10 member(a,[a]) → member(a,[d,a]))
   (A 12 1 ∀y.member(x,[x|y]))
 (Z 13 12 ∀y.member(x,[x|y]))
   (A 14 13 member(a,[a]))
 (Z 15 14 member(a,[a]))
   (AZ 16 11 member(a,[a]))
 (Z 18 11 member(a,[d,a]))
   (AZ 19 9 member(a,[d,a]))
 (Z 21 9 member(a,[c,d,a]))
   (A 22 1 ∀yuv.member(x,y) ∧ intersect(u,y,v) → intersect([x|u],y,[x|v]))
 (Z 23 22 ∀yuv.member(x,y) ∧ intersect(u,y,v) → intersect([x|u],y,[x|v]))
   (A 24 23 member(b,[c,d,a]) ∧ intersect([c],[c,d,a],v)
                            → intersect([b,c],[c,d,a],[b|v]))
 (Z 25 24 member(b,[c,d,a]) ∧ intersect([c],[c,d,a],v)
                            → intersect([b,c],[c,d,a],[b|v]))
   (A 26 1 ∀yz.member(x,y) → member(x,[z|y]))
 (Z 27 26 ∀yz.member(x,y) → member(x,[z|y]))
   (A 28 27 member(b,[d,a]) → member(b,[c,d,a]))
 (Z 29 28 member(b,[d,a]) → member(b,[c,d,a]))
   (A 30 27 member(b,[a]) → member(b,[d,a]))
 (Z 31 28 member(b,[a]) → member(a,[d,a]))
   (A 37 1 ∀yuv.intersect(u,y,v) → intersect([x|u],y,v))
 (Z 38 37 ∀yuv.intersect(u,y,v) → intersect([x|u],y,v))
   (A 39 38 intersect([c],[c,d,a],v) → intersect([b,c],[c,d,a],v))
 (Z 40 39 intersect([c],[c,d,a],v) → intersect([b,c],[c,d,a],v))
   (A 41 1 ∀yuv.member(x,y) ∧ intersect(u,y,v) → intersect([x|u],y,[x|v]))
 (Z 42 41 ∀yuv.member(x,y) ∧ intersect(u,y,v) → intersect([x|u],y,[x|v]))
```

```
(A 43 42 member(c,[c,d,a]) ∧ intersect([],[c,d,a],v)
                        → intersect([c],[c,d,a],[c|v]))
(Z 44 43 member(c,[c,d,a]) ∧ intersect([],[c,d,a],v)
                        → intersect([c],[c,d,a],[c|v]))
(A 45 1 ∀y.member(x,[x|y]))
(Z 46 45 ∀y.member(x,[x|y]))
(A 47 46 member(c,[c,d,a]))
(Z 48 47 member(c,[c,d,a]))
(A 49 1 ∀.intersect([],x,[]))
(Z 50 49 ∀.intersect([],x,[]))
(A 51 50 intersect([],[c,d,a],[]))
(Z 52 51 intersect([],[c,d,a],[]))
(AZ 53 44 member(c,[c,d,a]) ∧ intersect([],[c,d,a],v))
(Z 56 44 intersect([c],[c,d,a],[c]))
(AZ 57 40 intersect([c],[c,d,a],[c]))
(Z 59 40 intersect([b,c],[c,d,a],[c]))
(AZ 60 5 member(a,[c,d,a]) ∧ intersect([b,c],[c,d,a],[c]))
(Z 63 5 intersect([a,b,c],[c,d,a],[a,c]))
(Z 64 0 intersect([a,b,c],[c,d,a],[a,c]))
```

2.4.3 Ein logisches Planungs-Verarbeitungsmodell

W.BIBEL hat in [2] eine Variante seines Konnektionsverfahrens angegeben, das sich für Planungsaufgaben eignet. Da der Konnektionsbeweiser so geändert wurde, daß er bestimmten Fakten *nur einmal* in die Konnektionen einbaut (d.h. in Resolutionsschritten verwendet), ergibt sich ein spezielles logisches Verarbeitungsmodell, das für unser Thema sehr interessant ist. Das Verarbeitungsmodell wird mittels normaler Hornlogik programmiert, die jedoch um spezielle *Aktionsregeln* erweitert sind. Diese Aktionsregeln enthalten Disjunktionen von Prämissen und Disjunktionen von Konklusionen. Weil die rechten Seiten der Aktionsregeln Aussagen enthalten können, die Situationsbeschreibungen auf der linken Seite widersprechen, haben wir es nicht mit echten Implikationen zu tun.

Diese Aktionsregeln sind eng verwandt mit den Regeln in STRIPS. Neu ist die Möglichkeit, diese Regeln dem leicht geänderten Konnektionsbeweiser zu übergeben. Zwar haben die Aktionsregeln nur zwei Bestandtteile – im Unterschied zu den Regeln von STRIPS, die, wie wir oben dargelegt haben, drei haben, nämlich die *Delete-* und die *Add-List* und die *Vorbedingungen*. BIBEL hat nun einfach die Vorbedingungen und die Deletelist identifiziert. Wenn die Aktionsregeln Bestandteile der Ausgangssituation als Vorbedingung brauchen, muß man diese Bestandteile als Konsequenzen hinzufügen. Damit versucht BIBEL das Frameproblem zu umgehen: Er fügt keine Zeitparameter ein. Die verwendeten Situationsliterale dienen dazu, daß der Beweiser Terme für die Situationen generiert, die als Aktionsfolgen gedeutet werden können. In einer Regel wird alles erwähnt, was sie ändert und beeinflußt. Alles übrige bleibt unangetastet.

BIBEL demonstriert in [2] die Anwendung auf das Register-Tausch-Problem: Die Ausgangssituation ist:

$$Situation(s) \land Contains(r, a) \land Contains(p, b) \land Contains(q, c)$$

Die Zielsituation ist:

$$Situation(z) \land Contains(r, b) \land Contains(p, a)$$

Die Register-Umspeicher-Regel ist:

$$Situation(w) \wedge Contains(x, u) \wedge Contains(y, v) \Rightarrow$$
$$Situation(t) \wedge Contains(x, v) \wedge Contains(y, v)$$

Er zeigt, daß der Konnektionsbeweiser schnell einen Beweis findet, in dem er die Regel zweimal verwendet.

Die Substituion am Situationsliteral ersetzt z durch $t(t(t(s, q, r, c, a), r, p, a, b)p, q, b, a)$, das heißt, erst wird a von r nach q geschrieben, dann wird b von p nach r geschrieben und schließlich a von q nach p.

In der gleichen Arbeit versucht BIBEL auch eine Behandlung des 3-Socken-Problems: Aus einer Schublade mit zwei Sorten von Socken sollen zwei zusammenpassende gefunden werden.

BIBEL formuliert:

Startsituation: $Situation(s) \wedge Habe(0, 0)$

Zielsituation: $Situation(u) \wedge Habe(2, v)$

Aktionsregel: $Situation(w) \wedge Habe(x, y) \Rightarrow$
$$Situation(t) \wedge ((Habe(x + 1, y) \wedge x = y) \vee (Habe(x, y + 1) \wedge x > y))$$

Die Formulierung sieht nicht allzu intuitiv aus, denn entgegen dem Problem wird als Ziel das Haben von Socken einer bestimmten Farbe gefordert.

Versuche eine intuitiv naheliegende Formulierung des Problems!

3 Schluß

Wir haben in mehreren Varianten die Programmierung von Planern in einem modernisierten GPS-Formalismus demonstriert. Das Problemlösermodell (von GPS) besticht sicher nicht durch Effizienz. Jedoch macht sich derjenige, der Suchalgorithmen in Anwendungsprogramme, hier Planungsprogramme, mischt, einer Ebenenverschmutzung (Durchmischung, Verunklärung) schuldig. Suchalgorithmen sind wichtig für die Implementierung von Problemlösern und gehören in ein niederes Abstraktionsnivau. Beim Realisieren von Planern wird dieses Niveau gemäß des Prinzips des Informationhiding als geschlossene abstrakte Maschine angesehen und über eine Programmiersprache verwendet.

Fortschritte beim Planen werden vor allem dadurch zu erreichen sein, daß man zwischen das Problemlösermodell und das allgemeine Planungsproblem weitere Abstraktionsebenen einschiebt.

Im Kurs werden wir neben dem Problemlösermodell und dem Beweisermodell auch erkunden, wieweit sich andere Verarbeitungsmodelle zum Planen eignen.

4 Übungen

1. Schreibe einen Übersetzer, der STRIPS-Regeln in GPS-Operatoren überführt!

2. Wie könnte ein spezialisiertes Planer-Verarbeitungsmodell aussehen?

3. Studiere Planungstheorie, Situations- und Zielbeschreibung in [3][Kap. 9]

4. Implementiere den Dialog-basierten Beweiser!

5. Implementiere BIBELs speziellen Konnektionsbeweiser!

6. Formuliere das 3-Socken-Problem einfacher!

Literatur

[1] C.Beckstein: Zur Logik der Logik-Programmierung. Dissertation, Erlangen, 1988 (erscheint als Springer-IFB)

[2] W.Bibel: A Deductive Solution for Plan Generation. New Generation Computing, 1986, S.115-132

[3] E.Charniak, D.McDermott: Introduction to Artificial Intelligence. Addison Wesley, Reading, Mass. etc., 1985

[4] R.Hall, D.Kibler: Artificial Intelligence Research. AI Magazine, Vol. 6 (1985), No. 3, S.166–178

[5] J.W.Lloyd: Foundations of Logical Programming. Springer, Berlin etc., 1986

[6] P.Lorenzen, K.Lorenz: Dialogische Logik. Wissensch. Buchges., Darmstadt, 1978

[7] N.Nilsson: Principles of Artificial Intelligence. Tioga Pub., Palo Alto, 1980

[8] J.Retti et al.: Artificial Intelligence – Eine Einführung. Teubner, Stuttgart, 1984

[9] E.Sacerdoti: The Nonlinear Nature of Plans. 3. IJCAI, Tbilissi, 1985

[10] H.Stoyan: Programmiermethoden der KI. Springer, Berlin, etc., 1988

[11] H.Stoyan: Programming Styles in Artificial Intelligence. GWAI-84, Springer IFB 103, Berlin etc., 1985

[12] H.Stoyan: What is the Benefit of Artificial Intelligence for Robotics? Proc. Intelligent Robots and Computer Vision. Vol.521, SPIE, Bellingham, 1984

[13] Tate: Interacting Goals and Their Use. 3rd IJCAI 1975, S.215-218

PROLOG

Hans-Jürgen Eikmeyer

1. Objekte und Relationen

PROLOG ist eine deklarative Programmiersprache: der Benutzer formuliert sein Problem, er macht aber keine Angaben darüber, wie das Problem gelöst werden soll. Hierzu verfügt PROLOG über ein eingebautes Lösungsverfahren für Probleme, die nach gewissen Regeln formuliert sind. Zur Formulierung der Probleme darf man in PROLOG nur Relationen zwischen Objekten spezifizieren. Dabei können die Objekte atomar sein oder auch strukturiert, die Relationen können entweder primitiv sein oder mit Hilfe anderer Relationen definiert. Wenn PROLOG ein Problem löst, dann wird an Hand der vom Benutzer vorgegebenen Objekte und Relationen festgestellt, ob und zwischen welchen Objekte eine in Frage stehende Relation besteht.

Als Standardbeispiel für elementare Anwendungen von PROLOG zur Darstellung von Objekten und Relationen haben sich Verwandtschaftsbeziehungen durchgesetzt (cf. Clocksin/Mellish 1984, Bratko 1986, Pereira/ Shieber 1987). Von dieser guten Praxis soll auch hier nicht abgewichen werden. Nachstehend ist ein Stammbaum einer Familie angegeben, den es in PROLOG zu repräsentieren gilt:

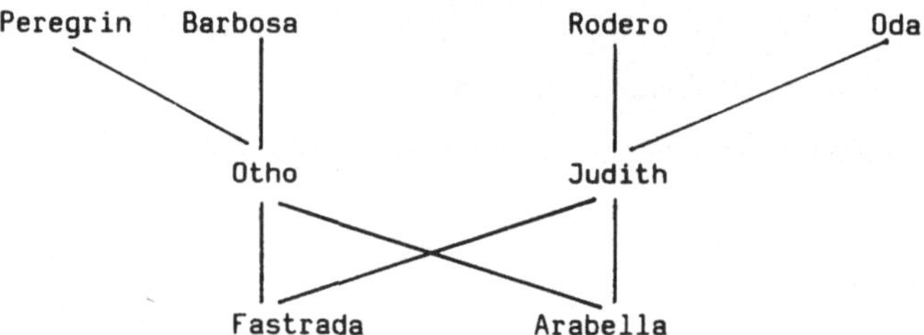

Die Personen dieses Stammbaumes sind als Objekte darzustellen, die Relation zwischen den Personen ist die Eltern-Kind-Beziehung. Das folgende PROLOG-Programm repräsentiert denselben Stammbaum, die Eltern-Kind-Beziehung wird formal durch das PROLOG-**Prädikat** `elternteil` dargestellt, dessen Argumente die Objekte repräsentieren, die in Relation zueinander stehen. Es ist eine Konvention von PROLOG, daß ein Ausdruck aus Prädikat und Argumenten mit einem Punkt abgeschlossen wird. Eine weitere Konvention besagt, daß PROLOG-**Atome** mit einem Kleinbuchstaben beginnen. Folglich handelt es sich sowohl bei dem Prädikat `elternteil` als auch bei den Repräsentationen aller Personen um Atome im Sinne von PROLOG. Jede Zeile des Programms wird als ein **Fakt** bezeichnet.

```
elternteil(judith,rodero).
elternteil(judith,oda).
elternteil(otho,peregrin).
elternteil(otho,barbosa).
elternteil(arabella,otho).
elternteil(arabella,judith).
elternteil(fastrada,otho).
elternteil(fastrada,judith).
```

Es mag verwunderlich erscheinen, obiges Beispiel als ein Programm zu bezeichnen, zumindest wenn man die Standards der üblichen algorithmischen oder funktionalen Programmiersprachen anlegt. In PROLOG als einer deklarativen Programmiersprache steckt die Dynamik ausschließlich im Interpreter. Sie wird für den Benutzer sichtbar, wenn er **Fragen** an den Interpreter zu den Prädikaten des aktuellen Programmes stellt. Ein Beispiel für eine Frage und PROLOGs Antwort ist:

```
|?- elternteil(judith,oda).
yes
```

Die Tatsache, daß es sich dabei um eine Frage handelt ist syntaktisch durch den "Vorspann" '|?−' gekennzeichnet, den der PROLOG-Interpreter standardmäßig dem Benutzer anbietet. Der Umgang mit einem PROLOG-Programm besteht also darin, Fragen zu stellen. PROLOG antwortet mit no auf Fragen, die **aufgrund des eingebenen Programmes** nicht bestätigt werden können:

```
|?- elternteil(judith,peregrin).
no
```

PROLOG ist völlig auf das vom Benutzer spezifizierte Wissen beschränkt, sodaß selbst im folgenden Beispiel die Antwort no völlig korrekt ist:

```
|?- elternteil(kain,eva).
no
```

Interessantere Fragen können durch Kombination der bisher gezeigten elementaren Fragen gestellt werden. Dabei dient das Komma als Repräsentation der und-Verknüpfung zwischen zwei Fragen. Mit der folgenden Frage wird indirekt beantwortet, daß Fastrada Oda als ein Großelternteil hat.

```
|?- elternteil(fastrada,judith),elternteil(judith,oda).
yes
```

Noch interessantere Fragen als Konjunktionen lassen sich in PROLOG stellen, wenn man **Variablen** verwendet. Variablen sind syntaktisch dadurch markiert, daß sie mit einem Großbuchstaben beginnen. Während den bisher besprochenen PROLOG-Fragen mit Atomen Ja/Nein-Fragen der natürlichen Sprache entsprechen, entsprechen den PROLOG-Fragen mit Variablen die sogenannten W-Fragen der natürlichen Sprache, z.B. 'Wer ist Elternteil von Judith?':

```
|?- elternteil(judith,X).
X = rodero
```

Zu dieser Frage gibt es allerdings aufgrund des Programms noch eine zweite Antwort, die der Benutzer durch Drücken der ';'-Taste als Reaktion auf die erste Antwort bekommt. Weiteres Nachfragen ergibt ein no:

```
|?- elternteil(judith,X).
X = rodero ;
X = oda ;
no
```

Für die Reihenfolge der Antworten ist die Reihenfolge maßgeblich, in der die einzelnen Fakten im Programm erscheinen. Die Abhängigkeit der Reaktion von PROLOG auf die Reihenfolge ist eine zentrale Eigenschaft, in der die existierenden PROLOG-Interpreter vom Ideal einer logischen Programmiersprache abweichen.

Variablen können an jeder Argumentstelle stehen, sodaß man mit der folgenden Frage alle Fakten des Programms aufgezählt bekommt:

```
|?- elternteil(X,Y).
X = judith
Y = rodero ▮
X = judith
Y = oda ▮
.
.
.
X = fastrada
Y = judith ▮
no
```

Auch in Konjunktionen können Variablen verwendet werden, wobei es gleichgültig ist, welche Bezeichnung für eine Variable verwendet wird, solange sie mit einem Großbuchstaben beginnt. Mit der folgenden Frage bestimmt man die Großeltern von Fastrada:

```
|?- elternteil(fastrada,Elternteil),elternteil(Elternteil,Grosselternteil).
Elternteil = otho
Grosselternteil = peregrin ▮
Elternteil = otho
Grosselternteil = barbosa ▮
Elternteil = judith
Grosselternteil = rodero ▮
Elternteil = judith
Grosselternteil = oda ▮
no
```

An der Reihenfolge der Lösungen erkennt man, daß die Variation zuerst im ersten Konjunktionsglied auftritt, danach im zweiten. Als Konsequenz davon ist vorstellbar, was im folgenden Beispiel passieren würde:

```
|?- elternteil(fastrada,Elternteil),elternteil(Elternteil,oda).
Elternteil = judith
```

PROLOG würde beim ersten Konjunktionsglied zuerst die Lösung 'Elternteil = otho' finden, könnte dann aber nicht beweisen, daß Otho die Oda als Elternteil hat. Daher verwirft PROLOG diese erste Lösung (technisch heißt dieses Verhalten **Backtracking**) und versucht es mit 'Elternteil = judith'. Dieser zweite Versuch ist erfolgreich.

Ist ein Benutzer von PROLOG an der Großeltern-Relation interessiert, dann braucht er nicht immer die Konjunktion von zwei Fragen verwenden, er kann stattdessen zusätzlich zu den Fakten seines Programms auch eine (oder mehrere) **Regeln** angeben. Die Großeltern-Regel sieht wie folgt aus:

```
grosselternteil(Enkel,G) :- elternteil(Enkel,E),elternteil(E,G).
```

Diese Regel besteht aus einem linken Teil (ihrem **Kopf** oder **Head**), gefolgt von dem PROLOG-Zeichen für die 'wenn-dann'-Beziehung und der rechten Seite (ihrem **Körper** oder **Body**). Die Regel besagt, daß G ein Großelternteil von Enkel ist, wenn ein geeignetes Elternteil E von Enkel existiert, das ein Elternteil von G ist.

Mit dieser Regel im Programm kann PROLOG jetzt folgende Frage mit yes beantworten:

```
|?- grosselternteil(fastrada,oda).
yes
```

Der gemeinsame Obergriff für Fakten und Regeln ist **Klausen**. PROLOG-Regeln dürfen auch rekursiv sein (d.h. auf der rechten Seite darf das zu definierende Prädikat wieder erscheinen) und man darf mehrere Regeln für ein Prädikat angeben:

```
vorfahr(X,Y) :- elternteil(X,Y).
vorfahr(X,Y) :- elternteil(X,Z),vorfahr(Z,Y).
```

Bei der positiven Beantwortung der Frage

```
|?- vorfahr(fastrada,oda).
yes
```

versucht PROLOG aufgrund der ersten Regel erst zu beweisen, daß fastrada in der elternteil-Relation zu oda steht. Da dies falsch ist, benutzt PROLOG im Zuge des Backtracking die zweite Regel und muß beweisen

```
|?- elternteil(fastrada,Z),vorfahr(Z,oda).
```

Mit Z = otho scheitert das zweite Konjunktionsglied, erst erneutes Backtracking ergibt Z = judith. vorfahr(judith,oda) ist erfolgreich, da elternteil(judith,oda) erfolgreich ist.

Insbesondere für das Verhalten rekursiver Prädikate ist die Reihenfolge unter den verschiedenen Regeln eines Prädikates, aber auch innerhalb von Konjunktionen für die Bearbeitung durch PROLOG wesentlich. Wenn man das 'oder' zwischen verschiedenen Klausen eines Prädikats und das 'und' in einer Konjunktion logisch interpretiert, dann ist die folgende Definition der Vorfahr-Relation äquivalent zur ersten:

```
vorfahr(X,Y) :- vorfahr(Z,Y),elternteil(X,Z).
vorfahr(X,Y) :- elternteil(X,Y).
```

Die prozedurale Semantik von PROLOG weicht jedoch von der logischen Semantik ab und die zuletzt angegebene Definition führt zu einer Endlosschleife.

2. Strukturierte Objekte und Listenverarbeitung

Die bisher betrachteten Relationsaudrücke bestanden alle aus Prädikaten mit Atomen oder Variablen als Argumenten. PROLOG erlaubt es, an den Argumentstellen selbst wieder Prädikat-Argument-Ausdrücke einzubetten. Damit ist es möglich, baumartige Strukturen wie etwa syntaktische Strukturen natürlich-sprachlicher Sätze als PROLOG-Ausdrücke darzustellen und zu bearbeiten. Betrachten wir den folgenden Phrasenstrukturbaum:

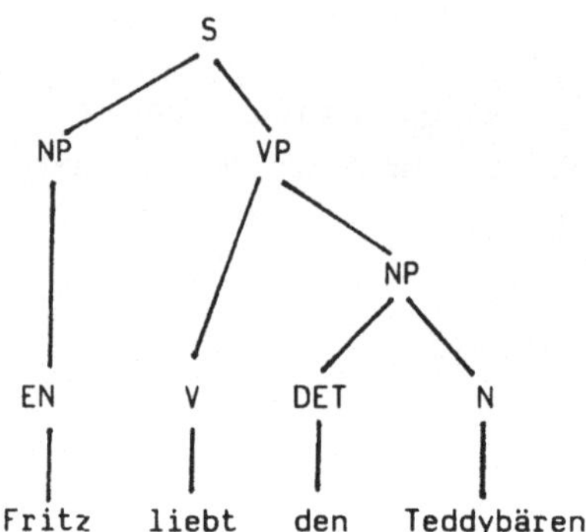

Der Subjektsnominalphrase z.B. entspricht die PROLOG-Struktur

```
np(en(fritz))
```

und dem gesamten Satz die folgende Struktur:

```
s(np(en(fritz)),vp(v(liebt),np(det(den),n(teddybaeren))))
```

PROLOG-Strukturen können selbst wieder Variablen enthalten, sie sind dann nur teilweise spezifiziert:

```
s(Subjekt,vp(Verb,Objekt))
```

Für den Strukturvergleich verfügt PROLOG über einen eingebauten Mechanismus, einen **Unifikator**. Der Unifikator sagt, wann zwei Strukturen als identisch gelten. Er ist implizit an vielen Stellen in PROLOG aktiv, kann aber direkt mit dem Operator '=' angesprochen werden:

```
|?- s(np(en(fritz)),vp(v(liebt),np(det(den),n(teddybaeren))))
   = s(Subjekt,vp(Verb,Objekt)).
Subjekt = np(en(fritz))
Verb = v(liebt)
Objekt = np(det(den),n(teddybaeren))
```

Für PROLOG sind die beiden obigen Strukturen also gleich, außerdem **instantiiert** PROLOG die Variablen der rechten nur teilweise spezifizierten Struktur, d.h. den Variablen werden Werte zugewiesen. Die Wertbindung einer Variable gilt nur für die Dauer eines PROLOG-Beweises, bei Backtraking wird sie außerdem rückgängig gemacht. Die Instantiierung von Variablen ist zentral für das Verständnis der Funktionsweise von PROLOG. Sie geschieht nach den folgenden Regeln:

(1) Eine nicht instantiierte Variable ist mit jeder Struktur oder jeder anderen Variable unifizierbar.

(2) Zwei Strukturen sind unifizierbar, wenn sie dasselbe Prädikat mit gleich vielen Argumenten haben und alle entsprechenden Argumente unifizierbar sind.

Beim Strukturvergleich mit '=' können Variablen auf beiden Seiten auftreten:

```
|?- s(Subjekt,vp(v(liebt),np(det(den),n(teddybaeren))))
    = s(np(en(fritz)),vp(Verb,Objekt)).
Subjekt = np(en(fritz))
Verb = v(liebt)
Objekt = np(det(den),n(teddybaeren))
```

PROLOG-Strukturen sind zwar ineinander einbettbar, sie haben jedoch eine feste Stelligkeit. Mit **Listen** ist es dagegen möglich, Objekte flexibler Größe aufzubauen und zu bearbeiten. Listen werden in aufzählender Schreibweise mit Hilfe eckiger Klammern dargestellt. Zulässige Listenelemente sind Atome, Variablen, Strukturen und Listen selbst. Die Unifikation ist auch für Listen gültig:

```
|?- [fritz,Spielzeug,[roter_klotz,blauer_klotz],buch(caroll,alice)]
    = [Wer,teddybaer,Klötze,buch(Autor,alice)].
Spielzeug = teddybaer
Wer = fritz
Kloetze = [roter_klotz,blauer_klotz]
Autor = caroll
```

Neben der aufzählenden Schreibweise für Listen gibt es eine Notation, mit dern Hilfe eine Liste in zwei Teile zerlegt werden kann, nämlich in ihr erstes Element H und in die Restliste T ohne das erste Element:

```
|?- [auto,teddybaer,puppe,drachen] = [H|T]
H = auto
T = [teddybaer,puppe,drachen]
```

Mit Hilfe dieser Notation läßt sich leicht ein PROLOG-Prädikat definieren, mit dem man überprüfen kann, ob ein Ausdruck Element einer vorgegebenen Liste ist:

```
member(H,[H|T]).
member(H,[I|T]) :- member(H,T).
```

An erster Argumentstelle des `member`-Prädikates steht das in Frage stehende Element, an zweiter die Liste. Das Fakt der obigen Definition besagt, daß man erfolgreich ist, wenn das in Frage stehende Element und das erste Element der Liste gleich sind. Ist dies nicht der Fall, tritt die zweite Zeile obiger Definition in Kraft, eine Regel. Nach dieser Regel schaut man im Rest der Liste nach, ob das in Frage stehende Element dort zu finden ist:

```
|?- member(auto,[auto,teddybaer,puppe,drachen]).
yes
|?- member(puppe,[auto,teddybaer,puppe,drachen]).
yes
|?- member(bonbon,[auto,teddybaer,puppe,drachen]).
no
```

Die negative Antwort von PROLOG im dritten Beispiel ist zwar plausibel, sie ist jedoch nicht ohne weiteres zu verstehen. Da bonbon nicht in der Liste enthalten ist, trifft nie die erste Definitionszeile des member-Prädikates zu, sondern immer die zweite. Vermöge dieser Regel wird jedesmal das erste Element der Liste weggelassen und mit dem Rest weiter gefahren. Die Frage ist, was der Rest einer einelementigen Liste ist. PROLOGs Antwort lautet so:

```
|?- [drachen] = [H|T].
H = drachen
T = []
```

Dabei bezeichnet [] die **leere Liste**, d.h. eine Liste ohne jedes Element. Bei der Beantwortung des dritten Beispieles kommt PROLOG also in die folgende Situation:

```
|?- member(bonbon,[]).
no
```

Beim Beweis dieser Frage sucht der PROLOG-Interpreter im Programm nach einem Fakt, das strukturgleich zur gestellten Frage ist oder nach einer Regel, deren linke Seite oder Kopf strukturgleich zur gestellten Frage ist. Dies gelingt jedoch nicht, da sowohl im member-Fakt als auch im Kopf der member-Regel an der zweiten Argumentstelle ein Muster der Form [H|T] bzw. [I|T] steht. Solch ein Muster ist jedoch **nicht** strukturgleich zur leeren Liste:

```
|?- [H|T] = [].
no
```

Da also weder ein geeignetes Fakt noch eine geeignete Regel zur Verfügung steht ist die Antwort im dritten obigen Beispiel no.

Eine elementare der Verarbeitung von Listen ist es, zwei Listen hintereinanderzuhängen. Dazu verwendet PROLOG das Prädikat append, das in PROLOG definierbar ist, auf dessen Definition hier aber nicht eingegangen werden soll. Stattdessen soll an einigen Beispielen gezeigt werden, wie dieses Prädikat funktioniert. Das append-Prädikat hat drei Argumentstellen, die ersten beiden für die hintereinander zu hängenden Listen, das dritte Argument für das Resultat dieser Operation:

```
|?- append([auto,teddybaer],[puppe,drachen],R).
R = [auto,teddybaer,puppe,drachen]
```

Variablen können jedoch auch an anderen Stellen stehen:

```
|?- append(L1,[puppe,drachen],[auto,teddybaer,puppe,drachen]).
L1 = [auto,teddybaer]
```

Besonders interessant ist, das mit append auch Listen zerlegt werden können, wobei PROLOG nacheinander alle möglichen Zerlegungen aufzählt:

```
|?- append(L1,L2,[auto,teddybaer,puppe,drachen])
L1 = []
L2 = [auto,teddybaer,puppe,drachen]
```

```
L1 = [auto]
L2 = [teddybaer,puppe,drachen] ;
L1 = [auto,teddybaer]
L2 = [puppe,drachen] ;
.
.
.
L1 = []
L2 = [auto,teddybaer,puppe,drachen] ;
no
```

Listen werden auch für die Implementierung von Definite Clause Grammars verwendet, hier jedoch
eine spezielle Technik, nämlich die Technik der **Differenzlisten**. Diese soll hier an einer Teilfragestel-
lung der Syntaxanalyse demonstriert werden: Damit eine Liste von Buchstabenkombinationen als Satz
z.B. der deutschen Sprache gelten kann, müssen alle Buchstabenkombinationen Wörter des Deutschen
sein und diese Wörter müssen in der "richtigen" Reihenfolge stehen. Was ein Wort des Deutschen ist,
legt letztendlich das Lexikon des Deutschen fest, welches die "richtige" Reihenfolge ist, wird von der
Grammatik bestimmt. Zur Grammnatik kommen wir im nächsten Abschnitt, hier soll nur der Aspekt
des Lexikons betrachtet werden. Nachstehend ist ein PROLOG-Programm für ein zugegeben sehr
kleines Lexikon des Deutschen:

```
lexikon([fritz|T],T).
lexikon([liebt|T],T).
lexikon([den|T],T).
lexikon([teddybaeren|T],T).
```

Das Lexikon besteht aus vier Fakten zum zweistelligen Prädikat lexikon. Dabei ist wesentlich, daß
das zweite Argument gleichzeitig die Restliste des ersten Argumentes ist. Diese Konfiguration ist
gemeint, wenn man in PROLOG über Differenzlisten redet. Der Effekt hiervon ist in einfachen Fällen
direkt einsichtig:

```
|?- lexikon([fritz],T)
T = []
|?- lexikon([fritz,liebt,den,teddybaeren],T).
T = [liebt,den,teddybaeren]).
```

Der Effekt der Differenzlisten wird ganz deutlich, wenn mann eine Liste durch eine Konjunktion von
Aufrufen des lexikon-Prädikates schickt. Jeder einzelne Aufruf konsumiert ein Wort des Lexikons bis
nichts, d.h. die leere Liste übrig bleibt:

```
|?- lexikon([fritz,liebt,den,teddybaeren],L1),
    lexikon(L1,L2),lexikon(L2,L3),lexikon(L3,L4).
L1 = [liebt,den,teddybaeren]
L2 = [den,teddybaeren]
L3 = [teddybaeren]
L4 = []
```

Ist auch nur ein Wort der Liste nicht im Lexikon enthalten, wird das Verfahren blockiert und man
bekommt eine negative Antwort:

```
|?- lexikon([fritz,liebt,nen,teddybaeren],L1),
                       /* ↑--------------------- hier ist der Fehler ! */
      lexikon(L1,L2),lexikon(L2,L3),lexikon(L3,L4).
no
```

3. Definite Clause Grammars: Syntaktische Analyse

Definite Clause Grammars (DCGs, cf. Pereira/Warren 1980) stellen ein Verfahren zur automatischen Syntaxanalyse dar, welches den PROLOG-Interpreter direkt zum Parsing benutzt. Folglich werden alle zur Analyse benötigten Informationen, d.h. Informationen über das Lexikon und die Grammatik der betrachteten Sprache, als PROLOG-Klausen dargestellt. Es wird kein eigener Interpreter für Grammatik- oder Lexikonregeln benötigt. Ein **Parser**, d.h. ein Verfahren zur automatischen Syntaxanalyse hat zwei Aufgaben zu erledigen, (1) er muß grammatisch wohlgeformte Sätze akzeptieren und nicht-wohlgeformte Sätze zurückweisen und (2) der Parser muß die wohlgeformten Sätze mit einer Strukturbeschreibung versehen. Beschränkt man sich nur auf die erste Aufgabe, hat man es mit einem **Recognizer** zu tun. Im folgenden wird zunächst ein DCG-Recognizer entwickelt, der dann zu einem Parser ausgebaut wird.

Eine stark vereinfachte Grammatik des Deutschen für Sätze wie den im Abschnitt 3 behandelten sieht in der üblichen linguistischen Notation wie folgt aus:

```
/* verzweigende Regeln      lexikalische Regeln */.


S    -> NP VP            EN  -> Fritz
NP   -> EN               EN  -> Maria
NP   -> DET N            DET -> der
VP   -> V NP             DET -> den
                         N   -> teddybaer
                         N   -> teddybaeren
                         V   -> liebt
```

Wie die lexikalischen Regeln mit Hilfe der Technik der Differenzlisten direkt als PROLOG-Fakten repräsentiert werden können wurde bereits im letzten Abschnitt erwähnt. Als zusätzliche Information soll hier jedoch zu jedem Wort aufgenommen werden, welcher lexikalischen Kategorie es angehört. Dies geschieht einfach durch Verwendung des Kategoriennamens als Prädikat. Somit stellen sich die lexikalischen Regeln des obigen Grammatikfragmentes wie folgt dar:

```
en([fritz|T],T).
en([maria|T],T).
det([der|T],T).
det([den|T],T).
n([teddybaer|T],T).
n([teddybaeren|T],T).
v([liebt|T],T).
```

Ebenso direkt läßt sich auch die erste NP-Regel darstellen:

```
np(X,Y) :- en(X,Y).
```

Diese Regel besagt, daß zu Beginn einer Liste von Wörtern X eine Nominalphrase steht, wenn zu Beginn dieser Liste ein Eigenname steht. Nach Konsumption des Eigennamens bzw. der Nominalphrase bleibt eine Wortliste Y übrig, da beide von demselben Wort ausgemacht werden. Um zu überprüfen, ob eine Wortliste aus einem Eigennamen bzw. einer Nominalphrase besteht, muß man PROLOG folgendes fragen:

```
|?- en([fritz],[]).
yes
|?- np([fritz],[]).
yes
```

Die Verwendung der leeren Liste an zweiter Argumentstelle verlangt, daß außer dem Eigennamen bzw. der NP keine Wörter mehr vorkommen dürfen. Folglich sind auch die beiden folgenden Fragen erfolglos:

```
|?- en([fritz,liebt],[]).
no
|?- np([fritz,meier],[]).
no
```

Etwas komplizierter stellt sich die zweite NP-Regel dar:

```
np(X,Y) :- det(X,Z),n(Z,Y).
```

Sie ist etwa wie folgt zu lesen: Aus einer Wortliste X, die zu Beginn eine Nominalphrase enthält, bleibt eine Wortliste Y übrig, wenn
(1) zu Beginn der Liste X ein Determiner steht, sodaß eine weitere Liste Z übrigbleibt, und
(2) in dieser Liste Z zu Beginn ein Nomen steht und die Liste Y übrigbleibt.
Bei der positiven Beantwortung der Frage

```
|?- np([der,teddybaer],[])).
yes
```

geschieht folgendes: PROLOG instantiiert die Variable X mit der Liste [der,teddybaer] und Z mit der leeren Liste []. Zu beweisen ist demnach:

```
|?- det([der,teddybaer],Z),n(Z,[]).
yes
```

Das erste Konjunktionsglied ist erfolgreich mit Z = [teddybaer] und dann läßt sich auch das zweite n([teddybaer],[]) beweisen.

Nach demselben System lassen sich jetzt auch die anderen beiden verzweigenden Regeln formulieren:

```
s(X,Y) :- np(X,Z),vp(Z,Y).
vp(X,Y) :- v(X,Z), np(Z,Y).
```

Dann antwortet der Recognizer korrekt nach unserer Intention:

```
|?- s([der,teddybaer,liebt,fritz],[]).
yes
|?- s([der,liebt,fritz,teddybaer],[]).
no
|?- s([der,mann,liebt,maria],[]).
no
```

Die erste negative Antwort erscheint, weil zwar nur Wörter aus dem Lexikon vorkommen,
aber die Reihenfolge ungrammatisch ist. Das zweite no ergibt sich aus der Tatsache, daß unser
Lexikon unvollständig ist und das Wort 'mann' nicht enthält.

Dieser DCG-Recognizer ist "mit wenigen Handgriffen" zu einem Parser erweiterbar, der akzeptierte
Sätz mit einer syntaktischen Strukturbeschreibung versieht. Formulieren wir zunächst unsere Erwartungen
gen an den DCG-Parser mit einigen Beispielen:

```
|?- s(Struktur,[fritz,liebt,den,teddybaeren],[]).
Struktur = s(np(en(fritz)),vp(v(liebt),np(det(den),n(teddybaeren))))
|?- np(Struktur,[den,teddybaeren],[]).
Struktur = np(det(den),n(teddybaeren))
|?- np(Struktur,[fritz],[]).
Struktur = np(en(fritz))
|?- en(Struktur,[fritz],[]).
Struktur = en(fritz)
```

Die Beispiele sind nach abnehmender Komplexität geordnet, beginnen wir daher beim letzten. Die
Eigennamen-Kategorie ist eine lexikalische Kategorie, die ihr entsprechende Strukturbeschreibung kann
als nur aus dem Lexikon kommen. Folglich müssen die DCG-Repräsentationen aller lexikalischen
Regeln so abgeändert werden, daß sie als neues erstes Argument die Strukturbeschreibung enthalten:

```
en(en(fritz),[fritz|T],T).
en(en(maria),[maria|T],T).
det(det(der),[der|T],T).
det(det(den),[den|T],T).
n(n(teddybaer),[teddybaer|T],T).
n(n(teddybaeren),[teddybaeren|T],T).
v(v(liebt),[liebt|T],T).
```

Vergleicht man das letzte mit dem vorletzten Beispiel, so ist erkennbar, daß der Beitrag der 'NP ->
EN'-Regel nur darin besteht, ein zusätzliches np-Prädikat um die Strukturbeschreibung des Eigennamens herumzusetzen. Dies ist mit folgender DCG-Regel erledigt:

```
np(np(S),X,Y) :- en(S,X,Y).
```

Beim Beweis des vorletzten Beispieles instantiiert PROLOG die Variable X mit [fritz], Y mit [] und
der Variablen Struktur der Frage wird die Form np(S) aufgeprägt. Beim Beweis der rechten Seite
der Regel ergibt sich S = en(fritz), sodaß schließlich Struktur = np(en(fritz)) als Resultat
herauskommt.

Die anderen verzweigenden Regeln bewirken im Prinzip nichts anderes: sie setzen einen Prädikatsnamen, der ihrer Kategorie entspricht um die Strukturbeschreibungen herum, die mit Hilfe der Prädikate ihrer jeweiligen rechten Seite berechnet werden:

```
s(s(S1,S2),X,Y) :- np(S1,X,Z),vp(S2,Z,Y).
vp(vp(S1,S2),X,Y) :- v(S1,X,Z), np(S2,Z,Y).
```

Zum Abschluß noch eine Bewerkung zum DCG-Parser. So wie er hier vorgestellt wurde führt er zu "falschen" Ergebnissen:

```
|?- s(Struktur,[fritz,liebt,der,teddybaeren],[]).°
                        /* ↑--------- hier ist der Fehler im Satz ! */
Struktur = s(np(en(fritz)),vp(v(liebt),np(det(der),n(teddybaeren))))
```

Das falsche Verhalten ist jedoch nicht dem Parser anzulasten, sondern ein Problem der Grammatik, die nämlich solche Sätze nicht ausschließt. Die Grammatik sagt nichts über Nebenkategorien wie Kasus, Genus, Numerus etc. Erst wenn man Restriktionen über Nebenkategorien in die Grammatik einbaut, dann sind o.a. Fehler zu vermeiden. Die Übertragung solcher Restriktionen in das DCG-Format ist leicht zu bewerkstelligen. Allerdings können mit DCGs nicht alle Grammatiken bearbeitet werden. Linksrekursive Regeln wie etwa 'NP -> NP NP' für Phrasen wie 'der Teddybär des Jungen' führen aufgrund der prozeduralen Semantik von PROLOG zu Endlosschleifen.

4. Definite Clause Grammars: Semantische Interpretation

In diesem Abschnitt soll der DCG-Parser nicht primär zur syntaktischen Analyse, sondern zur Erstellung einer semantischen Repräsentation von Sätzen verwendet werden. Der Parser hat wie im letzten Abschnitt die wohlgeformten von den nicht-wohlgeformten Sätzen zu unterscheiden. Er berechnet jedoch keine syntaktischen Strukturbeschreibungen, sondern quasi-logische Formeln, die die Bedeutung von Sätzen approximieren. In einem zweiten Schritt werden die vom Parser erstellten semantischen Repräsentationen der Sätze eingesetzt, um den Wahrheitsgehalt der Sätze zu überprüfen. Dies geschieht relativ zu einem **semantischen Modell** (Diskursuniversum), das im PROLOG-Programm dargestellt wird. Die behandelten Sätze haben die syntaktische Form wie im letzten Abschnitt beschrieben, das Lexikon wird allerdings etwas erweitert. Die betrachteten Nominalphrasen sind entweder **Eigennamen** (Fritz,Maria,Max,...), **indefinite Nominalphrasen** (ein Junge, ein Auto, einen Teddybaeren) oder **definite Nominalphrasen** (die Puppe, der Junge). Für jeden dieser Typen gilt es festzulegen, welches seine semantische Repräsentation ist.

Die semantische Repräsentation eines Eigennamens ist sein **Referent**, d.h. das Objekt des semantischen Modells, welches er bezeichnet. Wir schreiben den Referenten in die DCG-Regel anstelle der Strukturbeschreibung:

```
en('FRITZ',[fritz|T],T).
en('MARIA',[maria|T],T).
en('MAX',[max|T],T).
en('MORITZ',[moritz|T],T).

np(S,X,Y) :- en(S,X,Y).
```

Die Referenten sind in diesen Regeln mit Großbuchstaben geschrieben, um sie als semantische Entitäten von den syntaktischen Entitäten (den Wörtern) zu unterscheiden. Damit sie dennoch legale PROLOG-Atome sind, sind sie in Anführungszeichen eingeschlossen. Die np-Regel besagt schlicht, daß die semantische Repräsentation einer Nominalphrase, die aus einem Eigennamen besteht, gerade der Referent des Eigennamens ist. Etwas komplizierter wird es bei (in-)definiten Nominalphrasen. In der logischen Semantik werden den Nominalphrasen **Deskriptionen** als Repräsentationen zugewiesen. Definite Deskriptionen verwenden den **iota**-Operator, indefinite den **eta**-Operator:

```
|?- np(Rep,[der,junge],[]).
Rep = [iota,X,'JUNGE']
|?- np(Rep,[ein,auto],[]).
Rep = [eta,X,'AUTO']
```

'JUNGE','AUTO' etc. sind die semantischen Gegenstücke von Nomina. Sie repräsentieren Eigenschaften im semantischen Modell und werden durch die entsprechenden lexikalischen Regeln bestimmt. Der Typ der Deskription wird - ebenfalls in den entsprechenden Regeln vom Typ des Determiners bestimmt. Die PROLOG-Variable kann zunächst einmal ignoriert werden, ihre Funktion wird später deutlich.

```
n('JUNGE',[junge|T],T).
n('JUNGE',[jungen|T],T).
n('PUPPE',[puppe|T],T).
n('TEDDYBAER',[teddybaer|T],T).
n('TEDDYBAER',[teddybaeren|T],T).
n('AUTO',[auto|T],T).
n('BAUKLOTZ',[bauklotz|T],T).

det(iota,[der|T],T).
det(iota,[den|T],T).
det(iota,[die|T],T).
det(eta,[ein|T],T).
det(eta,[eine|T],T).
det(eta,[einen|T],T).
```

Damit ist klar, was in der zweiten np-Regel in Bezug auf die semantische Repräsentation geschehen muß: den Typ der Deskription bestimmt die semantische Repräsentation des Determiners, die Eigenschaft wird durch das Nomen festgelegt:

```
np([Typ,X,Eigen],X,Y) :- det(Typ,X,Z), n(Eigen,Z,Y).
```

Es bleibt festzulegen, welches die semantische Repräsentation von Sätzen sein soll und welchen Beitrag die Konstituenten dazu liefern sollen. Ein Beispiel:

```
|?- s(Rep,[fritz,liebt,den,teddybaeren],[]).
Rep = ['LIEBEN','FRITZ',[iota,X,'TEDDYBAER']]
```

Die semantische Repräsentation eines Satzes ist also eine dreielementige Liste bestehend aus einer semantischen Relation (dem Korrelat des Verbes) und den beiden Repräsentationen des Subjektes und des Objektes. Daraus ergibt sich die folgende lexikalische Regel für das einzig betrachtete Verb und die beiden verzweigenden Regeln für Sätze und Verbalphrasen:

```
v('LIEBEN',[liebt|T],T).

s([Rel,S_Rep,O_rep],X,Y)  :- np(S_Rep,X,Z),vp([Rel,O_Rep],Z,Y).
vp([Rel,O_Rep],X,Y)       :- v(Rel,X,Z),np(O_Rep,Z,Y).
```

Es sei hier vermerkt, daß die semantische Repräsentation einer Verbalphrase eine zweielementige Liste mit der Eigenschaft und der Objektsrepräsentation ist. Mit allen vorstehend genannten DCG-Regeln (verzweigenden wie lexikalischen) ist der Parser vollständig beschrieben, wir können uns also der semantischen Interpretation zuwenden. Dazu muß (1) das semantische Modell als PROLOG-Programm dargestellt werden und (2) bestimmt werden, wie die vom Parser erzeugten Formeln in Bezug auf dieses Modell bewertet werden. Das semantische Modell wird durch die folgenden (arbiträr festgelegten) Fakten ausgemacht:

```
'JUNGE'('FRITZ').
'PUPPE'('MARIA').
'TEDDYBAER'('MAX').
'TEDDYBAER'('MORITZ').
'AUTO'('A1').
'AUTO'('A2').
'LIEBEN'('FRITZ','MARIA').
'LIEBEN'('FRITZ','MAX').
'LIEBEN'('FRITZ','A1').
'LIEBEN'('FRITZ','A2').
```

Alle Satzrepräsentationen sind dreielementige Listen bestehend aus der Eigenschaft und Repräsentationen für die Subjekt- und die Objektphrase. Um zu überprüfen, ob solch eine Satzrepräsentation wahr oder falsch in Bezug auf unser Modell ist, wollen wir eine PROLOG-Frage zusammenbauen und diese dann vom Interpreter beweisen lassen. Betrachten wir einen einfachen Fall, die Repräsentation des Satzes 'Fritz liebt Max', d.h. ['LIEBEN','FRITZ','MAX']. Folgende Frage wollen wir PROLOG in diesem Fall stellen:

```
|?- 'LIEBEN'('FRITZ','MAX').
yes
```

Wie kommen wir aber von der Listendarstellung der semantischen Repräsentation zu einer Struktur, wie sie für eine Frage benötigt wird? Hierzu stellt PROLOG den Operator '=..' (ausgesprochen wird er 'univ') bereit. Links von ihm erwartet der Interpreter eine Struktur oder eine Variable, rechts davon eine Liste oder eine Variable. Steht auf einer Seite eine Variable, darf auf der anderen nicht auch eine stehen. Dem Prädikat der Struktur entspricht das erste Element der Liste, die restlichen Listenelemente werden zu den Argumenten der Struktur. Dann benötigen wir noch das PROLOG-Prädikat call, welches sein Argument dem Interpreter zur Auswertung übergibt. Dieses Prädikat findet immer dann Verwendung, wenn man ein Programmstück erst im Verlauf des Beweises eines anderen Programmstücks berechnen kann. Der folgende Beweis ist somit äquivalent zum vorstehenden:

```
|?- F=..['LIEBEN','FRITZ','MAX'],call(F).
F = 'LIEBEN'('FRITZ','MAX').
|?- F=..['LIEBEN','FRITZ','MORITZ'],call(F).
no
```

In dem bisher betrachteten Beispielsatz treten nur Eigennamen an Objekts- und Subjektsposition auf, deren semantische Repräsentationen gleichzeitig ihre Referenten sind. Sobald (in-)definite Deskriptionen auftreten, müssen die Referenten erst berechnet werden. Deshalb sehen wir als allgemeine Form für den Beweis der Wahrheit einer semantischen Satzrepräsentation das Prädikat beweise vor, welches zunächst den Referenten R_S der Subjektsbeschreibung S berechnet, dann den Referenten R_O der Objektsbeschreibung O, aus beiden mit Hilfe der Eigenschaft E die zu stellende Frage zusammenbaut und diese zur Auswertung an den Interpreter übergibt:

```
beweise([E,S,O]) :-
   referent(S,R_S),referent(O,R_O), F=..[E,R_S,R_O],call(F).
```

Jetzt bleibt noch das Prädikat referent zu definieren. Für den bisher betrachteten einfachen Fall der Eigennamen sind semantische Repräsentation und Referent identisch und wir definieren:

```
referent(X,X) :- atom(X).
```

Die Bedingung auf der rechten Seite garantiert, daß diese Regel nur für den einfachen Fall Anwendung findet, da Deskriptionen Listen und keine PROLOG-Atome sind. Den Referenten einer indefiniten Deskription [eta,X,Pred] zu finden ist auch einfach, es muß nur **mindestens** ein Objekt im Modell geben, das die Eigenschaft Pred aufweist. Dies ist durch eine Anfrage beim Interpreter leicht herauszubekommen:

```
referent([eta,X,Pred],X) :- F1=..[Pred,X],call(F1).
```

Der einzig komplizierte Fall sind die definiten Deskriptionen, weil für sie nach der klassischen logischen Analyse eine Einzigkeits-Bedingung erfüllt sein muß. Im Falle einer Deskription [iota,X,Pred] muß es im Modell **genau** ein Objekt mit der Eigenschaft Pred geben, d.h. **mindestens** eines und auch **höchstens** eines. Eine Methode zur Überprüfung, ob es mindestens ein Objekt mit der Eigenschaft Pred gibt, haben wir bei den Referenten der indefiniten Deskriptionen bereits gesehen. Um zu überprüfen, ob es höchstens ein Objekt mit der Eigenschaft Pred gibt, müssen wir verlangen, daß es kein zweites solches Objekt gibt. M.a.W. darf der Fall nicht eintreten, daß es ein Objekt mit der Eigenschaft Pred gibt, welches verschieden vom ersten ist.

```
referent([iota,X,Pred],X) :-
   F1=..[Pred,X],call(F1), not( (F2=..[Pred,Y],call(F2),verschieden(X,Y)) ).

verschieden(X,Y) :- not(X=Y).
```

Damit haben wir alle benötigten Bausteine zusammen und unser Programm liefert die gewünschten Resultate:

```
|?- s(Rep,[fritz,liebt,die,puppe],[]),beweise(Rep).
Rep = ['LIEBEN','FRITZ',[iota,'MARIA','PUPPE']]
|?- s(Rep,[fritz,liebt,den,teddybaeren],[]),beweise(Rep).
no
|?- s(Rep,[der,junge,liebt,ein,auto],[]),beweise(Rep).
Rep = ['LIEBEN',[iota,'FRITZ','JUNGE'],[eta,'A1','AUTO']];
Rep = ['LIEBEN',[iota,'FRITZ','JUNGE'],[eta,'A2','AUTO']];
no
```

115

```
|?- s(Rep,[ein,junge,liebt,einen,bauklotz],[]),beweise(Rep).
no
```

Interessant ist zu sehen, daß durch die Definition des Prädikates referent anstelle der Variablen aus
der np-Regel jetzt die Referenten erscheinen und im Falle von indefiniten Beschreibungen per Backtracking alle möglichen Referenten aufgezählt werden.

5. Externe Notationen und ihre Übersetzung

Im Abschnitt 3 wurden DCG-Regeln eingeführt und dabei die linguistische Notation "manuell" in die
DCG-Notation übersetzt. Hier soll besprochen werden, wie die Übersetzung mit PROLOG automati-
siert werden kann. Die Chancen für eine automatische Übersetzung sind ausgezeichnet, da es sich zum
einen um ein rein formales Verfahren handelt. Zum zweiten ist die Verwendung einer externen Notation nahe an den Notationskonventionen der Linguistik in PROLOG leicht realisierbar, da neben der
bekannten PrädikatArgument-Notation und der Verwendung vorgegebener Operatoren auch **benutzerde-
finierte Operatoren** zulässig sind. Die externe Notation für das schon bekannte Grammatikfragment soll
wie folgt aussehen:

```
/* verzweigende Regeln    lexikalische Regeln */.

s  -> np, vp.          en  : fritz.
np -> en.              en  : maria.
np -> det, n.          det : der.
vp -> v, np.           det : den.
                       n   : teddybaer.
                       n   : teddybaeren.
                       v   : liebt
```

Bei dieser Notation wird der Operator '->' für verzweigende Regeln verwendet und der Operator ':'
für lexikalische Regeln. Wenn man die Unterscheidung zwischen beiden Regeltypen bereits syntaktisch
macht, ist bei der Übersetzung einiges leichter. Zugeständnisse bei dieser Notation an PROLOG sind
(1) die durchgehende Verwendung von Kleinbuchstaben, (2) die Verwendung des Kommas auf der
rechten Seite verzweigender Regeln und (3) die Kennzeichnung des Endes jeder Regel mit einem
Punkt.

Die beiden Operatoren müssen in PROLOG allerdings erst definiert werden. Da dies von Implementierung zu Implementierung stark differiert, soll nichts weiter dazu gesagt werden, als daß man sich zur
Definition der Operatoren i.a. des Prädikates 'op' bedient. Sind die Operatoren dem jeweiligen
PROLOG-System bekannt, dann kann man obenstehende Notation in einer Datei verwenden und diese
als Bestandteil des aktuellen Programms in die PROLOG-Datenbasis laden (dies geschieht üblicherweise mit dem consult-Prädikat). Die Übersetzung geschieht in folgenden Schritten (a) eine der vorstehenden Regeln wird aus dem Programm gelöscht, (b) die Regel wird in das DCG-Format übersetzt
und (c) die so erhaltene DCG-Regel wird in das Programm eingefügt. Dieses Verfahren wird sukzessive auf alle Regeln angewendet.

Vergleichen wir die externe Notation einer lexikalischen Regel und ihre DCG-Notation:

```
en    :    fritz.
en([fritz|T],T).
```

Zu erstellen ist ein Fakt zum zweistelligen Prädikat en. Erstes Argument ist eine Liste, in der das in Frage stehende Wort als erstes Element vorkommt und die als Rest eine Variable T hat. Dieselbe Variable T erscheint als zweites Argument, da wir ja in DCGs die Technik der Differenzlisten verwenden. Die Übersetzung leistet folgendes Prädikat:

```
trans_lex((Kategorie:Wort),Fakt) :- Fakt=..[Kategorie,[Wort|V],V].
```

Zentral für die Übersetzung ist also das 'univ', welches in der Liste auf der rechten Seite alle Bestandteile des zu berechnenden Faktes enthält und daraus eine Struktur macht. Ein Wort zur Verwendung der Klammern bei '(Kategorie:Fakt)' in obiger Regel. Sie machen dem PROLOG-Interpreter deutlich, daß hier ein Ausdruck mit einem benutzerdefinierten Operator steht. Unter gewissen Umständen, die wieder mit der Definition solcher Operatoren zusammenhängen, könnte auf die Klammern verzichtet werden, sie ist jedoch nie falsch. Wenden wir uns nun den verzweigenden Regeln zu, und zwar zunächst einem einfachen Fall mit einer Kategorie auf der rechten Seite:

```
np       -> en     .
np(X,Y) :- en(X,Y).
```

Aus der externen verzweigenden Regel wird eine PROLOG-Regel. Die linke Seite ist eine Struktur mit dem Kategoriennamen als Prädikat und zwei Variablen als Argumenten. Dies wird auch bei den komplizierteren verzweigenden Regeln so bleiben. Auf der rechten Seite der PROLOG-Regel findet sich ebenso eine Struktur, und zwar mit **denselben** Variablen. Dies ist eine Besonderheit dieser einfachen verzweigenden Regel. Wir benötigen also zunächst einmal ein PROLOG-Prädikat, welches aus einem Kategoriennamen eine Struktur mit zwei Variablen macht:

```
variablen(Atom,Struktur,V1,V2) :- Struktur=..[Atom,V1,V2].

trans_ver((Links. -> Rechts),(Nlinks :- Nrechts)) :-
    variablen(Links,Nlinks,V1,V2),variablen(Rechts,Nrechts,V1,V2).
```

In der obigen Fassung des Prädikates trans_ver werden auf der rechten wie der linken Seite dieselben Variablen eingefügt. Da aber die Behandlung der rechten Seite nur in diesem speziellen Fall so einfach ist, schalten wir zur Vorsicht ein Prädikat trans_rechts dazwischen, welches erst überprüft, ob **nicht** ein komplizierter Fall vorliegt:

```
trans_ver((Links -> Rechts),(Nlinks :- Nrechts)) :-
    variablen(Links,Nlinks,V1,V2),trans_rechts(Rechts,Nrechts,V1,V2).

trans_rechts(Rechts,Nrechts,V1,V2) :-
    not(Rechts=(R1,R2)),variablen(Rechts,Nrechts,V1,V2).
```

Wie unterscheidet sich davon die Behandlung einer verzweigenden Regel mit zwei Kategorien auf der rechten Seite?

```
s       -> np,    vp    .
s(X,Y) :- np(X,Z),vp(Z,Y).
```

Wir benötigen nur eine weitere Regel für die Transformation der rechten Seite, die die "Zwischenvariable" Vz einfügt:

```
trans_rechts((Rechts1,Rechts2),(Nrechts1,Nrechts2),V1,V2) :-
   variablen(Rechts1,Nrechts1,V1,Vz),
   variablen(Rechts2,Nrechts2,Vz,V2).
```

Damit sind die Prädikate für den Schritt (b) der Übersetzung in Bezug auf das vorgegebene Fragment fertig:

```
|?- trans_lex((v : liebt),Fakt).
Fakt = v([liebt|T],T).
|?- trans_ver((np -> det, n),Regel).
Regel = np(X,Y):-det(X,Z),n(X,Z)
```

Bleiben die Übersetzungsschritte (a) und (c) zu erledigen, in denen die externen Notationen aus dem Programm gelöscht und die DCG-Notationen eingefügt werden. Hierzu bietet PROLOG die Prädikate retract und asserta bzw. assertz an. Bei diesen Prädikaten handelt es sich um Sprachkonstrukte, die nicht den rein logischen Charakter der bisher behandelten Konstrukte haben. Es gibt neben diesen dreien noch eine ganze Reihe von PROLOG-Konstrukten, die zwar als extra-logisch bezeichnet werden, aber wichtig für den praktischen Einsatz von PROLOG sind. Hierzu gehören an prominenter Stelle auch die I/O-Prädikate, auf die hier nicht weiter eingegengen wird. Die Wirkungsweise der Prädikate zur Programmmodifikation soll zunächst an dem folgenden kleinen Programm demonstriert werden, einem Ausschnitt aus dem zu Beginn besprochenen Stammbaum:

```
elternteil(judith,oda).
elternteil(fastrada,otho).
```

In diesem Programm wollen wir an erster Stelle einfügen, daß Judiths Vater Rodero ist, und an letzter Stelle (fälschlicherweise!), daß Fastradas Mutter Seraphine heißt.

```
|?- asserta(elternteil(judith,rodero)),
    assertz(elternteil(fastrada,seraphine)).
yes
```

Die "logische" Reaktion von PROLOG, die Antwort yes ist in diesem Fall nebensächlich, interessant ist der Seiteneffekt, den der Beweis hat. Das Programm sieht jetzt nämlich wie folgt aus (die neuen Fakten sind kursiv gekennzeichnet):

```
elternteil(judith,rodero).
elternteil(judith,oda).
elternteil(fastrada,otho).
elternteil(fastrada,seraphine).
```

Wie kann unser Fehler in Bezug auf Fastradas Mutter repariert werden? Mit dem folgenden retract-Aufruf löschen wir den falschen Eintrag, mit assertz tragen wir die Korrektur ein und erhalten nachstehendes Programm:

```
|?- retract(elternteil(fastrada,seraphine)),
    assertz(elternteil(fastrada,judith)).
yes
```

```
elternteil(judith,rodero).
elternteil(judith,oda).
elternteil(fastrada,otho).
elternteil(fastrada,judith).
```

retract funktioniert auch mit Variablen. Die folgende Frage löscht die zweite Zeile des aktuellen Programms:

```
|?- retract(elternteil(Wer,oda)).
Wer = judith
```

Die Seiteneffekte der drei programm-modifizierenden Prädikate sind durch Backtracking **nicht reversibel**, d.h. bei folgendem Aufruf bleibt trotz der Antwort no die erste Programmzeile verschwunden (das zweite Konjunktionsglied des Aufrufs steht stellvertretend für irgendeine nicht beweisbare Frage):

```
|?- retract(elternteil(judith,rodero)),[]=[2,1].
```

Diesen Effekt nutzen wir für die Übersetzungsschritte (a) und (c) aus, indem wir mit dem PROLOG-Prädikat fail, welches nie bewiesen werden kann, ein Backtracking erzwingen:

```
trans :- retract((Links -> Rechts)),trans_ver((Links -> Rechts),Regel),
         assertz(Regel),fail.
trans :- retract((Kategorie : Wort)),trans_lex((Kategorie : Wort),Fakt),
         assertz(Fakt),fail.
trans.
```

Beim Beweis von trans geschieht folgendes: Zunächst wird mit retract die erste verzweigende Regel in externer Notation aus dem Programm gelöscht, in DCG-Notation übersetzt und als letzte Zeile ins Programm eingefügt. fail löst Backtracking aus und retract wird erneut ausgeführt, und zwar mit der jetzt ersten verzweigenden Regel, die ursprünglich die zweite war. Dieses geht solange, bis alle verzweigenden Regeln in externer Notation gelöscht wurden und in DCG-Notation im Programm stehen. Die zweite trans-Regel erledigt dasselbe für die lexikalischen Regeln. Das abschließende Fakt zu trans sorgt schließlich dafür, daß PROLOG mit einem yes antwortet.

6. Ein shift—reduce Parser

In den vorstehenden Abschnitten wurde demonstriert, wie die syntaktische und die semantische Analyse von Sätzen mit DCGs, d.h. mit spezifischen Prädikaten der Programmiersprache PROLOG, durchgeführt werden kann. DCGs scheinen somit die "natürliche" Art und Weise zu sein, diese Probleme in PROLOG zu behandeln. Das wäre jedoch eine zu enge Sicht: zum einen lassen sich durchaus nicht alle Grammatiken mit DCGs parsen (z.B. solche mit linksrekursiven Regeln), zum anderen ist PROLOG eine universelle symbolische Programmiersprache und somit offen für jeden Parsingalgorithmus. Dies soll hier am **shift-reduce**-Algorithmus demonstriert werden.

Der shift-reduce-Parser stellt auch aus systematischen Gründen eine Alternative zu DCGs dar, da er ein **bottom-up**-Verfahren ist: Während in DCGs eine Regel der Form 's -> np,vp.' gelesen wird als 'Eine Liste von Wörtern ist ein Satz, wenn ein Anfangsstück der Liste eine Nominalphrase ausmacht und der Rest eine Verbalphrase', liest man bei Verwendung eines shift-reduce-Parsers dieselbe Regel andersherum: 'Wenn bereits eine Nominalphrase und eine folgende Verbalphrase analysiert wurden, kann beides zu einem Satz reduziert werden'. Der Unterschied zwischen beiden Verfahren besteht in den Kriterien, nach denen eine Grammatikregel ausgewählt wird; beim top-down/DCG-Verfahren werden Regeln aufgrund ihrer linken Seite ausgewählt, beim bottom-up/shift-reduce-Verfahren aufgrund ihrer rechten Seite. Während bei DCGs die Analyse durch das Beweisverfahren von PROLOG gesteuert wird, setzt man beim shift-reduce-Verfahren einen **Stack** als Datenstruktur ein. Auf diesem Stack werden Teilresultate der Analyse aufbewahrt und zu Resultaten höherer Kategorien zusammengefaßt. Die nachstehende Tabelle zeigt die einzelnen Schritte der shift-reduce-Analyse des Satzes 'Fritz liebt den Teddybären' mit Hilfe der bereits bekannten Grammatik:

Wortliste	Stack	Analyseschritt
[fritz,liebt,den,teddybaeren]	[]	
[liebt,den,teddybaeren]	[fritz]	shift
[liebt,den,teddybaeren]	[en]	reduce
[liebt,den,teddybaeren]	[np]	reduce
[den,teddybaeren]	[liebt,np]	shift
[den,teddybaeren]	[v,np]	reduce
[teddybaeren]	[den,v,np]	shift
[teddybaeren]	[det,v,np]	reduce
[]	[teddybaeren,det,v,np]	shift
[]	[n,det,v,np]	reduce
[]	[np,v,np]	reduce
[]	[vp,np]	reduce
[]	[s]	reduce

Man erkennt an der Tabelle, daß die Wortliste Wort für Wort abgearbeitet wird. Immer wenn das erste Wort der Liste auf den Stack geschoben wird, liegt ein shift-Schritt vor. Zwischen den shift-Schritten werden in den reduce-Schritten Grammatikregeln angewendet und Einträge auf dem Stack zu höheren Kategorien reduziert, z.B. nach dem letzten shift: 'teddybaeren' wird zunächst zu einem Nomen, das 'n' gemeinsam mit dem bereits vorher analysierten 'det' zu einer Nominalphrase, letztere gemeinsam mit dem noch früher analysierten Verb zu einer Verbalphrase und diese mit der anfänglich analysierten Subjektsphrase schließlich zu einem Satz. Wichtig zu sehen ist dabei, daß die Einträge auf dem Stack im Vergleich zu der externen Notation der Grammatikregeln in umgekehrter Reihenfolge stehen. Betrachten wir daher zunächst das Problem der Darstellung der verzweigenden und lexikalischen Regeln.

```
red([vp,np|T],[s|T]).
red([en|T]    ,[np|T]).
red([n,det|T],[np|T]).
red([np,v|T] ,[vp|T]).

red([fritz|T],[en|T]).
red([maria|T],[en|T]).
red([der|T],[det|T]).
red([den|T],[det|T]).
red([teddybaer|T],[n|T]).
red([teddybaeren|T],[n|T]).
```

Alle Regeln werden als Fakten zum Prädikat red dargestellt, wobei das erste Argument jeweils den Zustand des Stacks **vor** der Reduktion beschreibt und das zweite Argument den Zustand **nach** der Reduktion. Die Restvariable T deckt jeweils den Teil des Stacks ab, der von der Regel nicht weiter berührt wird. Mit diesem Prädikat sind einzelne Reduktionsschritte bereits beschreibbar, es werden auch solche Zustände des Stacks zurückgewiesen, die nicht-wohlgeformten Sätzen entsprechen:

```
|?- red([n,det,v,np],Res).
Res = [np,v,np]
|?- red([n,np,v,det],Res).     /* der liebt fritz teddybaer */
no
```

In dem obigen Beispiel ist erkennbar, das in geeigneten Situationen mehrere Reduktionsschritte nacheinander durchgeführt werden. Diese Iteration bewirkt das folgende Prädikat:

```
reduce(Old_Stack,New_Stack) :-
    red(Old_Stack,Intermediate_Stack),reduce(Intermediate_Stack,New_Stack).
reduce(Stack,Stack).
```

Infolge der ersten Klausel wird zunächst ein einzelner Reduktionsschritt mit red versucht und dann das gesamte Verfahren fortgesetzt. Die zweite Klausel hat den Charakter eines **catchall**, d.h. wenn die Regel nicht zutrift (weil keine Reduktion im eigentlichen Sinne durchgeführt werden kann), dann läßt das reduce-Fakt den Stack unverändert. Somit ist gewährleistet, daß **jeder** Aufruf des reduce-Prädikates erfolgreich bewiesen werden kann, einige dieser Aufrufe ändern jedoch den Stack überhaupt nicht:

```
|?- reduce([n,det,v,np],Res).
Res = [s]
|?- reduce([n,np,v,det],Res).     /* der liebt fritz teddybaer */
Res = [n,np,v,det]
```

Kommen wir zurück zur zweiten Sorte von Operationen beim shift-reduce-Verfahren, den shift-Schritten. Sie sind immer dann auszuführen, wenn alle möglichen Reduktionen vorgenommen wurden. Eine Bedingung für shift-Operationen ist allerdings, daß es noch ein Wort auf der Eingabeliste zum Verschieben gibt. Gibt es kein Wort mehr, dann kann nur noch reduziert werden. Es ist jedoch nicht jedes Reduktionsresultat willkommen: nur wenn am Ende aller Reduktionen das s-Symbol als einziges auf dem Stack steht, dann hat ein wohlgeformter Satz vorgelegen:

```
shift_reduce([Word|Words],Old_Stack) :- reduce(Old_Stack,New_Stack),
                                    shift_reduce(Words,[Word|New_Stack]).
shift_reduce([],Old_Stack)           :- reduce(Old_Stack,[s]).
```

Damit arbeitet das shift-reduce-Verfahren wie gewünscht, allerdings mit der Einschränkung, daß wir nur einen Recognizer und keinen vollen Parser haben:

```
|?- shift_reduce([fritz,liebt,den,teddybaeren],Res).
Res = [s]
|?- shift_reduce([der,liebt,fritz,teddybaer],Res).
no
```

Die nötigen Änderungen für einen vollen Praser sind schnell gemacht. Zunächst werden die Strukturbeschreibungen (wie auch bei DCGs) über Argumentstellen in den Kategorien zusammengebaut, dann muß dafür gesorgt werden, daß die endgültige Strukturbeschreibung (die jetzt das Argument der Kategorie s wird) aus der Abbruchbedingung von shift-reduce nach außen geführt wird:

```
red([vp(S1),np(S2)|T],[s(s(S2,S1))|T]).
red([en(S)|T],          [np(np(S))|T]).
red([n(S1),det(S2)|T],[np(np(S2,S1))|T]).
red([np(S1),v(S2)|T], [vp(vp(S2,S1))|T]).

red([fritz|T],[en(en(fritz))|T]).
red([maria|T],[en(en(maria))|T]).
red([der|T],[det(det(der))|T]).
red([den|T],[det(det(den))|T]).
red([teddybaer|T],[n(n(teddybaer))|T]).
red([teddybaeren|T],[n(n(teddybaeren))|T]).

shift_reduce(Struktur,[Word|Words],Old_Stack) :-
    reduce(Old_Stack,New_Stack),
    shift_reduce(Struktur,Words,[Word|New_Stack]).
shift_reduce(Struktur,[],Old_Stack) :-
    reduce(Old_Stack,[s(Struktur)]).
```

Genau wie bei DCGs kann man auch im Falle des shift-reduce-Parsers eine externe Notation in die interne Notation der red-Fakten übertragen. Dazu müssen nur die beiden Prädikate `trans_ver` und `trans_lex` entsprechend definiert werden, das Prädikat `trans` kann unverändert übernommen werden. `trans_ver` benutzt ein Hilfsprädikat `rlist`, welches eine Konjunktion von Kategorien (d.h. rechte Regelseiten in externer Notation) in eine Liste mit umgekehrter Reihenfolge umwandelt, die mit einer variablen Restliste abgeschlossen wird:

```
trans_ver((Links -> Rechts),red(X,[Links|V])) :- rlist(Rechts,V,X)

rlist((Rechts1,Rechts2),V,X) :- rlist(Rechts2,[Rechts1|V],X).
rlist(Rechts,V,[Rechts|V]    :- not(Rechts=(R1,R2)).

trans_lex((Kategorie:Wort),red([Wort|V],[Kategorie|V])).
```

Es bleibt noch anzumerken, daß der shift-reduce-Parser im Gegensatz zum DCG-Parser auch linksrekursive Regeln bearbeiten kann.

7. Literaturhinweise

Bratko, I., 1986: *PROLOG Programming for Artificial Intelligence*. Addison–Wesley.
Clocksin, W.F. & C.S. Mellish, 1984[2]: *Programming in Prolog*. Springer:Berlin.
Pereira, F. & S. Shieber, 1987: *Prolog and Natural–Language Analysis*. CSLI:Stanford.
Pereira, F. & D. Warren, 1980: Definite Clause Grammars for Language Analysis - A Survey of the Formalism and a Comparison with Augmented Transition Networks. *Artificial Intelligence* 13, pp.231-278.
Sterling, S. & E. Shapiro, 1986: *The Art of Prolog*. MIT:Cambridge.

Einführung in LISP

Thomas Christaller, Rainer Mantz, Manfred Scheer*
Forschungsgruppe Expertensysteme
Institut für Angewandte Informationstechnik
Gruppe Wissenstransfer Künstliche Intelligenz
Institut für Technologie-Transfer
Gesellschaft für Mathematik und Datenverarbeitung mbH
Postfach 1240
D-5205 St. Augustin 1

*Diese Einführung basiert auf vielen Kursen, die die Autoren in den vergangenen Jahren gegeben haben. Insbesondere der erste Teil stellt eine leicht überarbeitete Version von [13] dar. Wir sind den vielen KursteilnehmerInnen für zahlreiche Anregungen dankbar. Eine Reihe von KollegInnen haben uns ebenfalls sehr unterstützt.

1 Einleitung

Da es schon eine Reihe von deutschsprachigen Einführungen in LISP gibt [40,47,12], beschränken wir uns in einem ersten Teil auf eine kurze Zusammenfassung. Dabei werden wir die in unseren Augen wichtigen Eigenschaften von LISP darstellen. Dieser Teil ist deshalb besonders sorgfältig und langsam zu lesen, da hier jedes Detail zählt. Den zweiten Teil dieses Beitrages macht der Entwurf und die Realisierung einer Mikroversion des Flavor-Systems, eine objektorientierte Erweiterung von LISP, aus. In einem dritten Teil wird dargestellt, wie wir mit Hilfe des Flavor-Systems und natürlich mit LISP einfache Interpreter für Wissensrepräsentationsformalismen realisieren können. Wir haben hier Produktionsregeln und Frames gewählt. Außerdem zeigen wir, wie diese beiden Formalismen zu einem sogenannten hybriden System integriert werden können. Anhand dieser Beispiele treten sowohl Eigenschaften von LISP als auch die Vorgehensweise bei der LISP-Programmierung deutlich hervor. Dies steht im Unterschied zu vielen Einführungen, in denen viele voneinander isolierte kleine Beispiele vorgestellt werden.

Wir stellen zuerst die Basis von LISP dar: die Datenstrukturen Atom und Liste, das Abstraktionsmittel der Funktionen und die Kontrollstrukturen Konditional und Rekursion. Der zweite Teil beginnt mit einer kurzen Einführung in das objektorientierte Programmieren und das Flavor-System als eine mögliche objektorientierte Erweiterung von LISP. Es folgt der Entwurf und die Implementierung der Mikroversion des Flavor-Systems. Sie enthält die wesentlichen Elemente dieses Systems, ist leicht portierbar und erweiterbar.

Danach folgt eine objektorientierte Realisierung eines vorwärtsverkettenden Regelinterpreters. Um zu verstehen, wie Produktionsregeln mit Frames integriert werden können, wird ein einfaches Integrationsschema entwickelt. Der Ansatz zu einem Frame-Formalismus erfolgt aufbauend auf dem Flavor-System. So wird deutlich, welcher Zusammenhang zwischen objektorientierter Programmierung und objektorientierter Wissensrepräsentation besteht.

2 Grundelemente von LISP

Die grundlegenden Datentypen in LISP sind Atome und Listen. Listen bestehen aus Elementen, die entweder Atome oder selbst wieder Listen sein können. Atome und Listen werden auch unter dem Begriff **symbolische Ausdrücke (S-Expressions)** zusammengefaßt. Mit den Datentypen Atom und Liste kann man Probleme einerseits beschreiben, andererseits aber auch die Lösungen für diese Probleme konstruieren [1].

Wie in allen Programmiersprachen kann man alle Operationen eines Datentyps einer der folgenden vier Klassen zuordnen:

1. **Konstruktoren.** Sie erzeugen ein neues Exemplar des jeweiligen Datentyps.

2. **Selektoren.** Sie selektieren bei zusammengesetzten Datentypen einzelne Teile, z.b. das erste Element einer Liste.

3. **Modifikatoren.** Sie ersetzen bei zusammengesetzten Typen ein Teil durch ein (neues) Objekt, z.b. in einer Liste eines der Elemente[2].

4. **Prädikate.** Sie stellen fest, ob ein gegebenes Objekt von einem bestimmten Datentyp ist.

LISP unterscheidet zwischen zwei Arten von Atomen, literalen Atomen und Zahlen. Literale Atome haben einige Besonderheiten, die die Zahlen i.a. nicht haben. Ein literales Atom besitzt nämlich

- einen Namen,

- einen Wert [3] und

- eine Eigenschaftsliste.

Beispiel für ein literales Atom:

> lisp-einfuehrung

Gegenbeispiel:

> lisp einfuehrung

die Zeichenkette enthält ein Leerzeichen

Atome brauchen nicht deklariert zu werden. Sie können direkt verwendet werden, etwa als Parameter in der Parameterliste einer Prozedur. Nach der ersten Nennung ist ein Atom dem LISP-System bekannt. LISP sorgt dafür, daß intern die vier Besonderheiten mit dem Atom assoziiert werden, nämlich Name, Wert, Eigenschaftsliste und Funktionsdefinitionszelle.

Listen werden in der sogenannten Listennotation aufgeschrieben. Die Syntax ist die folgende:

> *(element$_1$ element$_2$ $\cdots$)*

wobei *element$_i$* ein beliebiges LISP-Objekt sein kann, insbesondere wieder eine Liste.

Beispiel:

---

[1]Bei der Darstellung von LISP-Kode gelten die folgenden Konventionen: Ausführbarer Kode wird in sans serif dargestellt; Kode-Schemata dagegen in KLEINEN KAPITALIEN (terminale Symbole) und in *kursiv* (nicht-terminale Symbole); Kommentare werden in *slantic* geschrieben.

[2]Das Löschen von Daten erfolgt in der Regel durch eine automatische Speicherbereinigung, den sogenannten **Garbage Collector (GC)**, der nicht mehr zugreifbare Daten der sogenannten **Freiliste** zufügt.

[3]In vielen LISP-Dialekten ist es üblich, neben dem Wert auch eine Stelle vorzusehen, an der eine Funktionsdefinition mit dem Atom verbunden werden kann.

(diese Einfuehrung soll verstaendlich sein)

Gegenbeispiel:

das wird keine Liste

da hier falsche Begrenzungszeichen für die Liste verwendet wurden.

Die leere Liste enthält keine Elemente. Sie kann als Liste () oder als das literale Atom NIL repräsentiert werden. Diese Äquivalenz kann zu Mißverständnissen führen!

Der Programmierer manipuliert Atome und Listen mittels Funktionen, die die Sprache LISP zur Verfügung stellt, und mit selbstdefinierten Funktionen[4]. Die Funktionen spielen in LISP die Rolle, die Unterprogramme, Prozeduren, Statements und Operatoren in anderen Programmiersprachen spielen, damit Probleme in Teilprobleme zerlegt und gelöst werden können. Jeder Aufruf einer Funktion in LISP produziert einen Wert [5]. Die Argumente und Werte von Funktionen sind ebenfalls symbolische Ausdrücke.

Wir kommen jetzt zu dem wichtigen Punkt, wie Funktionsaufrufe in LISP dargestellt werden: Ein Funktionsaufruf wird ebenfalls in Listennotation geschrieben.

Beispiel:

(plus 3 4)

Wir sagen, daß in LISP Funktionsaufrufe in Präfixnotation dargestellt werden, d.h. erst kommt der Funktionsname und dann die Argumente[6]. Die allgemeine Form eines Funktionsaufrufes sieht also wie folgt aus:

(funktionsname argument$_1$ $\cdots$ argument$_n$)

Man bezeichnet den Vorgang, der aus einem Funktionsaufruf einen Wert erzeugt, als die Evaluierung der entsprechenden Funktion. Die Evaluierung geschieht nach einer fest vorgegebenen Reihe von Regeln. Bevor wir darauf eingehen, müssen wir erst noch sagen, wie LISP bei Listen zwischen Daten und Funktionsaufrufen unterscheiden kann und bei Atomen zwischen Konstanten und Variablen. Man benutzt dazu die Funktion **quote**. Sie nimmt genau ein Argument und sorgt dafür, daß dieses Argument vom LISP-System nicht evaluiert wird. **quote** selbst evaluiert ihr Argument nicht!

Beispiele [7]:

(quote (a b c)) $\Longrightarrow$ (a b c)
(quote max) $\Longrightarrow$ max

aber:

max $\Longrightarrow$ 1000

falls der aktuelle Wert der Variablen max gleich 1000 ist.

Es gibt in jedem LISP-System vordefinierte Listenoperationen: Die Selektoren **car**, **cdr**, die das erste Element bzw. die Teilliste, die alle Elemente außer dem ersten enthält, aus einer Liste herausholen [8]; den Konstruktor **cons**, mit dem man Listen konstruieren kann. Weiterhin gibt es noch

---

[4]Die Bezeichnung Funktion ist nicht ganz korrekt. Genauer müßte man Prozedur sagen, da häufig keine Funktion im mathematischen Sinne realisiert wird. Allerdings hat sich dieser Sprachgebrauch eingebürgert und wir verwenden Funktion und Prozedur als Synonyme.

[5]Darauf bezieht sich der Aphorismus von A. Perlis: *A LISP-Programmer knows the value of everything but the cost of nothing.*

[6]Im Gegensatz zur Infix-Notation, bei der der Funktionsname zwischen den Argumenten notiert wird. Z.b. bei 3+4.

[7]Um die Beziehung zwischen Ein- und Ausgabe darzustellen, verwenden wir folgende Notation: *Eingabe* $\Longrightarrow$ *Ausgabe*.

[8]Die Bezeichner **car**, **cdr** sind historisch bedingt. In CommonLisp werden stattdessen **first**, **rest** verwendet.

```
(eval (list (quote cons)
            (quote (quote eine))
            (quote (quote (lisp einfuehrung)))))
```

Abbildung 1: Beispiel für die Programm-Daten-Äquivalenz.

das Prädikat **atom**, um zwischen Atomen und Listen unterscheiden zu können, und Modifikatoren, die vorhandene Listen verändern können. Diese Funktionen sind die Bausteine, aus denen alle anderen Listenoperationen gebildet werden können.

Beispiele:

```
(car (quote (eine lisp einfuehrung))) ⟹ eine
(cdr (quote (eine lisp einfuehrung))) ⟹ (lisp einfuehrung)
(cons (quote eine) (quote (lisp einfuehrung))) ⟹ (eine lisp einfuehrung)
```

Eine andere Konstruktorfunktion ist **list**, die beliebig viele Argumente nimmt und aus ihnen eine Liste erzeugt.

Beispiel:

```
(list (quote eine) (quote lisp) (quote einfuehrung)) ⟹ (eine lisp einfuehrung)
```

Wir können LISP-Programme deshalb mit LISP-Programmen manipulieren, da sie als LISP-Daten repräsentiert werden. Dies wird im Beispiel erläutert (s. Abb. 1).

Was passiert hier? Der LISP-Interpreter wird explizit durch die Funktion **eval** aufgerufen. Doch bevor das geschieht, wird das Argument in dem **eval**-Funktionsaufruf evaluiert. Das ist ein Aufruf der Konstruktorfunktion **list**. Aber auch hier werden vorher die drei Argumente, jeweils Aufrufe von **quote**, evaluiert.

Die erste Evaluierungsregel, die wir also formulieren können heißt: Funktionsaufrufe werden von innen nach außen evaluiert, d.h. zuerst werden die Argumente des Aufrufes evaluiert und zwar von links nach rechts. Wenn die Argumente selbst Funktionsaufrufe sind, dann verfahre nach genau dieser Regel. Die Evaluierung der Argumente stoppt in unserem Beispiel genau dann, wenn ein **quote**- Aufruf evaluiert wird. Das ist die zweite Regel: **quote** verhindert die Evaluierung ihres Argumentes und gibt als Wert genau das Argument zurück. Dieser Wert wird in der weiteren Evaluierung eines Funktionsaufrufes verwendet.

In unserem Beispiel kommt die Evaluierung der Argumente zu einem Ende, nachdem das Atom **cons** und die Listen **(quote eine)** und **(quote (lisp Einfuehrung))** als Wert der entsprechenden **quote**-Aufrufe zurückgegeben wurden. Jetzt wird die dritte Evaluierungsregel angewendet. Sie lautet: Finde die mit dem Funktionsnamen assoziierte Definition und wende sie auf die (evaluierten) Argumente an. Also wird die Definition von **list** hergeholt und auf diese drei Werte *angewendet, appliziert.* Die Definition ist gerade so, daß als Wert des **list**-Aufrufes die Liste **(cons (quote eine) (quote (lisp Einfuehrung))** zurückgegeben wird.

Damit ist das einzige Argument von **eval** evaluiert und jetzt wird die Definition von **eval** auf den Wert, der einen Aufruf der Funktion **cons** repräsentiert, angewendet. Mit anderen Worten, mit Hilfe des **list**-Aufrufes haben wir einen Funktionsaufruf, hier von **cons**, erzeugt, den wir evaluieren können, wenn wir ihn als Argument dem LISP-Interpreter übergeben. Es werden dann dieselben Evaluierungsregeln angewendet und es ist leicht zu sehen, daß die Liste **(eine lisp Einfuehrung)** herauskommt.

Diese Programm-Daten-Äquivalenz ermöglicht es auf sehr einfache Art und Weise LISP-Programme zu schreiben, die selber wieder LISP-Programme erzeugen oder manipulieren. So besteht die Idee für einen in LISP geschriebenen Editor für LISP-Programme darin, die Repräsentation eines LISP-Programms zu nehmen, d.h. eine Liste, gemäß den Editorkommandos des Programmierers Elemente auszuwählen, neue einzusetzen usf. Will der Programmierer zwischendurch etwas vom Interpreter berechnet haben, so ruft der Editor die Funktion **eval**, das ist der Interpreter, mit dem entsprechenden Ausdruck auf, der evaluiert werden soll.

Die Wahrheitswerte—*wahr* und *falsch* werden durch die literalen Atome NIL und T repräsentiert. Der Wert von Prädikaten ist in aller Regel einer der beiden Wahrheitswerte.

Beispiel:

$$\text{(atom (quote aha))} \implies \text{T}$$

aber:

$$\text{(atom (quote (aha soso)))} \implies \text{NIL}$$

Als letzte Datenstruktur führen wir die Eigenschaftslisten ein. Eine Eigenschaftsliste ist eine Liste mit einer geradzahligen Anzahl von Elementen. Jedes literale Atom besitzt eine eigene Eigenschaftsliste, die zu Anfang leer ist. Sie ist wie folgt aufgebaut:

$$(indikator_1 \; wert_1 \; indikator_2 \; wert_2 \cdots)$$

Die $indikator_i$-Elemente müssen literale Atome sein. Die $wert_i$-Elemente können dagegen beliebige LISP-Objekte sein. Eigenschaftslisten können dazu verwendet werden, um mit einem Namen bestimmte Informationen zu assoziieren.

In dem folgenden Beispiel sind Sprache und Teilnehmer die Indikatoren und deutsch bzw. (Schmitz Mueller) die zugehörigen Werte.

$$\text{seminar} \impliedby \text{(sprache deutsch teilnehmer (schmitz mueller))}$$

Das nächste ist ein Gegenbeispiel, da 1985 eine Zahl ist bzw. (Teilnehmer und Dozent) eine Liste.

$$\text{seminar} \impliedby \text{(1985 Jahr (Teilnehmer und Dozent) (schmitz mueller))}$$

Die entsprechenden Operationen für Eigenschaftslisten sind der Selektor **get** und der Modifikator setf, deren Syntax wie folgt ist:

$$(\text{GET } atom \; indikator)$$

get liefert—falls vorhanden—den Wert von *indikator* auf der Eigenschaftsliste von *atom*.

$$(\text{SETF } (\text{GET } atom \; indikator) \; wert)$$

setf setzt auf der Eigenschaftsliste des literalen Atoms *atom* unter *indikator* den Wert *wert*. Falls der Indikator noch nicht existiert, wird die Eigenschaftsliste entsprechend erweitert [9].

Im folgenden Beispiel wird **get** aufgerufen:

$$\text{(get (quote seminar) (quote teilnehmer))}$$

und ergibt:

$$\text{(schmitz mueller)}$$

Der folgende Aufruf von **setf** trägt auf der Eigenschaftsliste von seminar unter dem Indikator Veranstalter den Wert kifs ein.

```
(setf (get (quote seminar)
          (quote veranstalter))
     (quote kifs))
```

---

[9]Die Prozedur **setf** ist ein allgemeiner Zuweisungsoperator. Sobald wir ihn benutzen, programmieren wir nicht mehr im funktionalen Programmierstil, da wir Seiteneffekte erzeugen. **setf** hat folgende allgemeine Syntax: (SETF (*selektor datenstruktur*) *neuer-wert*) oder—wie im Falle von get (SETF (*selektor datenstruktur index*) *neuer-wert*). Der *selektor* gibt zusammen mit dem *index* an, welcher Teil von *datenstruktur* durch *neuer-wert* ersetzt werden soll.

```
(COND (test₁ konsequenz₁) ; erste Klause
      (test₂ konsequenz₂) ; zweite Klause
      ...
      (testₙ konsequenzₙ) ; vorletzte Klause
      (T in jedem anderen Fall))
```

Abbildung 2: Syntax von cond

```
(cond ((null x) (quote prima))
      ((eq (quote hallo) x)
       (quote (auch gut)))
      (T (error "die Variable x hat den falschen Wert")))
```

Abbildung 3: Beispiel von cond

3 Kontrollstrukturen und selbstdefinierte Funktionen

3.1 Konditional

In LISP gibt es—wie in den meisten Programmiersprachen auch—die Möglichkeit, Fallunterscheidungen zu treffen. Dies geschieht mit Hilfe des Konditionals if bzw. cond. Die Syntax dafür lautet wie folgt:

```
(IF test konsequenz andernfalls)
```

Zuerst wird *test* evaluiert. Ist der berechnete Wert verschieden von NIL, so wird *konsequenz* evaluiert und dessen Wert ist der Wert des if-Aufrufes. In jedem anderen Fall wird *andernfalls* evaluiert und liefert den Wert für den if-Aufruf.

Es gibt eine allgemeinere Form des if-Konditionals, die einer Schachtelung von if-Aufrufen im *andernfalls*-Zweig entspricht. Deren Syntax ist etwas komplizierter (s. Abb. 2). Es wird die erste Klause (engl. clause) genommen, deren $test_i$ verschieden von NIL ist. Der Wert des Konditionals cond ist der Wert des entsprechenden $konsequenz_i$-Teils der Klause (s. Abb. 3). Es ist guter Programmierstil, die letzte Klause für den Fall der Fälle vorzusehen, d.h. sie sollte in jedem Fall genommen werden, wenn alle $test_i$ versagen. Als entsprechenden Test nimmt man dazu den Wahrheitswert T.

3.2 Definieren von Funktionen

Der Sprachumfang von LISP kann jederzeit um neue Funktionsdefinitionen erweitert werden. Dies geschieht mit dem Konstruktor defun. Er unterscheidet sich von den anderen bisher vorgestellten Funktionen dadurch, daß er seine Argumente nicht evaluiert—ähnlich wie quote (s. Abb. 4). defun definiert eine (globale) Funktion *name* mit entsprechenden formalen Parametern und einem Rumpf, in dem die Parameter als freie Variablen vorkommen können (s. Abb. 5).

Der Aufruf

```
(meine-erste-lisp-funktion (quote lisp))
```

```
(DEFUN name
       formale-parameterliste
       rumpf)
```

Abbildung 4: Syntax von **defun**

```
(defun meine-erste-lisp-funktion ; der Name
       (x)                        ; die Parameterliste
       (cons                      ; der Rumpf
            x (quote (ist schoen)))))
```

Abbildung 5: Beispiel für **defun**

liefert

```
(lisp ist schoen).
```

3.3 Rekursion

Rekursion ist die mächtigste Kontrollstruktur in LISP. Sie basiert auf der Möglichkeit der Fallunterscheidung und der Reduktion eines schwierigen Problems auf ein einfaches. Dies wollen wir an einem einfachen Beispiel diskutieren. Nehmen wir an, wir wollen eine Funktion schreiben, die die Länge einer Liste berechnet. Deren Name sei **laenge** und sie soll z.B. die folgenden Werte liefern:

```
(laenge (quote (eine liste))) ⟹ 2
(laenge ()) ⟹ 0
(laenge (quote (noch (eine liste)))) ⟹ 2
```

Jede Problemlösung fängt in LISP ganz einfach an und zwar mit einer runden Klammer auf:

```
(
```

Da wir eine Funktion definieren wollen, überlegen wir, welchen Konstruktor wir dafür nehmen wollen—**defun**—und welche Parameter wir ihm übergeben müssen.

```
(defun laenge (liste) ···
```

Wir überlegen uns nun, für welche Listen wir sofort die entsprechende Länge angeben können. Dies ist die leere Liste. Für jede andere Liste müssen wir sicherlich etwas mehr tun. Wir führen deshalb eine Fallunterscheidung ein, in der wir zuerst feststellen, ob es sich um die leere Liste handelt. Wenn ja, so geben wir 0 als Wert zurück. Ansonsten wissen wir, daß die Liste in jedem Fall mindestens ein Element enthält, ihre Länge also mindestens 1 beträgt. Wenn wir aus der Liste das erste Element weglassen und die Länge der restlichen Liste berechnen, so brauchen wir lediglich 1 dazu zählen und haben die Länge der ursprünglichen Liste. Wir definieren aber gerade eine Funktion, die die Länge einer Liste berechnet. Warum also nicht genau diese Funktion benutzen, um die Länge dieser Restliste zu berechnen? Damit erhalten wir die Definition in Abb. 6.

Eine Funktion wie **laenge** wird als **rekursive Funktion** bezeichnet. Gemeint ist damit, daß dieselbe Funktion im Rumpf einer Funktionsdefinition aufgerufen wird. Diese Art und Weise, Funktionen (Prozeduren) zu definieren, ist gewöhnungsbedürftig. Doch nach einiger Übung wird man feststellen, daß dies oft eine sehr natürliche Art ist, um Problemlösungen zu beschreiben.

```
(defun laenge (liste)
      (if (null liste)
          0
          (plus 1 (laenge (cdr liste)))))
```

Abbildung 6: Definition von **laenge**

```
(DEFUN Funktionsname
       Parameterliste
       (IF der einfachste Fall
           Endergebnis
           Kombination aus Zwischenwert und rekursivem Aufruf))
```

Abbildung 7: Schema für einfache rekursive Funktionen

Wir können aus der Definition von laenge ein Schema ableiten, nach dem wir in einfachen Fällen rekursive Funktionen definieren können (s. Abb. 7). Daraus ergibt sich ein ganz allgemeines Schema, das beschreibt, wie man vorgehen kann, um eine beliebige rekursive Funktion zu konstruieren (s. Abb. 8).

Ganz allgemein geht es darum:

- Wie erkennt man den einfachsten Fall?

- Wie den nächstschwierigeren Fall?

- ...

- Wie den schwersten Fall?

- Terminiert dies so gefundene Verfahren?

Der letzte Punkt ist sehr entscheidend. Man muß sich in jedem Fall davon überzeugen, daß keine Endlosrekursion auftritt. Die Standardmethode besteht zur Zeit darin, daß man sich geeignete Testdaten überlegt. Die Prozedur wird dann damit aufgerufen und man muß überprüfen, ob die dabei erhaltenen Ergebnisse mit den Erwartungen übereinstimmen.

```
(DEFUN Funktionsname
       Parameterliste
       (COND (der einfachste Fall sein Wert)
             (der nächstschwierigere Fall sein Wert)
             ...
             (der schwerste Fall sein Wert)))
```

Abbildung 8: Allgemeines Schema für rekursive Funktionsdefinitionen

```
(defmacro if (test action otherwise)
     '(cond (,test ,action)
            (T ,otherwise)))
```

Abbildung 9: Beispiel für eine Makrodefinition von if

```
(if (null liste) 0 (plus 1 (laenge (cdr liste))))
                      ⇓
(cond ((null liste) 0)
      (T (plus 1 (laenge (cdr liste)))))
```

Abbildung 10: Beispiel für eine Makroexpansion von if

3.4   Makros und Spezialformen

In LISP gibt es neben dem Konditional und der Rekursion noch eine Reihe anderer Kontroll-strukturen, die durch spezielle Prozeduren definiert sind. Sie sind deswegen speziell, weil sie ihre Argumente nach eigenen Evaluierungsregeln behandeln, wie wir bei if und cond gesehen haben. Außerdem muß man meist eine besondere Syntax bei der Formulierung der Argumente beachten (s. cond). Der Mechanismus, nach dem derartige Prozeduren funktionieren, besteht darin, daß die Argumente beim Aufruf der Prozedur nicht sofort evaluiert werden. Sie werden genau in der Form, wie sie im Prozeduraufruf geschrieben sind, an die (formalen) Parameter der Prozedur gebunden. Im Rumpf der Prozedur wird dann bestimmt, welche Argumente bzw. Teile davon evaluiert werden.

Wir können jederzeit selber neue Kontrollstrukturen definieren. Dies geschieht mit Hilfe sogenan-nter **Makros** [10]. Z.B. könnten wir if mit Hilfe von cond als Makro definieren [11]. Wir verwenden dafür einen speziellen Konstruktor **defmacro**, der ähnlich wie **defun** funktioniert (s. Abb. 9). Bei einem Aufruf von if werden die drei Argumente jeweils an die drei Parameter gebunden. Der Rumpf von if enthält in einer speziellen Notation das Kodeschema, in das ein if-Aufruf expandieren soll, d.h. zu dem er äquivalent ist. Alle Elemente in diesem Schema, das nach dem " ' " beginnt, wer-den normalerweise als Konstante betrachtet [12]. Nur die mit einem "," markierten Stellen werden evaluiert und der Wert an dieser Stelle eingefügt (s. Abb. 10).

3.5   Die Map-Funktionen

In LISP gibt es die besondere Möglichkeit, nicht nur Daten als Argumente einer Funktion zu übergeben sondern auch Funktionen, d.h. Prozeduren. Angenommen wir haben die Bewohner eines

---

[10]In einigen LISP-Dialekten, z.B. INTERLISP-D, wird der hier beschriebene Makromechanismus nicht in dieser Weise unterstützt. In solchen Fällen kann man versuchen, ihn zu emulieren (s. [9, Kapitel 3]). Oder man verwendet sogenannte Spezialformen (s. [9, Kapitel 2]).

[11]In CommonLisp ist es genau umgekehrt (s. [37, Abschnitt 7.6]). Dieses Beispiel dient nur der Illustration. Man hüte sich davor, dieses so einem CommonLisp-System einzugeben! Die hier gewählte Richtung ist nur sehr viel einfacher als die umgekehrte.

[12]Das Zeichen " ' " wird auch **backquote** oder **quasiquote** genannt. Es ist ein sogenanntes **Einlesemakro**, das vom Leseprozeß des LISP-Systems gemäß der Definition des " ' "-Makros in eine Listenstruktur umgewandelt wird. Ein weiteres, sehr viel häufiger gebrauchtes Einlesemakro stellt eine Abkürzung für quote-Aufrufe dar: (QUOTE *irgendetwas*) ⟺ '*irgendetwas*.

```
(defun sammle-eltern (bewohnerschaft)
   (cond ((null bewohnerschaft) NIL)
         (T (cons (list (get (first bewohnerschaft) 'mutter)
                        (get (first bewohnerschaft) 'vater))
                  (sammle-eltern (rest bewohnerschaft))))))
```

Abbildung 11: Beispiel für eine besondere Form rekursiver Funktionen

```
(defun sammle-eltern (bewohnerschaft)
   (mapcar (function get-eltern)
           bewohnerschaft))

(defun get-eltern (bewohner)
   (list (get bewohner 'vater)
         (get bewohner 'mutter)))
```

Abbildung 12: Beispiel für einen mapcar- Aufruf

Ortes und ihre Familienbeziehungen mit Hilfe von Eigenschaftslisten dargestellt. So können wir mit der Funktion in Abb. 11 die Eltern jedes Bewohners in einer Liste zusammenstellen.

Diese Funktion zeichnet sich durch folgende Punkte besonders aus:

- Die Liste, die als Argument übergeben wird, ist gleich lang zur Ergebnisliste.

- Auf jedes Element der Liste wird dieselbe Operation angewendet.

Diese Situation kommt sehr häufig vor und deshalb gibt es eine besondere Funktion, mapcar, mit der sich diese Eigenschaften klar darstellen lassen (siehe Abb.12). Die Sprechweise ist dabei wie folgt: Das Argument **get-eltern** heißt **funktionales Argument** [13]. Es wird sukzessive auf alle Elemente des ersten Arguments, bewohnerschaft, angewendet oder appliziert. Die Werte der Applikation werden in einer Liste zusammen gefaßt und diese ist der Wert von mapcar.

Statt der benannten Funktion get-eltern kann man auch eine **unbenannte Funktion** verwenden. Dies ist dann vorteilhaft, wenn get-eltern nur im Rumpf der sammle-eltern Funktion verwendet wird. Dazu wird die sogenannte **Lambda-Notation** verwendet (siehe Abb. 13). Sie erlaubt die Zusammenfassung einer Parameterliste und eines Prozedurrumpfes, ohne daß dafür ein Name vergeben werden muß.

Um besser zu verstehen, wie mapcar funktioniert, schaue man sich die selbstdefinierte Version in Abb.14 an. Wir sehen, daß der Rumpf von mapcar nur den Rahmen abgibt, in dem beliebiger Kode ausgeführt werden kann.

---

[13]Damit das funktionale Argument einerseits als Konstante genommen und andererseits als auszuführender Kode verstanden wird, muß man in vielen LISP-Dialekten statt (QUOTE *funktionales Argument*) (FUNCTION *funktionales Argument*) nehmen.

```
(defun sammle-eltern (bewohnerschaft)
    (mapcar (function (lambda (bewohner)
               (list (get bewohner 'vater)
                     (get bewohner 'mutter)))))
          bewohnerschaft))
```

Abbildung 13: Beispiel für einen mapcar-Aufruf mit lambda

```
(defun mapcar* (fn liste)
    (cond ((null liste) NIL)
          (T (cons (apply fn (list (first liste)))
                   (mapcar* fn (rest liste))))))
```

Abbildung 14: Selbstdefinierte Version von mapcar

3.6   Der funktionale Programmierstil

Der Teil von LISP, den wir bisher kennengelernt haben, unterscheidet sich von anderen Programmiersprachen in folgendem Punkt. Berechnungen werden hier mit Hilfe von Funktionen durchgeführt. Dabei werden entsprechende Teilschritte als Funktionsaufrufe notiert, die als Argumente eines (anderen) Funktionsaufrufes verwendet werden. Diese Art und Weise zu programmieren bezeichnet man als den **funktionalen Programmierstil**.

Ein extremes Beispiel ergibt sich aus folgender Aufgabe. Definiere eine Funktion umkehren, die eine Liste als Argument nimmt und als Wert eine Liste zurück gibt, in der die Elemente in umgekehrter Reihenfolge enthalten sind. Diese Funktion soll ausschließlich mit Hilfe von cond, null, car, cdr, cons und umkehren selbst geschrieben werden (s. Abb. 15)[14].

Neben dem funktionalen Programmierstil gibt es noch eine Reihe von anderen, z.B. den **imperativen** und den **objektorientierten** Programmierstil. LISP zeichnet sich dadurch aus, daß alle diese Stile unterstützt werden und sie gleichberechtigt nebeneinander (sogar in derselben Prozedurdefinition) verwendet werden können. Für den objektorientierten Stil werden wir in den folgenden Abschnitten einen Interpreter entwerfen und realisieren.

3.7   Das LISP-System

Das LISP-System besteht aus mehreren Teilen. Die drei wichtigsten sind

1. der Einleseprozeß,

2. der Ausgabeprozeß und

3. der Interpreter.

Diese drei Teile sind in einer Endlosschleife organisiert, die dafür sorgt, daß jede Eingabe eingelesen, evaluiert wird und der erhaltene Wert ausgedruckt wird (s. Abb. 16).

---

[14]Das Beispiel stammt aus [2, Seite 50].

```
(defun umkehren (liste)
    (cond ((null liste) nil)
          ((null (cdr liste)) liste) ; nur ein Element in der Liste
          (T (cons    ; hole das letzte Element:
              (car (umkehren (cdr liste)))
                              ; drehe die Liste um, die das letzte
                              ; Element nicht mehr enthält:
              (umkehren
                  (cons (car liste)
                        ; drehe das Mittelstück um
                        ; (ohne erstes und letztes Element).
                        (umkehren
                            (cdr (umkehren (cdr liste)))))))))))
```

Abbildung 15: Funktionaler Programmierstil im Extrem

```
(loop (print (eval (read))))
```

Abbildung 16: Die Endlosschleife des LISP-Systems

read ist die Einlesefunktion und leistet die lexikalische Analyse der eingegebenen Zeichenketten. Sie erzeugt ggf. neue literale Atome und die entsprechenden Listenstrukturen im Arbeitsspeicher des LISP-Systems. **eval** ist der LISP-Interpreter, der als Argument einen auszuwertenden Ausdruck bekommt. **print** ist die Ausgabefunktion, die eine angemessene (externe) Repräsentation ihres Argumentes erstellt.

3.8 Die Programmierumgebung in LISP

Die Programmierumgebung des LISP-Systems enthält neben dem Interpreter und den Ein-/Ausgabeprozessen die folgenden Komponenten:

- **Compiler.** Er erzeugt aus unseren in Listennotation geschriebenen Programmen dazu Äquivalente Programme in einer maschinennäheren Sprache und führt Optimierungen durch. Damit werden unsere Programme schneller und sie nehmen weniger Platz in Anspruch.

- **Syntaxorientierter Editor.** Mit ihm können wir leichter und sicherer LISP-Programme erstellen und korrigieren.

- **Hilfen für Fehlersuche.** Wir können das Ein- und Ausgabeverhalten unserer Funktionen sichtbar machen, explizit die Evaluierung schrittweise vorantreiben und an beliebigen Stellen Unterbrechungspunkte setzen, um uns den aktuellen Zustand der Berechnungen anzuschauen.

- **Dateiverwaltung.** Unsere Funktionsdefinitionen können in Dateien aufbewahrt werden, so daß sie bei Bedarf immer wieder verwendet werden können.

- **Benutzerschnittstelle.** Auf den LISP-Maschinen als auch allgemeineren Rechnertypen, z.B. Mikrorechnern, existieren Fenstersysteme, werden Zeigeinstrumente und sowohl Farb- als auch Tonausgabe unterstützt.

Jede dieser Komponenten besitzt Schnittstellen zu den anderen Teilen des Systems und zeichnet sich durch ein hohes Maß an Interaktivität aus. Dies fördert die schnelle Implementierung von Prototypen und exploratives Programmieren [4,7,24].

3.9 Zusammenfassung des Bisherigen

Das ist alles, was wir von LISP zu wissen brauchen—im Prinzip! Die wichtigen Punkte, an die wir uns erinnern müssen, sind die folgenden:

1. Die wesentlichen Datentypen sind **Atome** und **Listen**.

2. **Literale Atome** besitzen einen eindeutigen **Namen**, eine **Eigenschaftsliste** und können einen **Wert** oder eine **Funktionsdefinition** haben.

3. Programmieren erfolgt durch Definieren von **Funktionen**, die in **Präfixnotation** aufgerufen werden.

4. Programme werden mit Hilfe derselben Datentypen dargestellt wie die Daten (sogenannte **Programm-Daten-Äquivalenz**).

5. Zwei wichtige Kontrollstrukturen sind das **Konditional** und die **Rekursion**.

6. Alle LISP-Ausdrücke werden nach einer kleinen festen Anzahl von **Regeln** evaluiert. Lediglich einige **Spezialformen** und Makros, z.B. quote, haben eigene Regeln.

7. Mit Hilfe von **Makros** werden neue Kontrollstrukturen und andere Syntaxen definiert.

4 Objektorientiertes Programmieren in LISP

In der vorangegangenen kurzen Einführung haben wir in erster Linie den funktionalen Programmierstil, wie er in LISP verwendet werden kann, dargestellt[15]. Daneben gibt es wie gesagt noch eine Reihe von anderen Stilen, die entweder in LISP unterstützt oder durch syntaktische Erweiterungen eingeführt werden können (s. [40]). Insbesondere der objektorientierte Stil ist in den letzten Jahren durch **Smalltalk** sehr populär geworden [20]. In den folgenden Abschnitten wird gezeigt, wie man LISP syntaktisch so erweitern kann, daß man außer in den schon vorhandenen Stilen auch objektorientiert programmieren kann.

Objektorientiertes programmieren ist in der Informatik eine altbekannte Idee, die zuerst in **SIMULA** realisiert wurde [5] [16]. Viele andere Systeme und Programmiersprachen basieren inzwischen auf dieser Idee. Eine der wichtigsten Sprachen ist **Smalltalk** [20]. In der Künstlichen Intelligenz hatte diese Idee einigen Einfluß bei der Entwicklung von Frame- und anderen objektorientierten Wissensrepräsentationssprachen, z.b. **FRL** [34], **ACT1** [27] oder **OBJTALK** [26].

Doch zuerst müssen wir einige allgemeine Bemerkungen zum objektorientierten Programmierstil machen. Dazu macht man sich am Besten klar, welches Verarbeitungsmodell diesem Stil zugrunde liegt. Es ist ein Kommunikationsmodell. In diesem Modell werden die Kommunikationspartner **Objekte** genannt. Sie tauschen untereinander Informationen durch **Versenden von Nachrichten** aus. Berechnungen erfolgen dadurch, daß Objekte Nachrichten, die sie erhalten, verarbeiten, wobei sie u.u. wiederum Nachrichten an andere Objekte versenden. Jedes Objekt hat einen inneren Zustand, der von außerhalb des Objektes nicht direkt einzusehen ist, und Möglichkeiten, sich in einen anderen Zustand zu transformieren.

Der erste Vorteil des objektorientierten Programmierstils liegt darin, daß eine Objektdefinition eine Datenstruktur mit ihren Operationen organisatorisch zusammenfaßt. Insofern ist dieser Stil ähnlich zu dem Konzept der abstrakten Datentypen (ADT). Zweitens—und dies im Unterschied zu den ADT—ist das Protokoll eines Objektes inkrementell erweiterbar. Drittens, bei der Entwicklung großer Software-Systeme kann man Objektdefinitionen benutzen, um die Module in der Systemarchitektur zu implementieren. Die Protokolle definieren dann auch gleich die Schnittstellen im System.

Im Zusammenhang mit der Software-Entwicklung für die MIT-Lispmaschine ist eine Erweiterung des darauf verwendeten ZetaLisp-Dialektes vorgenommen worden, die objektorientiertes Programmieren unterstützt [44]. Diese Erweiterung wird **Flavor**-System genannt wird [17]. Das Flavor-System wird in der Systemsoftware der Lispmaschine vielfältig eingesetzt; so ist u.a. das Fenstersystem und das Multitasking mit Hilfe von Flavors realisiert. Der Grund dafür liegt darin, daß einerseits durch Objektdefinitionen ganze Programmbibliotheken hierarchisch organisiert werden können und andererseits viele Betriebssystemprobleme unter Zugrundelegung eines Kommunikationsmodells sehr viel einfacher zu lösen sind als bei anderen Verarbeitungsmodellen—wie man leicht gerade bei den genannten Beispielen vermuten kann.

4.1 Terminologie im Flavor-System

Da die verwendete Terminologie zum objektorientierten Programmierstil nicht einheitlich ist, werden hier die wichtigsten der im Flavor-System verwendeten Begriffe zusammengefaßt. Im Flavor-

---

[15]Dieser Abschnitt basiert auf Teilen von [11] und [12].

[16]**SIMULA**, eine **ALGOL**-ähnliche Sprache, war gedacht für die Implementierung von Simulationssystemen.

[17]Der Begriff Flavor stammt von Steves Eisdiele in Cambridge, Massachussetts, wo auf Wunsch Nuß- und Schokoladenstücke in eine Portion Vanilleeis hineingemischt werden, um ein Eis mit individuellem Geschmack (Flavor) zu bekommen.

$$ereignis ::= \textit{(flavor-name selektor arg}_1 \textit{ arg}_2 \cdots)|$$
$$\text{(SEND \textit{instanz selektor arg}}_1 \cdots)$$

$$\textit{fortgesetztes-nachrichtenversenden} ::=$$
$$\text{(SEND \textit{ereignis selektor arg}}_1 \cdots) \mid$$
$$\text{(SEND \textit{fortgesetztes-nachrichtenversenden}}$$
$$\textit{selektor arg}_1 \cdots)$$

Abbildung 17: Syntaktische Formen des Nachrichtensendens

System unterscheidet man zwei Sorten von Objekten. Die eine Sorte wird Flavors genannt. Flavors repräsentieren **generische Objekte** (Klassen in **Smalltalk**). Die andere Sorte besteht aus **Instanzen** von Flavors, die individuelle Realisierungen eines generischen Objektes darstellen.

Objekte werden aktiviert, indem man ihnen eine Nachricht zusendet. Eine Nachricht besteht aus einem **Selektor** und einer beliebigen Anzahl von **Argumenten**. Der Selektor gibt an, welche Leistung das Empfängerobjekt erbringen soll. Unter einem **Nachrichtenversendeereignis** (kurz: **Ereignis**) verstehen wir das tatsächliche Senden und Empfangen einer Nachricht. Das Ergebnis eines Ereignisses kann selbst wieder ein Objekt sein [18]. Wird diesem Objekt direkt wieder eine Nachricht gesendet, so sprechen wir von **fortgesetztem** (oder **kaskadiertem**) **Nachrichtenversenden**. Das vollständige Verhalten eines Objektes wird als sein **Protokoll** bezeichnet. Es setzt die Selektoren der Menge aller Nachrichten, auf die das jeweilige Objekt sinnvoll reagieren kann, d.h. ohne eine Fehlernachricht zu erzeugen, zu Prozeduren in Beziehung, die die gewünschte Leistung erbringen. Diese Prozeduren werden **Methoden** genannt. Die syntaktischen Formen für die lineare Repräsentation von Ereignissen sind in Abb. 17 dargestellt[19].

4.2 Vererbung von Informationen

Neben diesen beiden wichtigen Konzepten, Objektbegriff und Versenden von Nachrichten, wird im allgemeinen die **Vererbung** von Informationen zwischen den generischen Objekten bei objektorientierten Sprachen als drittes Konzept des objektorientierten Programmierens dazu gezählt. Damit ist es u.a. möglich, aus vorhandenen Objekten spezialisierte Objekte ohne Redundanz zu erzeugen [20].

Führt man Vererbung ein, erreicht man eine höhere Modularität in der Definition generischer

---

[18]In einer *reinen* objektorientierten Sprache wie Smalltalk ist das Ergebnis immer ein Objekt. Lediglich bei eingebetteten Sprachen wie dem Flavor-System kann der Wert auch etwas sein, dem man keine Nachricht senden kann.

[19]Bei der eigenen Implementierung eines ähnlichen Systems, dem **Poor Mans Flavor System (PMFS)**, stellte sich heraus, daß der objektorientierte Programmierstil nur eine andere sichtweise des funktionalen Stils ist, d.h. die Aktivierung eines Objekts ist nichts anderes als der Aufruf einer Funktion mit einem *inneren Zustand*, die das Objekt repräsentiert [16]. Zu derselben Einschätzung kommen auch [40, S.190ff] und [1, S.225]. In [43] wird in sehr prägnanter und formaler Art und Weise Zusammenhang und Unterschied zwischen funktionalem und objektorientiertem Programmierstil dargestellt: LAMBDA (X) F(X) entspricht der Funktionsabstraktion. Hier wird dieselbe Funktion F auf unterschiedliche Daten X angewendet. LAMBDA (F) F(X) entspricht der Datenabstraktion. Dasselbe Datum X wird in unterschiedlichen Funktionen F verwendet.

[20]Dieses Konzept läßt sich schon mit Hilfe der beiden anderen realisieren. In ACT1 z.B. besitzt jedes Objekt eine Menge von ihm bekannten Objekten, die sogenannten **Bekanntschaften** (engl. acquaintances). Das sind genau diejenigen Objekte, mit denen der Besitzer dieser Menge kommunizieren kann. Vererbung kann man mit Hilfe dieser Relation realisieren. Die Ober- bzw. Superklassen müssen dazu zur Bekanntschaft eines Objektes gehören. Falls im Protokoll des Objektes keine Methode zur Evaluierung einer Nachricht gefunden werden kann, so wird kein Fehler erzeugt, sondern man fragt die Superklassen nach einer geeigneten Methode.

Objekte und einen höheren Grad der Wiederverwendbarkeit derselben generischen Objekte in unterschiedlichen (Definitions-)kontexten.

Damit die in einem Flavor enthaltene Information an ein anderes Flavor vererbt werden kann, sind die Flavors in einem gerichteten Graphen, dem sogenannten **Flavor-Graphen**, angeordnet. Ein Flavor-Graph erlaubt die Vererbung von Informationen längs der gerichteten Kanten. Bei der Definition eines neuen Flavor muß spezifiziert werden, von welchen anderen Flavors etwas ererbt werden soll, d.h. an welcher Stelle im Graphen es eingefügt werden soll. Dies geschieht durch Nennung der direkten Vorgängerknoten im Graphen, die **Superklassen** des jeweiligen Flavor genannt werden. Da mehrere Superklassen angegeben werden können, wird diese Form **multiple Vererbung** genannt [21]. Die **Komponenten eines Flavor** sind alle seine Superklassen, deren Superklassen usf.

Die Berechnung der Komponenten erfolgt nach einem bestimmten Algorithmus, der normalerweise von links nach rechts und von dem gegebenen Flavor aus über die Superklassenrelation durch einen Flavor-Graphen geht (s. Abb. 18). Dabei müssen Doppeleintragungen in der Komponentenliste vermieden und Schleifen im Graphen erkannt werden. Ein Flavor wird im allgemeinen in seiner Definition noch zusätzliche neue Informationen enthalten bzw. solche, die Teile der ererbten Information für die Verarbeitung einer Nachricht ergänzen, modifizieren oder ersetzen kann.

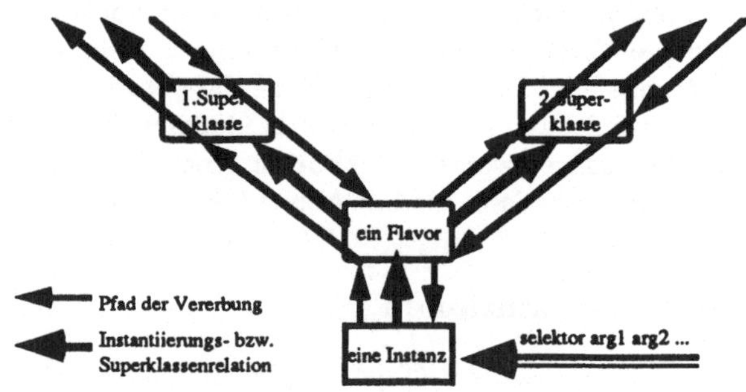

Abbildung 18: Vererbung im Flavor-Graph für die Verarbeitung einer Nachricht

4.3 Das Protokoll von Objekten

Das Protokoll eines Objektes ist ein Verzeichnis der Selektoren, die in Nachrichten an das Objekt verwendet werden können. Mit jedem Selektor ist eine **Methode** assoziiert, in der festgelegt wird, wie das Objekt auf die Nachricht reagieren soll. Eine Methode wird im Flavor-System wie eine LISP-Prozedur definiert, d.h. sie besteht aus einer Liste formaler Parameter und einem Rumpf. Bei der Verarbeitung (Interpretation) einer Nachricht werden eventuell vorhandene Argumente an die formalen Parameter dieser LISP-Prozedur gebunden und dann der Rumpf evaluiert. Innerhalb einer Methode können an beliebige Objekte Nachrichten gesendet, der *innere Zustand* des empfangenden

---

[21] Ein solcher Graph wird oft nach ähnlichen Prinzipien aufgebaut, wie z.B. Taxonomien in der Biologie, wo diskriminierende Eigenschaften herangezogen werden, um z.B. Säugetiere in Primaten, Huftiere, etc. einzuteilen. Durch andere unterscheidende Merkmale, z.B. Fleischfresser vs. Pflanzenfresser, kann man mit denselben Klassen eine andere Taxonomie aufbauen. Multiple Vererbung, wie sie beim objektorientierten Programmieren verwendet wird, ergibt sich dadurch, daß die verschiedenen Taxonomien übereinandergelegt werden. So sind Rinder sowohl Säugetiere als auch Pflanzenfresser, Tiger dagegen Säugetiere und Fleischfresser. Es gibt aber auch noch andere Kriterien, nach denen ein Flavor-Graph aufgebaut werden kann.

Objektes verändert oder LISP-Prozeduren aufgerufen werden. D.h. innerhalb einer Methode sind wir frei, jeden beliebigen vorhandenen Programmierstil zu verwenden, um die *Reaktion* des Objektes auf die Nachricht zu programmieren.

Im Flavor-System gibt es ein ausgezeichnetes Flavor mit Namen vanilla, das keine Superklassen besitzt. Es dient als voreingestellte Komponente, die als letztes Element in der Komponentenliste jedes anderen Flavor enthalten ist. Damit wird sichergestellt, daß jedes Flavor ein einheitliches Basisprotokoll besitzt. Es dient in erster Linie dazu, eine einfache Benutzerschnittstelle zu realisieren und Auskünfte über das Protokoll des jeweiligen Flavor zu bekommen.

Bei Instanzen eines Flavor wird der innere Zustand durch **Instanzenvariablen** definiert. Sie dienen dazu, Instanzen desselben Flavor individuelle Informationen mitzugeben. In der Definition eines Flavor werden zwar die Namen und die Anzahl der Instanzenvariablen festgelegt, aber nur in den Instanzen selbst können ihnen Werte zugeordnet werden. D.h. die in einem Flavor—u.a. durch Vererbung akkumulierte—Information bestimmt leider zum einen das Protokoll des Flavor und zum anderen das der Instanzen von diesem Flavor [22].

Da eine Instanz einen internen Zustand hat, möchte man diesen auch verändern können. Wird eine Nachricht an eine Instanz geschickt, so kann man innnerhalb der durch sie angestoßenen Methode auf die Instanzenvariablen zugreifen. In Methoden, die zum Protokoll der Instanzen gehören, können Instanzenvariable als freie Variablen verwendet werden. Von außerhalb einer Instanz kann man nur mit Methoden auf diese Variablen zugreifen oder ihren Wert verändern [23]. Häufig ist es sinnvoll, daß eine Methode, in der der innere Zustand des Objektes geändert wurde, dieses Objekt selbst als Wert zurückgibt. Dazu besitzt jedes Objekt die Variable self, die immer an das Objekt selbst gebunden ist. Damit kann ein Objekt auch an sich selbst eine Nachricht schicken—während gerade eine Methode als Reaktion auf eine an das Objekt gesendete Nachricht evaluiert wird.

Man kann nur an solche Objekte Nachrichten schicken, auf die man einen Verweis besitzt. Dies kann ein (globaler) Name sein, wie z.B. bei den Flavors selbst, eine Variable oder ein Bestandteil einer Datenstruktur, insbesondere als Wert einer Instanzenvariablen. Objekte, die nicht erreichbar sind, werden durch den Garbage Collector der Freiliste zugeführt.

Bei der Modularisierung mit Hilfe eines Flavor-Graphen ist es sinnvoll, Methoden der *abstrakteren* Flavors, d.h. solchen, die weiter oben in der Vererbungskette stehen, sehr allgemein zu definieren. Allerdings werden dann auf den tieferen Ebenen Spezialisierungen dieser Methoden benötigt. Ein Ausweg könnte darin bestehen, daß die ererbbare Methode durch eine spezialisierte Form überschrieben wird. Damit geht aber der Vorteil der Abstraktion, den Flavor-Graphen bieten, wieder verloren, da dadurch entweder toter oder redundanter Kode entsteht. Besser ist eine Modularisierung von Methodendefinitionen, die parallel zu der Modularisierung der Flavor-Definitionen durch denselben Flavor-Graphen gegeben wird und eine sukzessive Verfeinerung allgemeiner Methoden erlaubt.

Im Flavor-System kann man zu jeder Methode, die ein Flavor ererbt, eine **Kapsel** definieren. Diese Kapseln werden Dämonen genannt und danach unterschieden, ob sie vor der ererbten Methode wirksam werden—**Before-Dämonen**—oder nachher—**After-Dämonen** [24]. Der Vererbungsalgorithmus muß so geändert werden, daß neben der sogenannten Primärmethode auch alle Kapseln

---

[22]Besser trennt man zwischen dem Protokoll für Instanzen und für Flavors. Das für Instanzen sollte im jeweiligen Flavor festgehalten werden und das für Flavors in sogenannten **Metaklassen**. So wird z.B. in Smalltalk und CLOS verfahren. Im PMFS haben auch Flavors einen inneren Zustand. Wir machen aber im folgenden davon keinen Gebrauch. Führt man diesen Gedanken aber konsequent weiter, so kommt man damit auch zum Konzept der Metaklassen.

[23]Im PMFS muß man innerhalb von Methoden auch Nachrichten an die Instanz versenden, um an die Instanzenvariablen heran zu kommen.

[24]Die Verwendung des Begriffs *Dämon* hat nicht viel mit dem zu tun, was in der datengesteuerten Programmierung darunter verstanden wird.

zu einer kombinierten Methode zusammengefaßt werden. In Abb. 19 wird dargestellt, in welcher Reihenfolge die Kapseln und die Primärmethode kombiniert werden.

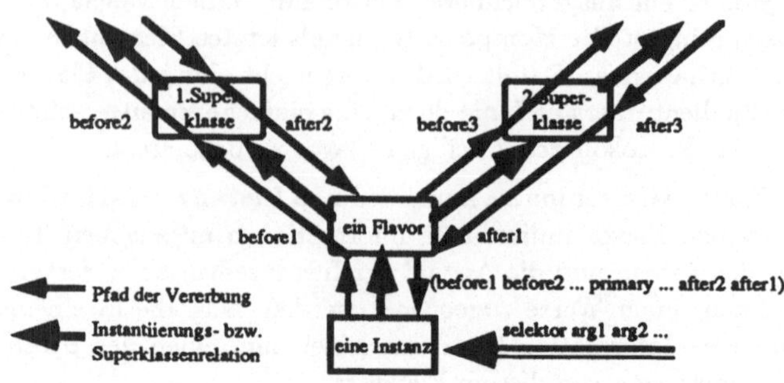

Abbildung 19: Vererbung von Primärmethoden und ihren Kapseln

4.4 Objekte sind Closures

Die Mikroversion eines Flavor-Systems läßt sich leicht mit Hilfe von Funktionen implementieren, die einen inneren Zustand besitzen. Es gibt derartige sogenannte funktionale Objekte in LISP. Sie werden üblicherweise als **closures** bezeichnet [40, Kapitel 9]. Intuitiv kann man dieses wichtige Programmierkonzept anhand einer objektorientierten Implementierung von cons-Zellen verstehen, wie das folgende Beispiel zeigt.

Zum Protokoll eines solchen cons-Objektes müssen alle Operationen gehören, die normalerweise für cons-Zellen in LISP durch Prozeduren definiert sind. Insbesondere first und rest, um die beiden Bestandteile einer cons-Zelle selektieren zu können. Jede individuelle cons-Zelle unterscheidet sich von anderen im Allgemeinen durch ihren Inhalt—also gerade durch die mit first und rest selektierbaren Teile. In der Terminologie des Flavor-Systems sind first und rest Methoden. Die beiden Teile des Inhalts einer cons-Zelle werden durch Instanzenvariablen, sagen wir left und right, definiert. In Abb. 20 findet sich eine hand-codierte objektorientierte Definition einer individuellen cons-Zelle, d.h. einer Instanz.

Sehen wir uns zuerst einmal in Abb. 20 den lambda-Ausdruck an. Er besitzt einen Restparameter, d.h. er kann auf eine beliebige Anzahl von Argumenten angewendet werden, die alle evaluiert und in

```
#'(lambda (&rest message)
    (let ((left 'a) (right '(b c)))  ; Instanzenvariablen
      (selectq (first message)       ; das ist der Selektor
        (first left)                 ; Methode für den Selektor first
        (rest right)                 ; Methode für den Selektor rest
        (otherwise
          (error "unknown message to a CONS-cell")))))))
```

Abbildung 20: Handkodierte Form einer objektorientierten cons-Zelle

einer Liste zusammengefaßt an diesen Parameter gebunden werden [25]. Im Rumpf dieses Ausdrucks wird mit Hilfe des ersten Argumentes eine der selectq-Klausen ausgewählt [26]. Ist dieses Argument gerade first, so wird auf die Variable left referiert und deren Wert ist der *wert* des lambda-Ausdrucks. Analoges gilt für die zweite Klause. In der letzten wird ein LISP-Fehler erzeugt, d.h. die Nachricht kann nicht interpretiert werden [27].

Die beiden Variablen, left und right, werden hier als Instanzenvariablen verwendet. Der let-Ausdruck bindet diese beiden Variablen an die Konstanten a bzw. (b c). Das Flavor-System ohne Vererbungsmech anismus ist nichts anderes als eine bequemere Benutzeroberfläche—mit Hilfe von Makros realisiert— , um derartige Closures wie in Abb. 20 zu erzeugen. Diese kurze Einführung in das objektorientierte Programmieren muß hier genügen. Im nächsten Abschnitt wird die Implementierung einer Mikroversion—basierend auf dem **Poor Man's Flavor System**—beschrieben.

---

[25]Die formale Parameterliste kann in CommonLisp sogenannte Schlüsselworte enthalten, z.B. &rest. Diese bewirken dann eine spezielle Form des Abgleichens mit den aktuellen Parametern, d.h. den Argumenten im Funktionsaufruf.

[26]Das *selectq* ist eine weitere Variante des Konditionals.

[27]Dies ist ein sehr einfaches Beispiel für eine Prozedur, mit der man in LISP Ausnahmesituationen erzeugen kann. Es gibt außerdem noch eine Reihe von Prozeduren, die es erlauben, eine solche Situation abzufangen.

5 Die Mikroversion des Flavor-Systems

Bevor wir anfangen können zu programmieren, müssen wir uns überlegen, was unser Flavor-System tatsächlich leisten soll. Wir wollen es einerseits so dicht wie möglich an dem *großen* Flavor-System realisieren, andererseits ist dieses so umfangreich, daß dies in einem ersten Anlauf sicherlich eine zu schwierige Aufgabe ist. Es soll deshalb so offen sein, daß man inkrementell die Mikroversion des Flavor-Systems erweitern kann.

5.1 Der Entwurf

Das Flavor-System stellt eine eigene Programmiersprache dar. Wir müssen also alles das machen, was auch sonst üblich ist, um einen Interpreter für eine Programmiersprache zu implementieren. Wir werden also einen Interpreter für das Flavor-System realisieren. Wie schon oben erwähnt, kann man für den Rumpf der Methodendefinitionen irgendeinen Programmierstil verwenden. Wir nehmen den funktionalen Programmierstil, d.h. der Einfachheit halber LISP, und außerdem natürlich den objektorientierten. Wir können dies auch so sehen, daß wir LISP um Sprachkonstrukte erweitern, die einen objektorientierten Programmierstil unterstützen.

Um diese Sprachkonstrukte in LISP verfügbar zu machen und andererseits auch in diesen Konstrukten wieder LISP-Ausdrücke verwenden zu können, bedienen wir uns der Einbettungstechnik statt Schichten von Sprachen aufeinander zu türmen—beginnend bei LISP—, bis wir bei unserer objektorientierten Sprache angekommen sind (siehe Abb. 21). Dies bedeutet, daß wir keine vollständige Sprache definieren, sondern lediglich die Teile, die—in unserem Fall—in LISP noch nicht vorhanden sind, um objektorientiert zu programmieren. Alle anderen Teile übernehmen wir unverändert von LISP. mit Hilfe dieser Technik realisiert man besonders schnell Interpreter für (neue) Sprachen.

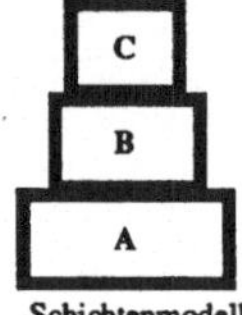

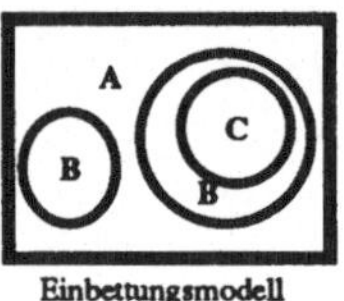

Abbildung 21: Einbetten vs. Schichten von Sprachen

Für die speziellen Sprachkonstrukte des objektorientierten Programmierens werden Konstruktoren gebraucht und zwar für:

- Flavors (defclass) [28],

- Instanzen (create-instance) und

- Methoden (defaction).

- Weiterhin benötigen wir einen **Nachrichteninterpreter** und einige Hilfsfunktionen.

---

[28]Wird das Mikro-Flavor- System in einem Lisp-System mit einem vorhandenen Flavor-System implementiert, muß man dafür sorgen, daß keine Namenskonflikte auftreten, d.h. man muß andere Bezeichner für die Konstruktoren wählen als die im Flavor-System verwendeten: *defflavor, make-instance* und *defmethod*.

Beschreibung des internen Zustands
instanzvariable$_1$ wert$_1$
instanvariable$_2$ wert$_2$
. . .   . . .

Verweis auf zugehöriges Flavor
Nachrichteninterpreter

Abbildung 22: Was eine Instanz braucht

Beschreibung des Protokolls
selektor$_1$ methode$_1$
selektor$_2$ methode$_2$
. . .   . . .

Verweis auf Superklassen
Nachrichteninterpreter

Abbildung 23: Was ein Flavor braucht

5.2 Implementation einer einfachen Mikroversion

Wie das Beispiel der cons-Zellen gezeigt hat, unterscheidet sich im Falle des Flavor-Systems objektorientiertes Programmieren nur in der Vorstellung des Programmierers vom funktionalen Programmieren. Wir werden deshalb versuchen, alle Sprachkonstrukte des Flavor-Systems direkt durch Funktionen zu realisieren. Da Flavors global benannte Objekte sind, kann man sie als global benannte Funktionen darstellen. Instanzen dagegen werden nicht global benannt. Sie könnte man also durch unbenannte funktionale LISP-Objekte darstellen, z.B. **Lambda-Ausdrücke**. Das Versenden von Nachrichten fassen wir als syntaktische Variante des Aufrufens von Funktionen auf. Und schließlich sollten Methoden auch als unbenannte funktionale LISP-Objekte realisiert werden können.

Trotzdem müssen wir uns jetzt überlegen, welche Informationen Instanzen und Flavors besitzen sollen. Nur dann werden wir sagen können, wie wir sie implementieren müssen. Eine Instanz muß ihre Instanzenvariablen und deren aktuelle Werte kennen und wenn sie eine Nachricht erhält, so muß sie den Nachrichteninterpreter mit der Nachricht aufrufen (s. Abb. 22). Dazu benötigt sie auch den Namen des Flavors, von dem sie eine Instanz ist. Ein Flavor dagegen muß im wesentlichen das Protokoll für alle seine Instanzen bereitstellen. D.h. ein Flavor muß den Selektor in einer Nachricht, die von einer Instanz empfangen wird, auf die entsprechende Methode abbilden (s. Abb. 23).

Beginnen wir mit der Realisierung des Nachrichteninterpreters. Der Name ist **handle-message** und dieser Funktion müssen wir sowohl die Nachricht bestehend aus dem Selektor und den Argumenten übergeben als auch den Namen des Flavors, bei dem die Suche nach einer Methode beginnen soll. Wir gehen davon aus, daß Methoden als unbenannte LISP-Funktionen definiert sind, deren Parameterliste gerade zu den Argumenten einer korrekt abgesendeten Nachricht paßt. Damit ist der Nachrichteninterpreter trivial zu realisieren (siehe Abb. 24).

Um die Definition von **handle-message** zu vervollständigen, müssen wir zum einen entscheiden, wo

```
(defun handle-message
      (class selector arguments)
   (apply                          ; Aufruf des LISP-Interpreters
      zugriffsfunktion auf die methode
      arguments))                  ; Argumente der Nachricht
```

Abbildung 24: Erste Realisierung des Nachrichteninterpreters

$$\textit{flavor-name} \Longleftarrow (\textit{selektor}_1 \ \textit{methode}_1$$
$$\textit{selektor}_2 \ \textit{methode}_2$$
$$\ldots)$$

Abbildung 25: Ablegen des Protokolls auf der Eigenschaftsliste des Flavor-Namens

wir das Protokoll eines Flavors ablegen wollen. Es bietet sich die Eigenschaftsliste des Flavors
an. Wir legen jeweils unter dem Namen des Selektors den Kode der jeweiligen Methode ab (siehe
Abb. 25). In handle-message greifen wir dann mit dem entsprechenden Selektor für Eigenschaftslisten, get, zu (s. Abb. 26). Zum anderen müssen wir dafür sorgen, daß die auszuführenden Methoden
auf die Instanzenvariablen zugreifen können und eine Referenz auf das Objekt, in dem die Nachricht
evaluiert wird, besitzen. Dazu führen wir zwei weitere Parameter für handle-message ein, self und
environment, und sorgen dafür, daß sie bei einem Aufruf von handle-message an die entsprechenden
Werte gebunden werden.

Das Senden einer Nachricht ist ebenfalls sehr einfach zu realisieren. Wir brauchen uns lediglich klar
zu machen, daß alle Objekte—Flavors und Instanzen—Funktionen sind, benannte bzw. unbenannte. Senden wir ihnen eine Nachricht, so heißt das nichts anderes, als daß wir den LISP-Interpreter
aufrufen müssen. Wir übergeben ihm als auszuwertenden Ausdruck gerade die Funktionsdefinition,
die das jeweilige Objekt repräsentiert, und die gesamte Nachricht (s. Abb. 27). Wir rufen hier den
LISP-Interpreter nicht durch eval auf, sondern mit apply. Der Unterschied besteht darin, daß apply
eine Funktion auf eine Liste von Argumenten für diese Funktion anwendet.

Nehmen wir als Beispiel die weiter oben objektorientiert realisierten cons-Zellen (s. Abb. 20). Statt
einer Realisierung von Hand verwenden wir aber jetzt die entsprechenden Konstrukte des Mikro-
Flavor-Systems (s. Abb. 28). Zuerst erzeugen wir uns ein Flavor mit dem Namen cons-cell [29].

---

[29]Da Flavors als global benannte Funktionen repräsentiert werden, dürfen wir nicht einfach *cons* nehmen, da sonst


```
(defun handle-message
      (self environment class selector arguments)
   (apply                                ; Aufruf des LISP-Interpreters
      (get class                         ; hole die Methode
            selector)                    ; von der Eigenschaftsliste der Klasse.
      (cons self
            (cons environment arguments)) ; Argumente der Nachricht
```

Abbildung 26: Zweite Realisierung des Nachrichteninterpreters

```
(defun send-message
      (receiver &rest message)
   (apply                      ; Aufruf des LISP-Interpreters
   receiver                    ; das Nachrichtenempfangende Objekt
   (cons receiver message))    ; die Nachricht
```

Abbildung 27: Das syntaktische Konstrukt zum Versenden von Nachrichten

```
(defclass cons-cell          ; Name des Flavors
      (left right)           ; Liste der Instanzenvariablen
      ())                    ; Liste der Superklassen

(defaction (cons-cell first) ()
      (send-message self 'left))

(setf cons1 (create-instance 'cons-cell))

(send-message cons1 'left) ==> NIL
```

Abbildung 28: Die Definition von cons-Zellen durch ein Flavor

Außerdem erzeugen wir uns eine Instanz von diesem Flavor und weisen sie der Variablen cons1 zu. Dieser Instanz senden wir eine Nachricht, um das erste Element der durch cons1 repräsentierten Zelle zu bekommen. Da der Instanzenvariablen kein Wert zugeordnet wurde, sollten wir NIL erhalten.

Führen wir uns vor Augen, was passieren muß. Zum einen sollte jede Instanz eine Parameterliste besitzen, mit der sie jede beliebige Nachricht, die an sie gesendet wird, annehmen kann. Das erste Element in jeder Nachricht ist der Selektor. Danach folgt eine beliebige Anzahl von Argumenten. In send-message sorgen wir dafür, daß der Empfänger einer Nachricht sich selbst als Argument mit übergeben wird. Deshalb ist self der erste Parameter in der Instanzenparameterliste. Die Parameterliste kann also die Form (self selector &rest arguments) bekommen. Außerdem muß eine Instanz ihre Instanzenvariablen und deren aktuelle Werte enthalten. Da Instanzen keinen globalen Namen haben wie die Flavors, haben sie auch keine Eigenschaftslisten, die wir zum Ablegen der Instanzenvariablen und ihrer Werte verwenden könnten. Stattdessen kreieren wir uns eine eigene Datenstruktur in Form einer Liste, in der die benötigten Informationen aufbewahrt werden (s. Abb. 29). Eine Liste dieser Form wird auch **Assoziationsliste** genannt. Für diese Datenstruktur gibt es in LISP keine vordefinierten Konstruktoren oder Modifikatoren aber Selektoren, u.a. assoc.

Diese Datenstruktur machen wir als Argument in dem Aufruf von **handle-message** zugänglich (s. Abb. 30). Es bleibt nur noch ein Problem übrig, das wir erst bei der Definition des Konstruktors für Instanzen lösen können. Wir müssen noch erklären, woher die Instanz weiß, von welcher Klasse sie eine Instanz ist.

---

die schon vorhandene LISP-Funktion *cons* überschrieben wird.

$$((\textit{instanzvariable}_1 \ \ \textit{aktueller-wert}_1)$$
$$(\textit{instanzvariable}_2 \ \ \textit{aktueller-wert}_2)$$
$$\ldots)$$

Abbildung 29: Datenstruktur für die Bindungsumgebung der Instanzenvariablen

```
(lambda (self selector &rest arguments) ; formale Parameterliste in jeder Instanz
  (handle-message self '((first nil) (rest nil)) 'cons-cell selector arguments))))))
```

Abbildung 30: Die Definition der ersten Instanz von cons-cell

Wenn wir aus dem Kode in Abb. 30 alle die Stellen parametrisieren, die ausschließlich etwas mit der Definition von cons-cell zu tun haben, dann erhalten wir ein Kodeschema, nach dem wir jede Instanz von jedem beliebigen Flavor erzeugen können. Um die Assoziationsliste für die Instanzenvariablen zu erzeugen, wird die (Hilfs-)Funktion pair-up verwendet. Die Funktion function im Rumpf von create-instance ist gerade der Konstruktor des LISP-Systems für unbenannte Funktionen [30]. Der function-Aufruf wird durch das Backquote " ' " aufgebaut und durch einen expliziten Aufruf des LISP-Interpreters evaluiert.

Bevor wir die schwierige Aufgabe in Angriff nehmen, den Konstruktor für Flavors zu realisieren, überlegen wir uns, wie der Konstruktor für Methoden aussehen kann. Definieren von Methoden bedeutet, daß Kode in einer Datenstruktur abgelegt wird, die mit dem Flavor-Namen assoziiert ist. Wie wir in Abb. 25 festgelegt haben, ist dies die Eigenschaftsliste des jeweiligen Flavors. Damit wir deutlicher sehen, was der Konstruktor leisten muß, schauen wir uns einen Beispielaufruf an, der eine Methode für cons-cell definiert, mit der das zweite Element aus der Liste, die durch diese Zelle repräsentiert wird, selektiert werden kann (s. Abb. 32). Der Konstruktor weiß durch die Angaben des Flavor-Namens und des Selektors, auf welcher Eigenschaftsliste unter welchem Indikator die Methodendefinition abgelegt werden soll. Der zu erzeugende Kode für die Methodendefinition bestimmt sich aus der Parameterliste und dem Rumpf.

Der Konstruktor, der ein Flavor definiert, ist leider kompliziert. Er muß die folgenden Leistungen erbringen:

1. Definiere eine LISP-Funktion, die ein Flavor repräsentiert.

2. Definiere Methoden (automatisch), um auf Instanzenvariablen zuzugreifen.

---

[30] Hier passieren eigentlich noch ein paar andere Dinge, die aber in diesem Zusammenhang keine Rolle spielen. Tatsächlich werden sogenannte *closures* erzeugt, mit deren Hilfe man auch eine andere Möglichkeit hat, die Bindungsumgebung der Instanzenvariablen zu realisieren.

```
(defaction (cons-cell second) ; Verbindung zwischen generischem Objekt und Selektor
  ()                          ; formale Parameterliste
  (car (send-message self 'rest))) ; Rumpf
```

Abbildung 32: Beispiel eines Konstruktoraufrufs für Methoden

```
(defaction (cons-cell left) ()
    (car (cdr (assoc 'car 'environment)))) ; der Zugriff in die Assoziationsliste

(defaction (cons-cell set-left) (new-value) ; der Selektorname wird konstruiert
    ; durch Seiteneffekt neuen Wert zuweisen
    (setf (car (cdr (assoc 'car 'environment)))
        new-value))
```

Abbildung 33: Explizite Konstruktoraufrufe für Zugriffsmethoden von left

```
'(defaction (,class ,variable) ()
    (car (cdr (assoc ',variable environment)))))

'(defaction (,class ,(intern (format nil "SET- S"variable)))
    (new-value)
    (setf (car (cdr (assoc ',variable environment))) new-value))
```

Abbildung 34: Schemata der Konstruktoraufrufe für Zugriffsmethoden

3. Definiere Methoden (automatisch), um Instanzenvariablen neue Werte zuzuweisen.

Wir wissen, wie mit **defaction** Methoden definiert werden. Wollten wir für die Instanzenvariable left unseres Flavors **cons-cell** selber die entsprechenden Zugriffsmethoden definieren, müßten wir die **defaction**-Aufrufe in Abb. 33 eingeben. Jetzt bedienen wir uns derselben Überlegung wie bei dem Instanzenkonstruktor **create-instance** und parametrisieren alle Stellen, die spezifisch für **cons-cell** sind. Damit erhalten wir Schemata für **defaction**-Aufrufe, die zu jeder beliebigen Instanzenvariablen eines Flavors entsprechende Methoden erzeugen (s. Abb. 34).

Den Flavor-Konstruktor definieren wir als ein Makro, dessen Expansion eines Aufrufes eine Sequenz von LISP-Funktionsaufrufen erzeugt, die dann der Reihe nach evaluiert werden (s. Abb. 35). Der **defun**-Aufruf definiert das Flavor class als globale LISP-Funktion. Der **setf**-Aufruf stellt die Verbindung zwischen einem Flavor und seinen Superklassen her. Dies dient in der späteren Version dazu, um Vererbung zu realisieren. Die beiden Listen von **defaction**-Aufrufen erzeugen automatisch die notwendigen Methoden, damit Werte von Instanzenvariablen erfragt und ihnen auch neue Werte zugewiesen werden können. Das letzte Element in dieser Sequenz bestimmt den Wert des Konstruktoraufrufes. Es ist der Name des neu definierten Flavors.

$$(\text{DEFCLASS } \textit{class list-of-instance-variables list-of-superclasses})$$
$$\Downarrow$$

(PROGN
      (DEFUN *class* ⋯)
      (SETF (GET '*class* 'SUPERCLASSES) '*list-of-superclasses*)
      eine Liste von DEFACTION-Aufrufen,
      die Zugriffsfunktionen für Instanzvariablen definieren
      eine Liste von DEFACTION-Aufrufen,
      die Modifikatorfunktionen für Instanzvariablen definieren
      class)

$$\Downarrow$$

```
(defmacro defclass (a_class a_list-of-instance-variables a_list_of_superclasses)
  `(progn (defun ,a_class (self a_selector &rest arguments)
    (handle-message ',a_class NIL ',a_class a_selector arguments))
  (setf (get ',a_class 'superclasses)
',a_list_of_superclasses)
  ,@(mapcar (function (lambda (a_variable)
      `(DEFACTION (,a_class ,a_variable) ()
 (first
(rest1 (assoc ',a_variable environment))))))
    a_list-of-instance-variables)
  ,@(mapcar (function (lambda (a_variable)
      `(DEFACTION (,a_class ,(intern (format nil
      "SET-~S"
        a_variable)))
      (a_value)
        (setf (first
                          (rest1 (assoc ',a_variable environment)))
              a_value))))
    a_list-of-instance-variables)
  ',a_class))
```

Abbildung 35: Expansion eines Flavor-Konstruktoraufrufes

6 Ein elementarer Regelinterpreter

Nachdem wir nun eine Mikroversion des Flavorsystems erstellt haben, wollen wir im nächsten Schritt mit seiner Hilfe einen Regelinterpreter programmieren [31]. Produktionsregeln können als Handlungsanweisungen in Gestalt von *Wenn-Dann-* Regeln definiert werden. Unsere nächste Aufgabe liegt also in der Entwicklung eines solchen Programms in unserer neuen Programmiersprache, dem Flavor-System.

Um die Vorteile des Flavorsystems gegenüber den normalerweise in LISP vorhandenen Datentypen auszunutzen, müssen wir uns zuallererst Klarheit darüber verschaffen, welche Objekte wir benötigen. Überall da, wo wir entweder komplexe Einheiten oder abstrakte Schnittstellen zwischen größeren Teilen des Interpreters schaffen wollen, verwenden wir objektorientierte Programmiertechniken.

Da sind zunächst die Produktionsregeln selber. Betrachten wir ein einfaches Beispiel aus der Biologie:

> Wenn ein Tier Haare hat, ist es ein Säugetier.

Die wesentlichen Bestandteile einer solchen Regel sind die Voraussetzung im *Wenn*-Teil und die Folgerung im *Dann*-Teil. Etwas abweichend von diesem Beispiel wollen wir sowohl mehrere Voraussetzungen als auch mehrere Folgerungen in einer Regel zulassen. Also liegt es nahe, Voraussetzungen und Folgerungen als Listen bei einem Objekt **Regel** unterzubringen.

```
(setf r1 (make-instance 'rule
              'conditions '((hat haare) (ist boese))
              'actions '((ist raubtier))))
```

Zur weiteren Vereinfachung wollen wir annehmen, daß alle Voraussetzungen einer Regel und gegebenenfalls auch ihre Folgerungen durch ein logisches *UND* verknüpft sind. Diese Einschränkung hat keine so weitreichenden Folgen, da anstelle einer Regel mit durch logisches *ODER* verknüpften Voraussetzungen (oder Folgerungen) mit derselben Wirkung auch zwei (bzw. mehrere) Regeln formuliert werden können, welche diese Voraussetzungen jeweils einzeln enthalten. Tatsächlich genügt diese einfache Struktur für eine erste Version des Regelinterpreters auch bereits, so daß wir zu folgender Objektdefinition gelangen (siehe auch Abb. 36):

```
(defflavor rule (condition actions) () )
```

Da der Regelinterpreter nicht mit einzelnen Regeln, sondern mit einer Wissensbasis arbeiten soll, in der beliebig viele Regeln zugelassen sind, definieren wir ein Objekt **Regelbasis**, das die Verwaltung dieser Regeln übernimmt. Dazu benötigt es in jedem Fall die Menge aller Regeln einer Wissensbasis. Eine entsprechende Instanzenvariable enthält deshalb eine Liste der Regelnamen.

Bei der Vorwärtsverkettung, die wir als erste Strategie für unseren Regelinterpreter realisieren wollen, benötigen wir noch eine Menge von bekannten Tatsachen. Stimmen alle Voraussetzungen einer Regel mit bekannten Tatsachen überein, so kann diese Regel angewandt oder *gefeuert* werden. Also liegt es nahe, eine Tatsache in der gleichen Weise wie eine Voraussetzung in einer Regel als eine Liste darzustellen.

Ähnlich wie zur Regelverwaltung benötigen wir eine Faktenverwaltung. Wir fassen deshalb die Fakten bei einem Objekt Faktenbasis zusammen. Um später noch nachhalten zu können, welche

---

[31] Die folgenden Abschnitte basieren auf unseren Erfahrungen mit dem hybriden Werkzeugsystem BABYLON. Eine umfangreiche Darstellung findet sich in [17] und für Forschungszwecke ist dieses System im Quellcode bei der GMD erhältlich.

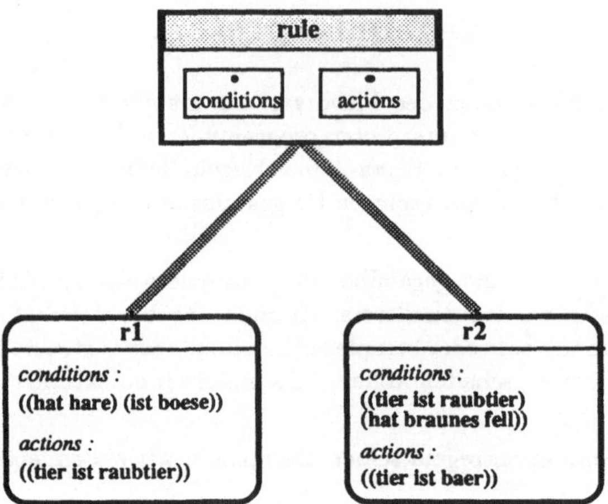

Abbildung 36: Objekt Regel mit Instanzen

Fakten aus Regeln geschlossen wurden und welche nicht, bekommt unser Objekt Faktenbasis als Instanzenvariablen nicht nur eine Liste, sondern zwei: die (Ausgangs-)Fakten als facts und die gefolgerten Fakten als inferred-facts.

```
(defflavor data-base (facts inferred-facts) () )
```

Nun zu unserem Interpreter selbst. Er braucht nur Regeln und Fakten "zu kennen" und über Methoden zu verfügen, um die Regeln auf die Fakten anzuwenden. Außerdem muß er feststellen, wann ein vorgegebenes Problem gelöst ist oder nicht gelöst werden kann.

Um einem Objekt Eigenschaften anderer Objekte "bekannt" zu machen, bietet unser Flavor-System ein wesentliches Konzept: die Vererbung aus Oberklassen. Also sollte unser Regelinterpreter die Objekte rule-base und data-base als Oberklassen bekommen.

```
(defflavor rule-interpreter () (rule-base data-base)
```

Etwas genauer werden wir uns mit den Methoden auseinandersetzen müssen, die wir für dieses Objekt definieren wollen.

Wir hatten festgestellt, daß in einer Wissensbasis beliebig viele Regeln auftreten dürfen. Um diese Regeln (vorwärts) auszuwerten, definieren wir eine Methode find-implications, deren wesentliche Aufgabe darin besteht, eine (noch zu erklärende) Methode zur Auswertung einer einzelnen Regel iterativ auf die Liste aller Regeln "loszulassen". Hierzu nutzen wir das mapcar-Konstrukt in Lisp und die Tatsache, daß wir an das Objekt "Regelinterpreter" eine Nachricht schicken können, die uns eine Liste aller Regeln liefert.

```
(defmethod (rule-interpreter find-implications) ()
    (mapcar #'(lambda (x)
                (send-message self 'apply-rule (eval x)))
            (send-message self 'rules)))
```

Wie sieht nun die Methode zur Auswertung einer einzelnen Regel aus? Im wesentlichen testet sie, ob alle Voraussetzungen der Regel erfüllt sind und, wenn ja, schließt sie die Tatsachen, die in den Folgerungen stehen. Wir haben also als Struktur:

```
(cond ((probiere-die-Voraussetzungen regel)
                        (ziehe-Schluesse regel))
      (T  NIL) )
```

Damit erkennen wir die Nützlichkeit von zwei weiteren Methoden, nämlich der Methode try-conditions, die Voraussetzungen darauf testet, ob sie aufgrund der in der Faktenbasis vermerkten Tatsachen gelten, und der Methode store-actions, die Schlußfolgerungen als inferred-facts einträgt. Diese beiden Methoden arbeiten wieder auf Listen, so daß sie typische Kandidaten für das mapcar-Konstrukt darstellen. Die Listen der Voraussetzungen und Folgerungen einer Regel erhalten wir natürlich wieder über eine Nachricht an dieses Objekt, uns seine Voraussetzungen bzw. Folgerungen zu überlassen. Da die Regel als Parameter übergeben wird, haben diese Nachrichten einfach die Gestalt:

```
(send-message regel 'conditions)
```

Wie erfahren wir schließlich, ob eine Tatsache in der Faktenbasis schon bekannt war? Und wie tragen wir eine neu erschlossene Tatsache in die Faktenbasis ein? Offensichtlich handelt es sich hier um Aktivitäten zur Faktenmanipulation, also sollten die entsprechenden Aufgaben von Methoden erledigt werden, die beim Objekt data-base zu finden sind. Solche Methoden mit dem Namen look-up und store nutzen die Tatsache, daß wir uns von der Datenbasis alle Fakten über eine Nachricht schicken lassen können, ebenso aus wie den Umstand, daß jedes Objekt automatisch auf eine Methode zurückgreifen kann, um den Wert einer Instanzenvariable neu zu setzen. Als Beispiel bilden wir den Kode für store ab:

```
(defmethod (data-base store)  (fact)
   (cond  ((send-message self 'look-up fact)     NIL)
          (t   (send-message self 'set-inferred-facts
                   (cons fact
                      (send-message self 'inferred-facts) ) ) ) )
```

Dabei fällt auf, daß diese Methode nur dann einen von NIL verschiedenen Wert liefert, wenn die neu geschlossene Tatsache noch nicht in der Datenbasis vermerkt war. Damit schaffen wir eine Voraussetzung dafür, unseren Regelinterpreter auch um Methoden zu erweitern, die andere Auswertungsstrategien als die reine Vorwärtsverkettung realisieren. Eine erste Version des Regelinterpreters folgenden zeigt Abb. 37.

Eine weitere Auswertungsmethode wollen wir jetzt als Beispiel für die Erweiterungsfähigkeit unseres Konzeptes betrachten. Insbesondere bei sogenannten Diagnoseproblemen beginnt man die Auswertung von Wissen bereits mit einer bestimmten Vermutung oder Hypothese und möchte herausfinden, ob diese Hypothese aus dem bekannten Wissen abgeleitet werden kann. Dies geschieht wieder durch Regeln, die jezt aber mit ihrem Folgerungsteil auf die Hypothese angewendet werden. Dieser Prozeß wird rekursiv immer weiter durchgeführt, bis eine Verbindung zwischen Hypothese und vorhandenen Fakten hergestellt wurde. Dazu werden die Voraussetzungen einer angewendeten Regel selber wieder als Hypothesen generiert. Diese Rückwärtsverkettung genannte Strategie wird einfach dadurch ereicht, daß wir eine entsprechende Methode bei dem Regelinterpreter hinzufügen.

Wie sollten wir nun vorgehen, wenn wir wissen wollen, ob eine Vermutung oder Hypothese aus unseren Regeln gefolgert werden kann? Nun, vielleicht haben wir ja Glück, und die Hypothese ist ein bereits bekanntes Faktum. In diesem Fall muß die neu zu entwickelnde Methode, wir wollen sie verify-hypothesis nennen, zunächst nachsehen, ob die Hypothese in der Faktenmenge schon enthalten ist. Die Methode hierfür haben wir bereits.

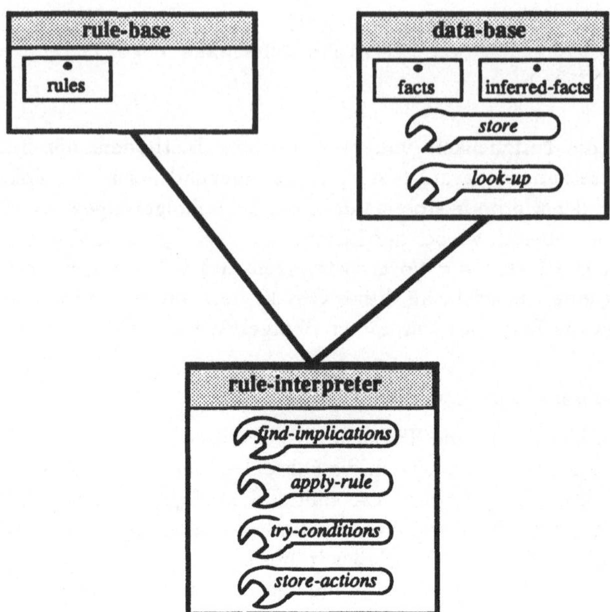

Abbildung 37: Objekte einer erste Version des Regelinterpreters

Auch der nächste Schritt macht noch recht wenig Mühe. Es könnte ja sein, daß sich unsere Hypothese aus einer der vorhandenen Regeln direkt beweisen läßt. Wir wollen kurz überlegen, was in diesem Fall an Voraussetzungen erfüllt sein muß. Zunächst brauchen wir eine Regel, aus der unsere Hypothese gefolgert werden kann. Das bedeutet aber doch, daß diese Hypothese in den Aktionen einer Regel enthalten sein muß. Um nicht zuviel unnütze oder blinde Versuche zu machen, werden wir uns also eine Methode schreiben, die uns zu einer gegebenen Hypothese genau alle derartigen Regeln herausfindet.

Haben wir erst einmal alle Regeln, die für unsere Hypothese relevant sind, brauchen wir darauf nur noch unsere Methode apply-rule anzuwenden und zu testen, ob diese Anwendung wenigstens bei einer Regel Erfolg hatte. Wir werden dafür sorgen, daß uns die relevanten Regeln als Liste zur Verfügung stehen, deshalb können wir das mapcar-Konstrukt benutzen, um apply-rule auf jede Regel in dieser Liste anzuwenden.

Hier ist allerdings noch ein Punkt zu beachten, der mit dem Aufbau unseres Mikro-Flavor-Systems zu tun hat. Wir haben Regeln als Instanzen eines Flavors und damit als anonyme Lambda-Funktionen realisiert, die an bestimmte Symbolnamen gebunden sind. Wenn wir mittels mapcar die Methode apply-rule jeweils auf die Elemente einer Liste anwenden, wurden die Elemente dieser Liste bereits einmal evaluiert. Deshalb würde apply-rule lediglich den Namen einer Regel bekommen aber nicht das jeweilige Regelobjekt. Wir müssen also noch ausdrücklich dafür sorgen, daß an dieser Stelle wirklich auf die an das Symbol gebundene Lambda-Funktion zugegriffen wird, dazu dient die Funktion eval.

Nach Konstruktion von apply-rule erhalten wir von der gerade beschriebenen, neuen Methode eine Liste, die als Elemente nur T und NIL enthält. Wenn darin wenigstens ein T vorkommt, oder logisch äquivalent formuliert nicht alle Elemente NIL sind, ist unser Problem bereits gelöst: Es gibt eine Regel, aus der unsere Hypothese folgt!

Wir haben also nur noch die Aufgabe, herauszufinden, ob in einer Liste wenigstens ein Element von

NIL verschieden ist. Hierfür bietet sich die Funktion **notevery** an, die als Argumente ein Prädikat und eine Liste bearbeitet. Sie testet gerade, ob das Prädikat auf wenigstens ein Listenelement nicht zutrifft—dann liefert sie T—oder ob das Prädikat doch ohne Ausnahme für alle Elemente gilt—dann liefert **notevery** den Wert NIL.

Unter der Voraussetzung, daß wir eine Methode haben, die uns gerade alle für eine Hypothese relevanten Regeln als Liste liefert, können wir nun die Methode **try-forward** formulieren, mit der wir prüfen, ob sich eine Vermutung aus den Regeln und den bekannten Tatsachen durch Vorwärtsverkettung direkt bestätigen läßt:

```
(defmethod (rule-interpreter try-forward)(a_hypo)
   (cond ((notevery 'null
                    (mapcar #'(lambda (a_rule)
                               (send-message self 'apply-rule (eval a_rule)))
                        (send-message self 'relevants a_hypo)))
                 T)
         (T NIL)))
```

Allerdings ist die Methode **relevants** noch zu definieren. Im wesentlichen braucht diese Methode nur die Regeln herauszufinden, welche unsere Hypothese als Aktionen enthalten. Wir testen also mit der Funktion **memberp**, ob unsere Hypothese in der Liste der Folgerungen einer Regel enthalten ist. Ist das der Fall, liefern wir den Namen dieser Regel zurück, im anderen Fall NIL.

Damit wir gleichzeitig alle Regeln bearbeiten können, die uns die Methode **rules** anbietet, wenn wir sie an eine Instanz des Regelinterpreters schicken, wenden wir wieder das **mapcar**- Konstrukt an. Dabei müssen wir auch hier **eval** benutzen, damit die Methode **actions** wirklich mit der jeweiligen Regel—anstatt des Regelnamens—arbeiten kann.

Auf diese Weise erhalten wir allerdings eine Liste, in der außer den Namen der relevanten Regeln auch noch einige Male der Wert NIL auftreten könnte. Diese NIL-Werte würden uns bei der weiteren Auswertung ziemlich lästig werden, also entfernen wir sie mittels der **remove**-Funktion. Wir erhalten also folgenden Kode:

```
(defmethod (rule-interpreter relevants) (a_hypo)
  (remove NIL
          (mapcar #'(lambda (a_rule)
                      (cond ((memberp a_hypo
                                 (send-message (eval a_rule) 'actions))
                             a_rule)
                            (T NIL))
                 (send-message self 'rules)) ) )
```

Was bleibt noch zu tun, wenn unsere Methoden **look-up** und **try-forward** nicht zum Erfolg geführt haben? Die Idee ist folgende: Es könnte ja unter den relevanten Regeln (mindestens) eine geben, deren Voraussetzungen zwar nicht als bekannte Tatsachen vorliegen und damit erfüllt sind, aber doch mit Hilfe von anderen Regeln *bewiesen* werden könnten. Mit anderen Worten: Wir machen die Voraussetzungen der für unsere Hypothese relevanten Regeln ihrerseits zu Hypothesen und verfolgen diese Hypothesen mit den gleichen Methoden, die wir für die ursprüngliche Hypothese entwickelt haben, also rekursiv!

Gelingt es uns, eine Regel ausfindig zu machen, deren Voraussetzungen alle durch Anwendung weiterer Regeln aus unserer Wissensbasis als zutreffend bestätigt werden können, so müssen wir als letzten Schritt diese Regel selbst noch anwenden, damit unsere ursprüngliche Hypothese schließlich auch wirklich bewiesen wird. Die Methode **try-backward** besteht also im wesentlichen in einer Nachricht an den Regelinterpreter, die Methode **apply-rule** auf eine passende Regel anzuwenden. Die Aufgabe, diese passende Regel zu finden, übertragen wir der Übersichtlichkeit halber an eine andere Methode, die wir **find- backward-rule** nennen werden.

Wenn wir noch bedenken, daß diese noch zu schreibende Methode den Namen eines Symbols liefert, an den die gesuchte Regel als Wert gebunden ist, erhalten wir folgenden Kode:

```
(defmethod (rule-interpreter try-backward) (a_hypo)
  (cond ((send-message self 'apply-rule
             (eval (send-message self 'backward-rule-found a_hypo))) T)
        (T  NIL)))
```

Nun ist es ein erprobter und sehr nützlicher Trick, alles das, was im Moment noch zu undurchsichtig erscheint, an eine Methode oder Funktion abzuschieben, von der zunächst einmal nur feststeht, was für einen Wert sie zurückgeben soll und wie sie heißt. Aber irgendwann müssen wir dann doch festlegen, welche Arbeit dabei getan werden soll. Was erwarten wir nun von der Methode **find-backward-rule**? Sie soll sich die für eine Hypothese relevanten Regeln vornehmen und deren Voraussetzungen als Hypothesen testen. Also steht schon einmal fest, daß wir sie zunächst auf die Liste anwenden werden, die uns die Methode **relevants** liefert. Wenn wir eine passende Regel gefunden haben, also eine, deren sämtliche Voraussetzungen bestätigt werden konnten, sollte diese Regel als Wert übergeben werden.

Es ist also zu testen, ob wirklich keinmal der Wert **NIL** auftritt, wenn die Voraussetzungen einer Regel als Hyothesen getestet werden. Das überprüfen wir mit Hilfe der Common-Lisp-Funktion **notany** und dem Prädikat **null** ganz ähnlich, wie wir es in der Methode **try-forward** mit der Funktion **notevery** getan haben. Da unsere Methode aber auf alle Regeln in der Liste angewandt wird, welche die Methode **relevants** anbietet, müssen wir die Regel, bei der alle Voraussetzungen bewiesen werden konnten, auch noch irgendwie "festhalten".

Dazu bietet Lisp das **catch**- und **throw**-Konstrukt an. Wir verwenden es hier in folgender Weise: Um mit allen für eine Hypothese relevanten Regeln arbeiten zu können, bedienen wir uns wie schon in einigen anderen Fällen **mapcar** und definieren eine anonyme Lambda-Funktion für die Überprüfung, ob alle Voraussetzungen bewiesen werden konnten oder nicht. Wenn eine erfolgreiche Regel gefunden ist, möchten wir die weitere Auswertung von **mapcar** abbrechen und genau diese Regel als Wert zurückgeben.

Hier kommen jetzt **catch** und **throw** ins Spiel. Die Funktion **catch** verlangt als Parameter eine Variable und einen Ausdruck—in unserem Fall $rule_found$ und **mapcar**. Der Ausdruck wird normal ausgewertet und sein Wert an die Variable gebunden, wenn nicht ein ganz spezieller Fall eintritt. Dieser besteht darin, daß während der Auswertung von **mapcar** eine passende Regel gefunden wird. Mit **throw** bezeichnen wir die Stelle, an der die weitere Auswertung von **mapcar** abzubrechen ist und bestimmen zudem, welchen Wert die bei **catch** angegebene Variable $rule_found$ bekommen soll.

Da wir zwecks Übersicht noch einmal den Trick anwenden, die eigentliche Rekursion in einer anderen Methode unterzubringen, ergibt sich folgende Möglichkeit der Codierung, wobei die eval-Funktion wieder dazu dient, anstelle des Namens einer Regel, das heißt einer Instanz, die Instanz selber anzusprechen:

```
(defmethod (rule-interpreter find-backward-rule)  (a_hypo)
  (catch 'rule_found
```

```lisp
(mapcar #'(lambda (a_rule)
            (if (notany 'null
                        (send-message self 'test-conditions-as-hypos
                                      (eval a_rule)))
                (throw 'rule_found a_rule)))
          (send-message self 'relevants a_hypo))
NIL)   )
```

Erfreulicherweise liegt die Hauptarbeit bereits hinter uns. Wir müssen nur noch die Voraussetzungen einer Regel als zu testende Hypothesen an den Regelinterpreter schicken. Dazu senden wir zunächst eine Nachricht an die Regel, uns ihre Voraussetzungen mitzuteilen. Darauf wenden wir eine Methode des Regelinterpreters an, die im Gegensatz zu verify-hypothesis allerdings in der Lage sein muß, eine Liste von Hypothesen zu untersuchen. Diese Methode ist mit Hilfe von mapcar und verify-hypothesis schnell geschrieben, so daß wir unsere Strategie zur Rückwärtsverkettung folgendermaßen vervollständigen können:

```lisp
(defmethod (rule-interpreter test-hypotheses) (a_list_of_hypos)
   (mapcar #'(lambda (a_hypo)
               (send-message self 'verify-hypothesis a_hypo))
           a_list_of_hypos))

(defmethod (rule-interpreter test-conditions-as-hypos)  (a_rule)
   (send-message self 'test-hypotheses
           (send-message a_rule 'conditions))  )
```

Was soll noch geschehen, wenn auch die zuletzt entwickelte Methode erfolglos bleibt? Hier gehen wir davon aus, daß dem Benutzer eines wissenbasierten Systems an dieser Stelle die Kontrolle zurückgegeben werden sollte. Mit einer Methode ask-user wendet sich unser Regelinterpreter unmittelbar an den Benutzer, um so auch sein Wissen zu einer fraglichen Hypothese miteinzubeziehen. Bestätigt der Benutzer die Gültigkeit der Hypothese, erhält der Interpretierer eine Nachricht, diese Hypothese als Faktum zu speichern. Dazu dient die schon vorhandene Methode store. Im anderen Fall sollte die Methode verify-hypothesis den Wert NIL liefern, um mitzuteilen, daß die jeweilige Hypothese nicht zu verifizieren war.

7 Ein Konzept zur Integration von Wissensrepräsentationsformalismen

Als nächstes Beispiel sowohl für die Leistungsfähigkeit unseres Mikro-Flavorsystems als auch für grundlegende Techniken zur Realisierung von Systemen der Künstlichen Intelligenz wollen wir ein Programm entwerfen, mit dessen Hilfe sich mehr als nur eine Repräsentationsform von Wissen verarbeiten läßt. In der Literatur bezeichnet man derartige Systeme auch als hybride Systeme. Als Vorbild dient uns dazu das BABYLON-System [17].

Tatsächlich werden wir uns bei der Gestaltung eines Systems zur Verarbeitung von (zunächst) zwei Darstellungsformen von Wissen an den gleichen Prinzipien orientieren, die auch bei BABYLONzugrund liegen. Doch wie schon bei der Konstruktion des Regelinterpreters gestatten wir uns zahlreiche Vereinfachungen, um nicht durch komplexe Implementierungsdetails den klaren Grundriß aus den Augen zu verlieren.

Wir beginnen unsere Überlegungen wieder mit der Frage , welche Objekte bei unserem System eine Rolle spielen. Dazu müssen wir uns zunächst über die Wissensformen Klarheit verschaffen, die verarbeitet werden sollen. Da wir mit Regeln schon arbeiten können, bauen wir den dazu gehörigen Formalismus in unser System ein. Als zweite Darstellungsform für Wissen können wir nun sehr leicht einen *Frame*-artigen Formalismus gewinnen, den man zur Repräsentation taxonomischen Wissens verwenden kann. Dazu können wir *Flavors* als Frames und ihre Instanzen als Frame-Instanzen interpretieren! Attribute von Frames sind dann gerade Instanzenvariablen.

Damit muß unser System also in jedem Fall über Objekte verfügen, um Regeln und Frames zu bearbeiten. Einen Regelinterpreter haben wir schon, also benötigen wir jetzt noch ein Objekt als Frame-Interpreter.

Eine wichtige Funktion in unserem System besteht darin zu erkennen, zu welchem Formalismus ein bestimmter Ausdruck gehört. Nur so kann entschieden werden, welcher Interpreter die Kontrolle erhält. Hierzu wollen wir ein weiteres Objekt einführen, das in Anlehnung an BABYLONals Meta- Interpreter bezeichnet wird. Dieses Objekt muß über eine Methode verfügen, um einen Ausdruck zur Repräsentation von Wissen zur Bearbeitung an einen "zuständigen" Interpretierer weiterzuleiten.

Um unser System prinzipiell für die Erweiterung durch neue Wissensrepräsentationsformalismen offen zu halten, sollte die Zuordnung zu einem Interpreter so geschehen, daß dabei auf Implementierungsdetails nicht zurückgegriffen werden muß. Eine mögliche Lösung besteht darin, eine Methode einzuführen, die einen Ausdruck sozusagen an alle Interpretierer "zur Ansicht" verschickt und sie dann demjenigen zur Bearbeitung überläßt, der sich zuständig erklärt.

Dabei können wir zur Vereinfachung die Methoden zur Erkennung der Zuständigkeiten bei den entsprechenden Interpretern selbst unterbringen. Sie müssen dazu überall jeweils über denselben Namen angesprochen werden können. Eine mögliche Lösung besteht darin, in den Eigenschaftslisten der Objekte "Regelinterpreter" und "Frameinterpertierer" unter einem Eigenschaftsnamen (z.B. execute-fn) den Namen der für diesen Interpreter typischen Auswertungsmethode(n) einzutragen.

Der Meta-Interpreter sendet dann eine Nachricht an alle ihm bekannten Interpretierer, die sich als Selektor gerade den Namen der für den jeweiligen Interpreter typischen Auswertungsmethode von dessen Eigenschaftsliste holen. Als weitere Argumente benötigen die Interpreter mindestens den zu bearbeitenden Ausdruck. Darüberhinaus wollen wir aber auch in unserer sehr einfachen ersten Version eines hybriden Inferenzsystems noch ein Argument mit hinzunehmen, das die Art der Auswertung eines Ausdrucks näher bestimmt bzw. modifiziert.

Sobald ein Interpreter seine Zuständigkeit für den fraglichen Ausdruck erkennt, bekommt der Meta-Interpreter einen Wert zurückgeliefert, so daß er die Auswertung dieses Ausdrucks abschließen kann.

Den "Ausstieg" aus der Bearbeitung realisieren wir mit **catch** und **throw**. Im folgenden geben wir den Code für die "generelle" Auswertungsmethode des Meta-Interpreters wieder:

```
(defmethod (meta-interpreter meta-eval) (expression mode)
     (catch final-result
            (mapc (lambda (processor)
                      (let ((result
                             (send-message self
                                              (get processor execute-fn)
                                            expression mode) ) )
                          (if result
                              (throw final-result result) ) ) )
                    (send-message self processors) )
          nil  )     )
```

8   Der Frameinterpreter

Als nächstes wollen wir uns den einzelnen Interpretern zuwenden. Beginnen wir mit dem Frame-Interpreter, denn den Regelinterpreter werden wir so weit wie möglich unverändert übernehmen. Welche Methoden für Frames wollen wir ermöglichen? Für einen ersten Prototyp sollte es genügen, wenn wir die Attributwerte einer Frame-Instanz lesen und überschreiben können.

Als weitere Vereinfachung wollen wir festlegen, daß eine Attributwert- Referenz in unserem System stets die Gestalt

$$(instanz\text{-}name\ attribut\text{-}name = attribut\text{-}wert)$$

haben soll. In Abhängigkeit von dem Wert, der an **mode** gebunden ist, wird daraufhin getestet, ob ein Attribut den angegebenen Wert hat (**recall**) oder dieser Wert eingetragen (**store**) werden soll Die zugehörigen Methoden erhalten die Namen **read-reference** und **write-reference**. Wir bilden den Code für die erstgenannte als Beispiel ab:

```
(defmethod (frame-interpreter read-reference) (expression)
   (equal (send-message (eval (instance-name expression))
                                          (attribut expression))
          (attribut-value expression)  )  )
```

Dabei sind **instance-name**, **attribut** und **attribut-value** Makrodefinitionen, die aus einer syntaktisch korrekten Attributwert-Referenz die entsprechenden Elemente mittels der Funktionen **car** und **cdr** isolieren.

Schließlich müssen wir für den Frameinterpreter noch festlegen, mit welcher Methode er überprüft, ob er für einen Ausdruck zuständig ist oder nicht. Zur Vereinfachung nehmen wir an, daß der Frame-Interpreter Instanzenvariablen **frames** und **instances** besitzt, in denen alle Frames und sämtliche Instanzen namentlich aufgelistet sind. Der Test auf Zuständigkeit besteht dann nur in einer Überprüfung darauf, ob das erste Element eines Ausdrucks in der Liste der bekannten Instanzen enthalten ist:

```
(defmethod (frame-interpreter known-instance) (object)
   (member (car object) (send-message self 'instances))  )
```

Damit erhalten wir folgenden Code für die "frametypische" Auswertungsmethode:

```
(defmethod (frame-interpreter frame-execute) (expression mode)
    (if (send-message self 'known-instance expression)
        (case mode
          ((recall) (send-message self 'read-reference expression))
          ((store)  (send-message self 'write-reference expression))
          (T))))
```

8.1   Die Einbindung des Regelinterpreters

Nun zu der Rolle des Regelinterpreters in unserem kleinen Hybridsystem. Wir wollen ja den Regelinterpreter, den wir im vorigen Kapitel beschrieben haben, soweit wie möglich übernehmen. Was müssen wir unbedingt noch ergänzen? Natürlich brauchen wir eine für den Regelinterpreter typische Methode. Sie vereinigt die schon entwickelten Operationen zur Datenmanipulation **recall** und **store**.

Als weitere Vereinfachung wollen wir festlegen, daß der Regelinterpreter immer zuständig ist, wenn sich kein anderer Interpreter findet. Das hat einerseits gewisse Konsequenzen für die Konfiguration der Expertensysteme zur Folge, welche mit unserem Inferenzsystem realisiert werden sollen,

```
(defmethod (rule-interpreter rule-execute) (expression mode)
    (case mode
        ((recall) (send-message self 'recall expression))
        ((store)  (send-message self 'store expression))
        (T)  )  )
```

Die einzige Änderung, die wir sonst noch vornehmen müssen, bezieht sich auf die Behandlung von Voraussetzungen und Folgerungen von Regeln: Dort sind prinzipiell beliebige Ausdrücke zur Wissensrepräsentation zugelassen, also kann sie der Regelinterpreter nicht ohne weiteres selbst auswerten. Wir ersetzen daher in den Methoden **try-conditions** und **store-actions** die Zeilen

```
        (send-message self 'store x)
```

bzw.

```
        (send-message self 'recall x)
```

durch Nachrichten an den Meta-Interpreter:

```
        (send-message self 'meta-eval x 'store)
```

und

```
        (send-message self 'meta-eval x 'recall)
```

Wenn wir noch daran denken, unter **execute-fn** in der Eigenschaftsliste des Regelinterpreters den Namen der "regeltypischen" Methode **rule-execute** abzulegen, so haben wir die Integration dieses Bausteins in unser hybrides Minisystem abgeschlossen.

8.2   Ausblick: Konfiguration von Expertensystemen

Was bleibt noch zu tun? Tatsächlich haben wir bisher nichts darüber gesagt, wie ein Expertensystem aussehen soll, das wir mit unserem Inferenzsystem erstellen können. Um die Stärken unseres Entwurfs ganz auszunutzen, bauen wir für jede Anwendung, d.h. jedes einzelne Expertensystem, gerade die Interpreter ein, die wirklich gebraucht werden. Wir streben also an, Expertensysteme zu konfigurieren, indem wir sie gezielt nur mit den Objekten ausstatten, deren Leistungen sie jeweils benötigen.

Mit dem zugrundeliegenden Mikro-Flavorsystem läßt sich eine solche Konfiguration leicht über Vererbung realisieren. Wir definieren als Beispiel für eine Anwendung zunächst ein Objekt, welches als eine Instanz das eigentliche Expertensystem haben wird, den **knowledge-processor-for-animals**— wir bleiben also der "biologischen" Wissensdomäne treu. An dieser Stelle legen wir über die Angabe der Oberklassen fest, mit welchen Interpretern dieses Expertensystem arbeiten kann:

```
(defflavor knowledge-processor-for-animals ()
        (meta-interpreter frame-interpreter rule-interpreter)  )
```

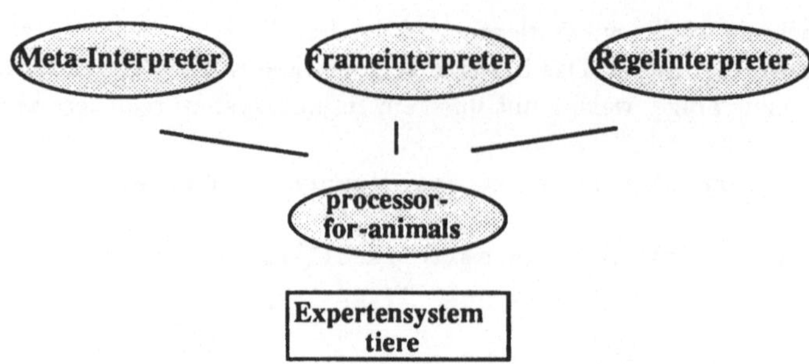

Abbildung 38: Aufbau des Expertensystems

Dabei ist der meta-interpreter absolut notwendig, die anderen Interpreter werden nach Bedarf hinzugenommen.

Damit ergibt sich folgendes Bild für den Aufbau unseres Expertensystems:

Als Regelmenge verwenden wir:

```
(setf r1 (make-instance 'rule
                        'conditions '((hat haare)
                                         (testtier farbe = braun))
                        'actions '((ist baer))))
(setf r2 (make-instance 'rule
                        'conditions '((ist baer)
                                         (testtier farbe = braun))
                        'actions '((testtier nahrung = honig))   )   )
```

Jetzt "definieren" und "instantiieren" wir noch einen "Frame":

```
(defflavor tier (farbe nahrung) () )
(setf testtier (make-instance 'tier 'farbe 'braun))
```

Zuletzt instanziieren wir das Expertensystem "tiere". Hierbei müssen wir nun in der Tat dafür sorgen, daß der Regelinterpreter vom Meta- Interpreter nur dann angesprochen wird, wenn sich kein anderer Interpreter als zuständig erwiesen hat (vgl. S. 8.1). In unserer ersten, prototypischen Realisierung geschieht dies—wie auch die Konfiguration selbst—von Hand: Wir schreiben rule-interpreter einfach an letzter Stelle in die Liste der Interpreter:

```
(setf tiere (make-instance 'knowledge-processor-for-animals
                        'processors '(frame-interpreter rule-interpreter)
                        'instances '(testtier)
                        'rules '(r1 r2)
                        'facts '((hat haare))))
```

Damit ist die Beschreibung einer ersten Beispielversion unseres kleinen hybriden Inferenzsystems abgeschlossen. Zahlreiche Möglichkeiten zur Ausgestaltung bieten sich an. Als Anregung erwähnen wir an dieser Stelle nur, daß die Konfigurierung von Expertensystemen und die Verwaltung von Frames und ihren Instanzen über geeignete Methoden auch automatisch erfolgen kann.

9 Schlußbemerkungen

Wie in [36] bemerkt, ist es einem Zufall zu verdanken, daß einer der Autoren während eines Einführungskurses in LISP auf der KIFS-85 die Mikroversion des Flavor-Systems entwickelte. Die Darstellung des Mikro-BABYLON-Systems basiert auf mehreren Kursen aller drei Autoren. Die Entwicklung früherer Versionen hat selber wieder großen Einfluß auf das BABYLON-System gehabt. So wurde u.a. dadurch die Idee der Konfigurierbarkeit entwickelt. Am Ende folgt dasselbe Zitat von Alan Perlis, mit dem alle diese Kurse abgeschlossen wurden, und das auch für die KIFS-89 Motto sein soll.

> I think that it's extraordinarily important that we in computer science keep fun in computing. When it started out, it was an awful lot of fun.
> ...
> I think we're responsible for stretching these machines, setting them off to new directions, and keeping fun in the house. I hope the field of computer science never loses its sense of fun. Above all, I hope we don't become missionaries. Don't feel as if you are bible salesmen. The world has too many of those already.
> What we know about computing other people will learn. Don't feel as if the key to successful computing is only in your hands. What's in your hands, I think and hope, is intelligence:
> The ability to see the machine as more than when you were first led up to it, that you can make it more (aus dem Vorwort von Alan J. Perlis in [1]).

Literatur

[1] Abelson, H.; Sussmann, G.J. **Structure and Interpretation of Computer Programs.** MIT Press, Cambridge (MA), 1984

[2] Allen, J. **The Anatomy of LISP.** McGraw-Hill, New York, 1978

[3] Barr, A.; Feigenbaum, E. (Hrsg.) **The Handbook of Artificial Intelligence. Vol. I, Vol. II** William Kaufmann, Los Altos (CA), 1981

[4] Barstow, D.R.; Shrobe, H.E.; Sandewall, E. (Hrsg.) **Interactive Programming Environments.** McGraw-Hill, New York, 1984

[5] Birtwistle, G.; Dahl, O.-J.; Myhrhaug, B.; Nygaard, K. **SIMULA BEGIN.** Auerbach, Philadelphia, 1973

[6] Bobrow, D.G.; Kahn, K.; Kiczales, G.; Masinter, L.; Stefik, M.; Zdybel, F. **COMMON-LOOPS. Merging CommonLisp and Object-Oriented Programming.** Xerox PARC, Palo Alto, ISL-85-8, 1985

[7] Bromley, R.A. **Programming in Common LISP.** John Wiley&Son, New York, 1986

[8] Charniak, E.; McDermott, D. **Introduction to Artificial Intelligence.** Addison-Wesley, Reading (MA), 1985

[9] Charniak, E.; Riesbeck, C.; McDermott, D. **Artificial Intelligence Programming.** Lawrence Erlbaum, Hillsdale, 1980

[10] Christaller, T.; Rome, E. *LISP.* **Computer Magazin**, Sonderheft Programmiersprachen, Oktober, 1985, S.40-46

[11] Christaller, T. **Die Entwicklung generischer Kontrollstrukturen aus kaskadierten ATNs.** Dissertation, Univ. Hamburg, Hamburg, 1986

[12] Christaller, T.; Rome, E.; Wittur, K.-H. **Einführung in Interlisp.** GMD, Sankt Augustin, 1986

[13] Christaller, T. **Einführung in LISP.** In: Christaller, Hein, Richter (Hrsg.) Künstliche Intelligenz. Informatik- Fachberichte 159, Springer, Heidelberg, 1988

[14] Cohen, P.R.; Feigenbaum, E.A. (Hrsg.) **The Handbook of Artificial Intelligence. Vol. III** William Kaufmann, Los Altos (CA), 1982

[15] Dertouzos, M.L.; Moses, J. (Hrsg.) **The Computer Age: A Twenty-Year View.** MIT Press, Cambridge (MA) 1979

[16] di Primio, F.; Christaller, T. **A Poor Man's Flavor System.** ISSCO, Universität Genf, Genf, 1983

[17] Expertensystem Forschungsgruppe (Hrsg.) **Die KI-Werkbank BABYLON.** erscheint demnächst

[18] Gabriel, R. P. **Performance and Evaluation of Lisp** The MIT Press, London, 1985

[19] Ghezzi, C.; Jazayeri, M. **Programming Language Concepts.** John Wiley&Sons, New York, 1982

[20] Goldberg, A.; Robson, D. **Smalltalk 80: The Language and its Implementation.** Addison Wesley, Reading (MA), 1983

[21] Groß, E.; Walther, J.; Christaller, T.; Rome, E.; Müller, B.S. *Softwareentwurf und Realisierung des Expertensystemwerkzeugs BABYLON mit Hilfe objektorientierter Programmierung.* In: Hommel,G.; Schindler,S. **GI-16. Jahrestagung. Band I** Informatik-Fachberichte 126, Springer, Heidelberg, 1986, S.180-194

[22] Hamann, C. **Einführung in das Programmieren in LISP.** De Gruyter, Berlin, 1982

[23] Horowitz, E. **Fundamentals of Programming Languages.** Springer, Heidelberg, 1983

[24] Kaisler, S.H. **INTERLISP. The Language and Its Usage.** John Wiley&Sons, New York, 1986

[25] Keene, S.E.; Moon, D.A. **Flavors: Object-oriented Programming on Symbolics Computers.** Symbolics, Cambridge (MA), 1985

[26] Laubsch, J. **ObjTalk. Eine LISP-Erweiterung zum objekt-orientierten Programmieren.** Inst. für Informatik, Univ. Stuttgart, Bericht, 1982

[27] Lieberman, H. **A Preview of ACT1.** MIT AI-Lab., AI Memo 625, Cambridge (Mass.), 1981

[28] McCarthy, J.; Abrahams, P.W.; Edwards, D.J.; Hart, T.P.; Levin, M.I. **LISP 1.5 Programmer's Manual.**
MIT-Press, Cambridge (MA), 1962

[29] McCarthy, J. *Recursive Functions of Symbolic Expressions and their Computation by Machine. Part I* **Communications of the ACM,** 3:4, 1960, S.184-195

[30] McCarthy, J. *History of LISP.* **SIGPLAN Notices,** 13:8, 1978, S.217-223

[31] Nebel, B. *Ist LISP eine 'langsame' Sprache?* In: B.Neumann (Hrsg.) **GWAI-83** Informatik-Fachberichte 76, Springer, Heidelberg, 1983, S.21-30

[32] Nebel, B. **How well does a Vanilla Loop fit into a Frame?** TU Berlin, Berlin, KIT-Bericht 30, 1985

[33] Nilsson, N.J. **Principles of Artificial Intelligence.** Tioga, Palo Alto (CA), 1980 und Springer, Heidelberg, 1982

[34] Roberts, R.B.; Goldstein, I.P. **The FRL Manual.** MIT AI-Lab., AI Memo 409, Cambridge (Mass.)

[35] Sannella, M. (Hrsg.) **InterLisp-D Reference Manual.** Rank Xerox, Palo Alto (CA), 1984

[36] Spade, F. **Objektorientierte Programmierung in LISP.** FB Kommunikationswissenschaften, FU Berlin, Berlin, 1986

[37] Steele, G.L. **CommonLisp.** Digital Press, 1984

[38] Stefik, M.J.; Bobrow, D.G.; Kahm, K.M. *Integrating Access-Oriented Programming into a Multiparadigm Environment.* **IEEE Software,** Vol. 3:1, 1986, s.10-18

[39] Stoyan, H. **LISP-Anwendungsgebiete, Grundbegriffe, Geschichte.** Akademie-Verlag, Berlin, 1980

[40] Stoyan, H.; Görz, G. **LISP. Eine Einführung in die Programmierung.** Springer, Heidelberg, 1984

[41] Stoyan, H.; Wedekind, H. (Hrsg.) **Objektorientierte Software- und Hardwarearchitekturen.** B.G. Teubner, Stuttgart, 1983

[42] Stroustrup, B. **The C++ Programming Language.** Addison-Wesley, Reading (MA), 1986

[43] Wegner, P. *Capital-Intensive Software Technology.* **IEEE Software**, 1984, Juli, S.7-45

[44] Weinreb, D.; Moon, D. **LISP Machine Manual.** MIT, AI Laboratory, Cambridge (MA), 1984

[45] Wilensky, R. **LISP Craft.** W.W. Norton, New York, 1984

[46] Winston, P.H. **Artificial Intelligence.** Addison-Wesley, Reading (MA), 2. Edition 1984

[47] Winston, P.H.; Horn, K.P.H. **LISP.** Addison-Wesley, Reading (MA) 3. Edition, 1988

A   Listing der Mikroversion des Flavor-Systems

```
;;; -*- Mode: LISP; Base: 10; Syntax: ZetaLisp  -*-

#| This is a micro-version of the Flavor System based upon the 'Poor Man's Flavor
System' by di Primio and Christaller.

Author: Thomas Christaller

First presented at the KIFS-85, Dassel written in VAX-Lisp and Interlisp-D. This
version is adopted to ZetaLisp.  |#

(defun SEND-MESSAGE (self &rest message)
  "Realizes a Message Passing Event.
It takes as a first argument the object which will receive the message. All other
arguments build the message.This function binds SELF to the receiver of the
message so that from inside an activated method one can refer to the receiver."
  (apply self (cons self message)))


(defun pair-up (a_list)
"Pairs up the instance variables and their initializations into an association list.
  (if (null a_list)
      '()
      (cons (list (first a_list)
  (second a_list))
    (pair-up (rest1 (rest1 a_list))))))))

(defun CREATE-INSTANCE (a_class &rest initializations)
  "Creates a functional object which represents an instance."
  (eval '(function (lambda (self selector &rest arguments)
          (handle-message self ',(pair-up initializations) ',a_class
                  a_selector arguments)))))

(defun HANDLE-MESSAGE (self environment a_class a_selector arguments)
  "Is the message interpreter.
It fetches the code from the class of the activated instance or its superclasses by
means of the given selector in the message."
  (let ((handler (get-handler-for a_class a_selector)))
    (if (not handler) ; no handler there?
; signal error.
; this is the place to introduce
; default handling via methods.
(ferror nil "~S cannot handle this message: ~S" a_class
a_selector)
(apply handler (cons self (cons environment arguments)))))))

(defun get-handler-for (a_class a_selector)
  (traverse-inheritance-graph  a_selector (list a_class) ())))
```

```
(defun traverse-inheritance-graph (a_selector opened closed)
  "Realizes a top-down, depth-first, left-to-right search through the inheritance
graph."
  (cond
    ((null opened) nil) ; nothing where to look
    ((memq (first opened) closed) ; already visited, traverse rest
     (traverse-inheritance-graph a_selector (rest1 opened) closed))
    ((get (first opened) a_selector)) ; there is a handler!
    (T ; traverse the superclasses and then
          ; the other branches
     (traverse-inheritance-graph a_selector
 (append (get (first opened) 'superclasses)
 (rest1 opened))
 ; mark it as visited:
 (cons (first opened) closed)
 ))))


(defmacro DEFACTION ((a_class a_selector) paramater-list body)
  "Creates a method for a given class and a selector.
It simply puts code onto the property list of the class under the selector as
indicator so that GET-HANDLER-FOR can retrieve it."
  '(setf (get ',a_class ',a_selector)
 (function (lambda (self environment ,@paramater-list)
 ,body))))


(defmacro defclass (a_class a_list-of-instance-variables a_list_of_superclasses)
  '(progn (defun ,a_class (self a_selector &rest arguments)
     (handle-message ',a_class NIL ',a_class a_selector arguments))
   (setf (get ',a_class 'superclasses)
       ',a_list_of_superclasses)
   ,@(mapcar (function (lambda (a_variable)
      '(DEFACTION (,a_class ,a_variable) ()
        (first
         (rest1 (assoc ',a_variable environment)))))))
       a_list-of-instance-variables)
   ,@(mapcar (function (lambda (a_variable)
      '(DEFACTION (,a_class ,(intern (format nil "SET-~S" a_variable)))
            (a_value)
        (setf (first (rest1 (assoc ',a_variable environment)))
             a_value))))
       a_list-of-instance-variables)
   ',a_class))
```

Wissensrepräsentationen und Problemlösungs- strategien in Expertensystemen

Frank Puppe
Universität Karlsruhe
Institut für Logik, Komplexität und Deduktionssysteme
Postfach 6380, D-7500 Karlsruhe

Zusammenfassung: Expertensysteme werden derzeit überwiegend mit Hilfe von Expertensystem-Werkzeugen entwickelt, die bewährte Techniken bereitstellen. Dieser Beitrag gibt einen Überblick über die wichtigsten Konzepte. Dabei wird zwischen zwei Ebenen unterschieden: zum einen in Expertensystemen verwendete Basiswissensrepräsentationen mit zugehörigen Ableitungsstrategien wie Regeln, Frames, Constraints; probabilistisches, nicht-monotones und temporales Schließen und zum anderen höhere Problemlösungsstrategien für die Problemklassen Diagnostik, Konstruktion und Simulation[1].

1. Einleitung

1.1 Charakterisierung von Expertensystemen

Expertensysteme beschäftigen sich mit der Anwendung von Wissensrepräsentationstechniken zur Lösung konkreter Probleme aus der Praxis. In erster Näherung eignen sich Expertensysteme für eng begrenzte Problembereiche, für die klare Algorithmen fehlen, die aber von Experten routinemäßig gelöst werden können. Zu ihrer Entwicklung muß die Schlußfolgerungsfähigkeit und das Fachwissen der Experten im Computer nachgebildet werden. Dazu hat sich die klare Trennung zwischen Problemlösungsstrategien und Wissen als sehr vorteilhaft herausgestellt und ist daher für Expertensysteme charakteristisch (s. Abb. 1).

Aus dieser Trennung leiten sich auch zwei der vier in Abb. 2 aufgeführten typischen Eigenschaften von Expertensystemen ab:

- die Transparenz bzw. die Erklärungsfähigkeit, weil jede Schlußfolgerung durch Angabe des zu ihrer Herleitung erforderlichen Wissen begründet werden kann

---

1 Der Beitrag ist eine Kurzfassung der Teile I - III meines Buches "Einführung in Expertensysteme" [Puppe 88].

(daraus folgt, daß die Erklärungen meist umso verständlicher sind, je besser das Wissen strukturiert ist).

- die Flexibilität, weil das Wisen modifiziert werden kann, ohne daß man dazu die Implementierung der Problemlösungsstrategien kennen muß.

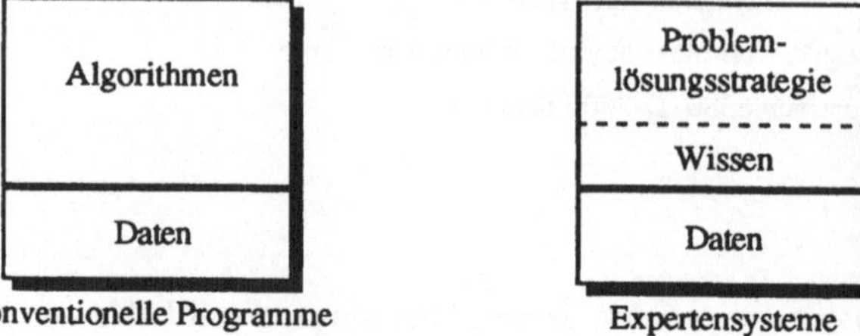

Abb. 1: Vergleich von Expertensystemen und konventionellen Programmen

Transparenz:	Expertensysteme können ihre Problemlösung durch Angabe des benutzten Wissens erklären.
Flexibilität:	Einzelne Wissensstücke können relativ leicht hinzugefügt, verändert oder gelöscht werden.
Benutzerfreundlichkeit:	Der Umgang mit Expertensystemen erfordert kein programmiersprachliches Vorwissen (weder für den Endbenutzer noch für den Experten).
Kompetenz:	Expertensysteme verfügen über eine hohe Problemlösungsfähigkeit in ihrem Anwendungsbreich.

Abb. 2: Eigenschaften von Expertensystemen

1.2 Methodik

Eine genauere Beschreibung geeigneter Anwendungsbereiche für Expertensysteme als "von Experten routinemäßig lösbar" muß auf einer Klassifikation von Problembereichen aufbauen. Weiterhin sollten für die verschiedenen Problemklassen Problemlösungsstrategien angegeben werden. Das bedeutet, daß sich die Klassifikation an den Problemlösungsstrategien orientieren muß. Unter Problemlösungsstrategie verstehen wir hier nicht eine Ableitungsstrategie wie Vorwärts- oder Rückwärtsverkettung von Regeln, sondern problemspezifische Verfahren wie z.B. Hypothesize-and-Test für die Diagnostik oder Skeletal-Planning bei der Konstruktion. Jedoch besteht oft ein enger Zusammenhang zwischen Problemlösungs- und Ableitungsstrategien, da sich erstere mit Hilfe letzterer implementieren lassen. So werden z.B. bei Hypothesize-and-Test zunächst aus den Anfangssysmptomen durch Vorwärtsverkettung Verdachtsdiagnosen hergeleitet, die dann durch Rückwärtsverkettung gezielt überprüft werden. Aus diesen Überlegungen ergibt sich folgender Rahmen zur Einordnung von Expertensystemtechniken (Abb. 3).

1. Einteilung der konkreten Probleme in Problemlösungstypen.
2. Zuordnung der Problemlösungstypen zu Problemlösungsstrategien.
3. Abbildung der Problemlösungsstrategien in Wissensrepräsentationen und zugehörige Kontrollstrategien.
4. Implementierung der Wissensrepräsentation und der Kontrollstrategien.

Abb. 3: Rahmen zur Einordnung von Expertensystemtechniken

Klassifikationen von Problembereichen werden z.B. in [Stefik 82, Hayes-Roth 83, Clancey 85] vorgenommen. Jedoch bleibt die Zuordnung der Problemklassen zu Problemlösungsstrategien unklar. Wir beschränken uns daher zunächst auf eine sehr grobe Klassifikation (s. Abb. 4) mit den Problemlösungstypen Diagnostik (Synonyme sind: Klassifikation, Selektion, Auswahl) Konstruktion (dazu gehören: Konfigurierung, Planung, Design) und Simulation (Vorhersage).

Diagnostik: Die Lösung wird aus einer Menge vorgegebener Alternativen ausgewählt.

Konstruktion: Die Lösung wird aus kleinen Bausteinen zusammengesetzt.

Simulation: Aus dem Ausgangszustand werden Folgezustände hergeleitet.

Abb. 4: Übersicht über die wichtigsten Problemlösungstypen

Bei der Implementierung von Problemlösungsstrategien für die einzelnen Problemlösungstypen stellt man fest, daß es viele Gemeinsamkeiten gibt, die vor allem die Grundtechniken der Wissensrepräsentation mit ihren zugehörigen Ableitungsstrategien umfassen. Dazu gehören in erster Linie Regeln und objektorientierte Darstellungen. Eine weitere häufig benutzte Grundtechnik sind Constraints, welche Randbedingungen repräsentieren, die von der Lösung eingehalten werden müssen. Constraints unterscheiden sich von Regeln dadurch, daß keine Ableitungsrichtung vorgegeben ist. Wegen der Unsicherheit, Unvollständigkeit und Zeitabhängigkeit der Daten bzw. des Wissens in vielen Problembereichen gehören zu den Grundtechniken auch Repräsentationen für probabilistisches, nicht-monotones und temporales Schließen.

Die verschiedenen Grundtechniken haben für die einzelnen Problemlösungstypen natürlich nicht dieselben Bedeutungen. So ist z.B. für die Konstruktion probabilistisches Schließen weit weniger wichtig als für die Diagnostik. Abb. 5 zeigt eine grobe Zuordnung von Problemlösungstypen zu Grundtechniken der Wissensrepräsentation und -verarbeitung.

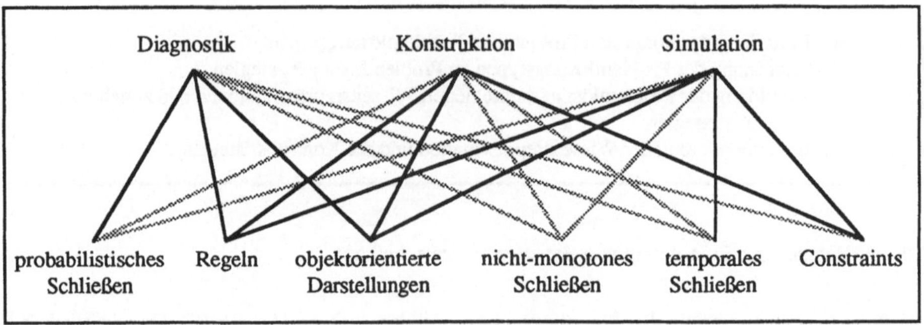

Abb. 5: Grobe Zuordnung von Problemlösungstypen zu Grundtechniken der Wissensrepräsentation und -verarbeitung.

1.3 Architektur von Expertensystemen

Die in Abb. 1 illustrierte Trennung zwischen Problemlösungsstrategie und Wissen bestimmt die Architektur von Expertensystemen: die beiden Hauptkomponenten sind Steuersystem und Wissensbasis (Abb. 6).

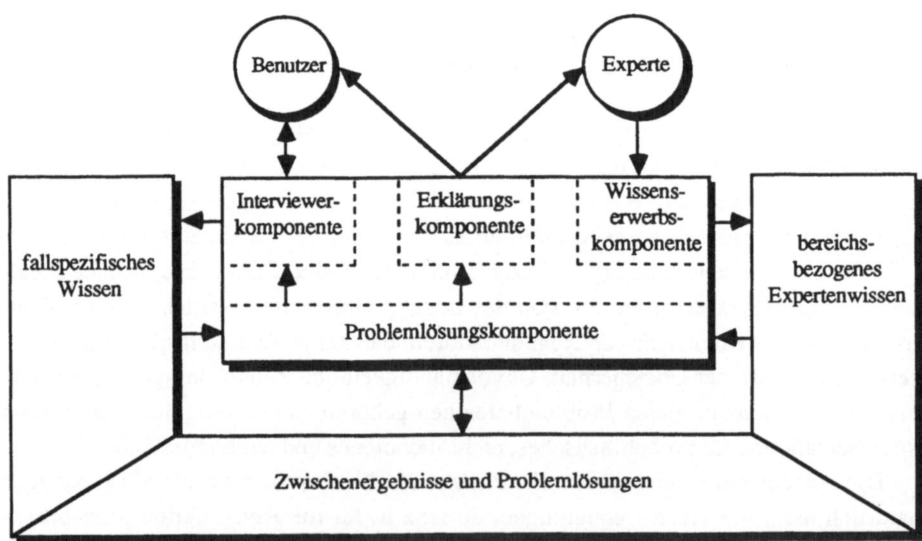

Abb. 6: Architektur von Expertensystemen

Das Steuersystem enthält Programmcode für die Problemlösungsstrategien und für die Benutzerschnittstelle, wobei sich letztere in die drei relativ eigenständigen Teile für den

Benutzerdialog, für die Generierung von Erklärungen und für den Wissenserwerb aufteilen läßt. Daraus ergeben sich folgende Untermodule:

- Die Problemlösungskomponente interpretiert das Expertenwissen zur Lösung des vom Benutzer spezifizierten Problems.
- Die Interviewerkomponente führt den Dialog mit dem Benutzer und/oder liest automatisch erhobene Meßdaten ein. Falls kein Benutzerdialog stattfindet, nennt man das Expertensystem auch eingebettetes System, ansonsten interaktives System.
- Die Erklärungskomponente macht die Vorgehensweise des Expertensystems transparent. Sie hilft sowohl dem Benutzer, der für die vorgeschlagene Problemlösung eine Begründung oder Rechtfertigung sucht, als auch dem Experten, der Fehler in der Wissensbasis lokalisieren will.
- Die Wissenserwerbskomponente ermöglicht es dem Experten, sein Wissen in das Expertensystem einzugeben und später zu ändern. Je nach der Qualität der Wissenserwerbskomponente muß der Experte dabei durch einen Wissensingenieur unterstützt werden, oder er kann durch Lerntechniken, die z.B. Falldatenbanken auswerten, entlastet werden.

Auch die Wissensbasis besteht aus verschiedenen Teilen. Je nach Herkunft des Wissens unterscheidet man dabei zwischen bereichsbezogenem Wissen von Experten, fallspezifischen Fakten von Benutzern und Zwischen- und Endergebnissen, die von der Problemlösungskomponente hergeleitet worden sind.

1.4. Werkzeuge für Expertensysteme

Während die ersten Expertensysteme noch komplett neu auf der Basis einer Programmiersprache implementiert werden mußten, werden heute die meisten Expertensysteme mit Hilfe von Expertensystem-Werkzeugen entwickelt. Dabei gibt es zwei Haupttypen, allgemeine Werkzeuge und Shells:

1) Allgemeine Werkzeuge erweitern existierende Programmiersprachen (meist LISP) um Daten- und Kontrollstrukturen, die bei der Entwicklung von Expertensystemen häufig benutzt werden. Solche Datenstrukturen sind z.B. Regeln und Frames; entsprechende Kontrollstrukturen sind Regelverkettung, Pattern-Matching und Vererbung (s.u.). Beispiele für einfache Werkzeuge dieser Art sind OPS5 und EMYCIN für Regeln und FRL für Frames. Hybride Werkzeuge, die zumindest Regeln und Frames kombinieren, sind z.B. KEE, ART, Knowledge Craft, BABYLON, Gold Works, etc.
2) Shells sind auf einen Problemlösungstyp spezialisiert, indem sie dafür geeignete Wissensrepräsentationen und Problemlösungsstrategien bereitstellen. Diese Werkzeuge entsprechen den Steuersystemen in Abb. 1.6 und bieten eine komfortable Entwicklungsumgebung für ihren Problemtyp an. Beispiele sind MED2 [Puppe

87a] für Diagnostik und das in Entwicklung befindliche PLAKON [Cunis 87] für Konstruktion.

Derzeit gehören fast alle kommerziell verfügbaren Expertensystemwerkzeuge zur Gruppe der allgemeinen Werkzeuge. Der Umgang mit ihnen erfordert sowohl Vertrautheit mit der Programmierumgebung der zugrundeliegenden Programmiersprache als auch mit den zusätzlich angebotenen Konstrukten und erfordert daher eine intensive Einarbeitung.

Dagegen können Shells wegen ihrer Spezialisierung Entwicklungsumgebungen bereitstellen, die beträchtlich einfacher zu lernen und zu handhaben ist als die einer (erweiterten) universellen Programmiersprache. Shells zeichnen sich durch einen für den Problemtyp angemessenen Kompromiß zwischen einfacher Handhabung und Mächtigkeit der Sprachkonstrukte aus. Sie eignen sich daher auch für Anwendungs-experten ohne Erfahrungen mit konventionellen Programmiersprachen. Die Entwick-lung eines Shells ähnelt daher der Entwicklung einer spezialisierten, komfortablen Pro-grammierumgebung (Abb. 7).

Expertensystem-Shell	Programmierumgebung
Wissensrepräsentation	Syntax und Semantik
Wissensbasis	Programm
Wissenserwerbskomponente	Editor, Compiler und Debugger
Problemlösungskomponente	Programminterpreter oder Compiler
Interviewerkomponente	Ein/Ausgabe-Funktionen
Erklärungskomponente	Tracer

Abb. 7: Gegenüberstellung der Komponenten von Programmierumgebungen und Shells

Der Kern einer Programmierumgebung ist die Syntax und Semantik der Programmier-sprache mit einem Interpreter bzw. Compiler. Bei Shells entspricht das der Wissens-repräsentation und der Problemlösungskomponente. Der Aufbau des Programms (bzw. der Wissensbasis) erfordert Mechanismen zum Eingeben und zur syntaktischen Über-prüfung. Dazu gehören bei Programmierumgebungen ein Editor, ein Compiler und ein Debugger zur Identifikation der vom Compiler nicht erkannten syntaktischen Fehler zur Laufzeit des Programmes. Weil Shells viel stärker auf ihre Problemklasse zugeschnitten sind, können ihre Wissenserwerbskomponenten sowohl die Eingabe des Programms durch Formulare und Tabellen vereinfachen als auch die Wissensbasis relativ vollstän-dig auf syntaktische Korrektheit überprüfen. Für die bei komplexen Programmen be-sonders wichtigen Techniken zur Entdeckung der Ursachen semantischer Fehler

können Programmiersprachen meist nur einen Stepper und einen Tracer zur Ablauf-
kontrolle sowie einen Pretty-Printer, der das Programm hübsch eingerückt ausdruckt,
anbieten. Demgegenüber ermöglicht die Erklärungskomponente von Shells, sich gezielt
die zur Herleitung einer Schlußfolgerung durchgeführten Ableitungen anzuschauen,
und Listings der Wissensbasis können nach verschiedenen Kriterien strukturiert werden. Schließlich kann in Shells die ansonsten aufwendige Gestaltung der Benutzeroberfläche durch Bereitstellung einer auf den Problembereich zugeschnittenen Interviewerkomponente erheblich vereinfacht werden.

2. Wissensrepräsentationen mit Ableitungsstrategien

In diesem Kapitel werden die in Abb. 5 dargestellten Grundtechniken der Wissensrepräsentationen mit ihren zugehörigen Ableitungsstrategien dargestellt Eine allgemeinere Diskussion von Wissensrepräsentationen findet sich in [Lehmann 89].

2.1 Regeln

Regeln sind die am weitesten verbreitete Wissensrepräsentation in Expertensystemen.
Sie bestehen aus einer Vorbedingung und einer Aktion oder Schlußfolgerung, z.B.
wenn A dann B. Im Gegensatz zu "normalen" Programmen legt der Experte mit einer
Regel nur fest, was getan wird, während die Reihenfolge der Regelausführung dem
Regelinterpreter überlassen bleibt. Die beiden Haupttypen der Regelverkettung sind
Vorwärts- und Rückwärtsverkettung. Bei der Vorwärtsverkettung geht der
Regelinterpreter von der vorhandenen Datenbasis aus und wählt sich aus den
anwendbaren Regeln mittels einer Konfliktlösungsstrategie eine Regel aus, deren
Aktionsteil ausgeführt wird und die Datenbasis verändert. Dieser "Recognize-and Act"-
Zyklus wird solange wiederholt, bis ein Terminierungskriterium erfüllt oder keine
Regel mehr anwendbar ist. Häufig benutzte Konfliktlösungsstrategien sind die
Auswahl nach der Reihenfolge (Trivialstrategie), nach Spezifität (z.B. ist die Regel "A
& B -> C" spezifischer als die Regel "A -> D"), nach Aktualität (eine Regel ist umso
aktueller, je neuer die Aussagen ihrer Vorbedingung in der Datenbasis ist) oder
aufgrund von Zusatzwissen (statische Regelprioritäten oder Meta-Regeln). Bei der
Rückwärtsverkettung geht der Regelinterpreter von einem vorgegebenen Ziel aus und
überprüft alle Regeln, deren Aktionen das Ziel enthalten. Wenn Aussagen ihrer
Vorbedingungen unbekannt sind, werden rekursiv Unterziele zur Bestimmung der
Wahrheitswerte dieser Aussagen generiert, die entweder mit anderer Regeln abgeleitet
oder vom Benutzer erfragt werden. Beispiele für vorwärts- bzw. rückwärtsverkettende
Regelinterpreter sind OPS5 [Brownston 85] bzw. EMYCIN [van Melle 81].

Die Größe von Expertensystemen wird häufig in Abhängigkeit der Anzahl der Regeln angegeben (z.B. "klein" = 50 - 500 Regeln, "mittel" = 500 - 1500 Regeln, "groß" = mehr als 1500 Regeln; nach [Harmon 88, Kap. 2]). Jedoch muß man dabei auch die Ausdrucksstärke des Regelformalismus berücksichtigen. So halbiert z.B. das Muster "Gleichseitigkeit" die notwendige Regelmenge zur Diagnostik paariger Körperorgane. Das Erkennen solcher Muster durch den Regelinterpreter erfordert die Instantiierung von Variablen (Pattern Matching). Ein Beispiel einer ausdrucksstarken Regelsprache ist PROLOG [Clocksin 81].

Im einfachsten Fall besteht die Vorbedingung einer Regel aus nur einer Aussage. Bei komplexeren Regeln mit vielen Aussagen ist es vorteilhaft, die Aussagen nach ihrer Bedeutung zu unterscheiden, z.B. in die Kernbedingung, den allgemeinen Kontext und spezielle Ausnahmen. Gleichfalls ist es oft zweckmäßig, die Regelaktionen zu typisieren, z.B. zur Herleitung verschiedener Objekttypen oder zur Dialogsteuerung. Ein Beispiel für solche Strukturierungsmöglichkeiten stellt der Regelformalismus von MED2 [Puppe 87a] dar.

2.2 Frames

Regeln beziehen sich auf Objekte in der Datenbasis. Während im einfachsten Fall die Datenbasis eine unstrukturierte Menge von Fakten beinhaltet, ist es häufig möglich, die Menge der Fakten zu strukturieren. Der erste Schritt dazu ist die Zusammenfassung aller Aussagen über ein Objekt in einer Datenstruktur, wie z.B. Records in PASCAL, Property-Listen in LISP oder Relationen einer Datenbank. In Frames (Schemata, Konzepte, Objekte) wird diese normalerweise passive Objektdarstellung durch Vererbungshierarchien, zugeordnete Prozeduren, Methoden, Erwartungswerte oder einen Mechanismus zur automatischen Klassifikation unbekannter Objekte aufgrund deren Eigenschaften erweitert.

In Vererbungshierarchien ererbt ein Frame allgemeine Eigenschaften von seinem Vorgänger in der Hierarchie, so daß nur die individuellen Eigenschaften bei dem Frame selbst abgespeichert werden müssen. Zur Flexibilitätssteigerung verwendet man auch Vererbungsheterarchien, bei denen ein Frame Eigenschaften von mehreren Vorgängern übernimmt. Bei größeren Expertensystemen kann die Übersicht häufig verbessert werden, indem die Vererbung bestimmter Eigenschaften gezielt unterdrückt wird oder sich der Name bzw. Wertebereich einer Eigenschaft bei der Vererbung verändert (z.B. werden bei der Vererbung von Säugetieren zu Menschen aus "Jungen", d.h. Jungtieren, "Kinder"). Vielfältige Vererbungsmechanismen bietet z.B. CRL, die Wissensrepräsentationssprache von Knowledge Craft.

Zugeordnete Prozeduren sind kleine Programme, die einer Eigenschaft eines Frames zugeordnet sind und bei einem Lese- oder Schreibzugriff auf dessen Wert ausgeführt werden, z.B. um den Wert zu berechnen oder Konsequenzen aus einer Wertänderung zu propagieren. Damit ließe sich z.B. die Rückwärts- und Vorwärtsverkettung eines Regelinterpreters nachbilden. Auch das automatische Anzeigen von Wertänderungen in einem Expertensystem auf dem Bildschirm mittels "aktiver Werte" beruht auf der Ausführung einer zugeordneten Prozedur. Wenn einem Frame zugeordnete Prozeduren unabhängig von einer Werteänderung aktivierbar sein sollen, nennt man sie auch "Methoden" und den Aufruf von einem anderen Objekt "Message Passing".

Erwartungswerte (Defaultwerte) sind Vorbelegungen von Werten, die meistens aber nicht immer stimmen, z.B. "alle Vögel können fliegen". Erwartungswerte gelten nur dann, wenn kein genaueres Wissen verfügbar ist. Da sie gegebenfalls korrigiert werden müssen, wird ein System zum nicht-monotonen Schließen (s. Kap. 2.5) benötigt.

Wenn man ein gut strukturiertes Framesystem mit Vererbungsheterarchien hat, ist es ein naheliegender Gedanke, daß das System ein neues Objekt gemäß seiner Eigenschaften selbständig in die richtige Position in der Heterachie einfügt. Das erfordert eine strenge Definition, inwiefern ein Frame ein Unterframe eines anderen Frames ist, und natürlich das Verbot von Erwartungswerten, da sie willkürlich überschrieben werden können. Dieser Gedanke ist in der KL-ONE-Sparchfamilie (eine Übersicht findet sich z.B. in [von Luck 88]) realisiert, deren Kernstück der "Classifier" zur Einordnung neuer Frames ist.

2.3 Constraints

Mit Constraints können beliebige Relationen zwischen Variablen repräsentiert werden. So beschränkt z.B. ein elektrischer Widerstand die Werte für Spannungs- und Stromvariablen U_1, U_2, I nach dem Ohmschen Gesetz (Abb.8).

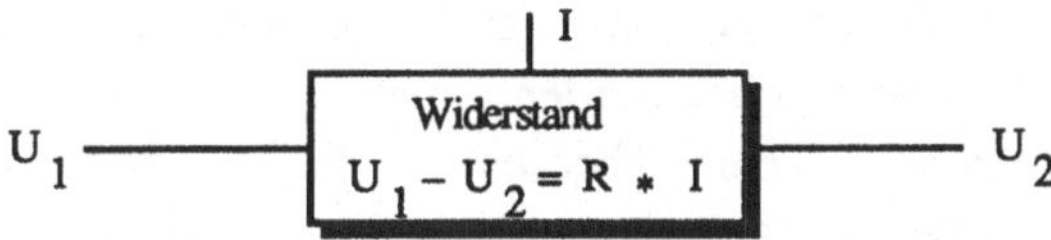

Abb. 8: Beispiel eines Constraints für einen Widerstand mit Widerstandswert R

Im Unterschied zu Regeln sind Constraints ungerichtet, d.h. wenn in dem Constraint in Abb. 8 zwei beliebige Variablen bekannt sind, kann die dritte Variable bestimmt werden. Viele Probleme lassen sich natürlich als ein Constraint-Netz beschreiben , d.h. als eine Menge von Constraints, die durch gemeinsame Variablen verbunden sind. Ein Constraint-Problem ist dann eine Anfangsbelegung einiger Variablen eines Constraint-Netzes, und seine Lösung besteht darin, möglichst eindeutige Werte für die übrigen Variablen zu finden. Ein Beispiel eines Constraint-Netzes ist die Darstellung eines elektrischen Schaltkreises mit Widerständen, Verzweigungen, Dioden, Kondensatoren und Tranistoren als Constraints und Spannungen und Strömen als Variablen [Stallman 77].

Ähnlich wie Regeln basieren Constraints auf einer allgemeinen Idee, für die es vielfältige Realisierungen gibt. So kann man Constraints als Tabellen, Funktionen oder als charakteristische Prädikate definieren und z.B. mit Datenbanken (für Tabellen), mit Regeln oder unmittelbar als Programmcode implementieren. Die Grundidee zur Lösung von Constraint-Problemen besteht darin, daß, ausgehend von der Anfangsbelegung der Variablen, alle damit verbundenen Constraints aktiviert werden, bei deren Auswertung dann weitere Variablen einen Wert erhalten, was zur Aktivierung neuer Constraints führt, bis keine weitere Wertzuweisung an eine Variable mehr möglich ist. Während im einfachsten Fall nur feste Werte für eine Variable propagiert werden können, sind leistungsfähigere Constraintsysteme auch in der Lage, Wertemengen, Intervalle oder symbolische Ausdrücke zu propagieren. Weiterhin kann die Funktionalität eines Constraint-Systems dadurch gesteigert werden, daß es plausible Annahmen für einen Variablenwert macht und diesen im Falle eines Widerspruches (der Zuweisung der leeren Menge an eine Variable) wieder zurückziehen kann. Falls ein Constraint-Problem unlösbar ist, kann es versuchen, durch Zurücknahme von Constraints eine Lösung zu finden. Eine formale Beschreibung von Constraints findet sich z.B. in [Voss 88] und ein Beispiel eines Constraint-Interpreters, der feste Werte und Wertemengen propagieren kann, in [Güsgen 88].

2.4 Probabilistisches Schließen

In vielen Anwendungsbereichen sind die Fakten bzw. das Wissen inhärent unsicher. Zur Behandlung von unsicherem Wissen kann man die Wissensrepräsentation um Wahrscheinlichkeiten oder Evidenzwerte erweitern, die den Frame-Eigenschaft-Wert-Tripeln und den Regeln (seltener den Constraints) zugeordnet werden, z.B. "Wenn A dann B mit 70% Wahrscheinlichkeit". Um Schlußfolgerungen herzuleiten, muß ein Verfahren zur Verknüpfung der Evidenzwerte angeben werden. Unter bestimmten Voraussetzungen sind dafür statistische Verfahren wie das Theorem von Bayes [Charniak 85, Kap. 8.2] geeignet. Da in vielen Anwendungsbereichen von Expertensystemen diese Voraussetzungen jedoch nicht erfüllt sind, werden meist andere Techniken verwendet, die sich in der Praxis mehr oder weniger bewährt haben. Der Leitgedanke ist, eine möglichst einfaches Verrechnungsschema zu benutzen und keine größere Genauigkeit vorzutäuschen als aufgrund der Ausgangsdaten erreichbar ist.

Der Basisalgorithmus zur Bewertung von Alternativen aufgrund unsicherer Informationen besteht in drei Schritten:

1. Starte mit der Apriori-Wahrschienlichkeit der Alternativen
2. Modifiziere bei jeder neuen Information die Wahrscheinlichkeit der Alternativen entsprechend den Evidenzwerten und dem Verrechnungsschema.
3. Wähle die am besten bewertete Alternative aus

Neben dem Theorem von Bayes sind zwei verbreitete Verrechnungschemata in Expertensystemen das MYCIN- [Shortliffe 75] und das INTERNIST-Schema [Miller 82].

Das Theorem von Bayes eignet sich dazu, aus den Apriori-Wahrscheinlichkeiten $P(D_i)$ einer Menge von n Diagnosen und aus den bedingten Wahrscheinlichkeiten $P(S_j/D_i)$, d.h. der statistischen Häufigkeit des Auftretens der Symptome bei gegebenen Diagnosen, die relative Wahrscheinlichkeit $P_r (D_i / S_1 ... S_m)$ der Diagnosen bei gegebenen Symptomen gemäß der Formel in Abb. 9 zu berechnen.

$$P_r(D_i/S_1 \&...\& S_m) = \frac{P(D_i) * P(S_1/D_i) * ... * P(S_m/D_i)}{\sum_{j=1}^{n} P(D_j) * P(S_1/D_j) * ... * P(S_m/D_j)}$$

Abb. 9: Die zur Bewertung von Alternativen hauptsächlich benutzte Form des Theorem von Bayes.

Die Voraussetzungen zur Anwendung des Theorem von Bayes sind die Unabhängigkeit der Symptome untereinander, die Vollständigkeit und der wechselseitige Ausschluß der Diagnosen sowie gute und große Statistiken.

Das MYCIN- und INTERNIST-Schema unterscheiden sich vom Theorem von Bayes vor allem durch die getrennte Bewertung von positiver und negativer Evidenz, durch gröbere Bewertungskategorien, durch die Einteilung der Diagnosen in Gruppen konkurrierender Diagnosen (INTERNIST) und durch die Berücksichtigung von Symptomkombinationen (MYCIN). Das Verrechnungschema von INTERNIST besteht darin, daß Punkte auf die Konten der Diagnosen addiert oder subtrahiert werden. Zur Etablierung einer Diagnose muß ihr Punktekonto deutlich besser als bei allen ihren Konkurrenten (Differentialdiagnosen) sein. Bei MYCIN wird mit Prozentzahlen gerechnet, z.B. wenn eine Diagnose eine Evidenz von 50% hat und es kommt eine Evidenz von 50% hinzu, dann ist die neue Evidenz $0.5 + (1 - 0.5) * 0.5 = 75\%$.

2.5 Nicht-monotones Schließen

Im Gegensatz zum monotonen Schließen, bei dem für alle Aussagemengen S1, S2, P gilt, daß wenn P aus S1 herleitbar ist, dann auch aus der Vereinigung von S1 und S2, kann es beim nicht-monotonen Schließen passieren, daß das Bekanntwerden der neuen Aussagen S2 die Rücknahme von P erfordert. Während theoretische Aspekte des nicht-monotonen Schließens u.a. in [Brewka 88, Genesereth 87, Kap.6] behandelt werden, konzentrieren wir uns hier auf Mechanismen, wie nicht-monotones Schließen in Expertensystemen behandelt werden kann.

Das Problem des nicht-monotonen Schließens folgt aus dem inkrementellen Informationserwerb. Wenn alle Fakten von Anfang an bekannt sind, entsteht normalerweise kein Bedarf zum Zurückziehen von Schlußfolgerungen. Wenn jedoch aufgrund der vorhandenen Informationen ein plausibler Schluß gezogen wurden (z.B. Tweety ist ein Vogel, deshalb kann Tweety fliegen), der jedoch aufgrund zusätzlicher Information (Tweety ist ein Pinguin) ungültig wird, dann muß dieser Schluß mit allen Konsequenzen revidiert werden. Das einfachste Verfahren wäre die vollständige Neuberechnung aller Inferenzen aufgrund der neuen Menge an Ausgangsdaten. Dieser Weg wird auch in einigen Expertensystemen gewählt. Jedoch wächst der Aufwand mit der Komplexität des Falles, und deswegen ist dieses "brute-Force" Verfahren nur in kleinen Expertensystemen praktikabel. Die Kernidee zu einer Effizienzverbesserung ist das Abspeichern von Begründungen für jede Schlußfolgerung. Dann kann die Frage, ob eine Schlußfolgerung bei Änderungen gültig bleibt, immer dann bejaht werden, wenn sie nach der Revision noch mindestens eine gültige Begründung besitzt. Die beiden wichtigsten Rücksetztechniken, die auch TMS für Truth-Maintenance-System oder RMS für Reason-Maintenance-System genannt werden, unterscheiden sich darin, was als Begründung einer Schlußfolgerung abgespeichert wird:

- direkte Begründungen (Justification-based TMS, z.B. das System von Doyle [79])
- Basisannahmen, die einer Begründung zugrunde liegen (Assumption-based TMS, z.B. das System von de Kleer [86]).

Der Unterschied läßt sich an einem einfachen Beispiel mit zwei Regeln verdeutlichen: Regel1: A -> B, Regel2: B -> C. Während im JTMS für C die auf B beruhende Begründung Regel2 abgespeichert wird, wird im ATMS ein Kontext generiert, der die Basisannahme A enthält.

Der JTMS-Basis-Algorithmus ist einfach und effizient: eine Änderung eines Faktums bewirkt, daß alle mit diesem Faktum assoziierten Begründungen überprüft werden. Falls eine Begründung ungültig ist, wird getestet, ob die zugehörige Schlußfolgerung noch weitere Begründungen hat. Falls nein, wird die Schlußfolgerung zurückgezogen und mit ihr als Input dieser Algorithmus rekursiv aufgerufen. Das Hauptproblem dabei ist die Behandlung von Ableitungsschleifen; z.B. würde eine monotone Schleife A -> B und B -> A im Basis-Algorithmus bewirken, daß A und B nicht mehr rücksetzbar sind. Eine Lösung dieses Problems ist das Abspeichern von nicht-zirkulären (well-founded) Begründungen für eine Schlußfolgerung. Während bei der Current-Support-Strategie [Doyle 79] ein grobes Verfahren zum Erkennen nicht-zirkulärer Begründungen verwandt wird (nämlich das Abspeichern der ersten Begründung als Current-Support), werden im ITMS [Puppe 87b] Schleifen vorbe-rechnet und gezielt blockiert.

Beim ATMS existiert für jede Schlußfolgerung ein Kontext, der aus Mengen von Basisannahmen besteht, unter denen die Schlußfolgerung gültig ist. Eine Schlußfol-gerung ist gültig, wenn ihr Kontext mindestens eine Menge enthält, die eine Teilmenge der global gültigen Basisannahmen ist. Falls eine Basisannahme zurückgezogen wird, braucht nur bei allen Schlußfolgerungen die Teilmengen-Beziehung überprüft werden. Ein Vorteil des ATMS ist, daß die Konsequenzen verschiedener Mengen von Basisannahmen leicht miteinander verglichen werden können. Jedoch werden bei großen Wissensbasen mit sehr vielen Basisannahmen die für die Effizienz des ATMS kritischen Mengenvergleiche zunehmend aufwendiger. Ein anderes Problem ist die Behandlung von Regeln mit Ausnahmen, da Ausnahmen auf einer dreiwertigen Logik mit den Werten gültig, ungültig und unbekannt aufbauen während das Basis-ATMS auf einer zweiwertigen Logik beruht.

2.6 Temporales Schließen

Die Voraussetzung zum temporalen Schließen ist die Erweiterung der Wissenrepräsentation von Fakten um Zeitangaben, z.B. "Startzeitpunkt der Brustschmerzen: vor drei Wochen". Wichtige Aspekte der Zeitrepräsenation sind:

- punkt- oder intervallbasierte Basisrepräsentation
- exakte, qualitative oder quantitativ ungenaue Repräsentation der Zeitangaben
- Bezug auf eine absolute Zeitskala, auf ein oder auf mehrere Referenzereignis(se)
- Zeitangaben als Zahlen oder als Zahlen mit Zeiteinheiten

Die punkt- und intervallbasierte Repräsentation sind im Prinzip gleichmächtig, da man ein Intervall durch Anfangs- und Endpunkt bzw. einen Zeitpunkt durch ein beliebig kleines Intervall darstellen kann. Trotzdem kann die jeweilige Einfachheit und Eleganz der Handhabung für verschiedene Anwendungsbereiche sehr unterschiedlich sein.

Am einfachsten ist die Repräsentation exakter Zeitangaben. Wenn keine genauen Angaben verfügbar sind, können Ungenauigkeiten qualitativ (A begann vor B) oder quantitativ ungenau (A begann 3-4 Wochen vor B) angegeben werden.

Bei exakten Wissen kann man gewöhlich eine absolute Zeitskala (z.B. Datum und Uhrzeit) verwenden. Die Alternative ist die Verwendung von geeigneten Referenzereignissen. Das ist nur dann äquivalent zu einer absoluten Zeitskala, wenn die Beziehungen zwischen allen Referenzereignissen bekannt sind. Bei ungenauen Zeitangaben kann man die Genauigkeit häufig durch Bezug auf mehrere Referenzereignisse erhöhen, z.B. A begann höchstens 3 Stunden vor B, 2-4 Stunden nach C, mindestens 3 Stunden vor D, usw. Das Ausrechnen der besten Zeitrelation von A zu anderen Zeitpunkten oder -intervallen erfordert dann Techniken der Constraint-Propagierung (s. Kap. 2.3).

Die Verwendung von Zeiteinheiten kann neben der besseren Lesbarkeit auch dazu dienen, Ungenauigkeiten auszudrücken: so bedeuten "vor einem Jahr" und "vor 365 Tagen" nicht unbedingt dasselbe.

Die Komplexität der Zeitrepräsentation bestimmt, wie aufwendig und effizient zeitbezogene Fragen beantwortet werden können. Typische Fragen an Zeitdatenbanken sind:

- Ist ein Faktum während eines bestimmten Intervalls gültig?
- Hat sich ein Wert oder der Anstieg eines Wertes während der letzten Zeit verändert?
- Wie ist die zeitliche Relation zwischen zwei Fakten?

Das erste Expertensystem, das Zeitangaben auswerten konnte, war das Ende der siebziger Jahre fertiggestellte VM zur Überwachung von Patienten an der Eisernen Lunge [Fagan 84], das mit einer punktbasierten Basisrepräsentation, exakten Zeitangaben, einer absoluten Zeitskala und ohne Zeitangaben operiert. Komplexere Formalismen zum temporalen Schließen sind der intervallbasierte, qualitative und mehrfache Referenzintervalle zulassende Zeitkalkül von Allen [83] und der TMM (Temporal Map Manager, [Dean 87]), der auf einer punktbasierten, quantitativ ungenauen und ebenfalls mehrfache Referenzereignisse zulassenden Zeitrepräsentation aufbaut.

3. Problemlösungsstrategien

In diesem Kapitel werden die auf den Grundtechniken der Wissensrepräsentation aufbauenden Problemlösungsstrategien für die Problemklassen Diagnostik, Konstruktion und Simulation behandelt.

3.1 Diagnostik

Der Problemlösungstyp Diagnostik umfaßt alle Problembereiche, bei denen die Lösung aus einer vorgegebenen Menge von Alternativen ausgewählt wird, wie z.B. in der medizinischen Diagnostik, bei der Fehlersuche in technischen Geräten, bei der Qualitätskontrolle oder bei der Prozeßüberwachung in der Fertigung. Das für die Diagnostik typische Zurückschließen von Beobachtungen auf Systemzustände bzw. Objekte, die die Beobachtungen hervorrufen, ist eine Form der Abduktion: wenn eine Diagnose ein Symptom verursacht, und das Symptom wird beobachtet, dann ist die Diagnose eine mögliche Erklärung für das Symptom.

Die Abduktion ist natürlich keine logisch zwingende Schlußweise wie die Deduktion, da eine Beobachtung viele Ursachen haben kann. Die dadurch bedingte Unsicherheit in der Diagnosebewertung läßt sich durch Auswertung zusätzlicher Daten reduzieren. Weil die Symptomerhebung aufwendig und risikoreich sein kann, müssen Kosten und Nutzen diagnostischer Untersuchungen sorgfältig gegeneinander abgewogen werden, z.B. reichen in Routinefällen wenige Daten aus, während bei komplexeren Problemen eine umfassendere Symptomerhebung erforderlich ist. Besonders in der Prozeßdiagnostik ist auch die zeitliche Entwicklung von Symptomen und ihre Änderung unter dem Einfluß von Therapiemaßnahmen aufschlußreich. Da der Diagnostiker nicht immer mit Diagnosen und Therapien warten kann, bis alle relevanten Symptome erhoben sind, muß er plausible Hypothesen aufstellen und diese bei gegenteiliger Evidenz zurückziehen können. Die Situation verkompliziert sich dadurch, daß „Widersprüche" (z.B. je ein Symptom spricht für und gegen eine Diagnose) viele Ursachen haben können: außer einer falschen Interpretation gehören dazu Fehler bei der Symptomerhebung, eine noch nicht erkannte Ursache für eines der Symptome oder unzureichendes Wissen über das Anwendungsgebiet. Aus diesen Überlegungen ergeben sich die Anforderungen an ein Diagnosesystem in Abb. 10.

- Diagnosebewertung mit unsicherem Wissen
- Diagnosebewertung mit unvollständigem Wissen
- Plausibilitätskontrolle der Eingabedaten
- Erkennen von Mehrfachdiagnosen
- adäquate Behandlung von Widersprüchen
- kosteneffektive Symptomerhebung
- Auswertung von Folgesitzungen

Abb. 10: Anforderungen an ein Diagnosesystem

Standardtechniken zur Bewältigung diagnostischer Probleme, die auch in psychologischen Untersuchungen bestätigt wurden [Elstein 78], sind die Verwendung eines diagnostischen Mittelbaus, die hypothetisch-deduktive Vorgehensweise und die Differentialdiagnostik. Der diagnostische Mittelbau beschreibt die Verdichtung der Rohdaten zu den Enddiagnosen über einfache Symptominterpretationen und Grobdiagnosen [Clancey 84], z.B. Puls = 100, Blutdruck = 80 (Rohdaten) -> hoher Schockindex (einfache Symptominterpretation) -> Kreislaufschock (Grobdiagnose) -> Ursache des Kreislaufschocks (Feindiagnose). Während der Schluß von den Rohdaten zu einfachen Symptominterpretationen (die Datenvorverarbeitung) meist mit einfachen und sicheren Regeln möglich ist, basiert der Übergang zu Grob- und Feindiagnosen (die diagnostische Auswertung) gewöhnlich auf unsicherem, heuristischem Wissen. Während in manchen Anwendungsbereichen eine strenge Diagnosehierarchie verfeinert werden kann (Establish-Refine), gibt es in vielen Bereichen multiple Diagnosehierarchien, die eine flexiblere Problemlösungsstrategie wie die hypothetisch-deduktive Strategie erfordern. Sie besteht darin, daß ausgehend von den Anfangssymptomen mittels Vorwärtsverkettung Diagnosen verdächtigt werden, die dann gezielt mittels Rückwärtsverkettung überprüft werden. Dabei werden gegebenfalls zusätzliche Symptome angefordert. Schließlich wird die Entscheidung für oder gegen eine Diagnose nicht isoliert getroffen, sondern durch expliziten Vergleich der wahrscheinlichsten Diagnosen mit ihren Konkurrenten (Differentialdiagnostik).

Diagnostische Probleme kann man auf verschiedene Weise lösen. Die vier wichtigsten Arten sind die statistische, die heuristische, die fallvergleichende und die kausale Diagnostik. Bei der statistischen Vorgehensweise geht man von Symptom-Diagnose-Tabellen aus, deren Wahrscheinlichkeiten durch statistische Auswertung großer Falldaten errechnet wurden. Die Wahrscheinlichkeiten kann man mit dem in Kap. 2.4 beschriebenen Theorem von Bayes verknüpfen. Ein erfolgreiches statistisches Diagnoseprogramm ist das System von de Dombal [72] zur Differentialdiagnose akuter Bauchschmerzen.

Die heuristische Vorgehensweise unterscheidet sich von der statistischen dadurch, daß die Symptom-Diagnose-Wahrscheinlichkeiten von Experten geschätzt werden. Der Erfolg heuristischer Diagnosesysteme resultiert aus ihrer Flexibilität, Zusatzwissen berücksichtigen zu können, z.B. Symptomkombinationen und Ausnahmen in Regeln, verschiedene Arten des diagnostischen Mittelbaus und Kosten-Nutzen-Analysen zur Indikation aufwendiger diagnostischer Untersuchungen. Ein Beispiel für ein flexibles Werkzeug zur Erstellung heuristischer Diagnosesysteme ist MED2 [Puppe 87a].

Die fallvergleichende Diagnostik basiert ebenso wie die statistische Diagnostik auf der Auswertung großer Falldatenbanken. Jedoch werden dabei keine statistischen Mittelwerte errechnet, sondern zu einem neuen Fall möglichst ähnliche Fälle in der Falldatenbank gesucht. Zur Bewertung der Unterschiede zwischen zwei Fällen ist jedoch Zusatzwissen erforderlich.

Die vierte diagnostische Wissensart ist kausales Wissen, mit dem ein Modell des zu diagnostizierenden Systems beschrieben wird. Dabei gibt es zwei Arten von Modellen: "funktionale Modelle", bei denen von dem Normalverhalten des Systems ausgegangen wird und Fehler als Änderungen in dem Modell dargestellt werden, und "pathophysiologische Modelle" bei dem die verschiedenen möglichen Fehlerzustände bereits explizit in dem Modell repräsentiert sind. In beiden Fällen wird ein Fehler gesucht, der möglichst alle vorhandenen Symptome erklären kann, d.h. es gibt kausale Pfade in dem Modell von dem oder den Fehler(n) zu den beobachteten Symptomen. Beispiele für die Diagnose mit einem funktionalen bzw. einem pathophysiologischen Modell sind das System von Davis [84] zur Diagnose von Hardware bzw. ABEL [Patil 82] zur Diagnose von Säure/Basen- und Elektrolytstörungen.

3.2 Konstruktion

Der Problemlösungstyp Konstruktion unterscheidet sich von der Diagnostik dadurch, daß die Lösung aus kleinen Bausteinen zusammengesetzt werden muß, anstatt ausgewählt werden zu können. Wir unterscheiden zwei Problemtypen: bei Zuordnungsproblemen wie der Stundenplanerstellung oder der Konfigurierung von Computern stehen die Basiselemente fest und müssen in eine passende Anordnung gebracht werden. Bei Transformationsproblemen wie der Planung von Experimenten oder der Bearbeitung von Werkstücken wird dagegen ein Objekt durch ein Folge von Operationen aus einem Anfangszustand in einen Zielzustand überführt. Dabei müssen aus der Menge der möglichen Operatoren die richtigen ausgewählt und in eine Reihenfolge gebracht werden.

Bei Zuordnungsproblemen sind häufig Constraint-Techniken angemessen, da sich die Beziehungen zwischen den Objekten oft gut als Constraints darstellen lassen. Bei

Transformationsproblemen sind häufig Regeln zur Auswahl der Operatoren nützlich.

Das zentrale Problem der Konstruktion ist der meist astronomische Suchraum, dessen Größe sich aus der Anzahl aller theoretisch möglichen Zuordnungen bzw. Sequenzen von Operationen errechnet. Daher ist ein einfaches Durchprobieren aller Kombinationen selten möglich. Die wichtigste Technik ist das hierarchische Planen, bei dem mit einem Grobplan, der aus abstrakten Operatoren besteht, begonnen wird, die dann schrittweise verfeinert werden. Ein neues Problem entsteht jedoch, wenn die abstrakten Operatoren wegen Interaktionen nicht unabhängig voneinander verfeinert werden können. Bei Interaktionen sollte man möglichst vermeiden, einen Operator vor einem anderen, davon abhängigen Operator festzulegen (nicht-lineares Planen). Eine Möglichkeit ist, die Abhängigkeit zwischen beiden Operatoren bzw. den zugehörigen Objekten als Constraint zu notieren (Least-Commitment-Strategie). Die abschließende Auswertung der Abhängigkeiten ist dann ein Zuordnungsproblem, das mit Constraint-Propagierung gelöst werden kann. Ein Beispiel für diese Vorgehensweise beinhaltet Stefiks MOLGEN zur Planung molekulargenetischer Experimente [Stefik 81].

Die einfachste Form zur Erstellung von Grobplänen besteht darin, sie aus einer Bibliothek bewährter Grobpläne auszuwählen, die von Experten stammen. Ein Beispiel dafür ist Friedlands MOLGEN [Friedland 79, 85]. Ein Spezialfall dieses Skelett-Planens ist die Benutzung eines einzigen Standardplanes, der sich für alle Situationen in dem Problembereich eignet, was man auch Phasenaufteilung nennt (Beispiel: XCON / R1 [Mc Dermott 84]). Falls keine Grobpläne ausgewählt werden können, müssen sie konstruiert werden. Eine allgemeine Methode dazu ist die Differenzenanalyse (means-ends-analysis), bei der zunächst eine Differenz zwischen Ausgangs- und Zielzustand festgestellt wird und dann abstrakte oder konkrete Operatoren zu Verringerung der Differenz bestimmt werden. Um die Voraussetzungen zur Anwendung der Operatoren herzustellen, werden gegebenfalls Unterziele generiert. Ein Beispiel dafür ist der alte "General Problem Solver" [Newell 72]. Eine ausführliche Beschreibung des Planens mit der Differenzenmethode findet sich in [Stoyan 89].

Wegen der hierarchischen Vorgehensweise bei der Konstruktion werden die Objekte und Operatoren oft in Hierarchien strukturiert. Die beiden Haupttypen sind taxonomische Hierarchien (A ist eine Untergruppe von B) und kompositionelle Hierarchien (A ist ein Teil von B). Abstrakte Objekte und Operatoren können dann z.B. durch Regeln, Constraints, Defaults, Übernahme von Bibliothekslösungen, usw. verfeinert werden. Ein Beispiel für ein solches Konstruktionsshell ist PLAKON [Neumann 87].

3.3 Simulation

Mit der Simulation wird das Verhalten eines Systems vorhergesagt. Sie dient oft zur Plausibilitätskontrolle von Problemlösungen, z.B. zur Überprüfung einer Verdachtsdiagnose in einem kausalen Modell oder zum Testen eines Planes. Die Simulation kann man als Komplement zum Planen auffassen: während beim Planen Anfangs- und Zielzustand gegeben sind und Aktionen zum Erreichen des Zieles gesucht werden, sind bei der Simulation der Anfangszustand und die Aktionen (Prozesse) bekannt und Folgezustände werden gesucht. Ein Zustand wird durch eine Menge von Objekten mit Parametern und Beziehungen zwischen den Parametern charakterisiert. Eine Folge von Zuständen beschreibt das Verhalten des Systems.

Zur Berechnung des Systemverhaltens (der Verhaltensbeschreibung) gibt es verschiedene Simulationstypen: während bei der numerischen Simulation das Verhalten durch eine Folge von Zahlenwerten der Parameter zu verschiedenen Zeitpunkten angegeben wird, wird bei der analytischen Simulation das Verhalten durch algebraische Umformungen der zugrundeliegenden mathematischen Gleichungen und Auflösung nach den interessierenden Parametern beschrieben. Die qualitative Simulation entspricht der numerischen Simulation mit dem Unterschied, daß den Parametern auch eine Änderungstendenz (ansteigend, konstant, abnehmend) zugewiesen wird und ihr Wertebereich auf qualitativ interessante Werte beschränkt wird. So kann ein Parameter nur größer, kleiner oder gleich als seine Landmarkenwerte sein. Landmarkenwerte für Wasser wären z.B. Gefrier- und Siedepunkt. Die qualitative Simulation hat gegenüber der numerischen Simulation den Vorteil, daß sie auch mit partiellem Wissen über das System durchgeführt werden kann, und gegenüber der analytischen Simulation, daß weniger mächtige Berechnungstechniken erforderlich sind. Deswegen eignet sie sich für Expertensysteme ganz gut.

Ausgangspunkt der qualitativen Simulation ist eine Wertzuweisung für einige Parameter des Ausgangszustandes. Aufgrund der Beziehungen zwischen den Parametern, die als Constraints oder Regeln formuliert sein können, wird dann eine möglichst vollständige Zustandsbeschreibung generiert, indem die qualitativen Werte und die Änderungstendenzen aller Parameter bestimmt werden. Diese Phase nennt man Intrastate-Analyse. Bei der folgenden Interstate-Analyse werden die Änderungstendenzen der Parameter soweit propagiert, daß zumindest ein Parameter seinen qualitativen Wert ändert. In diesem Folgezustand wird mittels einer Intrastate-Analyse die vollständige Parameterbelegung bestimmt und dann wieder zu einem Folgezustand übergegangen. Das Hauptproblem ist die Behandlung von Unsicherheiten über den Folgezustand, z.B. wenn ein Parameter sowohl einem positiven und einem negativen Einfluß ausgesetzt ist. Die Bestimmung des Summeneffektes würde zusätzliches Wissen über die Größenordnung der Einflüsse oder sogar quantitative Berechnungen erfordern. Wenn das nicht möglich ist, muß das Simulationssystem in alle möglichen Folgezustände verzweigen.

Der Übergang zwischen Intra- und Interstate-Analyse wird durch die globale Analyse gesteuert, die für das Erkennen von Schleifen, Gleichgewichtszuständen und Vereinigungen von Verzweigungen zuständig ist. Ein Beispiel für das Ergebnis einer qualitativen Simulation zeigt Abb. 11.
Die drei wichtigsten Ansätze zur qualitativen Simulation sind der prozeßorientierte Ansatz von Forbus [84], der komponentenorientierte Ansatz von de Kleer [84] und der constraintorientierte Ansatz von Kuipers [84], die in [Struß 89] und [Bredeweg 88] miteinander verglichen werden. Während diese Systeme die Intrastate- Interstate- und

globale Analyse durchlaufen, gibt es auch Simulationssysteme, die nur einen Gleichgewichtszustand betrachten und deswegen nur eine Intrastate-Analyse durchführen. Da hierbei die typische kombinatorische Explosion der Verzweigungen vermieden wird, können solche Systeme eine beachtliche Leistungsfähigkeit erreichen. Ein Beispiel dafür ist Longs System zur Vorhersage von Medikamenteneinwirkungen auf das Herz-Kreislaufsystem [Long 86, 87].

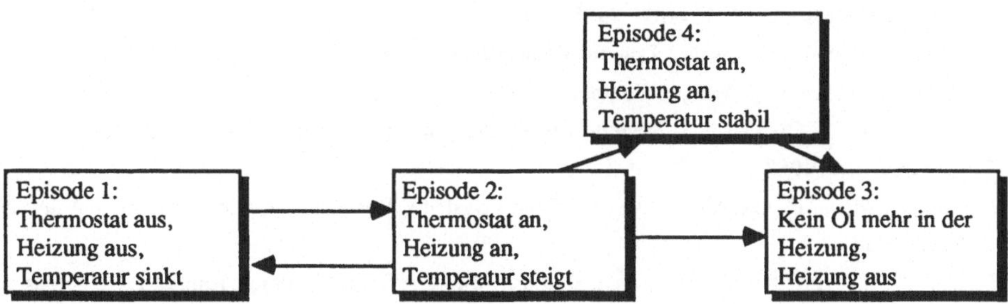

Abb. 11: Ergebnis einer qualitativen Simualtion eines Thermostat-Heizungssystems (nach [Charniak 85, Kap. 7.4.2])

4. Literatur

Allen, J.: Maintaining Knowledge about Temporal Intervals, CACM 26, Nr. 11, 832-843, 1983.

Bredeweg, B. und Wielinga, B.: Integrating Qualitative Reasoning Approaches, ECAI-88, 195-201, 1988.

Brewka, G.: Non Monotonic Logics: an Introductionary Overview, Arbeitspapiere der GMD 274, 1987 und Tagungsband der KIFS-87, Springer (in Druck).

Brownston, L. et al.: Programming Expert Systems in OPS5: An Introduction to Rule-Based Programming, Addison-Wesley, 1985.

Charniak, E. und McDermott, D.: Introduction to Artificial Intelligence, Addison-Wesley, 1985.

Clancey, W.: Classification Problem Solving, AAAI-84, 49-55, 1984.

Clancey, W.: Heuristic Classification, AI-Journal 20, 215-251, 1985.

Clocksin, W. und Mellish, C.: Programming in PROLOG, Springer, 1981.

Davis, R.: Diagnostic Reasoning Based on Structure and Function, AI-Journal 24, 347-411,1984.

de Dombal, F., Leaper, D., Horrocks, J., Staniland, J. und McCann, A.: Computer-Aided Diagnosis of Acute Abdominal Pain, British Med. Journal 2, 9-13, 1972.

de Kleer, J.: How Circuits Work, AI-Journal 24, 205-280, 1984.

de Kleer, J.: An Assumption Based TMS, AI-Journal 28, 127-162, 1986.

Dean, T. und McDermott, D.: Temporal Data Base Management, AI-Journal 32, 1-57, 1987.

Doyle, J.: A Truth Maintenance System, AI-Journal 12, 231-272, 1979.

Elstein, A., Shulman, L. und Sprafka, S.: Medical Problem Solving, Harvard Univ. Press, 1978.

Fagan, L., Kunz, J., Feigenbaum, E. und Osborn, J.: Extensions to the Rule-Based Formalism for a Monitoring Task, in Buchanan, B. und Shortliffe, E. (eds.): Rule-Based Expert Systems, Chapter 22, Addison-Wesley, 1984.

Forbus, K.: Qualitative Process Theory, AI-Journal 24, 85-168, 1984.

Friedland, P.: Knowledge-Based Experiment Design in Molecular Genetics, Stanford Univ., MEMO HPP-79-29, Dissertation, 1979.

Friedland, P. und Iwasaki, Y.: The Concept and Implementation of Skeletal Plans, Journal of Automated Reasoning 1, 161-208, 1985.

Genesereth, M. und Nilsson, N.: Logical Foundations of Artificial Intelligence, Chapter 6: Non-Monotonic Reasoning, Morgan Kaufmann, 1987.

Güsgen, H.-W.: CONSAT: A System for Constraint Satisfaction, Dissertation, Universität Kaiserslautern, 1988.

Harmon, P., Maus, R. und Morrissey, W.: Expert Systems Tools and Applications, John Wiley & Sons, 1988.

Hayes-Roth, F., Waterman, D. und Lenat, D. (eds.): Building Expert Systems, Kapitel 1.2.2: Types of Expert Systems, Addison Wesley, 1983.

Kuipers, B.: Commonsense Reasoning about Causality: Deriving Behaviour from Structure, AI-Journal 24, 169-203, 1984.

Lehmann, E.: Wissensrepräsentation, KIFS-89, in diesem Band, Springer, Informatik-Fachberichte, 1989.

Long, W., Naimi, S., Criscitiello, M. und Kurzrok, S.: Reasoning about Therapy from a Physiological Model, MEDINFO-86, 756-760, 1986.

Long, W., Naimi, S., Criscitiello, M. und Jayes, R.: The Development and Use of a Causal Model for Reasoning about Heart Failure, Proc. of SCAMC-87, 1987.

McDermott, J. und Bachant, J.: R1 Revisited: Four Years in the Trenches, AI-Journal 5, 21-32, Fall 1984.

Miller, R., Pople, H. und Myers, J.: INTERNIST1, an Experimental Computer-Based Diagnostic Consultant for General Internal Medicine, New England Journal of Medicine 307, 468-476, 1982.

Neumann, B., Cunis, R., Günter, A. und Syska, I.: Wissensbasierte Planung und Konfigurierung, in Proc. GI-Kongreß "Wissensbasierte Systeme", Springer, Informatik Fachberichte 155, 1987.

Newell, A. und Simon, H.: GPS, a Program that Simulates Human Thought, abgedruckt in Feigenbaum, E. und Feldmann, J.: Computers and Thought, McGraw-Hill, 279-293, 1972 (1963).

Patil, R., Szolovits, P. und Schwartz, W.: Modeling Knowledge of the Patient in Acid-Base and Electrolyte Disorders, in Szolovits, P. (eds.): Artifical Intelligence in Medicine, AAAS Selected Symposium 51, Westview Press, 1982.

Puppe, F.: Diagnostisches Problemlösen mit Expertensystemen, Informatik-Fachberichte 148, Springer, 1987 (a).

Puppe, F.: Belief Revision in Diagnosis, GWAI-87, Informatik-Fachberichte 152, Springer, 175-184, 1987 (b).

Puppe, F.: Einführung in Expertensysteme, Studienreihe Informatik, Springer, 1988.

Shortliffe, E. und Buchanan, B.: A Model of Inexact Reasoning in Medicine, Math. Bioscience 23, 351-379, 1975.

Stallman, R. und Sussman, G.: Forward Reasoning and Dependency Directed Backtracking in a System for Computer-Aided Circuit Analysis, AI-Journal 9, 135-196, 1977.

Stefik, M.: Planning with Constraints, MOLGEN Part 1; Planning and Meta-Planning, MOLGEN Part 2, AI-Journal 16, 111-169, 1981.

Stefik, M. et al.: The Organisation of Expert Systems - a Tutorial, AI-Journal 18, 135-173, 1982, auch in Hayes-Roth, F., Waterman, D. und Lenat, D. (eds.): Building Expert Systems, Kapitel 3.2 und 4, Addison-Wesley, 1983.

Stoyan, H.: KI-Programmierung, KIFS-89, in diesem Band, Springer, Informatik-Fachberichte, 1989.

Struß, P.: Qualitative Reasoning, KIFS-89, in diesem Band, Springer, Informatik-Fachberichte, 1989.

van Melle, W.: System Aids in Constructing Consultation Programs, UMI Research, 1981

von Luck, K. und Owsnicki-Klewe, B.: Neuere Formalismen zur Repräsentation von Wissen, erscheint im Tagungsband der KIFS-87, Springer, Informatik-Fachberichte, in Druck.

Voss, A. und Voss, H.: A Uniform View on Local Constraint Propagation Methods, erscheint im Tagungsband der KIFS-87, Springer, Informatik-Fachberichte, in Druck.

VERTEILTE AKTIONSPLANUNG FÜR AUTONOME MOBILE AGENTEN

Paul Levi

Technische Universität München, Institut für Informatik
Arcisstr. 21, 8000 München

ZUSAMMENFASSUNG

Es wird gezeigt, welche Planungsansätze geeignet sind, mobile Agenten (z.B. Roboter, Automobile) autonom unter der Einhaltung von Zeitrestriktionen in unterschiedlichen Umgebungen operieren zu lassen. Diese Operationen sind Bestandteile von Transport- und Beobachtungsaufgaben oder beziehen sich auf das Verhalten im Verkehr. Besondere Beachtung finden in diesem Zusammenhang die Technik des approximierenden (qualitativen) Planens und die verhaltensorientierte Modellierung von Verkehrsagenten. Hinweise auf die gegenwärtig implementierten Ansätze, verteiltes Planen zu realisieren (Blackboard, OOP), schließen diesen Beitrag ab.

1 PLANUNGSANSÄTZE FÜR MOBILE AGENTEN

Planung ist die zielorientierte Erzeugung von Aufträgen, Aufgaben oder Aktionen in Form von Plänen für einen oder mehrere Agenten. Diese Pläne haben jeweils die Aufgabe, bestimmte Zielvorgaben (Anfangszustände) derart in Zielrealisierungen (Endzustände) abzubilden, daß bestimmte Restriktionen eingehalten werden. Pläne gehen daher von bestimmten Annahmen aus, was existente Umweltzustände sind (Modellbildung) und legen, so weit wie es möglich ist, in geordneter Weise fest, was in den jeweiligen Situationen getan werden kann.

Die Interpretation der realen Umweltzustände legt fest, welche der Restriktionen erfüllt bzw. nicht erfüllt ist und bestimmt somit, wie einzelne Pläne zu realisieren sind. Die Interpretation kann vor und während der Plananwendung bzw. Planausführung geschehen. Erfolgt sie vor der Planausführung, so wird damit entschieden, welche der möglichen Pläne verwirklicht werden sollen (Planbewertung). Erfolgt sie während der Planausführung, dann wird die Aktion überwacht.

Die Art der Pläne hängt von dem Anwendungsbereich (Agententyp) ab. Die klassischen Planungsbereiche sind Konstruktionen, Konfigurationen (z.B. von Rechnern) Betriebsbelegungen von Maschinen (scheduling) und die Erzeugungen von Aktionsfolgen. In Abhängigkeit von diesen Anwendungen sehen die Pläne verschieden aus. Ist der Agent aktiv (z.B. Roboter) und kann seine Umwelt selbst verändern, so spricht man von Aktionsplanung. Bild 1 verdeutlicht die oben genannten Charakteristika des Planens. Sie werden in einen geschlossen Planungs-/Aktionszyklus eingebunden.

Die Neuplanung kann vor der Aktionsdurchführung (Entscheidung), oder während der Aktionsdurchführung (Überwachung) erfolgen. Die Neuplanung, die durch die Überwachung angestoßen wird, ist vor allem wichtig, wenn Fehler aufgetreten sind. Dieser Kreislauf kann auch mehrere Male durchlaufen werden, bis er zur gewünschten Zielrealisierung führt.

Die Planungs- und Entscheidungsebene ist im allgemeinen noch weiter verfeinert. So unterscheidet man einen strategischen Planer (z.B. Missionsplanung, globale Routenplanung) und einen taktischen Planer (z.B. lokale Navigation). Je nachdem, welcher der einzelnen Moduln von Bild 1 vorhanden ist und wann die Interpretation der Zustände (Restriktionen) erfolgt, kann man drei verschiedene Planungsarten spezifizieren.

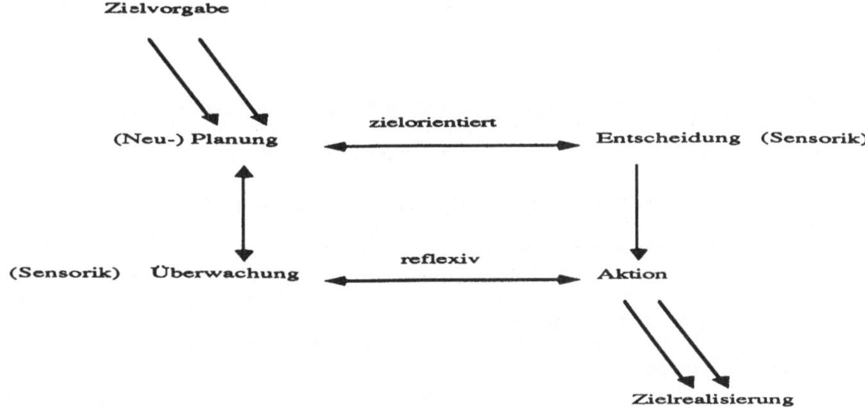

Bild 1:   Verknüpfung zwischen Planung und Aktion

Das *sensorlose, zielorientierte Planen* (a priori Planen), wie es von den klassischen Systemen ABSTRIPS oder NOAH bekannt ist, benutzt keine Sensorinformation. Der Überwachungsteil des Planungs/Aktionszyklus existiert nicht, da man von einem Maximum von a priori Informationen ausgeht (perfekte Weltzustände). Jede Situation wird durch Prädikate beschrieben, die nur an die einzelnen Roboteraktionen gekoppelt sind. Wissen über die realen Umweltzustände wird nicht verwendet. Die Entscheidung darüber, ob der nächste Schritt der linearen Folge der Roboteraktionen auszuführen ist, wird mit Hilfe einer Dreieckstabelle durchgeführt. Diese Tabelle definiert die Menge der Aktionszustände, die auftreten müssen, damit die Aktionsfolge insgesamt erfolgreich abgeschlossen werden kann.

Das *sensorgestützte, zielorientierte Planen* (reagierendes Planen) durchläuft den ganzen Zyklus von Bild 1, d.h. es wird auf der Basis von Sensorinformationen entschieden und überwacht. Es liegen vorgeformte Planalternativen vor, die von erwarteten Umweltzuständen (Restriktionen) ausgehen. Die sensorgestützte Interpretation dient als Index, welcher Plan ausgeführt werden soll. Sie unterstützt den Aufbau von weit vorausschauenden, alternativen Plänen, die in Form von Schemata (Skripten) angegeben werden können. Dies erlaubt eine hohe Rationalität bei der vorherigen Auswahl von Reaktionen. Es handelt sich hierbei um eine Art von Universalpläne für Agenten, die sich in einer nicht vorher festgelegten Umgebung bewegen. Daher ist diese Art des Planens gekennzeichnet durch die zielgerichtete Auswahl von Reaktionen auf mögliche Situationen /Schoppers 87/.

Es gibt zwei extreme Fälle des reagierenden Planens: opportunistisches und zurückstellendes Planen. Bei dem opportunistischen Planen wird auf höherer Ebene nicht nur ein Ziel, sondern es werden mehrere Ziele gleichzeitig verfolgt /Ow 86/. Dem erfolgversprechendsten Ziel wird stets nachgegangen. Bei dem zurückstellenden Planen werden so wenig Erwartungswerte wie möglich im Weltmodell aufgenommen. Die Planungsentscheidungen werden auf derjenigen Stufe der Planverfeinerung gefällt, die nicht mehr weiter verfeinert werden kann.

Das *reflexive Planen* (ereignisgesteuerte Verhaltensplanung) ist stark sensorgestützt und realisiert den Übergang von der Überwachung zur Aktion. Es stützt sich auf vor-compilierte Prozeduren, die ausschließlich ereignisgesteuert aufgerufen werden. Ein Beispiel für ein solches reflexives Verhalten wäre etwa das Fahren längs einer Wand. Bestimmte Vorab-Informationen werden nicht vorausgesetzt und es wird auch nicht vorausgeschaut. Die rasche Interpretation der grob verarbeiteten Sensordaten wird dazu verwendet, um ein Verhaltensmuster aus einem Vorrat von fest eingegebenen Verhaltsmustern auszuwählen. Die Planungs- und Entscheidungsphasen fallen weg. Die Zielvorgabe wird direkt dem Überwachungsmodul übergeben.

Wir bezeichnen einen aktiven Agenten *autonom*, wenn er einen sensorgestützten Planungs- /Aktionszyklus selbständig durchführen kann. Es ist erlaubt, daß hierbei auch einzelne Blöcke des Zyklus von Bild 1 fehlen (z.B. nur reflexives Planen). Verlangt man von dem Agenten, daß er zielorientiert und reflexiv operieren kann, so müssen sämtliche 4 Blöcke des Planungs-/Aktionszyklus in seiner internen Struktur vorhanden sein.

Mobile Agenten unterscheiden sich in den folgenden Punkten wesentlich von stationären Agenten:

1   Stärkere zeitliche Restriktionen.

2   Erweiterte Menge, von möglichen Situationen, die sich dynamisch (z.B. Verkehr) ändern können. Daher ist eine enge und effiziente Verknüpfung zwischen Planung und Aktion gegeben, um möglichst rasch und flexibel reagieren zu können.

3   Aufbau von semantischen Modellen, die aufgabenbezogen in den jeweiligen Situationen verifiziert werden müssen. Das Bild einer Autokreuzung wird von einem Radfahrer und einem LKW-Fahrer nach unterschiedlichen Merkmalen analysiert und in unterschiedliche Interessensbereiche eingeteilt. Jeder Fahrer hat sein eigenes semantisches Modell.

4   Umfangreichere und verschiedenartigere Sensorausstattung und aufwendigere Sensordatenverarbeitung (Fusion, integrierte Darstellungen). Effiziente Reduktion der Sensorinformation auf ein semantisches Minimum.

5   Zusätzliche Aufgaben wie Routenplanung, Navigation und andocken.

Die Aufzählung dieser fünf Punkte zeigt bereits deutlich, daß mobile Systeme viel mehr Informationen in kürzerer Zeit aufnehmen und verarbeiten müssen als stationäre Systeme. Die Planung für mobile Systeme muß daher auf allen Ebenen mit der Interpretation von Sensordaten verknüpft werden und sie muß sich in einem sehr hohen Maß an verändernde Restriktionen anpassen. Der Planungsvorgang muß mit der Aktionsdurchführung so fein abgestimmt sein, daß Neuplanungen auf der strategischen, taktischen und reflexiven Ebene jederzeit möglich sind. Daher hat die Mobilität zur Folge, daß nur das reagierende und reflexive Planen hierfür geeignet ist.

Die prinzipielle Architektur eines autonomen, mobilen Agenten zeigt Bild 2. Es zeigt die hierarchische Schichtung zwischen der Modellierung, der Planung und der Interpretation von Sensordaten, wie es im NavLab der CMU realisiert worden ist /Dowling 87/.

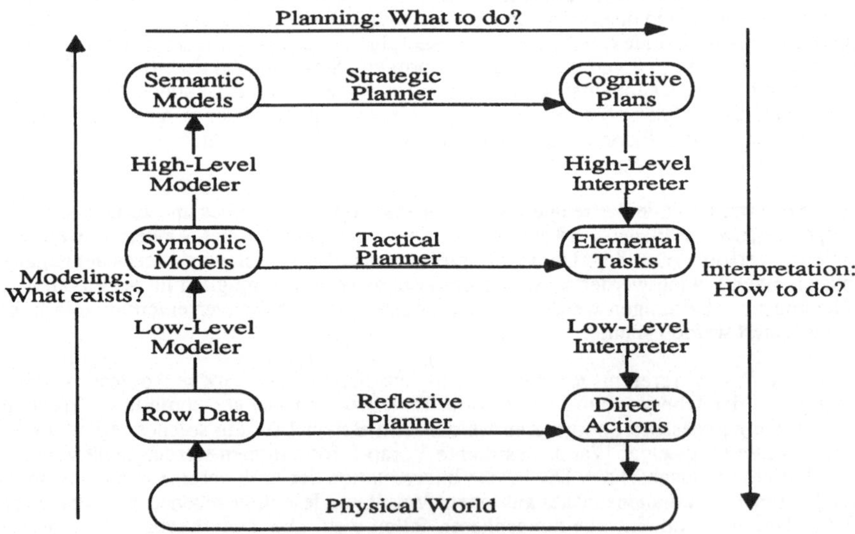

Bild 2:   Architektur eines autonomen Agenten

2 VERTEILTES PLANEN DURCH APPROXIMATION

Unsere bisherigen Ausführungen bezogen sich vor allem auf einen einzelnen Agenten. Das verteilte Planen oder n-Agentenplanen geht zusätzlich davon aus, daß auch andere Agenten Aktionen ausführen. Diese Aktionen können die eigenen Aktivitäten unterstützen (Kooperation), behindern (Konkurrenz) oder gar zerstören (Destruktion). Das n-Agentenplanen beinhaltet alle Charakteristika und Schwierigkeiten des 1-Agentenplanens. Die Wechselwirkung mit anderen Agenten hat zur Folge, daß einzelne Agenten bestimmte Rollen zugeteilt bekommen, die ihrer Eignung entsprechen. Dieses Verhalten im Kollektiv kann aber bedeuten, daß externe Ziele verfolgt werden müssen, die mit den eigenen Zielvorstellungen kollidieren. Das hat zur Folge, daß das Zusammenspiel aller Agenten durch ein Organisationsprinzip und ein Kommunikationsprinzip festgelegt werden muß. Das *Organisationsprinzip* legt vor allem die Aufgabenzuweisung an den einzelnen Agenten, die Strategie der Problemlösung und die Benutzung von kritischen Betriebsmitteln fest. Das *Kommunikationsprinzip* bestimmt, nach welchem Muster kommuniziert wird, ob der Informationsaustausch angefordert oder unangefordert erfolgt, etc. Dies hat zur Folge, daß ein Agent intern zusätzlich zu der in Bild 2 gezeigten Struktur noch über Moduln verfügt, die diese beiden Prinzipien realisieren.

Weitere Charakteristika des verteilten Planens und der verschiedenartigen Arten der Wechselwirkungen (Kooperation, rationale Konkurrenz und destruktive Konkurrenz) sind bei /Levi 88/ zu finden. Es ist die Rolle eines einzelnen Agenten, die er im Verbund mit anderen Agenten spielen muß, die den Planungszyklus eines einzelnen Agenten beeinflussen. Zusätzliche, geeignete Approximationen (Abstraktionen) müssen verwendet werden, um die *Vollständigkeit* (eigene Lösungsaspekte werden ignoriert), die *Genauigkeit* (einige Lösungsparameter werden nicht exakt bestimmt), und die *Zuverlässigkeit* (einige unterstützende oder widersprechende Fakten werden nicht berücksichtigt) eines Planes zu verändern, damit vorgegebene Zeitschranken eingehalten werden können /Lesser 88/. Die folgenden drei wesentlichen Typen von Approximationen sind möglich:

1   Approximation der Planungsstrategie (Reduktion des Lösungsraumes)
2   Approximation der Daten (abstrakte Sicht der Interpretationsdaten)
3   Approximation der Zielvorgaben (Lockerung der Restriktionen).

Die erste Approximation wird benutzt, um die strategischen Planungen eines Agenten an seine globale, kollektive Rolle (Organisationsprinzip) anzupassen. Die beiden restlichen Approximationen braucht ein Agent für seine taktischen Planungen.

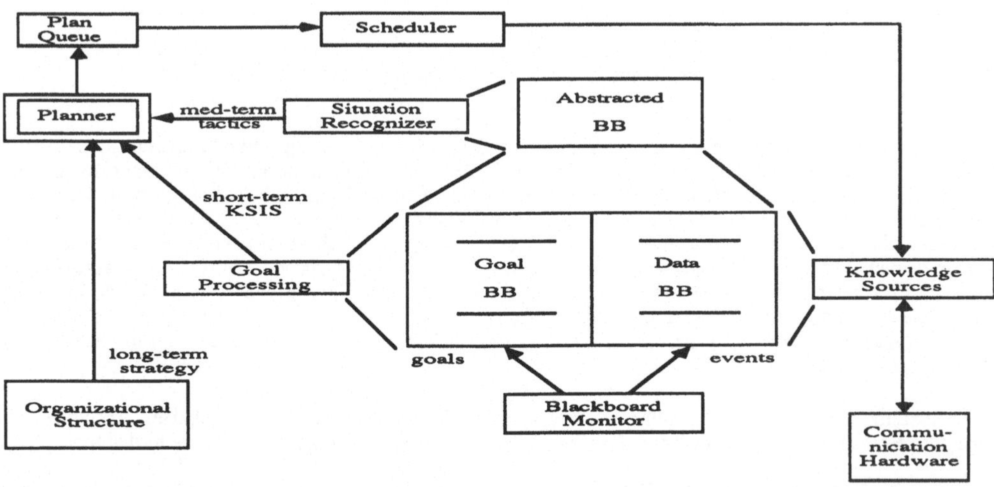

Bild 3:   Blackboard-orientierte Grundstruktur eines Agenten, der im Verbund operiert (Quelle: /Durfee 85/)

Implementiert man einen autonomen Agenten mit Hilfe eines Blackboards, das wie das BB1-System Kontroll- und Metawissen trennt /Johnson 87/, ergibt sich eine Agentenstruktur, die in Bild 3 gezeigt wird. Die drei Planungsebenen von Bild 1 sind der Einfachheit halber zu einem Block zusammengefaßt worden.

Die Organisationsstruktur liefert die Approximation der Lösungsstrategien. Der "situation recognizer" führt die Datenapproximation durch und vereinigt sie mit der Zielapproximation (goal processing) zu einer neuen, gemeinsamen Approximation (abstracted BB).

Der Basiszyklus des strategisch und taktischen Planens wird in Bild 4 gezeigt.

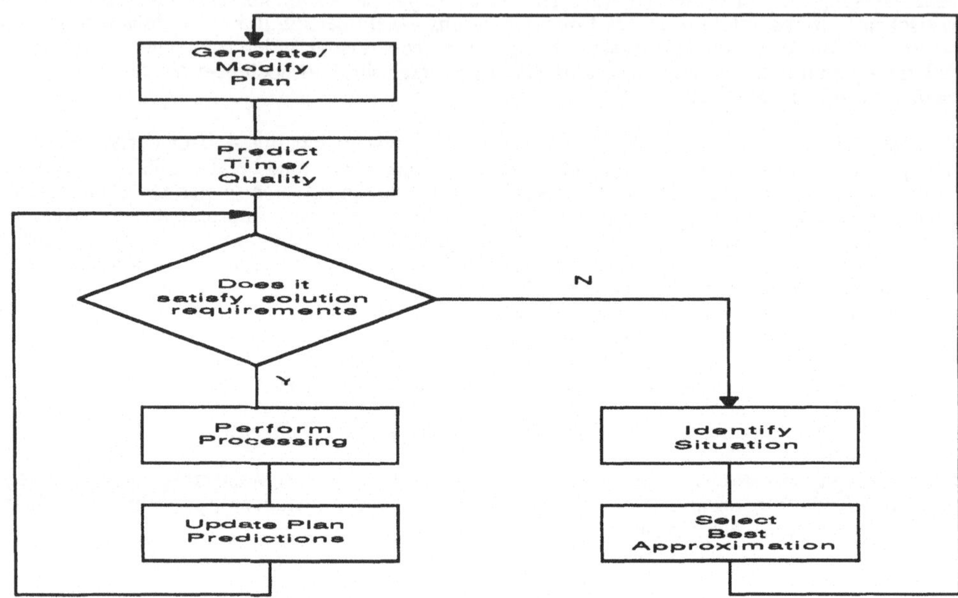

Bild 4:   Approximierender Planungszyklus eines Agenten bei dem verteilten Planen

Die Verknüpfung zwischen den oben erwähnten Approximationen kann an einer Interpretationsaufgabe einfach verdeutlicht werden. Ein Fahrzeug befinde sich im Verbund mit anderen Fahrzeugen (Fertigungshalle, Straßenverkehr) und will kollisionsfrei und sensorgestützt (keine Koppelnavigation) zu einem bestimmten Endpunkt fahren. Der taktische Planer (Navigator) erhält beispielsweise die folgende Zielvorgabe: *Bestimme innerhalb deines Navigationsbereiches in 2 Sekunden sämtliche Fahrzeugtypen, ihre Positionen und die Bewegungsparameter dieser Fahrzeuge. Bestimme die Bewegungsparameter derjenigen Fahrzeuge, die im Kollisionsbereich liegen mit höchster Genauigkeit.* Die ideale Antwort der Überwachungskomponente würde lauten: *Fahrzeugtyp t_1 befindet sich bei s_1 und bewegt sich mit der Geschwindigkeit v_1 in Richtung d_1, etc. Im Kollisionsbereich befindet sich Fahrzeug t_3 mit dem Parametersatz (s_3, v_3, d_3).*

Mobile Systeme sind gegenwärtig nicht in der Lage, in sekundenschnelle solche präzisen Antworten zu liefern. Die Entscheidungskomponente (Kritiker) nimmt die ursprüngliche Zielvorgabe und schwächt sie ab, da sie Abschätzungen über die reale Dauer von Interpretationsaufgaben und die gegenseitige Abhängigkeit hat. Der Plan wird modifiziert. Der neue Plan vermindert die Vollständigkeit (bestimmte Fahrzeuge fehlen), die Genauigkeit (ungefähre Position, Geschwindigkeit und Richtung) und die Zuverlässigkeit der Beobachtung (andere Fahrzeuge können vorhanden sein). Durch diese Reduktionen der Planungsrestriktionen ist die Zeitvorgabe von 2 Sekunden einzuhalten. Eine entsprechende Lösung fällt dann wie folgt aus: *Wahrscheinlich existiert Fahrzeug t_3 nahe s_3, es bewegt sich zwischen den Geschwindigkeitsgrenzen v_3^{min} und v_3^{max} in Richtung d_3. Andere Fahrzeuge könnten vorhanden sein.*

Ein Planer und sein Kritiker dürfen Approximationen nur so verwenden, daß die beiden folgenden Bedingungen erfüllt sind:

1   Approximationen müssen einen wohldefinierten Einfluß auf die Planungscharakteristika (Zeit, Vollständigkeit, Genauigkeit und Zuverlässigkeit) haben, damit bestimmt werden kann, ob die Approximationen das Ziel noch erfüllen.

2   Exaktes und approximierendes (qualitatives) Planen müssen ineinander überführbar sein. Somit kann das strategische Planen durch die schrittweise Verfeinerung der Approximationen in taktische Planvorgaben überführt werden. Kurzzeitige Aktionen des nächsten Planschrittes können detailliert spezifiziert werden. Hierdurch werden Planung und Ausführung eng miteinander verknüpft. Dies ist für die taktische Planungsebene besonders von Bedeutung, da das zurückstellende Planen gerade für diese Abstraktionsebene geeignet ist.

Im nachfolgenden Abschnitt wollen wir uns an Hand von zwei Anwendungsbeispielen einige Charakteristika des verteilten und des in diesem Abschnitt beschriebenen approximierenden Planens verdeutlichen.

3   ANWENDUNGEN

Das erste Beispiel verdeutlicht eine elementare Form (keine Agentenkommunikation, keine Sensorik, keine Approximation) der strategischen Planung für eine "Flotte" von Transportrobotern. Im zweiten Beispiel werden die drei im vorigen Abschnitt erwähnten Approximationen für eine sensorgestützte, kooperative Beobachtung von Fahrzeugbewegungen vorgestellt. Ein drittes Beispiel wäre das reflexive Planen für elementare, sensorgestützte Montageaufgaben für einen Zweiarm-Roboter. Details hierzu sind bei /Levi 87/ zu finden.

A   Kollisionsfreie Aufgabenzuweisung für Transportfahrzeuge

Wir nehmen an, daß in einer Fertigungshalle n autonome Transportroboter m Arbeitsstationen kollisionsfrei mit unterschiedlichem Material (Eignung) beschicken sollen. Die Auslastung der Fahrzeuge muß ausgeglichen sein. Dies ist eine typische Aufgabe für einen CIM-Strategieplaner. Dabei soll bereits bei der Planung die potentielle Kollision der Fahrzeuge entdeckt und vermieden werden. Die Fahrzeuge sollen keine Kommunikation untereinander haben, daher kann dies als ein Routing Problem behandelt werden /Chen 87/. Die Problemdefinition kann mit Hilfe von Graphen erfolgen. Für jedes Fahrzeug wird ein Routing Graph aufgebaut.

Die Knoten beschreiben die jeweiligen Positionen der Arbeitsstationen und die Startposition des Vehikels. Die Kanten definieren die Fahrzeit zwischen den Arbeitsstationen oder der Startposition und jeder Arbeitsstation. Die Attribute in den Arbeitsstationenknoten stellen die jeweiligen Verarbeitungszeiten dar.

Die Fahrzeiten zu und zwischen den Arbeitsstationen können für die einzelnen Fahrzeuge verschieden sein. Sämtliche Verarbeitungszeiten und Transportdauern werden in zwei Kostenmatrizen festgehalten. Sie definieren in einem ersten Ansatz die Kostenfunktion (Verarbeitungszeiten, Transportdauern). Diese Matrix wird benutzt, um für jedes Fahrzeug einen Routing Graphen aufzubauen. Die Aufgabenzuweisung (ohne Kollisionsvermeidung) kann durch einen Suchbaum, der mit dem A* Algorithmus durchsucht wird, dargestellt werden. Beginnend mit der ersten Arbeitsstation wird jede Arbeitsstation zuerst einmal sämtlichen Fahrzeugen zugeteilt. Die Bewertung der Expansion der einzelnen Knoten im Lösungsbaum erfolgt mit Hilfe der einzelnen Routing Graphen.

Die bisherige Suche schloß noch keine Kollisionsbetrachtung mit ein. Bild 5 zeigt die möglichen Kollisionen auf (Gegenverkehr). Die Kollisionszone ist der Schnitt (Rechteck) zwischen der Route i und j. Die Zeit t_j ist die Ankunftszeit von v_j in der Mitte der Kollisionszone.

Kollisionen werden wiederum mit Hilfe des A* Algorithmus bestimmt. In diesem Fall wird die neue Kostenfunktion: minimale Transportdauer für ein Vehikel, um die Kollisionszonen zu passieren, verwendet. Wird eine potentielle Kollision detektiert, so wird das Vehikel angehalten, das noch nicht in der Kollisionszone ist (FIFO-Strategie). Die Knoten des Suchbaumes enthalten mögliche Kollisionen (Kollisionsmatrix). Die Kanten werden durch die oben genannte Kostenfunktion minimiert.

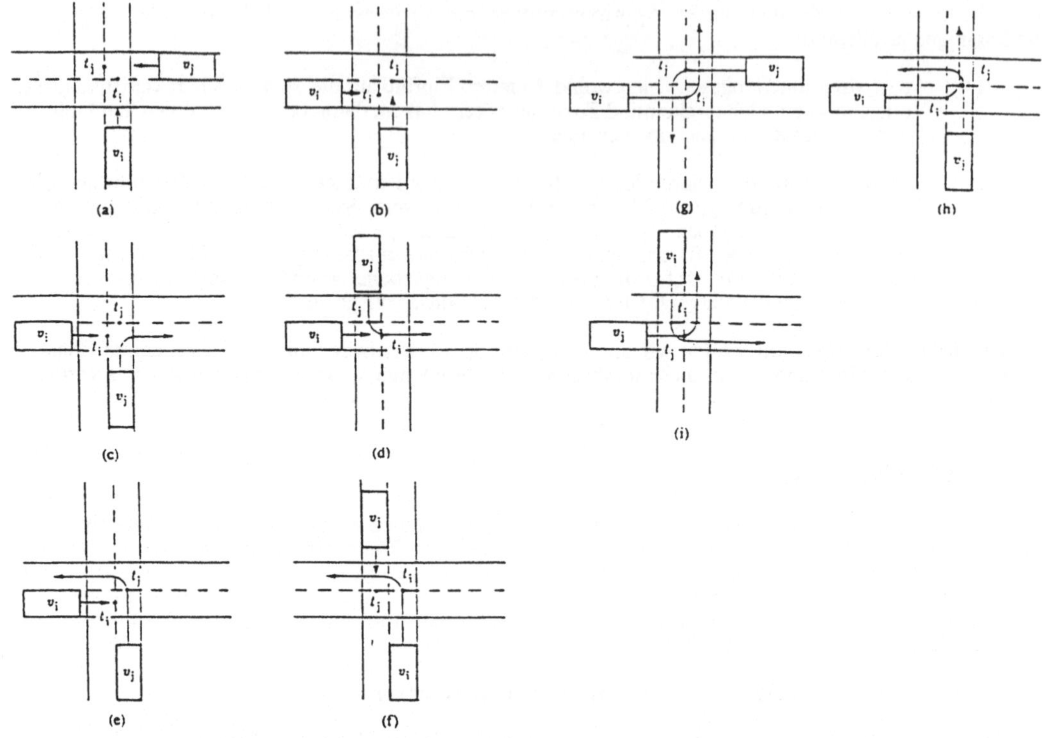

Bild 5: Mögliche Kollisionen, falls Gegenverkehr existiert und kein Spurwechsel stattfindet und keine Kolonnen gebildet werden (Kettenkollision)

Die strategischen Planungen verliefen in diesem Beispiel ohne Sensorunterstützung. Die gesamte Ausweitung der Sensorauswertung wird vor allem auf die taktischen Planungsebenen (reales Hindernisumfahren) verlagert. Der Gebrauch der Sensorik auf der strategischen Planungsebene und die Verwendung von Approximation wird im nächsten Anwendungsbeispiel aufgezeigt.

B Kooperative Beobachtung von Fahrzeugbewegungen

Die Aufgabe besteht darin, n autonome Agenten (n =2, 4, 10) als sensorgestützte Beobachter (akustisch) einer Fahrzeugkolonne einzusetzen, um durch die kommunikationsgestützte Kooperation dieser Agenten eine möglichst zuverlässige Szeneninterpretation zu erhalten. Jeder dieser Agenten hat intern eine Struktur, wie sie in Bild 3 gezeigt wurde. Ein Agent erzeugt seine eigene Hypothese über die Kolonnenparameter (Ort, Gruppierung, Richtung etc.) und tauscht sie mit allen anderen Agenten aus. Die am besten bewertete Einzelhypothese wird dann von allen als korrekte Lösung akzeptiert. Details dieser verteilten Lösungsfindung sind bei /Durfee 85/ zu finden. Bevor bei dieser Lösungsfindung die zuvor ausgewählten Approximationen angewendet werden, muß der Planer (Kritiker) bestimmen, welche Approximationen ausgewählt werden sollen. Die folgenden Approximationen stehen zur Auswahl:

1 *Approximierende Planungsstrategie*
Ein Zeitgewinn ist vor allem durch die Elimination von irrelevanten Alternativen bei dem Suchverfahren gegeben. Diese Elimination muß einen genau abschätzbaren Einfluß auf die Planungsqualität haben (Reduktion der Zuverlässigkeit). Daher sind sich gegenseitig unterstützende Interpretationen und sich widersprechende Interpretationen für die Elimination besonders geeignet. Der erste Fall tritt z.B. auf, wenn die Hypothese über die Gruppierung von Fahrzeugen (Kolonne) nur durch solche Sensordaten untermauert wird, die zu verschie-

denen Zeiten aufgenommen worden sind und nicht zu konsistenten Aussagen (z.B. über den Fahrzeugtyp) führen. Falls zwei benachbarte Sensorauswertungen zu konsistenten Aussagen führen, wird die Information einer dieser beiden Sensoren nicht mehr weiter verwendet. Interpretationen widersprechen sich, wenn sie durch sich gegenseitig ausschließende Ereignisse unterstützt werden (z.B. ein Fahrzeug an zwei verschiedenen Stellen).

Eine alternative Interpretation kann auch dann eliminiert werden, wenn sie weniger zuverlässig ist als die am besten bewertete Interpretation, nachdem sämtliche Sensordaten ausgewertet worden sind.

2 *Datenapproximation*
Es gibt zwei Möglichkeiten, die Anzahl der Aktionsalternativen durch Datenabstraktionen zu verringern: unvollständige Ereignisbearbeitung und Häufung (clustering). Zum Beispiel sind die Position und die Bewegung eines großen Fahrzeuges für den Kollisionsschutz wichtiger als die gleichen Daten für kleinere Fahrzeuge. Daher ist es, falls sehr enge Zeitgrenzen gesetzt sind, angebracht, zuerst nur den Fahrzeugtyp zu detektieren. Die Position und die Bewegung des Fahrzeuges können vorläufig ignoriert werden. Ist es dann noch evident, daß das Fahrzeug klein ist, dann brauchen diese Daten nicht weiter analysiert werden. Ein anderes Beispiel der unvollständigen Ereignisbearbeitung ist bei der Führung der einzelnen Fahrzeuge eines Konvois zu finden. Um Kollisionen zu vermeiden, ist es wichtiger, die aktuelle Fahrzeugbewegung zu kennen, statt die komplette Karte der Fahrzeugbewegungen über alle beobachteten Zeitpunkte zu erstellen.

Die Häufung einzelner Daten zum Zwecke der gemeinsamen Charakterisierung ist immer dann angebracht, wenn z.B. neben korrekten Signalen viele schwach detektierte Signale vorhanden sind. Die Datenhäufung hat eine höhere Zuverlässigkeit als jeder einzelne Punkt dieser Gruppierung.

Die Datenapproximation ist immer dann ein tauglicher Ansatz, die Anzahl der Restriktionen zu verringern, wenn die Zuverlässigkeit einer Lösung höher bewertet wird als ihre Genauigkeit.

3 *Approximation der Zielvorgaben*
Es gibt zwei Ansätze Zielvorgaben, zu approximieren. Im ersten Fall werden in Abhängigkeit von der Zielsetzung geeignete Datenapproximationen bestimmt. Entsprechendes Wissen kann z.B. dazu verwendet werden, um globale Restriktionen zu vermindern, falls bestimmte Ereignisse unberücksichtigt bleiben. So kann bei der Beobachtung einer Fahrzeugkolonne vorerst auf die Beschleunigungsrestriktionen verzichtet werden. Der Preis hierfür liegt in einer Reduktion der Genauigkeit.

Im zweiten Fall wird eine Folge von Teilzielen zu einem einzigen übergeordneten Ziel kombiniert. Typisch für diesen Ansatz ist das Überspringen einzelner Verarbeitungsschritte. Üblicherweise erfolgt die Fahrzeugüberwachung in zwei Schritten. Zuerst werden korrelierte akustische Signale gruppiert, danach wird ein Fahrzeug durch die charakteristischen Merkmale dieser Signalgruppen identifiziert. Im Gegensatz hierzu kann versucht werden, keine Signalgruppierungen vorzunehmen und direkt in einem Schritt aus den einzelnen Signalen das Fahrzeug zu identifizieren. Der Nachteil dieses Ansatzes liegt darin, daß durch die Eliminierung von Zwischenresultaten die Möglichkeit, die Zuverlässigkeit zu steigern, (z.B. durch sich gegenseitig unterstützende Daten), verloren gehen kann.

4 AGENTENMODELL FÜR VERKEHRSSZENEN

Jeder autonome Agent versucht, so individuell wie möglich zu operieren. Operiert er im Verbund mit anderen Agenten (z.B. Straßenverkehr), so muß er sich anpassen; d.h. er muß seinen individuellen Fähigkeiten entsprechend eine bestimmte Rolle bei der kollektiven Planung und bei der Plandurchführung "spielen". Die äußere Rollenzuteilung kann zu Konflikten mit den internen Zielen eines Agenten führen. Die Auflösung dieser Zielkonflikte und die kollektive Rollenzuteilung sollen durch eine wechselseitige Kommunikation und Absprache stark unterstützt werden. Die Kommunikation ist auch das Instrument, um konsistente Umweltbeschreibungen zu generieren. Ein autonomer Agent setzt sich daher intern aus den drei folgenden Blöcken zusammen /Huhn 88/:

196

a   Individuelle Fähigkeiten
• individuelles Verhalten
• Aufgabendurchführung
• Betriebsmittelverwaltung
• Restriktionsmanipulation

b   Kollektive Rolle (Organisationsprinzip)
• Eignung
• Aufgabenzuteilung
• kollektives Verhalten (Rollen, Kooperationsstrategien)
• Auflösung von Zielkonflikten (individuelle, kollektive Ziele)

c   Kommunikation
• Kommuniaktionsmuster
• Nachrichteninhalte
• Kommunikationstechniken (z.B. synchron, asynchron)
• Kommunikationsmedium (Sprache, Sensoren).

Sowohl für die individuellen Fähigkeiten als auch die kollektive Rolle ist das Verhalten eines Agenten ein wesentliches Element. Wir bezeichnen dabei die Transformation, die Ziele in aufgabenbezogene Aktionen überführt (z.B. auffahren, überholen, einfädeln etc.), als *Verhalten*. Diese Definition ist hierarchisch; d.h. das Verhalten auf einer Ebene kann als Primitiv für die nächst höhere Ebene betrachtet werden. Ein Verhaltensbaum, der als ein UND/ODER Baum definiert wird, faßt alle möglichen Verhaltensmuster eines Agenten zusammen. Bild 6 zeigt einen solchen Baum für den Fall eines Autofahrers. Er definiert in seiner Gesamtheit einen Plan (verhaltensbasiertes Planen) für die taktische (Fahrmanöver) und reflexive (Geschwindigkeitsänderung) Ebene.

Ein Knoten in diesem Baum beschreibt die einzelnen Verhaltensmuster, die ein Agent durchzuführen in der Lage ist. Ein Agent kann sich gleichzeitig in mehreren prototypischen Situationen befinden, daher kann er simultan mehrere Rollen (aktiv, passiv) innehaben. Pro Ebene von Bild 6 ist allerdings nur eine Rolle möglich. Die gleichzeitigen Rollen eines Agenten werden in seinem Rollenbaum festgehalten (Bild 7). Die Marke definiert, welche Rolle aktiviert ist. Diese Rollen werden durch natürlichsprachliche Aussagen beschrieben. Das Verb (z.B. überholen) definiert die Rolle, der Tiefenkasus die zugehörige semantische Situationsspezifikation. Die Gesamtheit aller einzelnen Rollen definiert die aktuelle Verkehrsszene auf der Verhaltensebene.

Jeder Knoten von Bild 6 ist autonom. Dies hat zur Folge, daß für jeden Knoten auf der taktischen Ebene die vier Phasen Planung, Entscheidung, Ausführung und Überwachung zur Anwendung kommen. Auf der reflexiven Ebene wird dieser Zyklus nur durch die beiden zuletzt genannten Phasen aufgebaut. Die eingangs erwähnten drei Funktionsblöcke werden durch die Planungs-/Aktionsmodule (Autonomiemodule) realisiert.

Intern werden diese vier Phasen wie folgt hierarchisch durch Nachrichtenaustausch durchlaufen. Der Planer einer höheren Verhaltensebene (z.B. überholen) läßt sich von den unteren Planern (z.B. ausscheren, passieren, einscheren) Spezifikationsdaten wie Kosten und Betriebsmittel für seine Verhaltenspläne geben. Danach vergibt die Entscheidungskomponente des "Überholknotens" Bewertungsaufträge an die äquivalenten unteren Komponenten, um durch die Rückantworten die Auswahl der zuvor erhaltenen Spezifikationen zu treffen. Nach diesem Muster arbeiten auch die Ausführungs- und Überwachungskomponeten.

Wesentlich für dieses Agentenmodell ist auch die Art der Modellbildung. Wir unterscheiden drei Ebenen der Datenabstraktion: Umweltmodell (Fakten), semantisches Modell (benötigte Betriebsmittel) und Verhaltensmodell. Das Umweltmodell enthält neben den allgemeinen Fakten (z.B. Straßenkreuzung) vor allem diejenige Sicht der Umwelt, die einzelne Agenten interessiert (z.B. potentielle Kollisionen, Distanz zum Vordermann).

Das semantische Modell definiert die aufgabenbezogenene Sicht der Fakten durch einen Agenten. Diese semantische Beschreibung der Umwelt operiert mit Betriebsmitteln. Betriebsmittel sind vor allem Gefahrenbereiche und die Zeit. Die Verwendung von Betriebsmitteln wird durch Restriktionen bestimmt. Das Verhalten eines Agenten wird stark durch diese Restriktionen bestimmt (z.B. abbremsen, voll bremsen). Die Zeitrestriktionen bestimmen den Rahmen, der für das approximierende Planen erlaubt ist. Dieses

Planen ist besonders geeignet, so schnell wie möglich mit Neuplanungen zu beginnen, falls unerwartete Ereignisse auftreten. Mit Hilfe dieser Betriebsmittelrestriktionen wird nicht nur das Verhalten eines Agenten bestimmt, sondern auch der Übergang von der Individualität zur Kooperation. So kann ein synchrones Verhalten (z.B. hintereinanderfahren) durch das gemeinsame Interesse, ein Betriebsmittel effizient zu nutzen, erzeugt werden (Interessensgruppe).

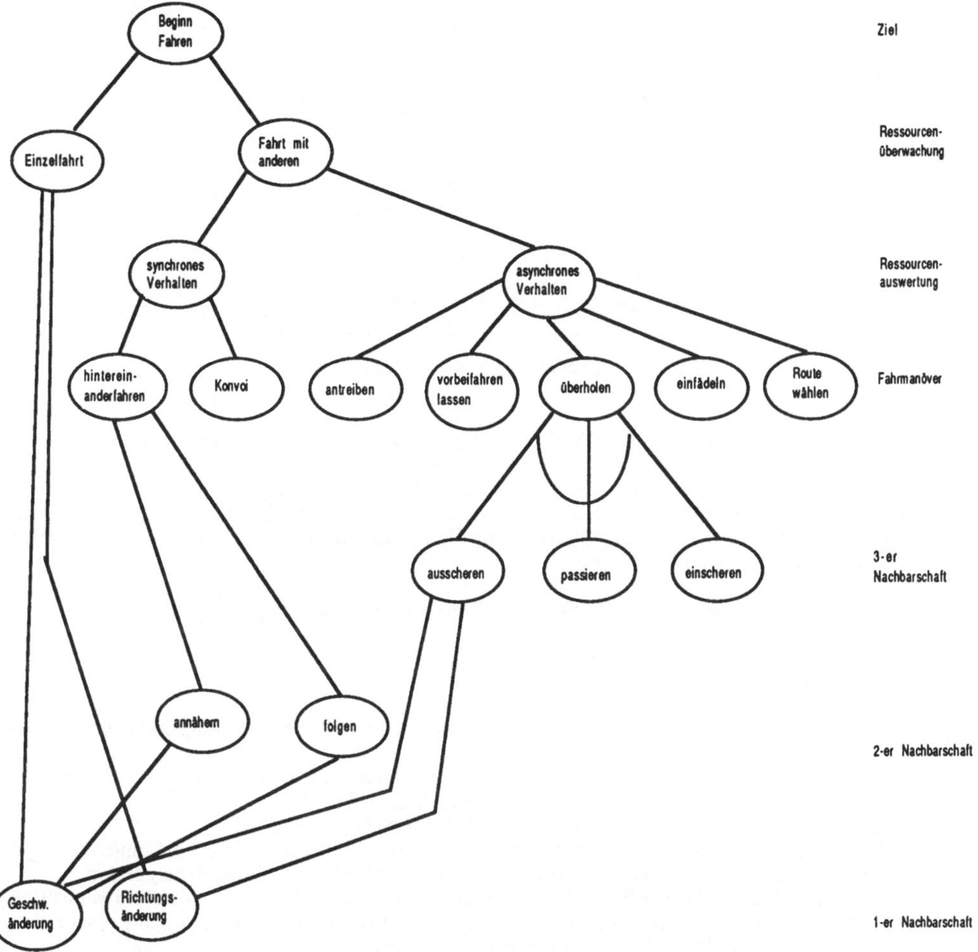

Bild 6:   Verhaltensbaum (U/O-Baum) eines autonomen Agenten im Straßenverkehr

Das Verhaltendsmodell ist in zwei Hauptblöcke gegliedert: Verhaltenssituation und verhaltenorientiertes Weltmodell. Eine Verhaltenssituation definiert den Kontext, in dem bestimmte Rollen angewendet werden können. Sie setzt sich aus den folgenden drei Komponenten zusammen:

-    eine Rolle (bzw. Rollenbaum), die ein geeignetes Verhaltensmuster anstoßen
-    Betriebsmittel, mit deren Hilfe die Restriktionen, die einer bestimmten Rolle zugeordnet sind, überwacht werden
-    Verhalten, das ein Ziel realisiert.

So wird z.B. die Situation: A_1 überholt A_2 bei Gegenverkehr A_3 durch das Verhalten "überholen", durch zwei Betriebsmittel (Kollisionszonen für Auffahr- und Frontalkollision) und durch die folgenden drei Rollen der beteiligten Agenten beschrieben. A_1 überholt A_2, A_2 wird von A_1 überholt, A_3 kommt A_1 und A_2 entgegen.

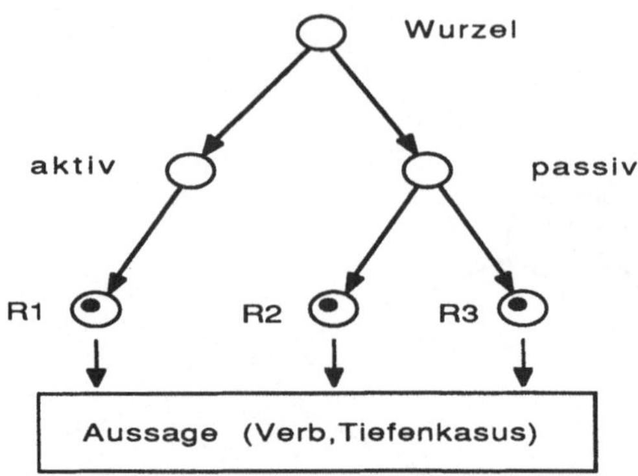

Bild 7:   Rollenbaum eines Agenten

Das verhaltensorientierte Weltmodell stellt eine Analyse des Situationsmodelles im Hinblick auf die Betriebsmittelrestriktionen dar. Diese Restriktionen stellen sicher, daß ein Verhaltensmuster erfolgreich abgeschlossen werden kann. Die kritischen Grenzen (z.B. Auffahr- und Frontalkollision), die dem Betriebsmittel zugeordnet werden, dienen als Trigger, um das geplante Verhalten eines oder mehrerer Agenten zu modifizieren. Dies bedeutet, daß nicht nur die Zeit,sondern auch z.B. der Sicherheitsabstand als kritische Betriebsmittel betrachtet werden.

Im einzelnen enthält das verhaltenorientierte Weltmodell die folgenden Eintragungen:

- den Standardablauf des Fahrmanövers
- die Rollen im kollektiven Fahrverhalten
- die Phasen des Fahrmanövers
- die Entscheidungsbedingungen für Beginn, Abbruch oder Ende eines Fahrmanövers oder einer Phase
- die kritische Situation eines Manövers, wenn der Sicherheitsabstand verletzt zu werden droht
- die Optimierungsgrößen zur Vermeidung der kritischen Situation
- die Vorgaben an das Fahrmanöver von der Fahrtdurchführung
- die Freiheitsgrade des Manövers, die den Spielraum der Individualität des Manövers angeben und über die es verfügen kann ohne unmittelbar in die krititsche Situation zu geraten
- das Fahrverhalten, das die individuellen und/oder kollektiven Momente des Manövers aufzeigt.
- die physikalischen Bedingungen, die im Fahrmanöver gelten und die zu den Entscheidungsbedingungen und den kritischen Situationen beitragen sowie
- die Kommunikation zwischen den Agenten.

Ganz wesentlich für unseren Ansatz ist die Kommunikation zwischen den einzelnen Agenten, um eine korrekte Globallösung zu finden. Wir wenden uns diesem Punkt im folgenden Abschnitt zu.

5   VERHALTENSORIENTIERTE KOMMUNIKATIONSMUSTER

Unser Agentmodell zeichnet sich durch die Anwendung der Kommunikation bei der Problemlösung aus. Diese Kommunikation ist jedoch stark durch das gewünschte Verhalten geprägt. So sieht das Kommunikationsmuster z.B. für "überholen" anders aus als für "hinterherfahren". Der Sicherheitsabstand ist das wesentliche Betriebsmittel bei der Durchführung der Fahrmanöver. Der Reaktionsabstand ist ein kontextabhängiger festgelegter Sicherheitsabstand. Beide Betriebsmittel werden zur Entscheidungsfindung

(Bewertungskriterien) benötigt. Eine Entscheidung findet separat nach jeder einzelnen Nachrichtenübertragung statt.

Wir verdeutlichen uns Kommunikationszeitpunkte und Inhalte der Nachrichten bei dem Überholen. Bei diesem Verhaltensmuster können drei Agenten beteiligt sein (A_1, A_2, A_3). Die Rollen seien wie folgt verteilt: A_1 = Hintermann, A_2 = Vordermann, A_3 = Gegenverkehr.

A_1 eröffnet die Kommunikation, indem er A_2 mitteilt, daß er ihn überholen will. Gleichzeitig teilt A_1 dem Objekt Straße seine Überholungsabsicht mit und fordert eine Liste des Gegenverkehrs (A_3 ... A_n) an. Danach wird A_3 von A_1 aufgefordert, seine Position und Geschwindigkeit mitzuteilen und A_3 wird von der Überholabsicht von A_1 informiert. Jede Beschleunigung von A_3 wird von ihm an A_1 mitgeteilt. A_1 teilt dann A_2 sequentiell mit, daß er ausschert, passiert und wieder einschert. Nach dem Einscheren ist der Überholvorgang abgeschlossen und die geänderte Reihenfolge zwischen A_1 und A_2 wird von der "Straße" festgehalten.

Beim Hinterherfahren werden nur zwei Rollen "vergeben", A_1 sei Hintermann und A_2 sei Vordermann. A_1 übermittelt seinen Wunsch der synchronen Verhaltensanpassung. Danach übermittelt A_2 an A_1 seine Geschwindigkeit. A_1 wiederum beschleunigt, um danach mit derselben Geschwindigkeit wie der Vordermann weiterzufahren. Während der Fahrt wird jede Geschwindigkeitsänderung von A_2 von ihm an seinen Hintermann übermittelt.

Diese beiden Verhaltenmuster verdeutlichen bereits, welche Planungs- und Entscheidungsschritte nach jeder einzelnen Kommunikation notwendig sind. Jeder Einzelschritt des Verhaltensmusters ist vorgeplant. Die Entscheidung, den jeweiligen Verhaltensschritt durchzuführen oder nicht, hängt von der Zeitschranke und den Betriebsmittelrestriktionen ab. Das approximierende Planen ist geeignet, auf diese Restriktionen rechtzeitig und flexibel zu reagieren.

6 IMPLEMENTIERUNGSANSÄTZE FÜR AGENTEN

Gegenwärtig konkurrieren zwei Implementierungstechniken miteinander, um ein Agentenmodell, wie es z.B. im vierten Abschnitt aufgezeigt wurde, zu implementieren. Zum einen bietet sich das Blackboardkonzept an (vergl. Bild 3), zum anderen die konkurrierende objektorientierte Programmierung (OOP).

Ein Blackboard eignet sich, Agenten zu implementieren, da es in hierarchischer Form Teillösungen aufbaut und sie zu globalen Lösungen z.B. mit Hilfe von Approximationen selektiv verknüpft. Dieser Kombinationsprozeß benutzt Restriktionen, um konsistente Lösungsalternativen zu erzeugen und inkonsistente Alternativen zu eliminieren. Dieses Konzept ist ereignisorientiert. Nicht nur jedes Sensorsignal, sondern vor allem das Erstellen einer Teillösung (Teilinterpretation) ist ein Ereignis. Alle Wissensquellen, die von Ereignissen abhängig sind, werden von einer zentralen Stelle (Blackboardmonitor) aufgerufen, um dieses Ereignis zu verwerten. So lange eine Wissensquelle allerdings arbeitet, kann sie nicht unterbrochen werden. Als Konsequenz ergibt sich die Forderung nach Wissensquellen mit kurzer Laufzeit. Dies wiederum hat zur Folge, daß zusätzlicher Aufwand notwendig ist, um aus den minimalen Teillösungen größere Lösungsalternativen aufzubauen. Wir bevorzugen daher die OOP.

Die OOP ist ebenfalls ereignisorientiert. Jede übermittelte Nachricht ist ein Ereignis. Jeder Knoten von Bild 6 ist ein Objekt, das über externe Kommunikationsports verfügt. Dieses Objekt ist ein Prozeß, der interne Zustände hat (endlicher Automat) und durch externe Ereignisse synchronisiert wird /Georgeff 86/. In unserem Fall stoßen diese Ereignisse ganz bestimmte Verhaltensmuster an. Die OOP geht, wie das klassische Beispiel von Smalltalk zeigt, von sequentiellen Objekten aus. Die neueren Ansätze konzentrieren sich jedoch auf konkurrierende (parallele) Objekte /Yonezawa 87/.

Konkurrierenden Objekte (Prozesse) können auf zwei verschiedene Arten die Codeorganisation und die Codeteilung realisieren. Gemeint ist das Delegationsprinzip (induktiver Ansatz) und die Vererbung (deduktiver Ansatz). Das erste Prinzip bildet eine Basis des Actor-Modells /Agha 87/. Das zweite Prinzip ist z.B. bei Smalltalk (bzw. Concurrent Smalltalk) und bei dem Flavors-Ansatz (Symbolics-Maschine) implementiert. Das Vererbungsprinzip ist mit der synchronen Kommunikation gekoppelt und eignet sich für die Planungs- und Modellierungsphase eines n-Agenten Systems. Das Delegationsprinzip ist mit der asynchronen Kommunikation gekoppelt und ist dann angebracht, wenn es um die Aktionsdurchführung geht. Daher wurde von uns die Kombination dieser beiden Ansätze gewählt. Auf einer Symbolics

Maschine (3620) ist der vorhandene Vererbungsmechanismus um konkurrierende Prozesse (asynchrone Kommunikation) erweitert worden. Jedes der im Verhaltensbaum gezeigten Verhaltensmuster ist als eigenständiger Prozeß implementiert. Die Synchronisation und Kommunikation zwischen diesen Prozessen erfolgt nachrichtenorientiert. Der Aufbau der drei Modellebenen (vergl. Abschn. 4) erfolgt mittels der Expertensystemschale KEE. Diese Schale wird auch benutzt, um die Karten der zu befahrenden Wegstrecken zu erzeugen.

Die Simulation unseres Agentenmodelles (Verkehrsverhalten) erfolgt in der zuvor genannten Entwicklungsumgebung. Zu Beginn kann der Anwender ein beliebiges Straßennetz (Karteneditor) aufbauen. Danach werden einzelne Agenten mit unterschiedlichen Fahrzielen und Verhaltenswerten (z.B. passiv oder aggressiv) in den Verkehr "gebracht". Je nach Fahrweise und Bestimmungsort des Agenten beginnen einzelne Agenten z.B. hintereinander zu fahren, zu überholen, etc. (vergl. Verhaltensbaum). Diese Fahrmanöver erfolgen stets auf der Basis von Kommunikationsmustern, wie sie im vorigen Abschnitt beschrieben worden sind. Dieser Individualverkehr wird durch die lokalen Ziele jedes einzelnen Agenten bestimmt. Für Notfälle, z.B. Krankenwagendurchfahrt, müssen sich die einzelnen Agenten globalen Verhaltensregeln (z.B. hintereinanderfahren oder rechts anhalten) unterwerfen.

Die zeitlichen Abläufe in unserem Simulationssystem bewegen sich etwa zwischen 30 und 60 Sekunden (und mehr), bis eine Entscheidung, ein Fahrmanöver durchzuführen (z.B. überholen), aufgrund der Kommunikation mit den anderen beteiligten Agenten gefällt wird. Ähnliche zeitliche Größenordnungen treffen auch für das bereits zuvor erwähnte Blackboard-orientierte kooperative Interpretieren zu.

Gegenwärtig sind daher beide Implementierungsansätze noch nicht in der Lage, in Realzeit zu operieren. Sie erscheinen somit vielmehr als paradigmatische Implementierungen, die bestimmte Grundkonzepte des verteilten Planens unterschiedlich realisieren.

Danksagung

Die Entwicklung des hier vorgestellten Agentenmodelles und der Simulation wurden im Rahmen des PROMETHEUS-Projektes (PRO-ART) gefördert. Den Herren A. Huhn, S. Fleischmann und B. Wild bin ich für zahlreiche Diskussionen und für die Implementierungsarbeiten zu Dank verpflichtet.

REFERENZEN

/Agha 87/   Agha, G.A.: ACTORS: A Model of Concurrent Computation in Distributed Systems, MIT-Press, Cambridge, 1987

/Chen 87/   Chen, Ch. L., Lee, G., McGillem, C.: Task Assignment and Load Balancing of Autonomous Vehicles in a Flexible Manufacturing System, IEEE Journal of Robotics and Automation, Vol. RA-3, No. 6, 659 - 671, December 1987

/Dowling 87/   Dowling, K. et al.: NavLab: An Autonomous Navigation Testbed, Technical Report, CMU-RI-TR-87-24, 1987

/Durfee 85/   Durfee, E.H.; Lesser, V.R.; Corkill, D.D.: Coherent Cooperation Among Communicating Problem Solvers, COINS Technical Report 85-15, University of Massachusetts, Amherst, 1985

/Georgeff 86/   Georgeff, M.P.: The representation of events in multiagent domain, proc. of the 5th AAAI Conf. 70-75, 1986

/Huhn 88/   Huhn, A.; Levi, P.: Conceptual representation of traffic information, Beitrag zum Pro-Art workshop (Prometheus-Projekt), Norrköping, Schweden, Sept. 1988

/Johnson 87/   Johnson, M.V.; Hayes-Roth, B.: Integrating Diverse Reasoning Methods in the BB1 Blackboard Control Architecture, proc. of the 6th AAAI Conf., 30-35, 1987

/Lesser 88/   Lesser, V.R.; Pavlin, J.; Durfee, E.: Approximate Processing in Real-Time Problem Solving, AI Magazine, 46-61, Spring 1988

/Levi 87/   Levi, P.; Majumdar, J.; Wild, B.: Expert System for autonomous handling of assembly operations, 9th Intern. Conf. on Production Research (ICPR), Cincinnati, Ohio, 2395 - 2399, 1987

/Levi 88/   Levi, P.: Planen für autonome Montageroboter, Informatik-Fachberichte, Nr. 191, Springer-Verlag, 1988

/Schoppers 87/   Schoppers, M.J.: Universal Plans for Reactive Robots in Unpredictable Environments, proc. of the 10th IJCAI, 1039-1046, 1987

/Yonezawa 87/   Yonezawa, A., Tokoro, M. (eds.): Object-Oriented Concurrent Programming, MIT-Press, Cambridge, 1987

Neuere Semantikmodelle für die Verarbeitung natürlicher Sprache

Manfred Pinkal
Universität Hamburg
FB Informatik

Der Beitrag gibt einen Überblick über den Semantik-Teil des Kurses "Neuere Grammatikformate und Semantikmodelle für die NL-Verarbeitung" auf der KIFS '89. Aktuelle Semantiktheorien und Repräsentationsformate - Diskursrepräsentationstheorie, Situationssemantik, algebraische Ansätze - werden in den Grundzügen vorgestellt. Dabei werden Schwerpunkte gesetzt bei der Motivation und der Einordnung in die aktuelle Forschungssituation in sprachorientierter KI und Computerlinguistik. Auf Details der einzelnen Formalismen geht die schriftliche Version nur sehr begrenzt ein. Auch der Problembereich der Semantikkonstruktion, d.h. Verfahren zur Erzeugung konkreter Zielrepräsentationen aus NL-Eingaben und die Interaktion von Grammatik und Semantik, kann nur am Rande zur Sprache kommen. Ein kommentiertes Beispiel dazu (LFG-Parsing mit situationssemantischer Zielrepräsentation) findet sich in Görz (in diesem Band).

1. Zwei Traditionen der NL-Semantik

Die natürlich-sprachliche Semantik ist ein interdisziplinärer Forschungsbereich, mit dem sich vor allem die folgenden Fächer bzw. Fachgebiete intensiv auseinandergesetzt haben:

* Linguistik
* Logik und Sprachphilosophie
* Psychologie
* KI

Bis in die späten Sechziger Jahre bestand in der NL-Semantik ein ziemlich beziehungsloses Nebeneinander linguistischer, sprachphilosophischer und sprachpsychologischer Verfahren; die sprachorientierte KI war erst in allerersten Ansätzen vorhanden. Um 1970 setzten unabhängig voneinander zwei für die NL-Semantik außerordentlich wichtige Entwicklungen ein.

Erstens: Die logisch orientierte Sprachphilosophie, die sich bis zu dieser Zeit mehr oder weniger darauf beschränkt hatte, natürlich-sprachlichen Ausdrücken intuitiv und informell standard-prädikatenlogische Repräsentationen zuzuordnen, begann nun, einerseits explizite Verfahren für die Semantikkonstruktion zu entwickeln und andererseits reichere Zielrepräsentationen zu untersuchen. Damit wurde die logisch orientierte NL-Semantik für die Linguistik attraktiv und ersetzte weitgehend alle früheren linguistischen Ansätze zur Bedeutungsanalyse. Die "Montague-Grammatik" mit einer erweiterten kategorialgrammatischen Syntaxbasis und einer intensionalen Typenlogik als Zielrepräsentation (Montague 1973) wurde zum maßgeblichen Format der Siebziger Jahre. In ihrem Rahmen wurde eine Anzahl wichtiger Bedeutungsphänomene mit einer Detailliertheit und Trennschärfe analysiert, die man vorher für unmöglich gehalten hätte.

Zweitens: In den frühen Siebziger Jahren etablierte sich eine eigenständige NL-Semantik innerhalb der KI. Sie griff zum Teil auf psychologische Theorien (assoziative Netze, Prototypen), zum Teil auf Anregungen aus der Linguistik der Sechziger Jahre (thematische Rollen, Tiefenkasus) zurück und interagierte stark mit der Entwicklung allgemeiner KI-Wissensrepräsentationssprachen. Die in diesem Rahmen konzipierten komplexen Formate zur strukturierten Repräsentation von natürlich-sprachlicher Bedeutung (semantische Netze, Frames, Scripts) waren durch ihre Flexibilität, ihre Ausdrucksstärke und ihre unmittelbare Anwendbarkeit in NL-Systemen ausgesprochen attraktiv.

Zwischen diesen beiden Richtungen, die ich im folgenden vereinfachend als **"LL-Semantik"** (für "logisch-linguistische Semantik") und **"KI-Semantik"** bezeichnen werde, gab es wenig Kommunikation. Dies wird verständlich, wenn man sich klar macht, wie unterschiedlich ihre Art des Herangehens an den Gegenstand "Natürliche Sprache" ist. Das soll im folgenden kurz an einem extrem einfachen Beispiel illustriert werden.

(1) Eine Frau läuft

Eine Analyse im Rahmen der konventionellen **KI-Semantik** könnte, stark vereinfacht, etwa folgendermaßen aussehen: *Frau* ist ein Sortenkonzept, das unter anderem Subkonzept zu *Weiblich*, *Mensch* und *Erwachsen* ist. Der Artikel *eine* signalisiert, daß ein neues Referenzobjekt eingeführt werden muß (im Gegensatz zum bestimmten Artikel *die*, der den Bezug auf ein vorgegebenes

Referenzobjekt verlangt). *laufen* bezeichnet ein Handlungskonzept, das zur Klasse "Fortbewegung" gehört. Mit Fortbewegungskonzepten fest verbunden sind verschiedene Rollen, und zwar Agent (Sortenrestriktion: höheres Lebewesen), Objekt (beliebiges physisches Objekt) und Richtung (mit einem Von- und einem Nach-Slot; Default: Von ≠ Nach). Das spezielle Fortbewegungskonzept *laufen* erbt die Rollenspezifikationen des Superkonzepts und verlangt zusätzlich Identität von Agent und Objekt. Wie kommt man nun von der Repräsentation der einzelnen Wörter zur Repräsentation des Satzes (1)? Die Analyse nimmt ihren Ausgang vom zentralen Konzept *laufen* ; dessen Slots werden mit dem Material des Eingabesatzes ausgefüllt: Agent- und Objekt-Slot von *laufen* also mit identischen Referenten der Sortenspezifikation *Frau* . Wo keine expliziten Füller vorhanden sind (wie für die Richtungsslots in (1)), können sie gegebenenfalls aus dem Kontext inferiert werden.

Die **LL-Semantik** in der Montague-Version würde Satz (1), ebenfalls stark vereinfacht, wie folgt analysieren. Sie ordnet den Wörtern *Frau* und *läuft* im Lexikon als Repräsentationen einstellige Standardprädikate *Frau'* und *laufen'* zu. Der Artikel *eine* ist Existenzquantor; die Bedeutung des ganzen Satzes wird entsprechend als Existenzaussage $\exists x$ (*Frau'* $(x) \wedge$ *laufen'* (x)) repräsentiert. Diese Repräsentation könnte nun eine modelltheoretische Interpretation erhalten, wie sie für die Prädikatenlogik erster Stufe üblich ist. *Frau'* und *laufen'* würde jeweils eine Menge von Objekten als Denotat zugewiesen, dem Satz ein Wahrheitswert, und zwar 1 ("wahr") in den Fällen, in denen die Schnittmenge der beiden Prädikatsdenotate nicht leer ist, 0 sonst. Da die Semantik aber auch temporale Aussagen sowie Aussagen über Möglichkeiten, Glaubenszustände, konditionale Beziehungen umfassen soll, relativiert man die Denotatzuweisung zusätzlich auf Indizes (Zeitpunkte, mögliche Weltzustände). Als Denotate von Prädikaten erhält man Abbildungen von der "Menge möglicher Welten" W in Teilmengen des Objektbereichs, als Satzdenotate Abbildungen von W nach $\{0, 1\}$.

Es bleibt zu beschreiben, wie man von den Wortbedeutungen zur oben angeführten Repräsentation von Satz (1) gelangt. Der Schlüssel liegt in der Semantik des Artikels *ein(e)*, der die typenlogische Repräsentation $\lambda P \, \lambda Q \, \exists x$ (*P* $(x) \wedge Q$ (x)) erhält. *P* und *Q* sind Prädikatvariablen; der λ-Operator signalisiert in einem Ausdruck $\lambda x[...x...]$ das Fehlen eines Arguments vom Typ der Variablen x im Ausdruck $[...x...]$ an der durch x bezeichneten Stelle. Im Falle des Artikels fehlen zwei Prädikate. Wenn solche Prädikate (wie *Frau'* und *laufen'*) von außen als Argumente an den λ-Ausdruck herantreten, werden sie durch λ-Konversion an die richtige Stelle im Körper des λ-Ausdrucks überführt. (Wer mit dem λ-Kalkül nicht vertraut ist, kann sich an die Funktion des LAMBDA in LISP halten, das ebenfalls externe Argumente an die richtige Stelle im Funktionskörper weitergibt.) Die Bedeutungskonstruktion ist für Satz (1) unter (2) wiedergegeben.

(2) $\lambda P \lambda Q \exists x \, (P\,(x) \wedge Q\,(x))(Frau'\,)(laufen'\,)$
   $\Rightarrow$ $\lambda Q \exists x \, (Frau'\,(x) \wedge Q\,(x))(laufen'\,)$
   $\Rightarrow$ $\exists x \, (Frau'\,(x) \wedge laufen'\,(x))$

Der logisch-linguistische und der KI-Zugang zur Bedeutung des Satzes 1 könnten kaum unterschiedlicher sein. Im folgenden sind einige der wichtigsten Unterschiede zusammengestellt. Dabei werden - wegen der gebotenen Kürze der Darstellung und um die Unterschiede deutlich herauszuarbeiten - die Verhältnisse auf beiden Seiten in gewissem Ausmaß überzeichnet.

1.   **Forschungsgegenstand:** KI-Semantik behandelt Texte und Dialoge, unter besonderer Berücksichtigung kontextueller Prozesse (nur so macht z.B. die Unterscheidung zwischen "alten" und "neuen" Referenzobjekten überhaupt Sinn). LL-Semantik betrachtet einzelne Deklarativsätze in Isolation.

2.   **Ontologisch-konzeptuelle Voraussetzungen:** KI-Semantik geht von einer Vielfalt von Konzeptklassen mit unterschiedlichen Eigenschaften aus (Standardobjekte, Gattungskonzepte, Eigenschaften, Zustände, Aktionen, ...). LL-Semantik legt ein minimales ontologisches Inventar zugrunde (Objektmenge U und mögliche Welten W); der Rest ergibt sich durch mengentheoretische Konstruktion. Prädikate werden, wie erwähnt, als Abbildungen von W nach $P(U)$ konstruiert, Prädikatmodifikatoren (z.B. Adjektive wie *rot* oder *schnell*) als Funktionen, die Prädikaten Prädikate zuweisen, also als Abbildungen von $P(U)^W$ nach $P(U)^W$. Sortenkonzepte wie *Frau* und Handlungskonzepte wie *laufen* haben als normale einstellige Prädikate gleichen Status.

3.   **Strukturelle Mittel:** KI-Semantik geht von Konzepten als intern strukturierten Objekten aus. Verschiedene vorgegebene Strukturelemente (z.B. Vererbungshierarchien, Rollen) ermöglichen sparsame Repräsentation und effiziente Erschließung indirekt gegebener Information. LL-Semantik stellt - über das typenlogische Repräsentationsformat hinaus - keine strukturellen Mittel zur Verfügung.

4.   **Methodologische Grundannahmen:** KI-Semantik bewegt sich im Symbolverabeitungs-Paradigma. Semantische Repräsentationen erhalten "Bedeutung" durch die Verarbeitungsprozesse (Inferenzen), die auf ihnen operieren. Eine semantische Analyse ist korrekt, wenn sie die erwünschten (und nur die erwünschten) Inferenzen auslöst, in der

Konsequenz also, wenn sie ein angemessenes Systemverhalten herbeiführt. LL-Semantik basiert auf dem modelltheoretischen Paradigma: Semantische Repräsentationen beziehen Sprache und Realität aufeinander (letztere wird durch Modelle repräsentiert). Eine semantische Analyse ist korrekt, wenn sie zu angemessenen Interpretationen/ Wahrheitsbedingungen für Sätze führt.

Wenn man Vorzüge und Nachteile der beiden Ansätze gegeneinanderhält, muß man zunächst für die LL-Semantik eine ganze Anzahl von Mängeln konstatieren:

LL-Semantik

*   definiert ihren Gegenstand zu eng: Man kann die Semantik natürlicher Sprachen nicht ausschließlich auf der Ebene von Einzelsätzen betreiben.

*   ist aufgrund ihrer mageren Ontologie nicht ausdrucksstark genug: Signifikante Unterschiede zwischen Konzeptklassen werden ignoriert (*Frau* und *laufen*); Konzepte erhalten Repräsentationen zugewiesen, die wenig mit ihrem tatsächlichen kognitiven Status zu tun haben (*rot* ist kein mengentheoretisches Konstrukt, sondern ein elementares Wahrnehmungskonzept).

*   ist zu komplex für die Anwendung genereller Deduktionstechniken: Deduktion für Prädikatenlogik höherer Stufe ist nicht verfügbar.

*   ist zu arm an Struktur, um spezielle Inferenzprozeduren zu unterstützen.

Der Gesamteindruck ist der eines semantischen Formalismus ohne echte Anwendungsperspektive. Tatsächlich war der Einsatz semantischer Formalismen in NL-Systemen für die LL-Semantik der Siebziger Jahre kein Thema.

Die KI-Semantik steht in allen diesen Punkten besser da. Trotzdem muß man die ehrgeizigen NL-Projekte aus den Siebziger Jahren als gescheitert betrachten. Ihr Scheitern hat - soweit die Semantik betroffen ist - vor allem eine Ursache: KI-Semantik hat mit Repräsentationen ohne Denotation, ohne explizite Interpretation gearbeitet. Die Konsequenz ist, daß es bei komplexeren Aufgabestellungen an Kontrollmöglichkeiten fehlt, und zwar im doppelten Sinn:

*   Es gibt keine intuitive Kontrolle darüber, ob die Repräsentation tatsächlich das ausdrückt, was mit ihr ausgedrückt werden sollte. In einer denotationellen Semantik kann die "Bedeutung" der Repräsentation dagegen

grundsätzlich an der (modelltheoretischen) Interpretation abgelesen werden.

* Das inferentielle Verhalten komplexer Systeme ist unberechenbar. Man kann aus dem bisherigen angemessenen Verhalten nicht auf die Korrektheit des künftigen Systemverhaltens schließen. Die denotationelle Semantik erlaubt es, Aussagen über Korrektheit, Vollständigkeit und Konsistenz zu machen.

Beide traditionellen Zugänge zur NL-Semantik weisen ernsthafte Mängel auf. In beiden Bereichen ist dies auch erkannt worden und hat seit Ende der Siebziger Jahre zu interessanten neuen Entwicklungen geführt. Auf der KI-Seite sind einerseits Neuansätze im Bereich des logischen Programmierens zu verzeichnen, andererseits Projekte, in denen für traditionelle Konzepte eine logische und denotationell-semantische Grundlage geschaffen wird (exemplarisch ist die Reinterpretation von KL-ONE als effiziente Implementierung eines Fragmentes der Prädikatenlogik; s. Levesque/Brachman 1985). Auf der logisch-linguistischen Seite sind in den letzten Jahren verschiedene Theorien und Formate mit der Zielsetzung entwickelt worden, einige oder alle der oben genannten Defizite auszugleichen, ohne die modelltheoretische Absicherung der Repräsentationen aufzugeben. Gegenwärtig sieht es so aus, daß die produktiveren Anstöße aus diesem Bereich kommen. Im folgenden sollen deshalb drei wichtige Neuansätze skizziert werden:

* die Diskursrepräsentationstheorie (DRT), deren Ziel eine denotationelle Text- und Kontextsemantik ist

* die Verwendung algebraischer Verfahren in der Semantik, die für eine reichere Ontologie bzw. konzeptuelle Basis sorgen und gleichzeitig die Typenkomplexität abbauen

* die Situationssemantik, die viele verschiedene Ziele verfolgt; hier soll eines ihrer Resultate herausgearbeitet werden: die Bereicherung der semantischen Struktur durch ein für bestimmte Aufgaben sehr hilfreiches Rollenkonzept

Abschließend zur Gegenüberstellung der beiden Strömungen in der LL-Semantik soll bemerkt werden, daß inzwischen eine starke Tendenz zur Konvergenz zwischen beiden Lagern besteht. Man kann davon ausgehen, daß in einigen Jahren "KI-Semantik" und "LL-Semantik" nur noch unterschiedliche Schwerpunktsetzungen, nicht aber unvereinbare Grundpositionen bezeichnen werden.

2. Text- und Kontextsemantik: DRT

Die Diskursrepräsentationstheorie (DRT; Kamp 1981) und ganz ähnlich die "File Change"-Semantik (Heim 1982) gehen von den beiden unterschiedlichen Dimensionen der Bedeutung definiter und indefiniter Nominalphrasen aus, die von KI-Semantik bzw. LL-Semantik erfaßt werden. Die entsprechenden Analysen für NPs mit unbestimmtem und bestimmtem Artikel und für pronominale NPs sind, in vereinfachter Form, in (4) und (5) aufgeführt.

(4) KI-Semantik:

> eine Frau : führt ein neues Referenzobjekt (Sorte: Frau) ins Diskursuniversum ein

> die Frau/sie: bezieht sich anaphorisch auf ein Referenzobjekt (Sorte: Frau / ?), das bereits im Diskursuniversum vorhanden ist

(5) LL-Semantik:

> *eine Frau* : $\lambda Q \, \exists x \, (Frau'\,(x) \, \wedge \, Q\,(x))$
>
> *die Frau* : $\lambda Q \, \exists x \, (\forall y(Frau'\,(y) \leftrightarrow x=y) \quad Q\,(x))$
>
> *sie* : x

Die KI-Semantik arbeitet mit der Unterscheidung neues Referenzobjekt / bekanntes Referenzobjekt (bei der Sortenangabe für das Pronomen steht ein Fragezeichen, weil die Verhältnisse im Deutschen mit seinem Nebeneinander von grammatischem und natürlichem Geschlecht nicht einfach zu beschreiben sind; das Genus des Pronomens wird im folgenden nicht berücksichtigt). Die LL-Semantik interpretiert, wie bereits erwähnt, indefinite NPs als Existenz-quantoren; bei definiten NPs kommt die Einzigkeitsbedingung hinzu. Pronomina haben den Status von Variablen. Auch diese Charakterisierung trifft, wenigstens teilweise, relevante Züge der NP-Semantik, allerdings auf einer anderen Ebene. Die wesentliche Leistung der DRT ist, daß sie beide Beschreibungsebenen umfaßt und aufeinander bezieht. Wie sie dies tut, soll im folgenden kurz skizziert werden (für eine etwas ausführlichere Beschreibung s. Reyle 1987).

Semantische Information, die in Texten enthalten ist, wird in Diskurs-Repräsentations-Strukturen (kurz: DRSen) niedergelegt. Eine **DRS** ist ein Paar K = <U_K, C_K>, wobei U_K, das Diskursuniversum, eine Menge von Diskursreferenten (DRs) ist und C_K eine Menge von Bedingungen über den Diskursreferenten. Die semantische Analyse geht in zwei Stufen vor sich: Zunächst wird durch "DRS-Konstruktionsregeln" sukzessive, Satz für Satz, eine DRS für den Eingabetext aufgebaut. Dieser Schritt entspricht der Erstellung typenlogischer Repräsentationen in der Montague-Grammatik. Allerdings können die Konstruktionsregeln sich dabei auf die für den Vorkontext erstellte DRS beziehen: Auf diese Weise werden satzübergreifende kontextuelle Bezüge darstellbar. Im zweiten Schritt wird die DRS für den gesamten Text in ein Standard-Modell der ersten Stufe eingebettet. Dadurch erhält man Wahrheitsbedingungen, und zwar nicht für einzelne Sätze, sondern für den Text als Ganzes. An einem einfachen Beispiel soll das zweistufige Verfahren deutlich gemacht werden.

Die **DRS-Konstruktionsregeln** für indefinite NPs und Pronomina sind - in vereinfachter Form - in (6) und (7) angegeben.

(6) A ist aktueller Satz, in A kommt die NP *ein(e)* F vor.

    (a) Führe einen neuen DR x ein, der in U_K noch nicht vorkommt.
    (b) Führe F(x) als neue Bedingung in C_K ein.
    (c) Ersetze die NP in A durch x und notiere das Resultat A' in C_K.
        Falls A' weiter analysierbar, wende geeignete DRS-Konstruktionsregeln an.

(7) A ist aktueller Satz; in A kommt ein Pronomen vor.

    (a) Führe einen neuen DR x ein, der in U_K noch nicht vorkommt.
    (b) Wähle einen alten DR y aus U_K und addiere x=y zu C_K.
    (c) Ersetze das Pronomen in A durch x und notiere das Resultat A' in C_K. Falls A' weiter analysierbar, wende geeignete DRS-Konstruktionsregeln an.

(8) Eine Frau besitzt ein Buch. Sie liest es.

Für den kurzen Text (8) erhält man durch zweimalige Anwendung der Regel (6) auf den ersten Teilsatz die Zwischen-DRS (9), und durch zweimalige Anwendung von (7) auf den zweiten Teilsatz die endgültige DRS (10).

(9)

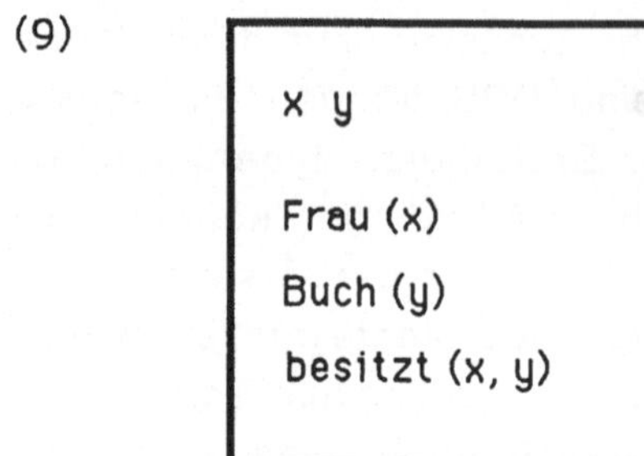

(10)

Die zweite Stufe der Interpretation besteht in der **Einbettung**. Eine Einbettung einer DRS $K = \langle U_K, C_K \rangle$ in ein Modell $M = \langle U_M, V_M \rangle$ ist in dem hier betrachteten einfachen Fall eine Abbildung vom Diskursuniversum U_K in die Domäne des Modells U_M derart, daß unter der Interpretation V_M (Zuordnung von Standarddenotaten zu den Prädikaten der Sprache) alle Bedingungen aus C_K erfüllt sind. Ein Text ist wahr, wenn es für seine zugehörige DRS mindestens eine Einbettung gibt.

Die DRT vereinigt auf diese Weise beide Dimensionen der NP-Semantik: Die DRS-Konstruktion modelliert den satzübergreifenden anaphorischen Bezug und den dynamischen Aufbau des Diskursuniversums. Das Einbettungskonzept liefert den logischen Bedeutungsaspekt. Es erklärt den existentiellen Charakter der indefiniten NP (für die Wahrheit des Textes wird die Existenz einer Einbettung verlangt) und beschreibt die Funktion des Pronomens als gebundene Variable, die allerdings im Unterschied zur konventionellen Prädikatenlogik über Satzgrenzen hinweg gebunden werden kann.

Bisher wurde nur der einfachstmögliche Fall von Texten betrachtet. Für die Behandlung einer etwas größeren Klasse natürlich-sprachlicher Texte muß der DRT-Formalismus erweitert werden. Z.B. erfordern definite Kennzeichnungen (*die Frau*)eine kompliziertere Analyse. Für universelle NPs (*jede Frau*) müssen komplexe Bedingungen eines neuen Typs eingeführt werden, ebenso für Konditionale wie (11b). Die aus (11a) und (11b) resultierende DRS ist in (12) angegeben.

(11) (a) Jede Frau, die ein Buch besitzt, liest es

     (b) Wenn eine Frau ein Buch besitzt, liest sie es

(12)

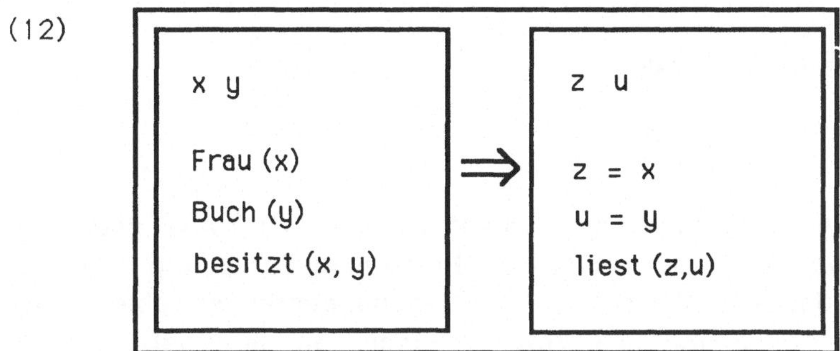

Das oben spezifizierte einfache Konzept der Einbettung reicht nicht aus, um die komplexe DRS (12) mit angemessenen Wahrheitsbedingungen zu versehen (die den Charakter von (11a) und (11b) als eingeschränkten Allsätzen reflektieren müssen). Es muß deshalb geeignet redefiniert werden. Die Neufassung des Einbettungskonzepts hat einige interessante Seiteneffekte, die zusätzliche Motivation für den DRT-Ansatz liefern. Auf die zusätzlichen Aspekte kann an dieser Stelle nicht näher eingegangen werden. Wichtig ist, daß die DRT ein Werkzeug ist, mit dem kontextuelle Prozesse innerhalb einer denotationellen Semantik beschrieben werden können.

3. Differenzierung der konzeptuellen Basis: Strukturierte Domänen

Die KI-Semantik der Siebziger Jahre hat eine Vielzahl unterschiedlicher Konzeptarten verwendet, meistens ohne der systematischen Analyse der Eigenschaften eines Typs oder der Beziehung zwischen unterschiedlichen Konzeptarten viel Aufmerksamkeit zu schenken. Die LL-Semantik ging, wie erwähnt, von einem wohldefinierten, aber ontologisch armen Typenkonzept aus, mit einem homogenen und unstrukturierten Objektbereich als Basis. In den letzten Jahren sind verschiedene Vorschläge gemacht worden, diese Basis zu erweitern: Für unterschiedliche Konzeptarten (Gruppen, Substanzen, räumliche Bereiche, Eigenschaften, Ereignisse) werden eigenständige Domänen mit präzise bestimmten, aber domänenspezifischen semantischen Eigenschaften eingeführt. Die Entwicklung soll im folgenden am Bereich **"Plural und Gruppenobjekte"** verdeutlicht werden , für den in Link (1983) eine algebraische Behandlung vorgeschlagen wird.

(13)   Hans und Peter schlafen

(14) $\lambda P (P (h^*) \wedge P (p^*))$

(15) (a) $\lambda P (P (h^*) \wedge P (p^*))$ (*schlafen'*)

  (b) *schlafen'* $(h^*) \wedge$ *schlafen'* (p^*)

In (14) ist die übliche LL-semantische Übersetzung der NP *Hans und Peter* angegeben.   *Hans und Peter* ist vom Typ ein Prädikatenprädikat, wie *eine Frau* im Beispiel (1). Das doppelte Vorkommen der λ-gebundenen Variablen sorgt dafür, daß mittels λ- Konversion das Argument (schlafen' in (15a)) über die Konjunktion distribuiert. Als Repräsentation von (13) erhält man den einfachen prädikatenlogischen Ausdruck (15b). Die Konjunktion *und* wird korrekterweise als verkürzte aussagenlogische Verknüpfung von zwei atomaren Prädikationen interpretiert. Satz (16) kann man offenbar nicht auf diese Weise behandeln.

(16)   Hans und Peter streiten
(17)   Hans streitet und Peter streitet

Satz (16) kann man offenbar nicht auf diese Weise behandeln. Anders als das "distributive Prädikat" *schlafen* läßt sich das Prädikat *streiten* nicht auf Einzelprädikationen   entsprechend (17) reduzieren, sondern sagt, als "kollektives Prädikat", etwas über die Zweiergruppe aus, die aus Hans und Peter besteht (andere kollektive Prädikate sind *beraten, auseinandergehen, mehrheitlich beschließen* ; viele natürlich-sprachliche Prädikate lassen distributive und kollektive Interpretation gleichzeitig zu). Die Antwort der frühen LL-Semantik auf ein Problem wie das der kollektiven Prädikate hieß "Typenanhebung": Man faßt *streiten* als Funktor und die komplexe NP als Argument auf. Da das Argument Prädikat zweiter Ordnung ist, wird *streiten* damit also zum Prädikat dritter Ordnung angehoben. Als Repräsentation von (16) erhält man (18).

(18)   *streiten'* $(\lambda P (P (h^*) \wedge P (p^*)))$

λ-Konversion ist auf (18) nicht anwendbar; die Reduktion von (16) auf (17) wird wie gewünscht verhindert. Die Lösung ist aus verschiedenen Gründen trotzdem nicht zufriedenstellend. Erstens macht man durch die Einführung irreduzibler Prädikate höherer Ordnung die Logik komplexer. Zweitens ist der Effekt der Komplizierung rein negativer Art: Sie verhindert zwar die Inferenz von (16) auf (17), sagt aber nichts darüber aus, welche semantischen und inferentiellen Eigenschaften kollektive Prädikate und Gruppenobjekte tatsächlich besitzen. Drittens ist die Analyse unbefriedigend, weil sie *Hans und Peter* als komplexes semantisches Konstrukt interpretiert, obwohl es sich eigentlich um einen konzeptuell recht einfachen, auf ein Gruppenobjekt referierenden Ausdruck handelt. Man erkennt dies unter anderem auch daran, daß die Sätze (13) und (16) beide die Fortsetzung (19) erlauben, in der sich das pluralische Pronomen anaphorisch auf die Zweiergruppe bezieht.

(19)   Sie sollten lieber arbeiten.

Die folgende, in Link (1983) vorgeschlagene Lösung vermeidet alle diese Probleme. Die Grundidee ist, im Objektbereich neben individuellen Standardobjekten Gruppenobjekte gleichberechtigt zuzulassen. Der Objektbereich enthält Einzelobjekte, Gruppenobjekte und zusätzlich das "leere Objekt" **0**; er wird durch die Teil-von-Relation partiell geordnet. (20) zeigt den Objektbereich mit drei Standardindividuen.

(20)

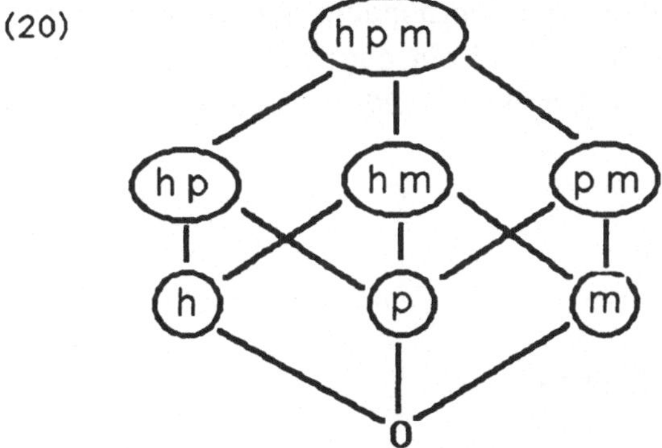

Über dem Objektbereich U läßt sich eine Gruppen- oder Summenbildungsoperation $\oplus$ einfach definieren: $a \oplus b$ ergibt als Wert die obere Grenze von a und b, d.h. das kleinste Objekt, das a und b als Teile hat; U bildet mit $\oplus$ einen Halbverband. Für die NL-Semantik ergeben sich die folgenden Konsequenzen: NPs im Singular und NPs im Plural denotieren einheitlich Elemente des Objektbereichs - der Unterschied besteht darin, daß es sich im einen Fall um Einzel-, im anderen um Gruppenobjekte handelt. Die Konjunktion *und* als NP-Verknüpfer erhält ihre natürliche Repräsentation als $\oplus$-Operator, der zwei Objekte (individuelle oder Gruppenobjekte) zu einem neuen

Gruppenobjekt verknüpft: *Hans und Peter* wird einfach als h* ⊕ p* repräsentiert und denotiert die Gruppe bestehend aus Hans und Peter. *streiten* ist wie *schlafen* ein normales Prädikat erster Ordnung. (21a) und (21b) sind die Repräsentationen von (13) und (16).

(21)   (a) *schlafen'* (h* ⊕ p*)
           (b) *streiten'* (h* ⊕ p*)

Der Bedeutungsunterschied zwischen distributiven und kollektiven Prädikaten ergibt sich, vereinfacht gesagt, dadurch, daß im einen Fall die Inferenz von der Gruppe auf ihre individuellen Teile möglich ist, im anderen nicht.

Ein Konzepttyp, mit dem LL-Semantik und KI-Semantik Schwierigkeiten hatten, sind **Stoffbegriffe** wie *Wasser* oder *Gold* . Sie können parallel zum Plural behandelt werden. Zusätzlich zur Domäne der singularischen und pluralischen Objekte wird eine "Stoffdomäne" eingeführt, deren Elemente alle "Beträge" oder "Mengen" (im Sinne von engl. amount) von Substanzen sind. Die interne Struktur dieser Domäne ist wie die eben vorgestellte Domäne der Individual- und Gruppenobjekte eine Verbandsstruktur. Ein wichtiger Unterschied besteht darin, daß die Stoffdomäne keine atomaren Elemente (Individuen) besitzt: Stoffmengen sind im Prinzip unbegrenzt teilbar. Die beiden strukturierten Domänen sind durch eine "Materialisierungsrelation" miteinander verbunden, die es ermöglicht, zwischen den beiden Möglichkeiten der Referenz auf ein gegebenes Stück Materie - Individualterm (*ein Fingerring*) und Stoffterm (*20 g Gold*) - hin- und herzuwechseln.

(22)   (a) Hans kauft einen Apfel
           (b) Hans kauft Äpfel
           (c) Hans kauft Apfelsaft
           (d) Hans kauft eine Flasche Apfelsaft

"Von oben" gesehen, in logischer Hinsicht, haben alle Sätze in (22) die gleiche Struktur: Es handelt sich um zweistellige Standardprädikationen über Paaren von Referenzobjekten, von denen das zweite indefinit ist. Die Tatsache, daß die zweiten Argumente jeweils ganz unterschiedlichen konzeptuellen bzw. ontologischen Status haben, wird unterhalb der logischen Ebene, durch die Zuordnung zu unterschiedlichen Domänen im Modell bzw. zu strukturell unterschiedlichen Positionen innerhalb der Domäne repräsentiert.

Eine weitere wichtige Entwicklung kann hier nur stichwortartig skizziert werden: Die herkömmliche LL-Semantik behandelt Gattungssubstantive und intransitive Verben einheitlich als Standardprädikate; die KI-Semantik hat dagegen von vornherein, und zwar mit Recht, eine strikte Trennlinie gezogen (zwischen substantivischen Gattungskonzepten auf der einen, Ereignis- und Handlungskonzepten auf der anderen Seite). Neuere Vorschläge gehen dahin, **Ereignisse** als eigenständige, elementare Referenzobjekte einzuführen, die als implizites zusätzliches Argument bei jeder Ereignisaussage vorkommen (das Verfahren geht auf einen älteren Vorschlag des Sprachphilosophen Donald Davidson zurück). Für den Satz (23a) erhält man entsprechend nicht (23b), sondern (23c) , oder in einer alternativen Version, bei der Rollenkonzepte verwendet werden, (23d) als Repräsentation.

(23) (a) *Maria läuft*

(b) *laufen'* (m*)

(c) ∃e *laufen'* (e, m*)

(d) ∃e (*laufen'* (e) ∧ *Agent* (m*, e))

Ereignisse bilden eine eigene Domäne, die wie die der Standardobjekte partiell geordnet ist (Ereignisse können als Teile komplexer Ereignisse vorkommen). Das Verfahren hat eine Reihe von interessanten Konsequenzen, von denen hier nur einige genannt werden sollen: Ereignismodifikatoren (*schnell laufen, auf der Straße laufen*) können als Prädikate erster Stufe über Ereignissen behandelt werden (statt als Prädikatsmodifikatoren). Ereignisanaphern, wie das Pronomen *es* in (23), lassen sich analog zur Standardanaphorik nach dem in Abschnitt 2 vorgestellten Verfahren behandeln (zu einer umfassenden Darstellung von Ereignissemantik und Ereignisanaphorik s. Bäuerle 1988).

(23) Maria ist gegangen. Hans hat *es* gesehen.

Schließlich erlaubt die explizite Referenz auf Ereignisse eine natürliche Repräsentation **temporaler Information** (s. hierzu Kamp 1979). Die Information "Vergangenheit" in (24a) braucht nicht durch einen intensionalen Satzoperator wie in (24b) repräsentiert zu werden, sondern kann durch eine Vorzeitigkeitsrelation zwischen Ereignissen mit konventionellen prädikatenlogischen Mitteln dargestellt werden (e_0 steht für das Äußerungsereignis).

(24) (a) Maria ist gegangen.

(b) **P***gehen'* (m*)

(c) ∃e (*gehen'* (e, m*) ∧ e < e_0)

Insgesamt hat die Verwendung ontologisch reicherer Modelle mit strukturierten Teildomänen unter anderem die folgenden wünschenswerten Konsequenzen:

* Konzepte unterschiedlicher Art mit unterschiedlichen Eigenschaften erhalten natürliche, differenzierte Repräsentationen

* Die Prädikatenlogik erster Stufe wird zum gegebenen Beschreibungsformat für viele natürlich-sprachliche Bedeutungsstrukturen, von denen vorher angenommen wurde, daß ihre Repräsentation nur mit stärkeren logischen Mitteln (LL-Semantik) oder nur mit nicht-logischen Formaten (KI-Semantik) möglich ist.

* Damit werden allgemeine Deduktionstechniken für die Verarbeitung natürlicher Sprache wieder interessant.

* Zusätzlich wird die Repräsentation eines weiten Bereichs kontextueller Phänomene (z.B. Plural-, Ereignis-, Zeitanaphorik) ermöglicht.

Dieser letzte Punkt stellt die Verbindung zum Abschnitt 2 her: Die dort beschriebene DRT und die in diesem Abschnitt dargestellte algebraische Erweiterung der Semantik sind keine konkurrierenden Entwicklungen, sondern ergänzen und bedingen sich gegenseitig. Eine differenziertere Modellstruktur ermöglicht Textrepräsentationen für einen viel größeren Sprachumfang. Unter (26) ist zur Ansicht und ohne weiteren Kommentar eine DRS für den (natürlich immer noch ziemlich elementaren) Text (25) angegeben. Sie enthält neben Standarddiskursreferenten (x,y,z,u) Pluralreferenten (U, V), Ereignisreferenten (e_0, e_1, e_2, e_3) und Zustandsreferenten (s_1, s_2). In Bedingungen, die Ereignisse und Zustände beschreiben, wird der Ereignis-/Zustandsreferent nach vorn gezogen (also e: *gehen'* (x) statt *gehen'* (e, x)). o ist die Relation temporaler Überlappung. ¬ negiert eine Teil-DRS.

(25)   Eine Frau aß einen Apfel. Hans und Peter arbeiteten. Sie haben es nicht gesehen.

(26)

$$x \; u \; e_1 \; y \; z \; U$$
$$s_1 \; V \; e_2 \; s_2 \; e_3$$

Frau (x)

Apfel (u)

e_1: $\boxed{\text{ißt } (x, u)}$

$e_1 < e_0$

$y = h^* \quad z = p^*$

$U = y \oplus z$

s_1: $\boxed{\text{arbeiten } (U)}$

$e_1 \subseteq s_1 \qquad s_1 < e_0$

$V = U \qquad e_3 = e_1$

s_2: $\neg \; \boxed{e_2: \boxed{\text{sehen } (V, e_3)}}$

$s_1 \circ s_2 \qquad s_2 < e_0$

4. Reichere strukturelle Mittel: Situationssemantik

Die Situationssemantik, die um 1980 von Jon Barwise und John Perry in Stanford entwickelt wurde, ist das ehrgeizigste Projekt im Bereich neuer Semantikformalismen. Die "Situationstheorie" führt anstelle des standard-mengentheoretischen Modellkonzepts der klassischen Prädikatenlogik einen alternativen Modellbegriff ein. Darauf baut eine Semantiktheorie auf, deren Ziel die Beschreibung natürlich-sprachlicher Bedeutung im Rahmen eines allgemeinen, informationsbasierten Konzepts "bedeutungsvoller" Fakten und Ereignisse ist . Die in den Abschnitten 2 und 3 beschriebenen Perspektiven - Kontextbezug und differenziertere Ontologie - sind für die Situationssemantik ebenfalls wesentliche Zielsetzungen, wobei sie in den Ansprüchen aber erheblich weitergeht: Was den **Kontextbezug** der Bedeutung betrifft, wird nicht nur der sprachliche Kontext, sondern das Äußerungsumfeld im weitesten Sinn einbezogen (z.B. physische Äußerungssituation, gemeinsamer Wissenshintergrund der Kommunikationsteilnehmer). Außerdem wird der Kontextbezug in zwei Richtungen berücksichtigt: Eine Äußerung kann Information nicht nur über die von ihr beschriebene Situation, sondern umgekeht auch über bestimmte Züge der Äußerungssituation vermitteln. Die Bedeutung eines sprachlichen Ausdrucks ist eine Relation zwischen Situationen(der Äußerungssituation und der beschriebenen Situation). Das **ontologische**

Programm der Situationssemantik beschränkt sich nicht auf die im letzten Abschnitt skizzierte sukzessive Anreicherung des konventionellen Modellbegriffs der LL-Semantik. Sie ersetzt ihn vielmehr durch ein neues Modellkonzept, dessen Grundlage nicht mehr Wahrheitswerte und mögliche Welten, sondern Situationen (also beschränkte Weltausschnitte) und Constraints zwischen Situationen sind.

Die Situationssemantik kann hier nicht in ihrer Gesamtheit charakterisiert werden. Der Versuch müßte einerseits aus Gründen des Umfangs scheitern, andererseits, weil bestimmte Voraussetzungen und viele Konsequenzen der Situationssemantik noch nicht ausreichend untersucht sind. Stattdessen soll hier ein **struktureller Aspekt** der Situationssemantik in Bezug auf eine konkrete Anwendung betrachtet werden: Das Situationskonzept ermöglicht die natürliche Repräsentation eines Rollenkonzepts, das unter anderem die Behandlung von NP-Anaphern des Typs erlaubt, wie sie in (27a) und (27b) vorkommen.

(27) (a) Mein Wagen springt nicht an. *Der Anlasser* muß defekt sein.

     (b) Wir waren gestern abend im Pinocchio. *Der Kellner* ließ uns eine halbe Stunde warten.

Gängige LL-Theorien einschließlich der DRT haben für das Phänomen der "indirekten Anapher" keine zufriedenstellende Lösung. Die Lösung, die die Situationssemantik anbietet, besteht grob gesagt in einer semantisch fundierten Version des Konzepts der Skriptrolle, das in den Siebziger Jahren in der KI entwickelt wurde.

Im folgenden werden die für die Anwendung relevanten Teile des situationssemantischen Formalismus kurz skizziert. (Ich halte mich dabei an die Version in Barwise/Perry 1983.) Grundbausteine des situationssemantischen Universums sind Individuen (a,b, ...); n-stellige Relationen (r, r',...), die nicht wie üblich mengentheoretisch konstruiert, sondern als elementare Objekte aufgefaßt werden; raum-zeitliche Lokationen (l,l', ...), für die spezielle Relationen vorgesehen sind (z.B. < für Vorzeitigkeit, o für Überlappung); Polaritäten (O und 1), die intuitiv den konventionellen Wahrheitswerten entsprechen. **Fakten** sind Folgen <l, <r, x_1, ... , x_n>, pol>aus einer Lokation, einer Relation mit einer entsprechenden Zahl von Argumenten und einer Polarität. Sie werden normalerweise wie in (28) notiert:

(28) (a) an l_1: trifft, Maria, Hans; 1

     (b) an l_2: schläft, Hans; 0

(28a) ist das Faktum, daß Maria Hans in der raumzeitlichen Lokation l_1 trifft (z.B. am 5.März 1989 in Günne am Möhnesee); (28b) ist das Faktum, daß Hans sich an der raumzeitlichen Lokation l_2 im nicht-schlafenden Zustand befindet. Eine **Situation** besteht aus einer Menge von Fakten einschließlich der Ordnungsbeziehung zwischen den vorkommenden Lokationen. (29) repräsentiert eine Situation e, in der Hans bei Regen einschläft.

$$(29) \quad e: \quad \text{an } l: \quad \text{schläft, Hans; } 0$$
$$\text{es-regnet; } 1$$

$$\text{an } l': \quad \text{schläft, Hans; } 1$$
$$\text{es-regnet; } 1$$
$$l < l'$$

Eine **Situationsstruktur** ist, informell ausgedrückt, ein Menge von Situationen, deren Fakten miteinander konsistent sind (im naheliegenden Sinn: kein Fakt darf mit unterschiedlichen Polaritäten vorkommen), die mit zwei gegebenen Situationen e_1 und e_2 immer eine dritte Situation e_3 mit e_1 und e_2 als Teilen enthält, und die schließlich die in der Situationsstruktur geltenden Constraints (zu denen hier nichts weiter gesagt werden kann) erfüllt. Die Situationsstruktur ist das Gegenstück zur konventionellen, einen Weltzustand repräsentierenden Modellstruktur.

Objekte in einer Situation können durch Parameter ("indeterminates") ersetzt werden, die im folgenden je nach Objekttyp durch $\underline{a}$, $\underline{b}$, ..., $\underline{r}$, $\underline{s}$, ..., $\underline{l}$, $\underline{l}'$, ... notiert werden. Durch den Einsatz von Parametern, der in etwa der λ-Abstraktion in der konventionellen Logik entspricht, erhält man Situations- bzw. **Ereignistypen** (E, E', ...). In (30) ist der Ereignistyp "Bei Regen einschlafen" wiedergegeben.

$$(30) \quad E: \quad \text{an } \underline{l}: \quad \text{schläft, } \underline{a}; 0$$
$$\text{es-regnet; } 1$$

$$\text{an } \underline{l}': \quad \text{schläft, } \underline{a}; 1$$
$$\text{es-regnet; } 1$$
$$\underline{l} < \underline{l}'$$

Eine **Rolle** schließlich ist ein Parameter mit interner Struktur. Er wird definiert als Paar, bestehend aus einem elementaren Parameter und einem Ereignistyp; inhaltlich stellt eine Rolle eine Position in einem bestimmten Ereignistyp dar. <a | E> wäre die Rolle desjenigen, der bei Regen einschläft. Diese Rolle ist, da der Ereignistyp E nicht von besonderer Bedeutung ist, nicht sehr prominent und deshalb nicht lexikalisiert. Es gibt aber viele sprachliche Ausdrücke, deren Funktion gerade die Beschreibung einer Rolle in einem standardisierten Ereignistyp ist. Ein Beispiel ist in (31) angegeben. (Natürlich dient das Beispiel nur der Illustration; tatsächlich müßten Situationsspezifikation und Rollendefinition viel sorgfältiger vorgenommen werden.)

(31) E_1:   an l: spricht-über, $\underline{a}$, $\underline{b}$; 1
                            Professor, $\underline{a}$; 1
                            hört-zu, $\underline{c}$, $\underline{b}$; 1
                            Student, $\underline{c}$; 1

Situationstyp E_1 ist "Vorlesung"; $\underline{d}$ =<$\underline{a}$ | E_1> ist die Rolle des Dozenten, $\underline{h}$ =<$\underline{c}$ | E_1> die Rolle des Zuhörers, $\underline{th}$ =<$\underline{b}$ | E_1> die Rolle des Vorlesungsthemas und $\underline{v}$ =<l | E_1> die Rolle des Veranstaltungsortes. Rollenbegriffe, die in Bezug auf einen Situationstyp E definiert sind, können in Situationen anderen Typs vorkommen. Sie stellen dann das Bindeglied zwischen der aktuellen Situation und der Hintergrundsituation vom Typ E her. Formal realisiert wird diese Funktion durch den Begriff des **Ankers**: Ein Anker für einen Situationstyp E ist eine partielle Abbildung f, die den Parametern von E geeignete Entitäten zuweist, wobei f für jedes $\underline{r}$ =<$\underline{a}$ | E'> im Bereich von f gleichzeitig Anker für E' ist und f($\underline{r}$) = f($\underline{a}$). Anker stellen referentielle Bezüge her; sie instantiieren Ereignistypen und verwandeln sie so in voll spezifizierte Situationen. Durch die Verankerung von Rollenkonzepten werden, informell gesprochen, Hilfs- oder Hintergrundsituationen aktiviert und in die aktuelle Situation integriert. Im Beispiel (32) verknüpft die Rolle des Zuhörers die Einschlafsituation des zweiten Satzes mit der Vorlesungssituation des erstens Satzes.

(32)   Die Vorlesung ist langweilig. Ein Zuhörer ist eingeschlafen.

Der komplexe Ereignistyp, der vom zweiten Satz von (32) denotiert wird, ist in (33) wiedergegeben.

(33) E_2:   an l: schläft, $\underline{h}$; 0

              an l':   schläft, $\underline{h}$; 1

              an l_1:   spricht-über, $\underline{a}$, $\underline{b}$; 1
                         Professor, $\underline{a}$; 1
                         hört-zu, $\underline{c}$, $\underline{b}$; 1
                         Student, $\underline{c}$; 1

              $l < l'$, $l \subseteq l_1$, $l' \subseteq l_1$, $l < l_u$, $l' < l_u$

Wegen $\underline{h}$ =<$\underline{c}$ | E_1> muß bei der Instantiierung des Ereignistyps Einschlafen der Typ E_1 mitinstantiiert werden, und zwar entsprechend der Definition des Ankers so, daß die Referenten von $\underline{h}$ und $\underline{c}$ identisch sind. Auf das Zustandekommen der raum-zeitlichen Bezüge (also der Beziehung von $\underline{l}$ und $\underline{l}_1$ aufeinander sowie der zeitlichen Beziehung beider Lokationen zur Lokation des Äußerungsereignisses $\underline{l}_u$) kann hier nicht eingegangen werden.

Das situationssemantische Rollenkonzept erlaubt, den Mechanismus indirekter NP-Anaphern zu beschreiben, und zwar wird dies in sehr einfacher Weise, unifikationsartig, durch das Ineinanderschieben von Situationen bewerkstelligt. Dies ist ein Beispiel für die Einführung eines strukturellen Konzepts, das unmittelbar einen speziellen Typ von Inferenzen unterstützt. Ansprüche und Anwendungsmöglichkeiten des situationssemantischen Formalismus gehen, wie erwähnt, weit über diese Art von Anwendungen hinaus. Weitergehende Gesichtspunkte können hier jedoch nicht berücksichtigt werden.

5. Schlußbemerkung

Die in diesem Beitrag beschriebenen Entwicklungen in der logisch-linguistischen Semantik räumen die zu Anfang genannten Bedenken gegen eine logisch basierte Bedeutungsanalyse natürlicher Sprache zumindest teilweise aus. Kontext- und Textbezug sind im Prinzip integrierbar. Die angemessene Repräsentation traditionell schwieriger Konzeptbereiche ist möglich. Die logische Komplexität ist rückläufig. Der Gesichtspunkt der Bedeutungsverarbeitung wird zunehmend relevant. All diese Fortschritte wurden unter Beibehaltung einer konsequenten denotationell-semantischen Kontrolle erreicht.

Die betrachteten Neuansätze werden deshalb für den Sprachverarbeitungsbereich sehr interessant, und zwar nicht nur in theoretischer Hinsicht. Eine Reihe der wichtigsten industriellen und universitären Forschungsstellen im Bereich NL-Verarbeitung verwendet Varianten der beschriebenen Formalismen, jeweils in Kombination mit einem Syntaxformalismus aus der Familie der Unifikationsgrammatiken. Beispiele sind Xerox, Palo Alto (LFG mit Situationssemantik); HP, Stanford (HPSG mit Situationssemantik/DRT); IBM, Stuttgart (CUG mit DRT), Univ. Edinburgh (UCG mit DRT), Univ. Oslo (LFG mit Situationsschemata).

Eine einschränkende Bemerkung zum Abschluß: Auch die fortgeschrittensten logisch-basierten Semantikansätze lösen nicht alle Probleme der NL-Semantik. In den bisher bearbeiteten Bereichen sind viele grundsätzliche Fragen noch ungelöst, und es gibt wichtige Bereiche, die bisher noch gar nicht thematisiert wurden. Die neuen Techniken bieten auch keinesfalls einen Ersatz für alle eingeführten KI-Verfahren im NL-Bereich. Die logisch basierte Semantikforschung hat z.B. einen wichtigen Beitrag zur Modellierung anaphorischer Referenz geleistet. Zu dem in der sprachorientierten KI zentralen Problem der Anaphernauflösung kann sie dagegen ganz wenig sagen. Trotzdem wird sie - als Basis der Bedeutungsrepräsentation und als stabiler Bezugsrahmen für die verschiedensten Techniken der NL-Verarbeitung - zunehmend wichtiger werden.

Literatur

Barwise, J./Perry, J.(1983): Situations and Attitudes. Cambridge: MIT Press. Dt. Übersetzung: Situationen und Einstellungen. Berlin: de Gruyter

Bäuerle, R. (1988) Ereignisse und Repräsentationen. LILOG-Report 43 (IBM Deutschland GmbH)

Heim, J. (1982): File Change Semantics and the Familiarity Theory of Definiteness. In: Philosophy 5 (1982), 3-22. Wiederabgedruckt in: R. Bäuerle/C. Schwarze/A. v.Stechow (eds.): Meaning, Use and Interpretation of Language. Berlin: de Gruyter

Kamp, H. (1979): Events, Instants and Temporal Reference. In: R. Bäuerle/U. Egli/A. v.Stechow (eds.): Semantics from Different Points of View. Berlin: de Gruyter

Kamp, H. (1981): A Theory of Truth and Semantic Representation. In: Groenendijk et al (eds.): Formal Methods in the Study of Language. Mathematical Centre Tract: Amsterdam. Wiederabgedruckt in: Groenendijk et al (eds.): Truth, Representation and Information. GRASS 2, Dordrecht: Foris

Levesque, H./Brachman, R.(1985): A Fundamental Tradeoff in Knowledge Representation and Reasoning. In: R. Brachman/H. Levesque (eds.): Readings in Knowledge Representation. Los Altos, Ca: Kaufmann

Link, G. (1983): The Logical Analysis of Plurals and Mass Terms. In: R. Bäuerle/C. Schwarze/A. v.Stechow (eds.): Meaning, Use and Interpretation of Language. Berlin: de Gruyter, 302-323

Montague, R. (1974): Formal Philosophy. Selected Papers. New Haven: Yale UP

Reyle, U. (1987): Zeit und Aspekt bei der Verarbeitung natürlicher Sprache. LILOG-Report 9 (IBM Deutschland GmbH)

QUALITATIVE REASONING

Peter Struss

SIEMENS AG, ZFE F 2 INF 22

Otto-Hahn-Ring 6, 8000 Muenchen 83

1 INTRODUCTION

1.1 A GENERAL MOTIVATION FOR RESEARCH IN QUALITATIVE REASONING

1.1.1 People Do It

What is a geyser? It is a very impressive natural phenomenon. It mainly occurs in regions that exhibited volcanic activities in former periods. You observe hot water and steam being tossed into the air out of a hole in the ground for a certain amount of time. After this, there is a phase with no obvious activity, until the next eruption takes place. Some geysers show a very precise pattern of periodic activity. One of the most famous geysers, located in Yellowstone National Park, is called "Old Faithful" because the duration of the period between two eruptions is almost constant.

How can we understand this amazing phenomenon? In a book, the following explanation is given (see also Fig.1)

> *Deep in the ground the water is under such pressure from the rocks and water above it that it can become much hotter than the normal boiling point without changing from liquid to gas. (The water in a teakettle gets no hotter than the boiling point at its elevation, but the water in a pressure cooker can be considerably hotter). It is believed the water in some areas of the park percolates quickly enough through porous rock layers to allow it to reach depths of 10,000 feet or more before becoming hot enough for convection to cause the water to start its return journey. At such depths the pressure is very great and the water can become very hot, so that when it starts to rise and the pressure is reduced, some of it flashes into steam, increasing its volume and causing it to rise faster than convection alone would have carried it. At about that point a process has been begun that nothing can stop; it can end only when the water is released at or near the surface* [Crandall 83].

Note that the description of the phenomenon as well as the explanation are **completely qualitative** (Even the only number occuring in the text is used to indicate a range.) There are several reasons for this. First, we are talking about **a whole class** of phenomena or "systems". Their characteristic features that could be measured, such as duration of the eruption, or height of the fountain, are varying from individual to individual. Hence, we have to, and, secondly, we **want** to describe only the **essential** features which are the same for all of them. Thirdly, the involved physical phenomena are not precisely measurable, and some of them are not measurable at all, such as the pressure or temperature down in the ground. Finally, some qualifications of the system cannot be expressed by numbers, like the "porous rock layers", or the difference between fluid water and steam. Despite all this, we are able to understand and accept the given explanation, or at least reason about it.

Consider a second example of a physical system, a whisky serving machine. A picture of it is given in Fig. 2.This machine is novel! If the lever on the left is pushed down, the glas filled with whisky will be served to the guest, provided he is a good catcher. Although it is really a novelty, every reader, by inspecting Fig. 2, will be able to figure out how the machine works.

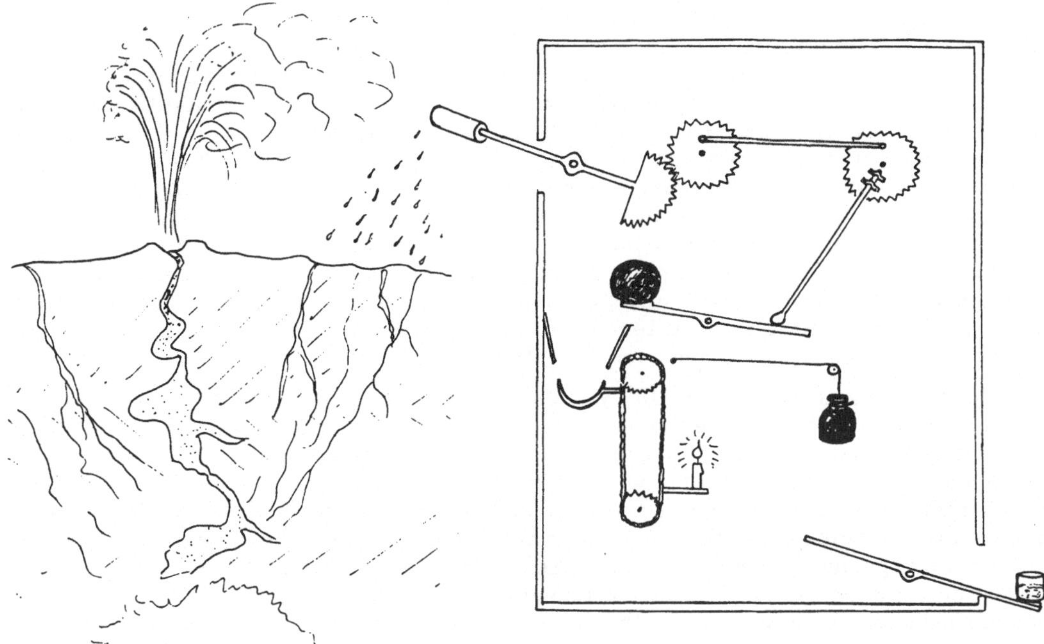

Figure 1   The geyser   Figure 2   The whisky server

Pushing down the lever causes the cog on the left to rotate clockwise. Due to the linkage between them, the other cog will rotate in the same direction. The bar fixed to it will be lifted and the lever holding the iron sphere is free to be pushed downward by the weight of the sphere. At some inclination of the lever, the sphere falls off into the funnel and is directed into the bowl which is connected to a chain drive. The bowl will move down causing the platform with the candle, which is connected to the other part of the chain, to lift. The flame finally burns through the rope, thus releasing the weight which falls down on the lever and pushes up the glass on the right.

Again, merely qualitative information about the system is sufficient to understand and explain the mechanism (and only qualitative knowledge was used by the inventor!) : a description of its **structure**, i.e. the interrelations of its parts, and knowledge about possible **functionality** of these parts. Although we have to take measurements and perform numeric calculations when we want to really built an instance of the whisky server, this is obviously unnecessary, or not essential, for designing, explaining, diagnosing, or repairing it.

There is no doubt, humans perform **qualitative reasoning** (QR). But is this sufficient for requiring the same of a computer?

1.1.2   Why Should Computer Systems Use Qualitative Reasoning?

For (some) researchers in Artificial Intelligence (AI), there is an immediate answer to this question:

- *AI research is interested in models of human intelligence.*
  Since qualitative reasoning is obviously a significant feature of human intelligence, and since AI research exploits computers for its purpose, we want to implement qualitative reasoning systems.

There is a never-ending discussion about whether a program producing the same results as a human would really prove that its structure is a model of human thinking. Of course not. But the opposite is true: if an implemented model of human intelligent capabilities does not produce proper results, then something is wrong with this model. The value of this fact for understanding structures of human thinking cannot be overestimated. This is because it provides a powerful **means for carrying out experiments** in this research which is almost impossible otherwise, as shown by the problematic science of psychology. We cannot experiment by defining the way of thinking for a real person and then observe his or her resulting behavior. But we can implement a computer program according to a specific model and compare its performance to human behavior. This tremendously enlarges the **basis for an experimental, empirical science of human intelligence**, and it establishes a significant difference to philosophy, for example, or traditional logic.

OK. So let AI researchers build QR systems and experiment with them. It may help to understand why people behave the way they do. But is that of any interest for those who build computer systems with the one and only goal of making them solve a specific task in an application? Why should such programs mimic human thinking? A car does not walk on legs but it is a useful vehicle for carrying people from one place to another (or, if the reader doubts this, use a bike as an example). For an application program, the same should apply: it is supposed to produce proper results in a reasonable time, and it should be easy to use it, no matter how it works. Is this a counterargument against QR? No, if we accept it , we have established a strong foundation for the necessity of QR methods! This is mainly shown by the following three arguments:

- *Effectiveness: The program has to solve the problem.*

There are many problems and questions that **are of a qualitative nature**, and we might want computer assistance for their solution. For example in CAD, the phase of conceptual design is badly supported because it mainly involves qualitative concepts and considerations. Furthermore, there are specific applications, where **only qualitative information** is available due to imprecise or impossible measurements. A full numerical description of a system may be **too complex** or infeasible (think of traffic or wheather). Or, we might want a system to operate in a universe of objects that cannot be extensionally described (think of a robot in a warehouse).

In all these cases, we can supply the system with the **essential** characteristics and distinctions of a case, and we have to provide it with capabilities of using this qualitative knowledge, like a chess player who does not investigate exhaustively the universe of possible subsequent positions on the board but exploits strategic knowledge, classifying of positions etc. to evaluate a move. This leads us to

- *Efficiency: The program has to perform its task in a reasonable amount of time.*

Reducing the complexity of vast search spaces often involves abstraction and the use of qualitative concepts. Avoidance of complex, time-consuming numerical computations is another motivation for QR methods, even more when we cannot expect exact numerical input.

These arguments motivate the development of **some** method to deal with qualitative information. Yet they do not demand for models of **human** qualitative reasoning. However, when inventing or constructing a physical mechanism, we accept the inspiration of observing and analyzing natural systems that exhibit a similar behavior. Analogously, when attempting to build computer programs that work with qualitative knowledge we should analyze natural systems with this ability - human beings, Receiving ideas for the design of computer programs from analyzing human reasoning is - although a typical AI argument - a pragmatic consideration. Besides this, there it another aspect :

- *Naturalness: It should be easy to interact with the system.*

Naturalness ("Cognitive adequacy") of the representation of knowledge in a computer program is not a value per se or for esthetic reasons. It is a very important practical requirement for interactive computer systems. And each program is an interactive computer system at least during some phases of its lifecycle (when being developed or debugged). We want the user to be able to easily **enter the description** of the case and the task, to easily **co-operate** with the system during the problem solution, and to easily **interpret and check** the results of the system. All this requires a tight correspondence of the system's representation and the concepts and inference patterns of the user. And this argument gains importance in the phase of building and debugging the system.

In general, to ease the use of computer systems is not so much a problem of the external presentation (windows, icons, a black, or a white, or a coloured screen...), but essentially a question of how transparent and conceivable its internal structure is for a developer or user, i.e. how easily it can be mapped to the structure of human thinking about the problem.

To summarize: The analysis of qualitative reasoning as performed by humans is justified by the perspective of
- using its formalized models for structuring effective and more efficient computer systems and for extending their competence
- improving the necessary interaction between systems and users.

Reading this perspective in the reverse direction, we get requirements and criteria for the evaluation of QR methods.

1.2 THE SCOPE OF QUALITATIVE REASONING

The term "qualitative" is ambiguous. It may refer to many different aspects, e.g.

non-numeric:	too fast	$\leftrightarrow$	65 mph	
intervals:	between 90°F and 100°F	$\leftrightarrow$	99.2°F	
vagueness:	almost nothing	$\leftrightarrow$	0.002	
discrete values:	nothing between 'fast' and 'very fast' $\leftrightarrow$ $\exists\, x \in \mathbb{R}$ $\quad 80.232 < x < 80.233$			
limited number of values:	{slow, moderate, fast, very fast} $\leftrightarrow$		$\mathbb{R}$	
tendencies:	growing	$\leftrightarrow$	df/dt = 6.2	
relative values:	too fast (car) $\vee$ slow (plane)	$\leftrightarrow$	65 mph	
not ordered values:	rigid or fluid	$\leftrightarrow$	30°F < 35°F	
topology:	environment	$\leftrightarrow$	1.7 < x < 1.9	
classifying:	a linear function	$\leftrightarrow$	6x + 3.2	
behavior:	periodic	$\leftrightarrow$	a·sin ωt	
shape:	symmetric	$\leftrightarrow$	$x^2 + y^2 = r^2$	
structure:	ice	$\leftrightarrow$	30°F	

Not all of these aspects are covered by current QR methods in AI, and almost none of them is dealt with in a satisfactory and general way. Sometimes, QR is misunderstood to be restricted to algorithms for computations involving qualitative values or signs. This is not correct.

Consider again the whisky server. Our capability of understanding and explaining a mechanism we never encountered before (a capability which appears to be self-evident but is really amazing!) requires two sorts of input:

- A description of the **device structure**. This is the specific, case-dependent information.
- Knowledge about the **behavior of the individual parts**. This is the general, case-independent information, which is available because we abstracted it from former experience in different contexts.

Both sorts of information are of **qualitative nature** and subject to qualitative reasoning! The essence of the task is

- to **infer the behavior** of the complete device **from** its **structure** and the **behavior of its parts**. This inference method has to be general, since we apply it to different (sorts of) systems.

In the geyser example, essentially the same task was performed, although this system is not a composition of clearly separated parts with well-defined boundaries and functionality. The overall behavior is the result of various interrelated activities or processes, such as percolation of water, heatflow, or conversion into steam.

Hence, QR is much more than "qualitative calculations". What QR systems have to provide is:

- **A representational formalism for the structure of a system**, i.e. the interrelation of the elements establishing the system. A single irreducible object is not a system. It will not develop without the influence of another object. Non-interacting objects do not establish a system. Although they have some aspects in common, polar bears and penguins do not form a system, unless we consider additional objects like the atmosphere, the ocean, fish etc.

- **A representational formalism for the behavior of a system**, i.e. the essential features of a system and their (qualitative) changes over time. An object that remains unchanged and does not even potentially allow for a change, is not a system, and does not have a behavior. The features may be **structural** (creation or destruction of objects or connectivity). Others are **quantities** with values in the real or integer domain. What is considered to be a qualitative change is not uniquely determined internally by the represented system, but mainly externally by the task that requires its analysis. For the geyser, the only interesting change in temperature is that across the boiling point (which is pressure-dependent). Other differences of temperature values are not changes.
  This determines which features are essential: only those features that may change or lead to a change of other features. Features that remain the same under arbitrary circumstances and do not influence other changes can be ignored. Structural changes normally have to be considered as qualitative changes.

Finally, a QR system contains

- **an inference mechanism for deriving the behavior of a system** from its structure and the behavior of its elements. It is based on the fact (or the assumption) that the structural and behavioral descriptions are complete. This implies that all the relevant elements are specified, they do not exhibit a behavior different from their description, all the essential features are introduced, interaction of elements happens only locally w.r.t. the structure (along the specified connections) etc.

  The construction of the (potential) global behavior of a system is called *envisioning*. Two cases may be be distinguished: A **partial** envisionment is the set of possible behaviors originating in a specific initial state of the system; a **total** envisionment contains all possible behaviors.

When developing or characterizing QR systems, one has to consider at least these three aspects.

That the definition of qualitative changes is determined by the task, shows that it is important to be more precisely: QR does not aim at (direct) models for the structure and behavior of system, it tries to develop **models for human reasoning** about structure and behavior of systems. According to its goals, QR is closely related to and partially overlaps with some other fields of AI research, like temporal reasoning, causal reasoning or spatial reasoning.

2   ORIGINS AND MAIN APPROACHES

2.1   ROOTS

As indicated by the examples presented in the introduction, qualitative reasoning is involved both in reasoning about natural phenomena and every-day physics and in the performance of scientific or engineering problem solving. These two domains, although not completely distinct, can be identified as origins of QR research. Due to the nature of AI, the commonsense aspect was strong in the beginning. The *Common Sense Algorithms* of [Rieger-Grinberg 76], and the *Naive Physics Manifesto* of [Hayes 78] are results of this interest.

Another origin can be identified as the *Engineering Problem Solving Project* at M.I.T. which established an environment leading to many concepts and systems that still have an important impact on QR and other fields of AI (causal reasoning, contraint systems, truth maintenance etc.). This branch recently gained importance under the influence of commercial interests in *Expert Systems*.

2.1.1 Common Sense Algorithms (CSA)

With their work, Rieger and Grinberg aimed at a declarative representation of mechanisms [Rieger-Grinberg 76], [Rieger-Grinberg 77], [Rieger-Grinberg 78]. It should be close to mental models in order to support tasks like natural language understanding or interactive systems. Another requirement was that this declarative representation should be convertible into a procedural representation that could be executed to simulate the mechanism. As a declarative formalism they developed the *cause-effect-graphs* whose causal links were translated into procedures, called *spontaneous computations*, which are triggered by patterns. The nodes in this graph were *events* of four types:

- **Actions** (A) performed by an animate actor, e.g." closing a switch".

- **Tendencies** (T) considered as inanimate force-generators whose causes are beyond the represented mechanism, such as gravity.

- **States** (S), i.e. static conditions, characterized by certain values of variables.

- **State changes** (SC) : a variable changes its value in certain range.

The *causal links* between the events were meant to express different types of causal dependencies (see Fig. 3).

For example, Rieger and Grinberg distinguished between *continuous cause* (e. g. one object supporting another one) and *continuous enablement* (the existence of water as a condition for the tendency "pressure"). Some links may have *gates* attached, i.e. conditions that must hold for the causal influence to happen. For example, the gears must be engaged if the running engine is to move the car.

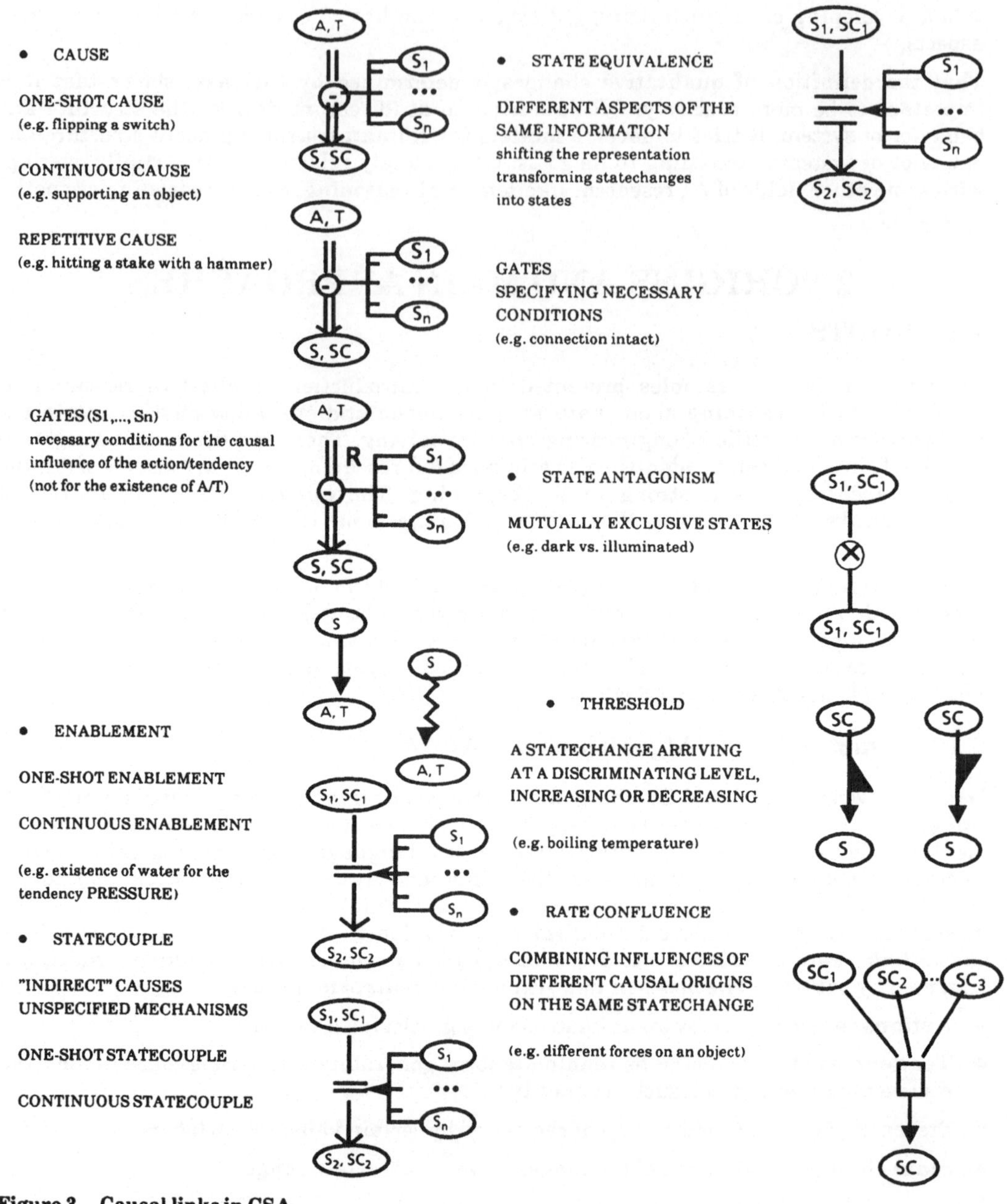

Figure 3 Causal links in CSA

A description of a mechanism is constructed by identifying the events relevant for it and establishing the causal links between them. Compiling the links into procedural units that are "firing" if the conditions are fulfilled, allows to simulate the mechanism by propating activity through the causal net. As an example, consider the door buzzer, a famous paradigmatic QR example (Fig. 4). Its CSA representation is shown in Fig. 5.

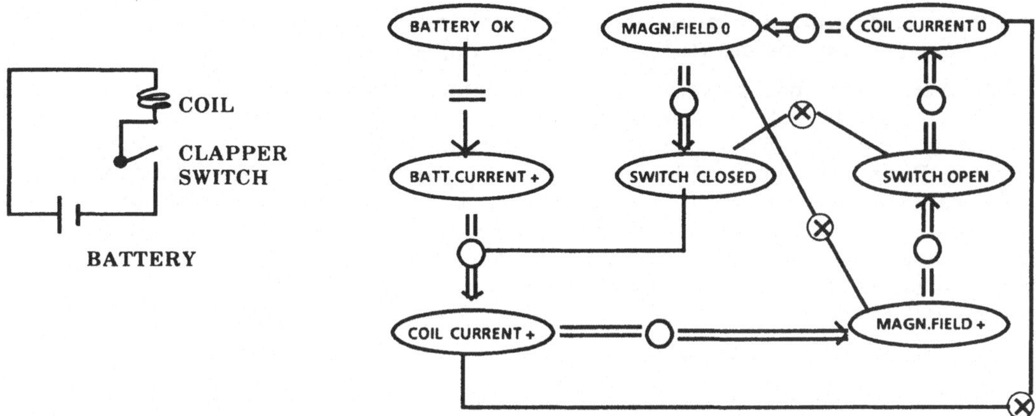

Figure 4   The door buzzer   Figure 5   A CSA-representation of the door buzzer

Rieger and Grinberg modelled systems of a moderate complexity, like a home gas furnace [Rieger-Grinberg 77] or a flip-flop [Rieger-Grinberg 78]. The CSA formalism provides a modular, declarative representation for physical systems and aims at an epistomology for causal dependencies. It is an attempt towards a "qualitative theory of causality" as postulated by [Sussman 78]. However, there is no unique way of using it. Rieger and Grinberg themselves state that different persons will produce different descriptions of the same mechanism. Indeed, differences between cause and state couple, for instance, are not obvious in any case. Or the decision whether something is the "real cause" or only a gate, a further condition, may depend on the person's perspective. This is not necessarily a disadvantage since the goal of CSA is to express mental models of mechanisms rather than an objective description of it.

One aspect of this problem is that a CSA model does not contain an explicit representation of the system's structure. It offers no way of constructing the cause-effect-graph from a given description of the structure and the single parts. In this sense, it is not constructive and does not support reasoning about consequences of structural changes which is important for tasks like design or diagnosis. From the standpoint of qualitative reasoning , we furthermore observe the **lack of a concept for dealing qualitatively with quantities** involved in changes, rate confluences, or thresholds. For example, from the papers it is not obvious how the decision is made whether an influenced quantity exceeds a threshold or not.

2.1.2   Naive Physics

In 1978, Pat Hayes' *Naive Physics Manifesto* was published [Hayes 78]. Its goal was to initiate a research effort in AI that aimed at *"the construction of a formalization of a sizable portion of commonsense knowledge about the everyday physical world: about objects, shape, space, movement, substance (solids and liquids), time, etc."*

The goal was really to collect formalizations of pieces of commonsense knowledge. Since there were several possibilites for AI researchers to misunderstand this proposal, Hayes explicitly stated what he did **not** propose:

- *"to* **develop a new formalism** *or language to write down all this knowledge in"*. There were enough languages proposed, especially at that time.

- *"to find a philosophically exciting* **reduction** *of all ordinary concepts to some special collection of concepts"*. It is quite common to make a fuss about the invention of the ultimate and essential primitive concepts. However ,*"first we need to formalize the naive world view. Afterwards we can try to impose some a priori ontological scheme upon it."*

- *"to make a* **computer program** *which can use the formalism in some sense". "We deliberately postpone detailed consideration of implementation"*.

This is perhaps the most provocative statement, and it may bring people who are interested in applying QR to real problems to the conclusion that the manifesto is totally irrelevant. Indeed, it did not cause a big project being started or an organized joint effort of an AI Armada. But there is some evidence that the currently not very sucessful attempts to cope with real applications of QR would significantly benefit from a firm basis provided by a powerful complete formalization of naive physics independent of any program. Moreover, the principal issue is raised that many efforts in building AI systems are doomed because too early considerations about implementation issues spoil the solution of the essential conceptual problems.

Hayes postulated 4 characteristics of naive physics formalization:

- **Thoroughness.** It should cover the whole range of everyday physical phenomena.

- **Fidelity.** It should be reasonably detailed. (These two features are summarized to "breadth" in the revised version of [Hayes 85a]).

- **Uniformity.** One common framework should be used for the whole formalization rather than special languages tailored to support single domains. Hayes favoured first order logic.

- **Density.** The ratio of facts to concepts should be high.

Using a graph formed by axioms and the involved concepts as a model, density means that this axiom-concept-graph is highly connected. One important task in naive physics would be to identify "clusters" in this graph. Hayes suggested some **clusters**, such as

- **Liquids.** Formalizing our common sense knowledge about characteristics and behavior of liquids is the concern of [Hayes 85b]. Liquids are interesting objects, because we normally do not consider their behavior as a mechanistic result of interacting "components". We treat a river as a stable entity although its molecular parts and structure are never the same for any two given time points.

- **Places and positions** are essential for reasoning about the physical world since locality crucially limits the possible interaction of objects and, hence, the evolution of systems ("containment limits causality").

- **Histories** as a means for describing developments in the world are consequence of these principles. Hayes argues against *situations* introduced by [McCarthy 57]. In this calculus, situations are snapshots of the (whole) world at a given moment and *events* or actions are steps from one situation to the next one. This representation, which always captures a universal, spatially unbounded view of the world, involves some serious problems, e.g. the adequate description of independent developments or continuous processes. And it raises the *frame problem*, the problem of exhaustively specifying what is changed by an event and what remains unchanged.

Histories are, in contrast to situations, temporally and **spatially** bounded pieces of space × time and characterize the extension of a process . Since only intersecting histories can interact, and every change has a cause, the frame problem is addressed. This approach had an important influence on work in QR, in particular on Forbus 'Qualitative Process Theory' (see section 2.4.).

- **Qualities, quantities, and measurements** form another cluster that is of specific interest for QR. Qualities are intrinsic properties of objects, such as colour, weight, or length. They form *quality spaces* which allow comparisons between qualities of the same space. If their difference is below a certain tolerance, two qualities are considered to be the same. Some qualities are *quantities*, i.e. their quality spaces have a mapping into an ordered set, a *measuring scale*, e.g. the integers, or the set { small, smallish, medium, tallish, tall }. This induces an ordering relation on the respective quality space.

2.1.3 The Engineering Problem Solving Project

During the second half of the seventies, many concepts and systems emerged from the *Engineering Problem Solving Project* (EPSP) at M.I.T. that had and still have an important impact on AI and specifically on QR. The application domain was mainly the analysis, design, and diagnosis of electrical circuits. Results in terms of systems were among others

- **WATSON** for localizing failures in radio receivers [Brown 76].

- **DESI** for circuit design [McDermott 76]

- **NEWTON** performing a qualitative analysis and envisioning for simple mechanical problems [de Kleer 77]

- **EL**, actually a family of systems for circuit analysis [Sussmann-Stallmann 75], [Stallman-Sussman 77].

- **SYN** for determining parameters for a given circuit topology [de Kleer-Sussman 78]

- **CONSTRAINTS**, a language for hierarchical constraint networks [Sussman-Steele 80].

- **QUAL** performing a causal analysis of a circuit using teleological reasoning [de Kleer 79]

In particular, the EL system incorporated a number of concepts and techniques that form the basis for a whole branch of QR. Based on the observation of methods applied by experienced engineers, one important step was to **localize** the analysis of a circuit as opposed to the manipulation of large systems of equations. This was done by basing the analysis on **component-centered** laws and **local one-step deductions**, the propagation of constraints.

The necessary **global** aspects of the representation and the inference process were captured by an explicit description of the *device topology* (the connectivity of the components) and by recording the *dependencies* of the performed inference steps. The latter formed the basis for *dependency directed backtracking* when contradictions were encountered. This technique was later further developed to truth-maintenance systems.

The approach of EL, deriving the overall state or behavior of a system from a description of its structure and of its components, characterizes a mainstream of QR research (*structure-to-function*). In EL, the topology is made of *devices* and *nodes*. Devices have *terminals* that can be connected via nodes. The *laws* characterizing the functional aspects of devices are equations and inequalities about its states, parameters, and variables. They are implemented as demons that are put on a queue when triggered by a pattern and processed according to their invocation priority. Their application can be

- to **compute** unknown values

- to **check** tuples of values, or

- to **solve** for symbolic values,

and they result in assertions in the database which are stored together with their antecedents (dependencies). Fig. 6 shows the general structure of a law and Ohm's law as an example.

<pre>
                                  OHM'S LAW
   (LAW name priority local-variables   (LAW DC-OHM ASAP((R RESISTOR) V1 V2 I RES)
         mandatory slots   (   )
         trigger slots   ((= (VOLTAGE (#1 !? R))   !>V1)
                                           (= (VOLTAGE (#2 !? R))   !>V2)
                                           (= (CURRENT (#1 !? R))   !> I)
                                           (= (RESISTANCE (!? R)) !>RES))
         body)   (EQUATION '(&- V1 V2) '(&* RES I) R))
</pre>

Figure 6   EL - Laws - example

An example of the constraint propagation process is presented in Fig. 7. It shows the ladder circuit and steps of the analysis which solves the problem by computing the symbolic variable, e, introduced for the voltage at the node N_4. In the decision about the appropriate places for introducing the symbolic variables, N_4 is preferred e.g. over N_3 because it has less unknown neighboring nodes.

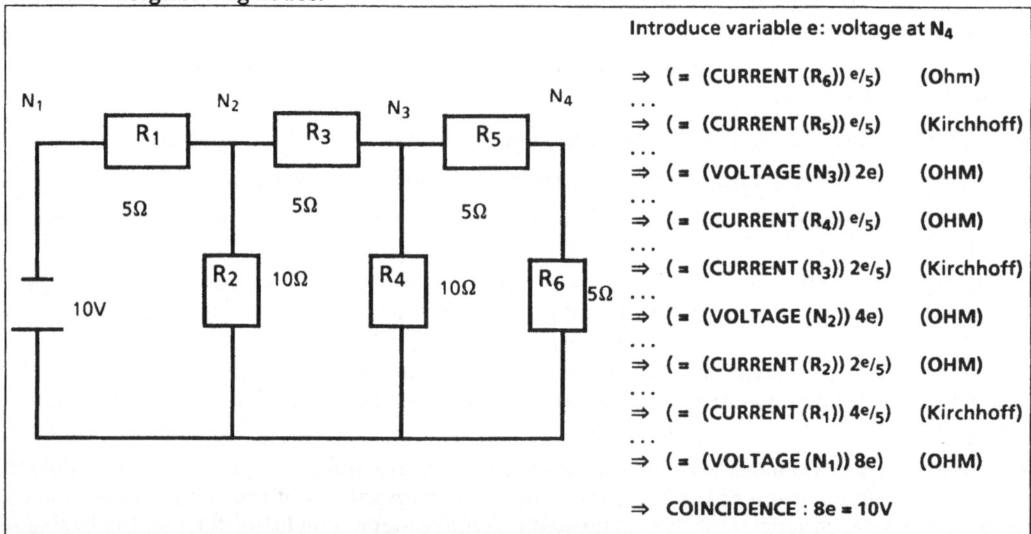

Figure 7   Propagation of constraints - the ladder circuit

EL can deal with nonlinear devices by breaking them into a number of linear operating regions, considered as *states*. A *choice assertion* makes assumptions about the actual state of a device, and, based on the recorded dependencies, those state assumptions that cause contradictions can be ignored. The overall control structure guarantees that a contradictory collection of assumptions is never considered again.

Furthermore, EL allows to enter knowledge about configurations of devices or alternative descriptions by means of *macrodevices* whose terminals are identified with appropriate terminals in the circuit.

EL's features,

- **localized** representation of device knowledge and inferences
- the **explicit** representation of **topology** as a basis for the derivation of global characteristics,
- **constraint propagation**, and its
- combination with **dependency recording**,

influenced many QR systems, and were further developed in particular by the work of de Kleer and Brown (see section 2.3).

The dependencies provide a foundation for the explanation of the analysis results, and, due to the local nature of the laws and inference steps, this explanation can be "natural", i.e. have a physical interpretation, though potentially a very detailed one.

2.1.4   New Demands: Deep Models for Expert Systems

In the early eighties, limitations of the existing methods for building expert systems became obvious. Several AI researchers questioned the claims of the rule-based paradigm and began to search for alternatives or extensions.

The first successful generation of expert systems was mainly dedicated to the goal of modeling one specific, but undoubtedly basic, part of human problem solving skills: experience. Experience is based on a practically oriented treatment of real problems, and it results in an assembly of useful hints, rules of thumb, observed regularities, "almost correct" laws etc., i.e. **empirical associations**. The representation of this kind of expertise was achieved using the rule-based paradigm, which mirrors the modularity and mutual independence of chunks of empirical observation. But, due to the nature of this "surface knowledge" and due to the corresponding representation scheme, expert systems of this type failed to exhibit some of the characteristics of human problem solving behavior. For instance, they could not explain a given result based on an understanding of the **mechanisms underlying the real object or process** being investigated. Instead, they simply provide a trace of the involved rules as an explanation of **how the expert system derived that result.**

In an invited lecture at IJCAI 1981, R. Davis presented an analysis of achievements and shortcomings of the "Accepted Wisdom" of rule-based systems and formulated goals for new types of representations and inference mechanisms ([Davis 82]). Analyzing an example from the domain of technical diagnosis, he demonstrated that an *"understanding of behavior derives from reasoning about structure and function"* of the device and that, besides empirical associations, this was crucial for solving the diagnosis task. The question was whether the rule-based paradigm could offer support for representing the structure and function of a system. In principle, it seems to be possible to encode the knowledge about structure and functionality into rules. E.g. the connectivity of two components C1 and C2 in a specific physical system Sys1 would be implicit in a rule like

IF   C1 is working properly
*   AND   the input of C1 is i1*
THEN   the input of C2 is f(i1).

The same piece of information could occur in another rule, e.g. stating

IF   C1 has a fault of type F1
*   AND   the input of C1 is i1*
THEN   the input of C2 is g(i1).

The drawbacks of this kind of representation of information about structure and function are that it is

- **implicit** and
- **redundant**.

Moreover, it is

- **specialized** (dedicated to one distinct structure, namely the structure of the system Sys1) and

- **inflexible** (confined to a certain application, e.g. diagnosis).

This is different from a human problem solver, who is able to use the same description of a component C17 when trying to integrate this component in the design of some device D1, or when diagnosing the device D2, which contains C17. Furthermore, a human expert is able to apply some very general principles of reasoning about structure and function to a variety of different devices, even to devices she or he never encountered before.

The consequence is that the "Accepted Wisdom" *"fails to supply a mechanism appropriate for describing and reasoning about structure"*. Hence, R. Davis argued for the construction and use of *causal models* for a new generation of expert systems, and he and his group tackled the task in the domain of troubleshooting of circuits ([Davis 84]). Although he argued against the terminology, his goals coincided with Hart's distinction of *surface systems* and *deep systems*:

> *"By surface systems I mean those having no underlying representation of such fundamental concepts as causality, intent, or basic physical principles; deep systems, by contrast, attempt to represent concepts at this level"*[Hart 82].

The relationship of these goals to QR in general, and to the methods and aims of the EPSP in particular, is obvious. Thus, the experienced limitations of applied rule-based systems drew attention and support, as well as new tasks and problems to research in QR.

2.2 DIFFERENT PARADIGMS

The following three sections will describe approaches that, until recently, together covered most of QR research, each represented by one system, *ENVISION* [de Kleer-Brown 84], *QPT* [Forbus 84], and *QSIM* [Kuipers 84]. Before giving details about these systems, it appears to be useful to clearly state their principal differences and commonalities. It turns out that besides technical issues their essential **difference** lies in the **ontological primitives** they use for describing a physical system, whereas their mechanisms for inferring behavior based on **reasoning about quantities** share a **common** abstract basis.

In the *Qualitative Process Theory (QPT)*, the overall behavior of a system is established by processes and their interaction via conditions and results. *ENVISION* uses *components* as behavioral primitives which interact via connections, thus constructing the behavior of the composed device. *QSIM* includes *no ontology* about the physical situation. It uses mathematical abstractions, (differential) equations or relations combined via variables, to represent a system.

Processes versus components - is there a real difference behind the names? Are not both referring to parts whose combined activity causes the global behavior? Beyond this abstraction, the two paradigms reflect quite different perspectives on changes physical objects are involved in. In QPT, objects are passive entities, subject to changes imposed by the acting processes. A lit candle and an ice cube do not act, hence not interact - a process called *heatflow* acts on both of them, or: it is the interaction of the objects. And not the ice cube reacts to the heatflow, but a process *melting* affects it, which means destroys the ice cube object and creates a new object, fluid water.

In ENVISION, activity and changes originate in the objects. Everything that happens is caused by some component. If the pedal of a bike is pushed, then not a process rotation is created and acting, but the pedal transports the force to the toothed wheel which transmits it to the chain, from there it reaches via another toothed wheel the bike's wheel which reacts by rotating, etc.

To a certain extend, these different perspectives reflect the difference between the geyser and the whisky server: On the one hand, there is a natural phenomenon. From observation and experience we know "what happens". Different objects are involved and changed, and their configuration may also change. On the other hand there is an artifact. It contains a number of building blocks in a fixed structure. What happens, is a result of combining the specific functions of the components.

Processes appear to be more suitable for expressing primitive elements of a causal chain. They are **causally** (and hence temporally) **directed**. There is no heatflow from the destination to the source. Though being spatially bounded, processes may **act on several objects**. **Components** may work in **several directions** dependent on their context. A valve permits a flow of water in either direction. Components are **completely local**, they know nothing about their actual context.

Although these are only relative statements and arguable in specific cases, the ontology and the stated goals of QPT are very much inspired by Hayes' Naive Physics, whereas ENVISION's roots are methodologically and personally originating in the EPSP.

Though ENVISION, QPT, and QSIM are rather different in the nature of the behavioral primitives, their methods for describing and inferring the composite behavior can be reduced to the following scheme for dealing with quantities, or at least they contain it as an essential part:

Represent the system's

- **behavioral constituents** (processes, components, ...) by relations between their local variables and derivatives

- **interaction of these constituents** by identifying variables in these relations

- **qualitative values** by certain *landmarks* (real numbers) or intervals between landmarks

- **states** by qualitative values of characteristic variables (and potentially of their derivatives)

- **behaviors** by sequences of states

The process of **inferring** the possible behaviors of a system contains three tasks (which are not necessarily distinguished, subsequent steps): determine

- **possible states** of the system, i. e. sets of qualitative values consistent with the relations specifying the behavioral constituents. This is a problem of constraint satisfaction.

- **possible state transitions**, i.e. steps from one state to another that are in accordance with the derivative relations and continuity conditions. Fig. 8. shows an example of this transition analysis, where ∂x denotes the qualitative value of the derivate of x (the sign) and crossed arcs are impossible transitions.

- **possible sequences of state transitions.** This is the weak point of current QR methods, because they do **not offer any citeria** for checking the global correctness of such sequences, and, hence they, implicitly or explicitly, assume that any sequence of possible state transitions is admissible, and establishes a possible behavior.

Note that the process of describing the behavior by solving differential equations in the real domain has no correspondence in the qualitative (interval) domain. It is substituted by solving equations over the qualitative domain and checking continuity conditions .

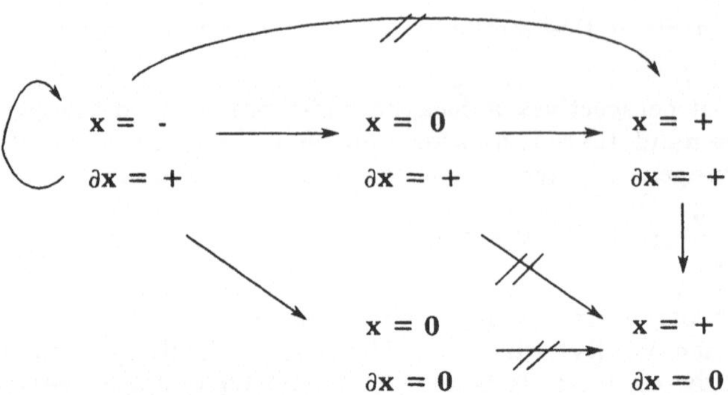

Figure 8 Transition analysis

In the following presentation of the three approaches, we will characterize them with respect to the main aspects stated in the introduction:

- **Representation of structure**: what are the primitives used for composing the model of a physical system, and how are they linked?

- **Representation of behavior**: how is the functionality of these primitives described? In particular, what are the qualitative values of quantities?

- **Inference of behavior**: how are the structural and behavioral descriptions used to derive the global behavior of the system?

Here, these approaches will only be described. Some of their inherent problems and limitations are mentioned section 3.

2.3   THE COMPONENT-ORIENTED APPROACH - ENVISION
2.3.1   Device Topology

ENVISION ([de Kleer-Brown 84]) treats systems that are composed of *components* and *conduits* which are connected via *terminals*.

- **Components** are physically disjoint objects of different types that exhibit a predictable behavior characteristic for this type, e.g. a resistor, a valve, or a toothed wheel.

- **Conduits** are passive channels for transporting material or information from one component to another, e.g. a wire without resistance or a pipe. They do not store or modify anything.

- **Terminals** connect components with conduits. Components cannot communicate with their environment except through their terminals.

Hence, the components are the "behavioral constituents" of the device. Its **structure** is considered to be **fixed**. Although plausible for large classes of artifacts, such as circuits, this is an important restriction that mainly prevents the treatment of mechanical systems where moving parts may continuously create and destroy connections. Problems arise also in diagnostic tasks when the cause of a malfunction lies in a violation of the designed structure (e.g. a bridge fault). In ENVISION, a device has a flat structure. This appears to be inappropriate for reasonably practical examples. In [Struss 87], a system is presented that allows hierarchical and aspect-oriented splitting of the structural description. Fig. 9a shows the device topology of the door buzzer we used to demonstrate CSA (see Fig. 4) (ignoring the terminals).

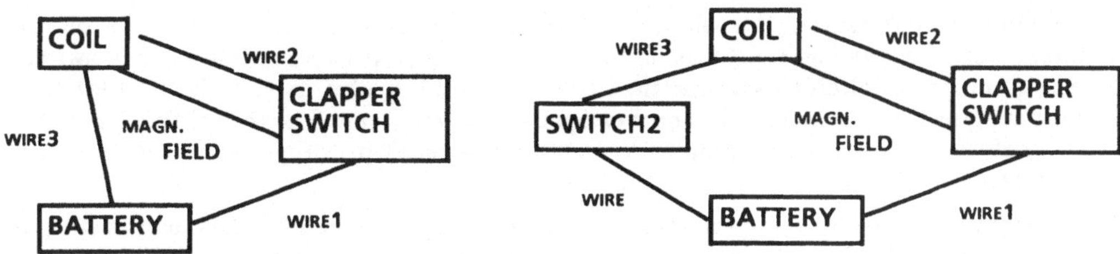

Figure 9   a   Device topology of the door buzzer   b   Door buzzer with a second switch

2.3.2   Component Models

2.3.2.1   No Function in Structure

The problems in setting up appropriate models for the components were intensely discussed by Brown and de Kleer ([de Kleer-Brown 81]). In order to demonstrate some difficulties, we continue with the buzzer example and make a first (admittedly naive) attempt to model its components by the sets of rules shown in Fig. 10.

```
BATTERY                             COIL
    IF STATE = OK                       IF CURRENT#1 = +
        THEN CURRENT#1 → +                  THEN MAGNETIC-FIELD → +
    ELSE CURRENT#1 → 0                  ELSE MAGNETIC-FIELD → 0


SWITCH                              WIRE
    IF STATE = CLOSED                   IF CURRENT#1 = +
    AND CURRENT#1 = +                       THEN CURRENT#2 → +
        THEN CURRENT#2 → +              ELSE CURRENT#2 → 0
    ELSE CURRENT#2 → 0


CLAPPER-SWITCH (SUBCLASS OF
SWITCH)
    IF MAGNETIC-FIELD = +
        THEN STATE → OPEN
    ELSE STATE → CLOSED
```

Figure 10   Component models for the buzzer

They just state that the battery supplies current, the switch conducts current when it is closed, it is opened by the magnetic field, the coil produces a magnetic field when current flows through it, and the wires transport current. Entering that the battery is OK and using these rules, we derive a description of the behavior of the buzzer as shown in Fig. 11.

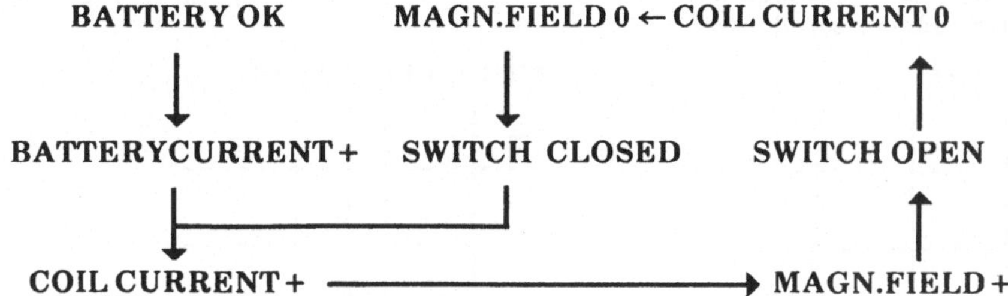

Figure 11   Behavior of the buzzer

Note that it is quite similar to the CSA description established by hand (Fig. 5), and seems to be OK. We encounter a problem, however, if we slightly change the topology, e.g. by introducing another switch (Fig. 9b) and use the same models: the buzzer works, even if the second switch is open! The reason is obvious: by stating that current flows if the switch is closed, its model implicity assumes that there is nothing else in the circuit that might prevent current from flowing, e.g. another opened switch. Some features of the functioning of the whole device, which we intended to **infer**, are already presupposed in the description of one part.

This leads to the formulation of the *no-function-in-structure principle*. "The laws of the parts may not presume the functioning of the whole". Obeying this requires that the component models should be context-free and should not refer to any other part but only to its internal parameters and the information reaching it via its terminals. Otherwise, the aim of constructing the device behavior from purely **local** actions and interactions would be violated. Our buzzer example demonstrates, however, that a violation of locality is not always obvious, since in this case it is hidden in the selection of the global feature CURRENT as the descriptive variable.

The ideal formulation of the no-function-in structure principle would require to construct models that exhaustively describe all possible behaviors of a component in arbitrary contexts. This is infeasible, but should not lead to an absolute negation of the principle which is essential for analyzing of unexpected or faulty behavior. Hence, the goal should be to construct local models that are valid for a wide class of systems, not presupposing their (intended) function, and to make the assumptions explicit.

2.3.2.2 Qualitative Values, Arithmetic of Signs

Variables in ENVISION take on values of the **quantity space** $Q = \{ -, 0, + \}$ which are derived from their real values by

$$[\, . \,] \quad : \mathbb{R} \to Q$$

$$[x] \; := \begin{cases} - & \text{if } x < 0 \\ 0 & \text{if } x = 0 \\ + & \text{if } x > 0 \end{cases}$$

i. e. their signs are taken. Their qualitative derivatives are the qualitative values of the real derivatives:

$$\partial x := [dx/dt],$$

Higher order qualitative derivatives may be used. However, they can only be obtained from the respective real derivatives:

$$\partial^n x = [d^n x/dt^n],$$

there is no "qualitative differentiation".

Qualitative values can be added and subtracted according to the tables in Fig. 12. Of course, the sum of - and + is undefined.

ADDITION

$\oplus$	-	0	+
-	-	-	
0	-	0	+
+		+	+

MULTIPLICATION

$\otimes$	-	0	+
-	+	0	-
0	0	0	0
+	-	0	+

Figure 12   Addition and multiplication for signs

2.3.2.3 Confluences, Qualitative States

Component descriptions are given in terms of relations that hold on the qualitative values of their variables and parameters. These confluences are derivable from linearized quantitative equations and differential equations. For instance, the confluence corresponding to Ohm's Law $\Delta u = R \cdot i$ is

$$[\Delta u] = [i]$$

since $[R] = +$. In principle, confluences can also be used to express naive knowledge which has no quantitative refinement. Note that e.g.

$$\partial E = \partial h$$

states only that E and h are monotonically dependent, but does not specify, how.

Although involving the equation sign, confluences are not equations as becomes obvious when their solutions are defined:

A **solution of a confluence** is a tuple of qualitative values for which either

- the equation sign holds, or

- the confluence contains an operation with an undefined result.

For example, $[x] = +$ and $[y] = +$ is a solution to

$$[x] \oplus [y] = + \, ,$$

and $[x] = +$ $[y] = -$ solves

$$[x] \oplus [y] \oplus [z] = 0$$

regardless of the value of $[z]$. The deeper reasons and the consequences are analyzed in [Struss 88a].

As an example, a valve shall be modelled by confluences. Our first attempt could be to state that the flow, Q, has the direction of the pressure drop, P, and that the change of the flow, ∂Q, is positively influenced by a change in the pressure drop, ∂P, and by a change in the area, ∂A:

$$[P] = [Q]$$

(2.1) $\partial P \oplus \partial A = \partial Q$.

However, this is not correct for a **negative** pressure drop, since (2.1) implies, for instance,

$$\partial A = + \wedge \partial P = 0 \quad \Rightarrow \quad \partial Q = +$$

but opening the value increases the **amount** of the flow, which has a **negative direction**:

$$\partial A = + \wedge \partial P = 0 \wedge [Q] = [P] = - \quad \Rightarrow \quad \partial Q = -\,.$$

(2.1) implicitly assumes pressure drop and flow only in one direction. Again, we violated the no-function-in-structure principle! Perhaps the valve was designed in order to regulate the flow only in one direction. But who guarantees that no faulted situations occurs in which the fluid is forced to flow in the opposite direction? Our model would suggest the wrong counter action for stopping this.

An improved confluence would be

(2.1') $\partial P \oplus [P] \otimes \partial A = \partial Q$

But still, it is not the ultimate solution, since it implies

$$\partial A = 0 \wedge \partial Q = 0 \quad \Rightarrow \quad \partial P = 0$$

which is not true for a closed valve, since, in this case, the pressure drop and its change may be arbitrary. This leads to the notion of qualitative states of a component, which are governed by different confluences. A model for the valve has to account for its three states:

- **OPEN** $(A = A_{MAX})$ $[P] = 0, \partial P = 0$
- **WORKING** $(0 < A < A_{MAX})$ $[P] = [Q], \partial P \oplus [P] \otimes \partial A = \partial Q$
- **CLOSED** $(A = 0)$ $[Q] = 0, \partial Q = 0$

2.3.3 Inferring Behavior

2.3.3.1 Intrastate Behavior and Interstate Behavior

The (consistent) combinations of the qualitative states of the individual components define qualitative states of the whole device. For each of these *device states* a certain set of confluences must be satisfied. ENVISION determines the set of possible solutions for each state by a combination of constraint propagation and generate-and-test. This set is called the *intrastate behavior* and contains all combinations of qualitative values that are consistent with the description of the given state.

The second kind of behavior occurs when one or more variables reach a state defining threshold, e. g. A reaches A_{MAX} of the valve. Such transitions between device states are part of the *interstate behavior* of the device. Determining it requires to analyze whether the qualitative derivatives and continuity conditions allow variables to reach thresholds and, if there are several, which one is the first.

2.3.3.2 Transition Rules and State Diagram

This *transition analysis* applies a number of rules to check whether a device state can be a successor of another one.

- The *causality rule* is fundamental and states "that a component will not change state unless it is acted upon".
- The *limit rule* checks compliance with the qualitative derivative. For instance, x can reach an upper bound only if $\partial X = +$.
- The *continuity rule* admits only changes to adjacent values.
- The *equality change rule* states that a change from $[X]=0$ occurs immediately if $\partial X \neq 0$.
- The *epsilon ordering rule* forces changes introduced by the equality change rule to occur fist, e. g. before a change from + to 0.

The result of this analysis can be represented in the *state diagram* containing the consistent device states and the possible transitions between them. Fig. 13 shows a possible diagram for a mass on a spring, where X is the deviation of the mass from the rest-length of the spring (the transitions from and to the equilibrium state, $[X]=0 \;\wedge\; \partial X = 0$, could be ruled out by considerations about analytic functions).

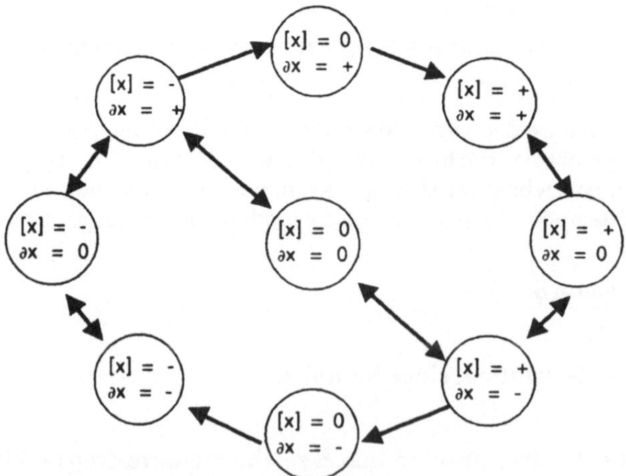

Figure 13   **State diagram for a mass on the spring**

ENVISION aims at a **total envisionment**. The question is "What is in the state diagram?". De Kleer and Brown claim *"The state diagram is a complete description of all possible interstate behaviors of the generic device. It represents every possible interstate behavior the device can manifest, and enumerates how the device changes from one behavioral pattern to another. The state diagram can be used to directly answer 'what happens' type questions."* [de Kleer-Brown 84]. Unfortunately, this is not completely true. The diagram contains all possible state transitions (let us assume this). But when we talk about a qualitative behavior we think of a certain sequence of states. However, the state diagram does not tell us in which order the possible transitions will occur, and the underlying analysis does not contain criteria to answer the questions. Furthermore, there are states which may be permanent, and ENVISION cannot decide whether a possible transition out of this state really occurs or not.

2.4 THE PROCESS-ORIENTED APPROACH - QPT
2.4.1 Process Vocabularies

Qualitative Process Theory (QPT) ([Forbus 81], [Forbus 84]) has been developed in order to provide a representational framework for naive physics. *"To understand commonsense physical reasoning we must understand how to reason qualitatively about processes, when they will occur, their effects, and when they will stop"* [Forbus 84]. Processes are the crucial entities in QPT, the origins of changes. A process acts on objects, and its occurrence depends on the existence of these objects in a certain configuration.

Descriptions of such portions of possible worlds are called *individual views* in QPT. They are collections of objects and relations between them and between their parameters, and consist of four parts:

- **Individuals** are the objects involved

- **Preconditions** are externally influenced conditions (not deducible by the QPT system) whereas

- **Quantity conditions** are predictable by means of QPT's inference procedures about quantities

- **Relations** are statements that hold for the view, in particular about interrelated parameters.

An instance of a view is

- **created** for every collection of objects satisfying the *individuals* description and

- **active** if and only if the *preconditions* and the *quantity conditions* hold.

Fig. 14 provides a simple example, *contained-liquid*, which should be self-explaining (The quantity condition will become clear in section 2.4.2.1)

So far, everything is static. Changes are introduced by *processes*. According to Forbus, a process is *"something that acts in time to change the parameters of objects in a situation"*. If one wants to avoid this spirit-like "something", one could perhaps regard a process as a mental image of the interaction of some objects and its overall result without a further structuring or explanation, how this happens.

Processes are described by the four slots that also characterized individual views,

- **Individuals, preconditions, quantity conditions, and relations,**

and additionally by the

- **Influences** which specify the effects of the process in terms of changes of parameters.

Process instances are

- **created** for each collection of objects that satisfy the *individuals* description and

- **active** whenever the *preconditions* and the *quantity conditions* hold. Then also the relations hold, and influences occur.

An example of a process is *heat-flow* (Fig. 15), which will be further discussed in the following section.

<table>
<tr><td>

INDIVIDUAL VIEW CONTAINED-LIQUID

  INDIVIDUALS
    con a container
    sub a liquid

  PRECONDITIONS
    Can-Contain-Substance (con, sub)

  QUANTITY-CONDITIONS
    A [amount-of-in(sub, con)] > ZERO

  RELATIONS
    There is p $\in$ piece-of-stuff
    amount-of (p) = amount-of-in (sub, con)
    made-of (p) = sub
    container (p) = con

</td><td>

PROCESS HEAT - FLOW

  INDIVIDUALS
    src an object, Has - Quantity (src, heat)
    dst an object, Has - Quantity (dst, heat)
    path a Heat - Path, HeatConncetion (path, src, dst)

  PRECONDITIONS
    Heat - Aligned (path)

  QUANTITY - CONDITIONS
    A [temperature (src)] > A [temperature (dst)]

  RELATIONS
    Let flow - rate be a quantity
    A [flow - rate] > ZERO
    flow-rate $\propto_Q$ + (temperature (src) - temperature (dst))

  INFLUENCES
    I - (heat (src), A [flow-rate])
    I + (heat (dst), A [flow-rate])

</td></tr>
</table>

Figure 14 The individual view "contained-liquid"   **Figure 15 The process "heat-flow"**

The interaction of processes is mediated by the objects they act on. Since processes can create or destroy objects, and change their parameters, they may affect the individuals or quantity conditions of other processes and, hence, trigger the creation, activation, or deactivation of process instances. For instance, a process *boiling* could destroy the *dst* of the *heat-flow* process by complete evaporation of the water.

Hence, there is no fixed "system structure" in QPT that would correspond to the device topology in the component-oriented approach. Rather, there is collection of the potential processes occurring in a certain domain or task, a *process vocabulary*, which serves as a source for process instances which are activated and deactivated according to the actual conditions, thus establishing a permanently changing **dynamic structure**.

2.4.2   Description of Changes

2.4.2.1   Quantities and Quantity Spaces

Quantities are representations of physical properties of objects, called *parameters*. They are described by their *amount*, A, and their *derivative*, D, which are reals and in turn characterized by two terms: their *magnitudes*, A_m and D_m, respectively, are non-negative real numbers, and their *signs*, A_s and D_s, take on values out of {-1, 0, 1}. Fig. 16 gives some examples for quantities characterizing a rolling ball.

Each quantity has a *quantity space* associated, a finite set of numbers with a partial order. Every quantity space contains the element ZERO that serves to link sign and the amount:

$$A [x] = ZERO \quad \Leftrightarrow \quad A_s [x] = 0$$

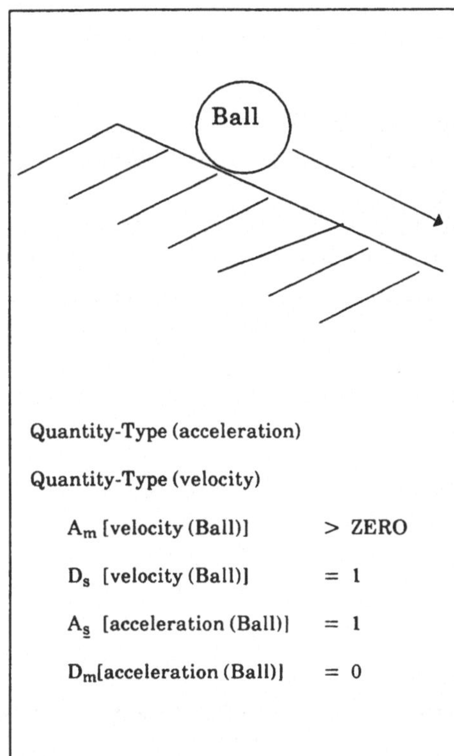

A_m [velocity (Ball)]   > ZERO

D_s [velocity (Ball)]   = 1

$A_{\underline{s}}$ [acceleration (Ball)]   = 1

D_m[acceleration (Ball)]   = 0

Figure 16   Quantities - examples

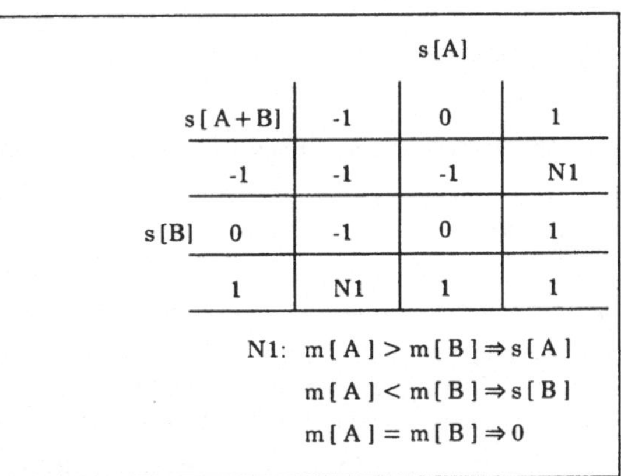

	s[A]		
s[A+B]	-1	0	1
	-1	-1	-1	N1
s[B] 0	-1	0	1
	1	N1	1	1

N1: $m[A] > m[B] \Rightarrow s[A]$

$m[A] < m[B] \Rightarrow s[B]$

$m[A] = m[B] \Rightarrow 0$

Figure 17 Addition of signs

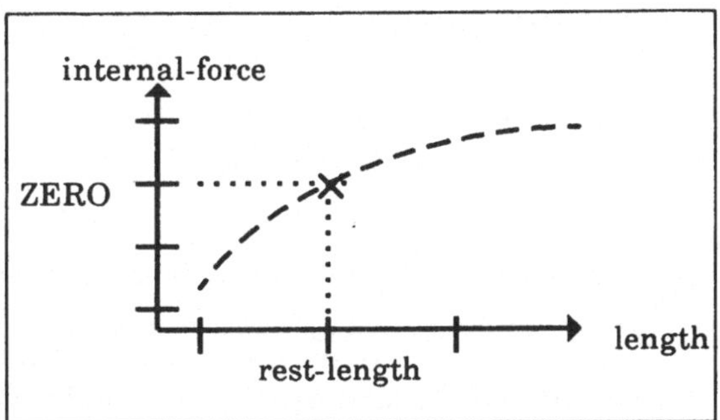

Figure 18 Correspondence

$A[x] > ZERO \quad \Leftrightarrow \quad A_S[x] = 1$

$A[x] < ZERO \quad \Leftrightarrow \quad A_S[x] = -1$

The value of a number or magnitude is decribed by ordering relations w.r.t. the elements of this quantity space. This is, for instance, the case in the quantity condition of *contained-liquids:*

A [amount-of-in (sub, con)] > ZERO.

Arithmetic on signs is extended in comparison to ENVISION: when a positive and a negative sign lead to ambiguities, additional information may be obtained from the ordering relations involving the magnitudes (Fig. 17).

2.4.2.2   Functional Relationships and Influences

As one source of restrictions imposed on values of parameters, we have encountered the *relations* in individual views and processes. They express functional dependencies of parameters that hold whenever the respective individual view or process is active. There are various ways of expressing such dependencies. Of course, there is

- **equality**, as in the *relations* of *contained-liquid:*

amount-of(p) = amount-of-in (sub, con).

The most important relation, however, is

- **qualitative proportionality**, which expresses a monotonic dependency. For example,

$Q_1 \propto_{Q+} Q_2$ means that $Q_1 = f(..., Q_2, ...)$

where f is some monotonically increasing function w.r.t. Q_2.

An example is

flow-rate $\propto_{Q+}$ (temperature (src) - temperature(dst))

in the process *heat-flow*. Analogously, $\propto_{Q-}$ is defined with a monotonically decreasing function.

Since qualitative proportionality represents a huge class of relationships (induced by the class of montonic functions) it is a very weak statement. A useful concept is

- **function specification** which allows to name a relationship and, hence, to express that two qualitative proportionalities are established by the same function. For instance, if f_1 and f_2 are *contained-liquids*, and we state that

    Function-Spec(p-l-fun {pressure(liquid) $\propto_{Q+}$ level(liquid)}),

    pressure(f_i) = p-l-fun(level(f_i)),   i = 1,2 , and

    level(f_1) = level(f_2)

  we can conclude

    pressure(f_1) = pressure(f_2),

  which would not be derivable from

    pressure(f_i) $\propto_{Q+}$ level(f_i),   i = 1,2, alone.

Further specification of a functional dependency can be added by

- **correspondences.** They express mappings between elements of different quantity spaces induced by qualitative proportionalities. For example, although we know only a qualitative proportionality of the internal force of an elastic band and its length, we can state that the rest-length corresponds to force ZERO, by stating

    correspondence((A[internal-force(band)], ZERO)

                (A[length(band)], A[rest-length(band)]))

(Fig. 18)

The ultimate causes for changes of parameters are the *influences* of processes. There are two kinds:

- **Direct influences.** Considering *heat-flow* again,
    I- (heat(src), A[flow-rate])

  indicates that the flow-rate will decrease the heat of the source, provided there is no other influence acting on it. In the same process, I+ expresses an increase of heat(dst).

- **Indirect influences** occur when quantities change due to their qualitative proportionality to a directly influenced quantity. In the case of Fig. 19 we would say that Q_2 is indirectly influenced by n.

$$n \xrightarrow{\text{I}+} Q_1 \xrightarrow{\propto_{Q}+} Q_2$$

Figure 19   **Indirect influence**

It is important to note that both qualitative proportionality and influences are **directed**. This establishes a difference to constraints, in particular to confluences in ENVISION'S device models. The motivation is to reflect **causality** in QPT's models. *"Naive physics* *attempts to uncover the ideas of physical reality that people actually use in daily life. Thus the notions that physics throws away (objects, processes, causality) ... are precisely what we must keep"* [Forbus 84].

This is also used to motivate the restriction that **no quantity may be directly and indirectly influenced** at the same time.

A further assumption in QPT requires qualitative proportionalities to be **loop-free**. The claim is that this can be achieved, e.g. in the case of feedback, because there are always direct influences involved that break the loop.

2.4.3 Histories

2.4.3.1 Parameter Histories and Process Histories

The change of a parameter's value over time is described by a *parameter history*. In QPT, a history is composed of *episodes*, which occur over an **interval** of time, and *events*, which are **instantaneous**. An episode has a start and an end which are events, and may be an end and a start, respectively, for the adjacent intervals. The structure of a parameter history is induced by changes of the parameter value or its parts w.r.t. its quantity space. Fig. 20a presents an example, the history for *temperature* when water is heated, boiling, and completely turned into gas.

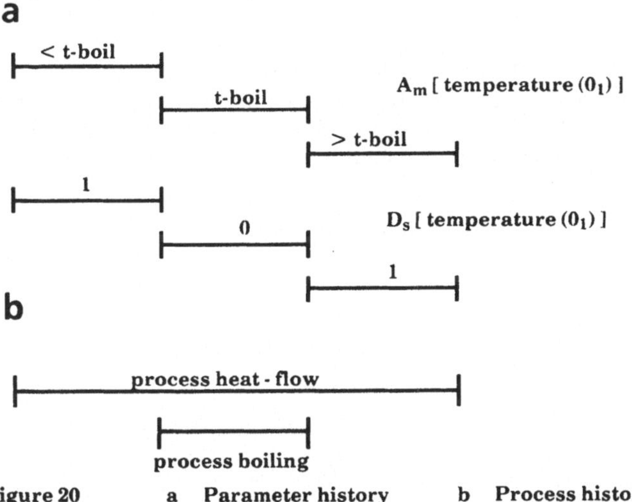

Figure 20   a   Parameter history   b   Process history

The set of all parameter histories of the involved objects can be considered as a counterpart to the state diagram used as a behavior representation in ENVISION. However, because of the crucial role of processes in QPT, state changes imposed on an object include not only its parameter histories, but also its *process histories*. In process histories, the maximal periods of activity and inactivity of a process is recorded. Hence, in the water-heating example, we have to include the process histories shown in Fig. 20b.

2.4.3.2 Inferring Histories

The task of deriving the parameter histories and process histories includes several types of deductions. The system has to determine in a loop

- **possible processes and individual views** by checking whether their *individuals* specification is met

- **activity of process instances and view instances** by checking preconditions and by searching in quantity spaces in order to find fulfilled quantity conditions

- **changes in quantities** by analyzing the combined (either direct or indirect) influences on a quantity and checking whether a limit in the quantity space may be reached. The influences are combined according to addition of signs as given in Fig. 17. Then possible changes in ordering relations are determined on the basis of derivative signs.

- **quantity hypotheses,** i.e. consistent conjunctions of possible changes. For instance, it has to be checked whether one change blocks another, e.g. by destroying an object. The ordering of changes (changes from equality occur at once) has also to be considered.

- **limit hypotheses,** i.e. changes in the set of active processes.

Thus the task being performed is, starting from a description of some initial situation, to construct the parameter histories and process histories as a representation of the subsequent "behavior", hence a **partial envisionment**.

Among the current goals pursued by the QPT group in Urbana are the construction and usage of large-scale models [Falkenhainer-Forbus 88] and the introduction of actions [Forbus 88].

2.5 THE CONSTRAINT-ORIENTED APPROACH - QSIM

2.5.1 Functions and Constraints

The QSIM-system ([Kuipers 85], [Kuipers 86]) is not dedicated to a specific ontology for representing the physical structure of a given system. As indicated by the diagram adapted from [Kuipers 86] (Fig. 21), QSIM starts with a structural description that is abstracted from a mathematical description in terms of differential equations.

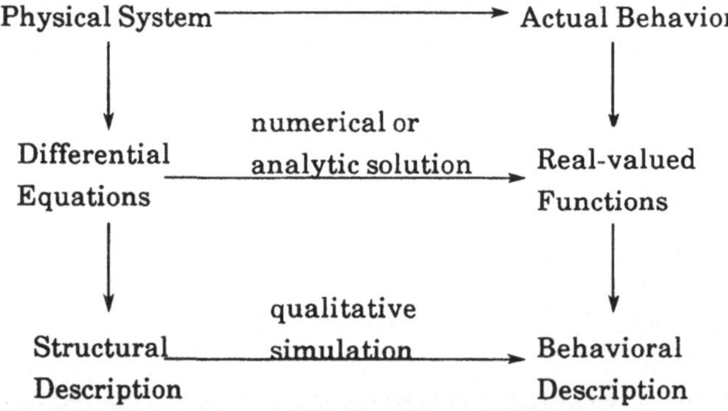

Figure 21   Quantitative and qualitative descriptions

Hence, a structural description of a system in QSIM consists of

- **a set of functions** representing the interesting physical parameters, and

- **a set of constraints** relating these functions, including a "qualitative version" of differentiation.

2.5.2 Qualitative Constraints and States

2.5.2.1 Landmarks and Qualitative States

Each function has a set of **landmarks,** $L = \{L_i\} \subset \mathbf{R} \cup \{-\infty, \infty\}$ associated with it representing the crucial distinctions of values for the respectivce physical parameter. It always includes the landmarks $-\infty$, 0, ∞ (which are the ones that ENVISION uses in its $\{+, 0, -\}$-quantity space. In contrast to QPT, these landmarks are totally ordered: $l_i < l_j$ for $i < j$. Another difference is established by the fact that the landmark set is not considered to be completely predefined; new landmarks that differentiate between parts of the function may be discovered by the inference process, and are added to the set. The idea is that the landmarks capture (at least) the critical points of the function.

Since the landmarks indicate the essential distinctions, they define the **qualitative values** of f being either a landmark or the interval between two adjacent landmarks.

$$qval(f, t) := \begin{cases} l_j & \text{if } f(t) = l_j \in L \\ (l_j, l_{j+1}) & \text{if } f(t) \in (l_j, l_{j+1}) \end{cases}$$

Accordingly, the *qualitative state* of a function, f, is given by the pair

$$QS(f, t) := <qval(f, t), qdir(f, t)>,$$

where qdir, the *qualitative direction*, indicates whether f is increasing, decreasing, or steady

$$qdir(f, t) := \begin{cases} inc & \text{if } f'(t) > 0 \\ std & \text{if } f'(t) = 0 \\ dec & \text{if } f'(t) < 0 \end{cases}$$

2.5.2.2 QSIM- Constraints

The set of functions for the physical parameters together with their (initial) landmark sets form one part of a system description. The structural aspect is given by a set of constraints on these functions. QSIM operates with the following set of primitive constraints:

- **Arithmetic constraints:**
  $\quad$ ADD (f, g, h) $\quad : \Leftrightarrow \quad f(t) + g(t) = h(t)$
  $\quad$ MULT (f, g, h) $\quad : \Leftrightarrow \quad f(t) * g(t) = h(t)$
  $\quad$ MINUS (f, g) $\quad : \Leftrightarrow \quad f(t) = - g(t)$

- **Derivative constraint**
  $\quad$ DERIV (f, g) $\quad : \Leftrightarrow \quad f'(t) = g(t)$

- **Monotonic functional dependencies**
  $\quad$ M^+ (f,g) $\quad : \Leftrightarrow \quad f(t) = H(g(t)) \quad \wedge H'(x) > 0$
  $\quad$ M_0^+ (f,g) $\quad : \Leftrightarrow \quad M^+ (f,g) \quad \wedge \quad H(0) = 0$
  $\quad$ M^- (f,g) $\quad : \Leftrightarrow \quad f(t) = H(g(t)) \quad \wedge H'(x) < 0$
  $\quad$ M_0^- (f,g) $\quad : \Leftrightarrow \quad M^- (f,g) \quad \wedge \quad H(0) = 0$

Fig. 22 shows the example for a mass on a spring and its constraints. The initial landmark spaces could e. g. be
$\quad L_A = \{ - \infty, 0, \infty \}$
$\quad L_V = \{ - \infty, 0, \infty \}$
$\quad L_X = \{ - \infty, X_0, 0, X_1, \infty \},$

if $[X_0, X_1]$ is the region where Hooke's Law for the spring holds.

2.5.3 Qualitative Simulation

2.5.3.1 Qualitative Behaviors

A behavior will be described as changes in qualitative states over time. Formally, for a function, f, a (finite) set of *distinguished time-points*, $\{t_1, ..., t_n\}$, is introduced capturing all time points where f takes on landmark values:

$\quad \{t' \mid f(t') \in L\} \subset \{t_1, ..., t_n\}$

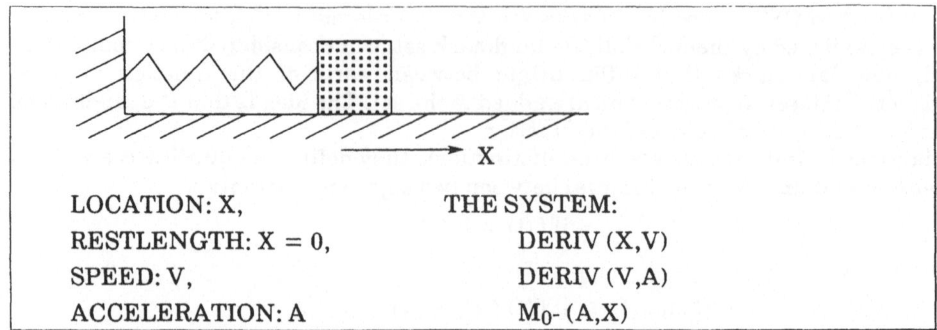

Figure 22 QSIM description of the (frictionless) spring

However, in QSIM the time-points will not receive real values, only their order is important. For an interval, (t_i, t_{i+1}), the qualitative state

QS (f, t_i, t_{i+1}) : = QS (f, t) for some arbitrary $t \in (t_i, t_{i+1})$

is well-defined. Thus, the *qualitative behavior of a function*, f, can be defined as a sequence of qualitative states at distinguished time-points and the intervals between them:

(QS (f, t_0), QS (f, t_0, t_1), QS (f, t_1), ..., QS (f, t_{n-1}, t_n), QS (f, t_n)).

If $F = \{f_1, ..., f_m\}$ is the set of functions defining a system, and its distinguished time points are the union of those of the f_i, a *qualitative state of a system* can be defined by the tuple of the qualitative states of the f_i :

QS (F, t_i) : = (QS (f_1, t_i), ..., QS (f_m, t_i))
QS (F, t_i, t_{i+1}) : = (QS (f_1, t_i, t_{i+1}), ..., QS (f_m, t_i, t_{i+1}))

and, finally, we have the *qualitative behavior of a system* given by the sequence of its qualitative states:

(QS (F, t_0), QS (F, t_0, t_1), QS (F, t_1), ..., QS (F, t_{n-1}, t_n), QS (F, t_n)).

It is obviously a correspondent to a combination of parameter histories in QPT.

2.5.3.2 Inferring Qualitative System Behaviors

The goal of the qualitative simulation performed by QSIM is to determine the possible qualitative behaviors, starting with a given initial state. Due to ambiguities of the qualitative analysis, this is, in general, a tree of qualitative states as a representation of a **partial envisionment.**

The algorithm that perfoms this analysis can be described as follows:

Initialize *active-states* to contain the initial state

For *state* in *active-states* do
1. For each f_i , determine the possible set of **transitions** in *state*

2. For each **constraint**, check **consistency** of these changes

3. For any two **adjacent constraints**, check **consistency** of the changes of the shared parameters (Waltz)

4. Generate all possible **successor states** of *state*: the consistent sets of transitions

5. **Filter** out cycles, final and unchanged states, and append the rest to *active-states*.

The *transition analysis* for the functions is based on 16 possible types of transitions which are in accordance with continuity conditions w.r.t. the f_i and with their derivatives. Fig. 23

	$QS(f,t)$	$\rightarrow$	$QS(f,t_i,t_{i+1})$	
P1	$< l_j, std >$	$\rightarrow$	$< l_j, std >$	
P2	$< l_j, std >$	$\rightarrow$	$< (l_j, l_{j+1}), inc >$	
P3	$< l_j, std >$	$\rightarrow$	$< (l_{j-1}, l_j), dec >$	
P4	$< l_j, inc >$	$\rightarrow$	$< (l_j, l_{j+1}), inc >$	
P5	$< (l_j, l_{j+1}), inc >$	$\rightarrow$	$< (l_j, l_{j+1}), inc >$	
P6	$< l_j, dec >$	$\rightarrow$	$< (l_{j-1}, l_j), dec >$	
P7	$< (l_j, l_{j+1}), dec >$	$\rightarrow$	$< (l_j, l_{j+1}), dec >$	

Figure 23 P-transitions

	$QS(f,t_i,t_{i+1})$	$\rightarrow$	$QS(f,t_{i+1})$	
I1	$< l_j, std >$	$\rightarrow$	$< l_j, std >$	
I2	$< (l_j, l_{j+1}), inc >$	$\rightarrow$	$< l_{j+1}, std >$	
I3	$< (l_j, l_{j+1}), inc >$	$\rightarrow$	$< l_{j+1}, inc >$	
I4	$< (l_j, l_{j+1}), inc >$	$\rightarrow$	$< (l_j, l_{j+1}), inc >$	
I5	$< (l_j, l_{j+1}), dec >$	$\rightarrow$	$< l_j, std >$	
I6	$< (l_j, l_{j+1}), dec >$	$\rightarrow$	$< l_j, dec >$	
I7	$< (l_j, l_{j+1}), dec >$	$\rightarrow$	$< (l_j, l_{j+1}), dec >$	
I8	$< (l_j, l_{j+1}), inc >$	$\rightarrow$	$< l^*, std >$	
I9	$< (l_j, l_{j+1}), dec >$	$\rightarrow$	$< l^*, std >$	

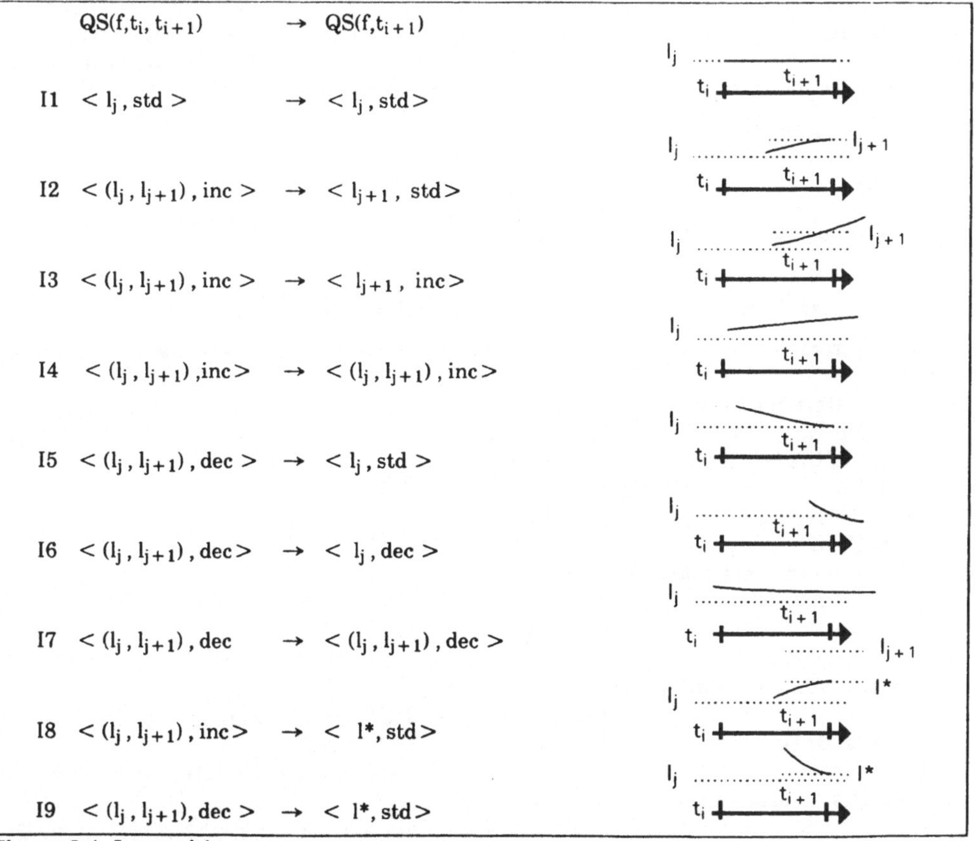

Figure 24 I-transitions

shows the transitions from a distinguished time point to the adjacent interval (p-transitions), Fig. 24 displays transitions to time-points (i-transitions).Here, transitions I8 and I9 introduce new landmarks as newly discovered critical points.

Since there may be several consistent sets of transitions, there may be more than one successor state (and, unfortunately, there are often many of them). The result of QSIM is a tree of states, and for each of these states, there exists a system behavior leading to this state. The latter can be displayed by QSIM as an assembly of diagrams for the behaviors of the involved functions.

QSIM is being extended by integrating temporal abstractions [Kuipers 87] and the use of quantitative information [Berleant-Kuipers 88].

2.6   ORDER OF MAGNITUDE REASONING

The theories and systems described so far, have a limited expressive power in dealing with quantities: it is mainly confined to characterizing values by

- their signs,

- intervals of real numbers, and

- ordering relations to other values ("greater than").

In some cases, there is more, but still qualitative, information available about the relationship of values. For instance, we may know, and want to express, that one value is negligible w.r.t. another one. Or, that values are of the same order of magnitude. *Order of magnitude reasoning*, introduced by [Raiman 86], attempts to formalize and use this kind of knowledge in order to resolve ambiguities produced by the classical approaches. For instance, consider two masses of very different weights approaching each other with almost the same amount of velocity from opposite directions. The arithmetic of signs fails to derive any information about the direction of their movement after the impact.

[Raiman 86] suggests the introduction of three relations:
- is-negligible-to   (*Ne*)
- is-close-to   (*Vo*),   where A *Vo* B means that   (A-B) *Ne* B
- is-comparable-to   (*Co*),   i.e. has the same sign and order of magnitude,
  allowing to deduce
     A *Ne* B $\wedge$ B *Co* C $\Rightarrow$ A *Ne* C.

A *Co* B is weaker than A *Vo* B, and does **not** imply that (A-B) *Ne* B.

The formal system for order of magnitude reasoning, FOG, then consists of a number of rules capturing
- the link to **sign arithmetic**, e.g. by
     A *Vo* B $\Rightarrow$ [A] = [B]
- properties of the relations, such as **symmetry**, e.g.
     A *Vo* B $\Rightarrow$ B *Vo* A ,
  or **transitivity**, e.g.
     A *Co* B $\wedge$ B *Co* C $\Rightarrow$ A *Co* C.
- links between the relations, such as
     B *Vo* A $\Rightarrow$ B *Co* A ,
     A *Ne* B $\wedge$ B *Co* C $\Rightarrow$ A *Ne* C,
  and
- relationships to **algebraic operations**, e.g.
     A *Ne* B $\wedge$ C *Vo* D $\Rightarrow$ (A $\otimes$ C) *Ne* (B $\otimes$ D) ,
     (A $\oplus$ B) *Vo* C $\wedge$ B *Ne* A $\Rightarrow$ A *Vo* C.

This formal system, which has an interpretation in non-standard analysis ([Raiman 86]), solves the collision problem stated above, i.e. from

$$V_i \; Co \; \text{-} \; v_i$$

(the initial velocities of the masses, M and m, being close), and

$$m \; Ne \; M$$

(one mass being negligible w.r.t. the other one),

it deduces

$$[v_f] = [V_f] \; ,$$
$$V_f \; Co \; V_i \; , \text{and}$$
$$v_f \; Co \; V_i$$

for the velocities, v_f and V_f, respectively, after the collision.

This approach to order of magnitude reasoning was used in DEDALE, a system for trouble shooting analog circuits ([Dague-Devès-Raiman 86]) where the deviation of values by orders of magnitude are considered as symptoms, i.e. indications of a malfunction.

It has two features that may cause problems in some cases:

- Transitivity of the Co and Vo relations raises the problem that, for instance, a chain of **many** close-to relations could connect two values that are no longer close to each other.

- There is no "smooth" transition between adjacent orders of magnitude due to the fact that there is no upper bound for infinitesimals. This is sometimes appropriate since we cannot really define a boundary where e.g. "small" turns into "medium". However, we know that a "small" value might grow "smoothly" to become medium.

The second problem was addressed by [Mavrovouniotis-Stephanopoulos 87] and [Dague 88]. The latter presents a solution based on the introduction of a fourth relation "is-distant-from" (the negation of is-close-to).

As an extension of Raiman's work, order of magnitude reasoning was applied to the analysis of differential equations in [Davis 87]. Envisionments of dynamical systems are produced, based on a quantity space with seven values:

- **ZERO,**   which is equal to $0 \in \mathbf{R}$
- **SMALL,** denoting infinitesimals: $\{ x \mid x > 0 \; \wedge \; x \ll 1 \}$
- **MEDIUM,**   the positive reals: $\{ x \mid x > 0 \; \wedge \; x \sim 1 \}$
- **LARGE,** meaning infinitely large numbers: $\{ x \mid x > 0 \; \wedge \; 1 \ll x \}$
- **- SMALL :** $\{ x \mid \text{-} x \in \text{SMALL} \}$
- **- MEDIUM :** $\{ x \mid \text{-} x \in \text{MEDIUM} \}$
- **- LARGE :** $\{ x \mid \text{-} x \in \text{LARGE} \}$.

A remarkable feature of E. Davis' CHEPACHET system is the fact that this quantity space is not only used to describe values of quantities and their derivatives, but also to characterize the **duration of states,** ΔT. This provides a basis for a link between the change of the qualitative value of aprameter, p, and the qualitative value of its derivative, ∂p, which does not exist in QPT and QSIM (and is too weak in ENVISION's $\{\text{-}, 0, +\}$ - arithmetic). It is established by

$$\Delta p \subseteq \text{abs}(\partial p) \otimes \Delta T \, ,$$

where Δp is the **variance** of p,

$$\Delta p := \max \; \{ [p(T_2) \text{-} p(T_1)] \} \, ,$$
$$\scriptstyle T_1, T_2 \in I$$

over a time interval, I, with the duration

$$\Delta T := \max \; \{ [T_2 \text{-} T_1] \} \, .$$

$T_1, T_2 \in I$

It should be useful to apply this technique to the standard QR methods, as well.

3 LIMITS OF QUALITATIVE REASONING

Until recently, QR pursued the goal of envisioning the qualitative behavior of a system with very strong claims about the correctness of the prediction. The hope was to derive all and only the behaviors exhibited by "real systems". And this term was often identified with the real-valued description of the system's function. Although there are natural relationships to mathematical methods in algebra and differential calculus, QR research hardly attempted to analyze or exploit them carefully. In [Struss 88a], a formal framework for QR methods is developed for this purpose which allows to define and analyze

- **completeness,**

- **soundness,** and

- **stability** (i.e. insensitivity to formal transformations)

of QR methods, taking "exact" mathematical system descriptions in terms of algebraic or differential equations as the "gold standard".

It turns out that the inference mechanisms used by the standard approaches for reasoning about parameters and qualitative states of a system, can be formalized by instances of interval arithmetic. Based on this formalization, properties of the inference schemes can be analyzed. The main result of [Struss 88a] is that **interval-based QR methods** are

- **complete,** i.e. do not miss real-valued solutions, but

- **not sound,** i.e. potentially predict states that do not correspond to any real-valued solution.

The cause for these spurious solutions is identified: the multiple occurrence of variables may prevent a globally consistent real-valued solution of a constraint network (or a set of equations) although it is satisfied by intervals. The same reason is responsible for the

- **non-stability** of QR methods w.r.t. elimination of terms in sets of equation.

There is a tension between the goal of operating with a finite number of qualitative values and the wish to have natural properties of operations:

- Except for the sign algebra, a QR method enforcing a **finite number of qualitative values** (i.e. intervals) **conflicts with associativity** of addition and multiplication.

Since these results refer to the inference of qualitative **states,** they reveal problems more fundamental than those underlying the prediction of spurious **behaviors** based on ordinary differential equations which are analyzed in [Kuipers 86] and [Struss 88c]. Major sources of weaknesses in behavior prediction resulting in huge envisioning spaces, are

- the **loss of temporal information** and

- the **merging of behaviors** belonging to different instances of the described class of systems.

The last problem is due to the lack of any means for expressing a global view on behaviors. In order to overcome these limitations,

- **global** citeria for **filtering behaviors**

for autonomous differential equations of second order are developed in [Lee-Kuipers 88], [Struss 88b], [Struss 88c].

These criteria are based on the uniqueness of the solutions for fixed initial conditions, and the algorithms applying them are inspired by a **phase portrait representation** of the solution space. They are shown to eliminate some spurious predictions of current QR methods for the simple mass-spring system. But, being confined to second order differential equations, they are only a first step towards expressing global constraints on behaviors.

4 PERSPECTIVES OF QUALITATIVE REASONING

What are the perspectives for progress in QR? There are a number of choices, among them

- **quantitative** information vs. **qualitative** knowledge
- abstract **mathematical** techniques vs. knowledge about the **real world**
- **scientific** results vs. **commonsense** reasoning (Fig. 25).

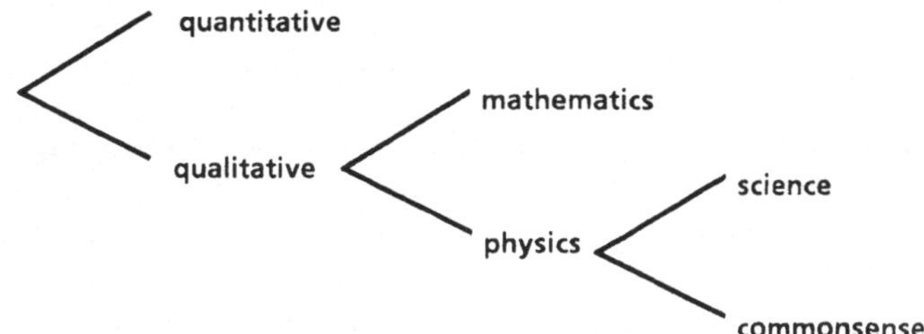

Figure 25 Choices

Adding quantitative information is a way to sidestep limitations of QR, in particular, by disambiguing its results. In many cases, numerical information is available and has to be used at certain stages of the problem solving process. Examples for this direction are the *quantity lattice* of [Simmons 86], extensions to QSIM presented in [Berleant-Kuipers 88], or collections of quantity spaces with different grain size ([Murthy 88]). The *MINIMA* system of [Williams 88] attempts to address problems raised in [Struss 88] by linking the sign algebra with arithmetic of the reals. [Dague 88] interprets orders of magnitude in terms of real-valued ratios of numbers.

Exploiting advanced mathematical methods may, for example, concern algebraic techniques, as in [Chiu 87], [Aubin 88], [Dormoy 88], or [Williams 88], or the qualitative theory of differential equations, introduced in section 4.3. Work along this line is pursued by [Chiu 88], [Sacks 88], [Struss 88b], [Yip 88], and [Lee-Kuipers 88]. The application of such techniques is heavily dependent on the existence of a strong mathematical model for the system under consideration, and, so far, did not get close to examples that are interesting for ambitious applications. Nevertheless, modeling mathematical reasoning should be considered to be a special topic of QR which may also contribute to its mainstream.

Integrating more knowledge about the physics of a system could in particular capture general physical laws (e.g. about momentum) or the specific context of a system (e.g. typical ranges of parameters), both helping to constrain envisionments. For instance, the law of conservation of energy imposes a global constraint on a system's behavior (see [Kuipers 86]). There is a need for more powerful methods to use **temporal information**. As mentioned above, [Williams 86] presents a constraint propagator operating on episodes, and [Davis 87] derives constraints involving the duration of states. The knowledge about the speed of processes differing by orders of magnitude is exploited in [Kuipers 87]. Order of magnitude reasoning was further generalized to *caricatural reasoning* in [Raiman 88]. This technique of reasoning about extremes may help to express knowledge about the essential characteristics and the negligible feature of a physical situation.

Commonsense reasoning is modelled, for instance, for liquids in [Hayes 85b], and for solid objects in [Davis 88]. [Hardt 87] uses "naive" concepts to solve hard problems in diffusional processes which are described by a second order partial differential equation. This exemplifies that commonsense reasoning should ne be considered to be merely a weak method that works in every-day life but has to be abandoned in technical and scientific domains. Its concepts capture a broad scale of individual and social experience in dealing with the physical world, and they often form an important, though implicit, basis for the development and application of scientific theories. *"Containment limits causality"* is a statement from [Hayes 78]. When arranging a conference in a hall rather than in the open air, we apply this principle, though without any thinking, because we want to limit disturbing influences of noise, weather etc. (It only comes to our minds if it does not work, some August in Milan...). The same principle is applied by a technician who, in analyzing the functioning of an engine, implicitly assumes that the processes **in** a fuel pump are not affected by conditions **outside** the pump, like rain, moving parts, etc. Of course, this sort of naive physics sometimes fails beyond the scope of the physical reality we normally perceive (e.g. when we are asked to "duck and cover" in order to hide from radioactivity). However, commonsense reasoning still is a mandatory skeleton for more advanced and specialized methods used in engineering and science. And part of the weaknesses of current QR methods is due to the lack of a strong skeleton of formalized commonsense knowledge and reasoning.

Despite these considerations, all of the mentioned directions should be pursued and may contribute to progress in QR. It appears to be essential, however, to ground these efforts on attempts to model real systems with a realistic complexity rather than on toy systems or abstractions such as the spring or very small circuits. Thus, a foundation will established for both discovering not anticipated problems in applying the current methods and investigating existing knowledge sources, modeling techniques and strategies that support humans to perform qualitative reasoning about the phsysical world.

REFERENCES

[Berleant-Kuipers 88]
> Berleant, D. and Kuipers, B. *Using Incomplete Quantitative Knowledge in Qualitative Reasoning*, 2nd Workshop on Qualitative Physics, Paris, 1988

[Brown 76]
> Brown, A. *Qualitative Knowledge, Causal Reasoning, and the Localization of Failures*, M.I.T. AI-TR-362, 1976

[Chiu 87]
> Chiu, C. *Abstracting Qualitative Behaviors from Quantitative Simulation Models* Draft, University of Texas at Austin, September 4, 1987

[Chiu 88]
> Chiu, C. *Automatic Analysis of Qualitative Simulation Models*, Univ. of Texas, Department of Physics and Artificial Intelligence Laboratory, 1988

[Crandall 83]
> Crandall, H. *Yellowstone - The Story behind the Scenery*, Las Vegas, 1983

[Dague 88]
> Dague, P. *Order of Magnitude Revisited*, 2nd Workshop on Qualitative Physics, Paris, August 1988

[Dague-Devès-Raiman 87]
> Dague, P., Devès, P., and Raiman, O. *Troubleshooting: When Modeling is the Trouble*, AAAI 1987

[Davis 82]
> Davis, R. *Expert Systems: Where Are We? And Where Do We Go From Here?*, The AI Magazine, Spring 1982

[Davis 84]
> Davis, R. *Diagnostic Reasoning Based on Structure and Behavior*, Artificial Intelligence 24 (1-3), 1984

[Davis 87]
> Davis, E. *Order of Magnitude Reasoning in Qualitative Differential Equations*, New York Univ. Tech. Report #312, 1987

[Davis 88]
>Davis, E. *A Logical Framework for Commonsense predictions of Solid Object Behavior*, International Journal for Artificial Intelligence in Engineering 3 (3), 1988

[de Kleer 77]
>de Kleer, J. *Multiple Representations of Knowledge in a Mechanics Problem-Solver*, IJCAI 1977

[de Kleer 79]
>de Kleer, J. *Causal and Teleological Reasoning in Circuit Recognition*, M.I.T. AI-TR-529, 1979

[de Kleer 87]
>deKleer, J. *Qualitative Physics*. In: Shapiro, Eckroth (eds), Encyclopedia of Artificial Intelligence, New York 1987

[de Kleer - Brown 81]
>de Kleer, J. and Brown, J. S *Mental Models of Physical Mechanisms and Their Acquisition*, in: Anderson, J. (ed.), Cognitive Skills and their Acquisition, Hillsdale, N. J., 1981

[de Kleer-Brown 84]
>de Kleer, J. and Brown, J.S. *A Qualitative Physics Based on Confluences*. Artificial Intelligence 24 (1-3), 1984

[de Kleer-Sussman 78]
>de Kleer, J. and Sussman, G. J. *Propagation of Constraints Applied to Circuit Synthesis*, M.I.T. AI-TR-485, 1978

[Dormoy 88]
>Dormoy, J.L. *Controlling Qualitative Resolution*, 2nd Workshop on Qualitative Physics, Paris, 1988

[Falkenhainer-Forbus 88]
>Falkenhainer, B. and Forbus, K. D. *Setting up Large-Scale Qualitative Models*, AAAI 1988

[Forbus 81]
>Forbus, K. D. *Qualitative Reasoning about Physical Processes*, IJCAI 1981

[Forbus 84]
>Forbus, K. D. *Qualitative Process Theory*, Artificial Intelligence 24 (1-3), 1984

[Forbus 88]
>Forbus, K. D. *Introducing Action in Qualitative Simulation*, 2nd Workshop on Qualitative Physics, Paris, 1988

[Hardt 87]
>Hardt, S. L. *Aspects of Qualitative Physics of Diffusional Processes*, 1st Workshop on Qualitative Physics, Urbana-Champaign, 1987

[Hart 82]
>Hart, P.E. *Directions for AI in the Eighties*, SIGART Newsletter 79, 1982

[Hayes 78]
>Hayes, P. *The Naive Physics Manifesto*, in: Michie, D. (ed.), Expert Systems in the Micro-Electronic Age, Edinburgh, 1978

[Hayes 85a]
>Hayes, P. *The Second Naive Physics Manifesto*, in: Hobbs, J. and Moore, R. (eds.), Formal Theories of the Commonsense World, Norwood, 1985

[Hayes 85b]
>Hayes, P. *Naive Physics 1: Ontology for Liquids*, in: Hobbs, J. and Moore, R. (eds.), Formal Theories of the Commonsense World, Norwood, 1985

[Kuipers 85]
>Kuipers, B. *The Limits of Qualitative Simulation*, IJCAI 1985

[Kuipers 86]
>Kuipers, B. *Qualitative Simulation*, Artificial Intelligence 29 (3), 1986

[Kuipers 87]
>Kuipers, B. *Abstraction by Time-Scale in Qualitative Simulation*, AAAI 1987

[Kuipers 88]
>Kuipers, B. *The Qualitative Calculus is Sound but Incomplete: A Reply to Peter Struss*, International Journal for Artificial Intelligence in Engineering 3 (3), 1988

[Lee-Kuipers 88]
>Lee, W.W and Kuipers, B. *Non-Intersection of Trajectories in Qualitative Phase Space: A Global Constraint for Qualitative Simulation*, AAAI 1988

[Mavrovouniotis-Stephanopoulos 87]
>Mavrovouniotis, M.L. and Stephanopoulos, G. *Reasoning with Orders of Magnitude and Approximate Relations*, AAAI 1987

[Mc Carthy 57]

Mc Carthy, J. *Situations, Actions and Causal Laws*, AI-Memo 1, Artificial Intelligence Project, Stanford University

[Mc Dermott 76]

Mc Dermott, D. *Flexibility and Efficiency in a Computer Program for Designing Circuits*, M.I.T. AI-TR-402, 1976

[Murthy 88]

Murthy, S. *Qualitative Reasoning at Multiple Resolutions*, AAAI 1988

[Raiman 86]

Raiman, O. *Order of Magnitude Reasoning* , AAAI 1986

[Raiman 88]

Raiman, O. *Caricatural Reasoning*, 2nd Workshop on Qualitative Physics, Paris, 1988

[Rieger-Grinberg 76]

Rieger, C. and Grinberg, M. *The Causal Representation and Simulation of Physical Mechanisms*, University of Maryland, TR 495, 1976

[Rieger-Grinberg 77]

Rieger, C. and Grinberg, M. *The Declarative Representation and Procedural Simulation of Causality in Physical Mechanisms*, IJCAI 1977

[Rieger-Grinberg 78]

Rieger, C. and Grinberg, M. *A System of Cause-Effect Representation and Simulation for Computer-Aided Design*, in: Latombe (ed), Artificial Intelligence and Pattern Recognition in Computer-Aided Design, Amsterdam, 1978

[Sacks 88]

Sacks, E. *Qualitative Analysis by Piecewise Linear Approximation*, International Journal for Artificial Intelligence in Engineering 3 (3), 1988

[Schmid 88]

Schmid, L. *Impediments to a Qualitative Physics Based on Confluences* . In: Fruechtenicht et al. (eds), Technische Expertensysteme - Wissensrepraesentation und Schlussfolgerungsverfahren, Munich 1988

[Simmons 86]

Simmons, R. *"Commonsense" Arithmetic Reeasoning,* , AAAI 1986

[Stallman-Sussman 77]

Stallman, R. M. and Sussman, G. J. *Forward Reasoning and Dependency - Directed Backtracking in a System for Computer-Aided Circuit Analysis*, Artificial Intelligence 9 (2), 1977

[Struss 87]

Struss, P. *Multiple Representation of Structure and Function*, in: J.Gero (ed.), Expert Systems in Computer-Aided Design, Amsterdam, 1987

[Struss 88]

Struss, P. *Problems of Interval-Based Qualitative Reasoning* . In: Fruechtenicht et al. (eds), Technische Expertensysteme - Wissensrepraesentation und Schlussfolgerungsverfahren, Munich 1988

[Struss 88a]

Struss, P. *Mathematical Aspects of Qualitative Reasoning*, in: International Journal for Artificial Intelligence in Engineering 3 (3) 1988

[Struss 88b]

Struss, P. *Global Filters for Qualitative Behaviors*, AAAI 1988

[Struss 88c]

Struss, P. *Mathematical Aspects of Qualitative Reasoning - Part Two: Differential Equations*, Siemens Technical Report INF 2 ARM-7-88, Munich, 1988

[Sussman 78]

Sussman, G. *Contribution to the discussion of* [Rieger-Grinberg 78], in: Latombe (ed), Artificial Intelligence and Pattern Recognition in Computer-Aided Design, Amsterdam, 1978

[Sussman-Stallman 75]

Sussman, G. J. and Stallman, R. M. *Heuristic Techniques in Computer-Aided Circuit Analysis*, IEEE Transactions on Circuits and Systems CAS-22 (11), 1975

[Sussman-Steele 80]

Sussman, G. J. and Steele, G. L. *CONSTRAINTS - A Language for Expressing Almost - Hierarchical Descriptions*, Artificial Intelligence 14 (1), 1980

[Weld 87]

Weld, D. *Comparative Analysis* , IJCAI 1987

[Williams 86]

Williams, B. *Doing Time: Putting Qualitative Reasoning on Firmer Ground* , AAAI 1986

[Williams 88]
Williams, B. *MINIMA: A Symbolic Approach to Qualitative Algebraic Reasoning*, AAAI 1988
[Yip 88]
Yip, K.M. *Generating Global Behaviors Using Deep Knowledge of Local Dynamics*, AAAI 1988

Semantik und sprachliche Information

Godehard Link
Universität München

19. März 1989

1 Einleitung

Welches sind die Erwartungen an einen Philosophen, der auf einer KI-Veranstaltung wie dieser spricht? Nun, Philosophen sind unter anderem dazu da, *Begriffe zu klären*, und so könnte es naheliegen, eine Begriffsbestimmung der Künstlichen Intelligenz als wissenschaftlicher Disziplin zu versuchen. Mit Thomas Kuhns "Die Struktur wissenschaftlicher Revolutionen" [6] in der Hand könnte man mit den dort genannten Kriterien darangehen, das Stadium der Entwicklung einer Wissenschaft zu bestimmen, in dem sich die KI zur Zeit befindet. Nehmen wir zu ihren Gunsten an, die Disziplin habe bereits die Schwelle zur paradigmatischen Phase überschritten; eines der Kuhnschen Kriterien für diese Phase, die Gründung von Fachvereinigungen und Fachzeitschriften, ist zum Beispiel erfüllt (außerdem sind beträchtliche Erfolge in Teilbereichen, wie etwa dem Bildverstehen und der Robotik, zu verzeichnen). Die Frage ist dann, ob die KI gegenwärtig das treibt, was Kuhn "normale Wissenschaft" nennt: auf der Grundlage einer strengen Abgrenzung ihres Gegenstandsbereichs, einer klar umrissenen Menge von zulässigen Methoden und exemplarischen Beispielen findet danach eine sozusagen "bienenfleißige" Akkumulation von Fakten und Problemlösungen statt. In einer solchen Phase gibt es keine beunruhigenden Anomalien, und ausgedehnte Grundlagendiskussionen finden nicht statt.

Wer die KI-Szene kennt (und Sie kennen Sie besser als ich) wird allerdings zugeben, daß in der KI von dem ruhigen Fahrwasser eines normalen Wissenschaftsbetriebs keine Rede sein kann. So dokumentieren umfangreiche Diskussionen in den KI-Zeitschriften gerade, daß ausgiebig und teilweise auch langatmig über die Grundlagen gestritten wird, von der "Kritik der Reinen Vernunft" [9] über Konnektionismus bis hin zu Winograds hermeneutischem KI-Konzept [14]. Es wäre also ein Leichtes, mit dem Finger auf die *Krise* zu zeigen und die "Identität" der KI als Disziplin in Zweifel zu ziehen. Ein solches Vorgehen ist allerdings aus mindestens zweierlei Gründen eine prekäre Angelegenheit; der eine ist soziologischer Natur: Kritik von außen, speziell durch einen Philosophen, muß sich die Frage nach der Kompetenz gefallen lassen; und selbst, wenn diese in einem gewissen Grade vorhanden ist, schmerzt eine solche Kritik bei weitem nicht so sehr wie die eines Insiders, der als "Nestbeschmutzer" auftritt. Der andere Grund ist ein theoretischer: die Vorstellung von der idealen Geschlossenheit einer Disziplin, die sich gewissermaßen aus einer "Wesensdefinition" des Fachs ergibt, ist ohnehin eine Fiktion, wie sich rein philosophisch etwa aus den Schriften Wittgensteins (siehe [15]) nachweisen ließe, wie jedoch auf jeden Fall Kuhn in seiner historischen Analyse überzeugend bestätigt hat. Was ein Fach auszeichnet, ist vielmehr eine *disziplinäres Matrix* von Forschungsgegenständen, methodischen Prinzipien, Praktiken, Verfahren, speziellen Musterlösungen usw., die, durchaus historisch gewachsen, das gesellschaftliche Feld einer wissenschaftlichen Praxis bestimmt und die sich in unserem Fall "Künstliche Intelligenz" nennt. Das soll nicht heißen, daß man sich keine Gedanken darüber zu machen braucht, wie sinnvoll das ein oder andere spezielle Verfahren ist, oder ob theoretischer Anspruch und die Wirklichkeit der Forschungspraxis in einem angemessenen Verhältnis stehen; letzteres tangiert bereits die (in einer krisenartigen Situation immer dominanter werdende) Frage nach dem Wert des vorherrschenden Paradigmas in der gegebenen disziplinären Matrix.

Wie dem auch sei, es gibt Berufenere als mich, die etwas Substantielles über den Zustand der Kunst in der KI sagen können (vgl. etwa die Vorlesung von Ch. Habel auf dieser Tagung). Ich habe dagegen versucht, mein Thema ein wenig spezieller zu halten und einige Überlegungen zu den KI-verwandten Problemen der Automatischen Sprachverarbeitung beizutragen. Es sind dies vor allem Fragen der Semantik sowie einer möglichst geregelten Revision von Überzeugungen, die in einem dynamischen Sprachverarbeitungsmodell mit der Erzeugung von Repräsentationen für die einzelnen Schritte der Analyse komplexerer Textkorpora einhergehen.

Bevor ich jedoch zu meinem eigentlichen Thema, der natürlichen Sprache, komme, möchte ich im Sinne einer Überleitung aus meiner Perspektive einige Marginalien zu der Diskussion anbringen, die sich in der KI um den *Begriff des Verstehens* rankt. Ich werde dabei für ein "schwaches" Verständnis von KI plädieren, das sich mit einem mehr oder minder sophistizierten Konzept von *Simulation* begnügt, anstatt sich das ehrgeizige Ziel zu setzen, in einigen Jahrzehnten die Evolution kopieren zu wollen. Der Simulationsgedanke führt auf dem Gebiet der Sprachsemantik von der "vertikalen", referenz-orientierten Problematik zu einer "horizontalen" *Strukturanalyse*, die ich mit dem Begriff einer *algebraischen Semantik* charakterisiere (siehe [8]). Ich werde zu diesem Konzept einige Beispiele geben. Schließlich wird es mir auf die Unterscheidung zwischen *semantischer* und *epistemischer Information* ankommen, die mit sprachlichen Äußerungen einhergeht. Grob gesagt ist semantische Information, sofern sie logischer Natur ist, *monoton*, während es sich bei den vieldiskutierten Verfahren des nicht-monotonen Schließens um die *Revision von Überzeugungen*, d.h. von epistemischen Informationszuständen, handelt. In diesem Zusammenhang werde ich die *Natürlichen Konditionalfunktionen* vorstellen, die Wolfgang Spohn zur Modellierung der Dynamik derartiger Zustände vorgeschlagen hat (siehe [11, 12, 13]). Sie stellen ein deterministisches Analogon zur probabilistischen Analyse der Konditionalisierung von Information dar, welches auch für die nicht-monotonen Fälle der echten Revision von Überzeugungen ausgelegt ist. Es ist ein Konzept von erstaunlicher Einfachheit und Eleganz, das, obschon aus einer philosophischen Problematik (der Kausalität) heraus entwickelt, für die KI durchaus von Interesse sein dürfte (für eine beginnende Rezeption in der KI siehe [4], [5]).

2   Zum Begriff des Verstehens

Gehen wir aus von John Searles "Traum der Chinesischen Kammer", wie ich sein bekanntes Gedankenexperiment (siehe [10]) in Anlehnung an einen berühmten chinesischen Roman aus der Qing-Zeit, dem *Traum der Roten Kammer*, nennen möchte. Searle stellt sich vor, er sei als eine Art menschlicher Dämon in einem Raum eingeschlossen, der eine Riesenbibliothek von Manualen mit in Englisch verfaßten Vorschriften zur Bearbeitung chinesischer Zeichenketten enthält. Der Raum besitzt zwei Fenster; durch das eine werden ihm chinesische Texte hereingereicht, die er nicht versteht, da er kein einziges chinesisches Zeichen kennt und auch kein Wort dieser Sprache spricht. Jedoch kann er die Gestalt dieser Zeichen identifizieren und den Eingabetext gemäß den Vorschriften in einen wiederum aus chinesischen Zeichen bestehenden Ausgabetext umformen; diesen reicht er zum anderen Fenster hinaus. Searle selbst hat buchstäblich nicht die geringste Ahnung, welchen Sinn die ganze Sache hat, doch seine chinesischen "Gesprächspartner", die ihm die Texte hereinreichen und ihre Bearbeitungen wieder in Empfang nehmen, haben das perfekte Gefühl, daß ihnen auf ihre Fragen sinnvolle Antworten gegeben werden. Die Analogie ist offensichtlich: ebenso wie in einem "intelligenten" Computer-Programm Symbole auf eine sehr komplizierte Weise manipuliert werden, um auf die Fragen eines Benutzers eine sinnvolle Antwort zu geben, so arbeitet sich der Searlesche Dämon in seiner Chinesischen Kammer nach bestimmten Regeln durch die Manuale und liefert zufriedenstellende Antworten. Doch er *versteht nichts* dabei, auch wenn es für seine Kunden so aussehen mag. Der Grund liegt für Searle darin, daß sein mechanisches Manipulieren von Symbolen *Intentionalität* vermissen lasse, die Vorbedingung für ein Verstehen sei; eben diese Intentionalität aber gehe Computer-Programmen ebenfalls ab, weshalb aus prinzipiellen Gründen keine Rede davon sein könne, ein Computersystem könne die Fähigkeit des Verstehens erwerben.

Ich möchte hier nur zwei Reaktionen von KI-Forschern auf die "Chinesische Kammer" erwähnen, Douglas Hofstadters Kommentar in [3], S. 373 - 382, sowie die Position von Winograd und Flores in [14]. Hofstadter ist das, was Searle einen Vertreter der *Strong AI* nennt: er rechnet mit der Möglichkeit, daß Computer eines Tages wie Menschen werden verstehen können und andere kognitive Zustände erwerben: "Minds exist in brains and may come to exist in programmed machines" ([3], S. 382). Winograd und Flores dagegen stimmen Searle zu und führen die Inadäquatheit des Konzepts der Symbol-Manipulation auf ein fehlendes "commitment" zurück, welches wir Menschen, die wir uns *in der Welt* befinden und handelnd mit ihr interagieren, im Prozeß des Verstehens mit der Welt eingehen. Man könnte hier an eine Paraphrase des Wittgensteinschen Gedankens von der passenden *Lebensform* denken, in die das zu einem Begriff gehörende Sprachspiel eingebettet ist. Aufgrund eines wahrhaft seltsamen *strange loop* der philosophischen Rezeptionsgeschichte nach Kalifornien und zurück beziehen sich Winograd und Flores jedoch auf die deutsche Hermeneutik von Heidegger, Gadamer und Habermas. Das ist nun wirklich ein bedenkliches Zeichen einer Paradigma-Krise: am Wesen der deutschen Metaphysik soll die KI-Welt genesen.

Es gibt in beinahe jedem Fach einen gewissen Hunger auf philosophische Nahrung, der in der KI gewöhnlich durch teilweise ingenuös erdachte *Science-Fiction*-Geschichten befriedigt wird, im Fall von Winograd und Flores jedoch auf der Wiese der traditionellen Metaphysik weidet. Der Grund ist wohl eine Reaktion auf den offenen Materialismus der Zukunftsvisionen der "starken KI-ler". Ich möchte hier weder Hofstadter zustimmen noch Winograd und Flores, sondern vielmehr den positiven Wert *intelligenter Simulation* hervorheben, die, wenngleich auf dem Feld eines schwachen Konzepts von KI angesiedelt, Computern einen sinnvollen und realistischen Platz in unser zukünftigen Kultur zuweist. Meine These ist dabei, daß ein nur allzu bekannter *Mythos der Eigentlichkeit* unser landläufiges Verständnis von Verstehen bestimmt: wenn ein Mensch versteht, dann versteht er nach diesem Mythos "richtig, durch und durch". Tatsache ist jedoch, daß unser Verstehen nicht nur beliebige Grade der Tiefe, sondern auch ebenso viele Grade der Oberflächlichkeit besitzen kann, und trotzdem funktioniert die soziale Interaktion hinreichend gut, sofern sie den jeweiligen Graden angemessen ist. Die Interaktion auf einer Ebene geringer Tiefe des Verstehens (das Ablaufen gleichsam "automatisierter Diskurse" — und so etwas gibt es häufiger als man denkt) könnte man Simulation nennen, wobei allerdings in diesem Begriff noch eine zugrundeliegende Struktur mitgedacht wird, die gerade in der Simulation nachvollzogen wird. Der gedankliche Schritt, der jetzt noch ansteht, ist das Gewahrwerden der Tatsache, daß stets vorgestellte "ursprüngliche, wahre, eigentliche" Struktur immer weniger faßbar wird, und daß derjenige, der sich z.B. in Anlehnung an Heidegger auf die hermeneutische Suche begibt, auf einen existential-ontologischen Holzweg gerät. Vielleicht ist also in weiten Bereichen des Lebens das, was Simulation genannt wird, das einzige, was wir benötigen, und warum sollen wir nicht Computer-Systeme entwickeln, die diese Simulation für uns leisten? Wir wissen schon jetzt einigermaßen genau, in welchen Bereichen Computer ziemlich gut sind, und in welchen weniger gut. Die Verantwortung des KI-Forschers besteht dann lediglich darin, der Gesellschaft keine Systeme zuzumuten, die gegenüber dem gegebenen menschlichen *know-how* einen Rückschritt in den verfügbaren Kultur-Techniken bedeuten.

3 Semantik der natürlichen Sprache

Das Interesse an natürlich-sprachlichen Systemen ist in der KI derzeit recht groß. Die Anstrengungen auf dem traditionsreichen Problemfeld der maschinellen Übersetzung haben erneute Nahrung erhalten, aber auch intelligente Frage-Antwort-Systeme, die mit nur einer natürlichen Sprache arbeiten, stellen eine große Herausforderung dar. Worin aber besteht die "Intelligenz" eines solchen Systems? Nun, es ist in dem Maße intelligent, wie es die Prozesse, die bei der sprachlichen Kommunikation ablaufen, erfolgreich zu simulieren versteht. Dies ist, obschon schwierig genug, Welten von dem Projekt entfernt, eine "Verstehensmaschine" im Sinne der *Strong AI* zu bauen.

Abgesehen von der Wissensbasis, die eine große Anzahl empirischer Fakten enthält und auf der das System aufgebaut sein muß, gibt es den Bereich *sprachlichen Wissens*, der in ihm zu kodieren ist. Zu diesem Bereich gehören in der Terminologie *John Austins* [1] die *demonstrativen* und die *deskriptiven Konventionen* der Sprache. Die demonstrativen Konventionen regeln die referentiellen Mechanismen, die es einem Sprecher erlauben, sich mit seiner sprachlichen Äußerung auf eine bestimmte Situation und die darin vorkommenden Objekte zu beziehen. Dazu stehen ihm Mittel wie referentielle Terme, deiktische und anaphorische Ausdrücke zur Verfügung. Die deskriptiven Konventionen bestimmen dagegen, was mit einer Äußerung inhaltlich mitgeteilt wird: dies umfaßt vor allem den *propositionalen Gehalt* der Äußerung. Die Beschreibung der deskriptiven Konventionen macht den Teil der sprachsemantischen Forschung aus, den ich die *Kernsemantik* nennen möchte. Sie umfaßt Problemgebiete wie (i) die *lexikalische Semantik*, die das Netzwerk der Bedeutungen von deskriptiven Ausdrücken der Sprache wie '*Auto*', '*Fahrzeug*' beschreibt, vor allem die Hierarchie von Begriffen bzw. Sorten (z. B. $AUTO \leq FAHRZEUG$); (ii) die Spezifikation der *Sprach-Ontologie*: auf welche Objekte referieren sprachliche Äußerungen?; (iii) die Mechanismen der *Quantifikation* und die damit verbundene *Skopus-Problematik*, d. h. die Interaktion der verschiedenen skopus-tragenden Operatoren; (iv) die Semantik *perspektivischer Redeweise*, besser bekannt unter dem Namen *propositionale Einstellungen*. Die formale Repräsentation dieser Kernsemantik geschieht traditionellerweise in (geeigneten Erweiterungen) der Prädikatenlogik der ersten Stufe, *PL1*, die mit einer Tarski-Semantik versehen ist. Historisch bedingt (die Disziplin der Logik hat sich aus diesem Zusammenhang heraus entwickelt) orientieren sich derartige Formalisierungen an dem Muster mathematischer Aussagen, die sich durch ihre Kontextfreiheit und Allgemeingültigkeit auszeichnen. Die natürliche Sprache als Kommunikationsinstrument weist diese Eigenschaften aber gerade *nicht* auf: die Interpretation sprachlicher Äußerungen ist typischerweise abhängig von einer ganzen Reihe von *Situationsparametern* (Zeit, Ort, Äußerungssituation, vorausgegangener Gesprächszusammenhang, usw.). Ein zweites Problem besteht darin, daß die üblichen PL1-Repräsentationen dem *Linearisierungszwang*, dem die Sprache unterworfen ist, nicht etwa begegnen, sondern im Gegenteil im wesentlichen kopieren; es ist nämlich eine wichtige Tatsache, daß in einer sprachlichen Äußerung der propositionale Gehalt und *Nebeninformationen*, die etwa in den referentiellen Termen mitgeliefert werden, sich überlagern können. Nehmen wir den bei den Sprachphilosophen unvermeidlichen *König von Frankreich*: in der PL1 mit Kennzeichnungsoperator erhält der Satz (1) *der König von Frankreich ist kahlköpfig* die logische Form (1') $Q(\iota x P x)$ mit Q für '*ist kahlköpfig*' und P für '*ist König von Frankreich*'. Diese Formel ist jedoch nicht in der Lage, den Unterschied in der sprachlichen Funktion wiederzugeben, der zwischen den Teilen des Satzes (1) besteht, wenn er zum Zweck der Mitteilung in einer Äußerung gebraucht wird. Die definite Nominalphrase (NP) dient nur zur Identifizierung der Person, von der der propositionale Gehalt des Satzes aussagt, sie sei kahlköpfig; der *Inhalt* der NP ist dagegen in der Regel kein Teil des Gehaltes. Das ist wie bei einem Algorithmus, der lediglich einen berechneten Wert weiterreicht, ohne daß die spezielle Art der Berechnung für das Weitere eine Rolle spielt. Im Unterschied zum Algorithmus ist allerdings das einmal benutzte Referenzmittel (die NP) sichtbarer (bzw. "hörbarer") Teil der Äußerung und kann damit die erwähnte Nebeninformation transportieren. Diese Schichtung sprachlicher Äußerungen in propositionalen Gehalt und Nebeninformation macht sich bemerkbar, wenn Satz (1) z. B. negiert oder in einen Glaubenskontext gestellt wird: der Satz (2) *der König von Frankreich ist nicht kahlköpfig* kann nicht einfach durch die Negation der Formel (1'), nämlich (2') $\neg Q(\iota x P x)$, wiedergegeben werden. Wurde (2) etwa im Jahre 1789 geäußert, so bezog sich die definite NP *der König von Frankreich* in der Tat auf eine bestimmte Person, Ludwig XVI. Aus (2') dagegen kann auf die Existenz des Königs nicht geschlossen werden, da die Existenz- und Eindeutigkeitsbedingung, die mit dem ι-Term einhergeht, Teil der Formel ist, die negiert wird. Dem Schichtungsproblem wird üblicherweise mit einer Skopus-Analyse begegnet, wonach (2) einfach ambig ist zwischen der Lesart (2') oben und (2") $\exists y(y = \iota x P x \wedge Q y)$, woraus die Existenz des P folgt. Aber immer noch ist die durch eine Äußerung von (2) gegebene *Information* linearisiert, die eigentlich mehr im Sinne eines "Gleichungssystems" als ein Tableau der folgenden Art zu denken ist:

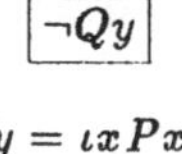

$$y = \iota x P x$$

In der Box steht der propositionale Gehalt, und die darunter stehende Gleichung gibt die Nebenbedingung an, die ein Objekt zugleich mit dem Gehalt erfüllen muß, damit man sagen kann, die Aussage (2) treffe auf es zu. — Diese Erwägungen enthalten den Kern einer Theorie der *Präsuppositionen* und bilden den Ansatz zur *Dynamisierung* der Semantik (siehe unten); ferner gewinnen sie eine noch größere Bedeutung auf dem Gebiet der propositionalen Einstellungen, ein Thema, welches hier nicht verfolgt werden kann; es sei jedoch auf das "Manifest" [2] der Situationssemantik verwiesen, wo jenes Gebiet im Sinne der hier angedeuteten Gedanken entfaltet und exemplarisch behandelt wird.

Kehren wir zu den Hauptthemen der Kernsemantik zurück, wie sie oben aufgeführt wurden. Bei der *Spezifikation der Sprachontologie* kommt es darauf an, die unterschiedlichen Typen von Objekten auseinanderzuhalten, über die die Sprache spricht. Ihre Eigenschaften werden in der Semantik mit formalen Mitteln repräsentiert oder *modelliert*. Zu diesem Modellierungsprozeß seien einige Anmerkungen gemacht. Ich benutze gern das Beispiel einer jener kunstvollen astronomischen Uhren, die den Gang der Planeten in einem mechanischen Modell darstellen. Wir haben hier zweierlei, den Bereich der zu repräsentierenden Phänomene (in unserem Beispiel die Planeten auf ihren Bahnen) und auf der anderen Seite die Instrumente unserer Modellierung, also etwa das mechanische Räderwerk. Offensichtlich kann ein Modell nur gewisse Eigenschaften der Phänomene erfassen, und es wird im allgemeinen mehr oder minder künstliche Züge tragen, die für den Bereich der dargestellten Phänomene irrelevant sind (das Gestänge und die Zahnräder der Uhr haben kein Gegenstück am Himmel). Es sind dies die *Artefakte der Modellierung*. Außerdem bringen häufig Zwänge in der spezifischen Realisierung des Modells zusätzliche Inadäquatheiten in die beabsichtigte Repräsentation. Und schließlich darf auch die beste Repräsentation nicht mit den Phänomenen selbst verwechselt werden.

Auf unser Thema angewandt soll dieses Bild folgendes klarmachen. Die Instrumente der Modellierung sind in der formalen Philosophie die Begriffe der reinen Mengenlehre, üblicherweise erweitert durch die Annahme von nicht weiter spezifizierten Urelementen oder Individuen, die im allgemeinen als einfache Gegenstände gedacht werden. Das ist die Konzeption der Tarski-Semantik.

Eigenschaften werden durch Mengen von Individuen wiedergegeben, und die Beziehung der Prädikation wird durch die Epsilon-Relation repräsentiert. *Richard Montague* erweiterte dieses Bild um die möglichen Welten als weitere Urelemente, bestand jedoch darauf, daß alle anderen Objekte mit diesem Arsenal mengentheoretisch zu konstruieren seien, so z. B. *Propositionen* und sog. *Individuenkonzepte* wie 'der Gewinner des Masters-Turniers', aber auch *Ereignisse* sowie *Stoffe* und *natürliche Arten* wie 'Wasser' und 'der Afrikanische Elephant', und vieles andere mehr. Das technische Hilfsmittel sind dabei die *Intensionsfunktionen*, d. h. Funktionen von möglichen Welten in geeignete Extensionen. Hier entstanden nun technische Zwänge, die dieser Repräsentation innewohnten. Das Hauptproblem bestand darin, daß jegliche Struktur, die den modellierten Objekten innewohnt, in dem entsprechenden mengentheoretischen Gebilde kodiert werden mußte.

Das Vorgehen einer *algebraisch konzipierten Semantik*, wie ich sie hier vertreten möchte, entspricht dagegen eher der Praxis des Mathematikers, der mit reellen Zahlen als Urelementen umgeht, anstatt sie gemäß ihrer Modellierung in der Mengenlehre aufzufassen als Äquivalenzklassen von Folgen von rationalen Zahlen, die ihrerseits mengentheoretische Konstrukte natürlicher Zahlen und damit reiner Mengen sind. Nun sind die reellen Zahlen natürlich nicht ohne Struktur; sie gehorchen vielmehr den bekannten Axiomen eines vollständigen geordneten Archimedischen Körpers der Charakteristik Null. Die Analogie besteht nun darin, daß auch in der Algebraischen Semantik die Objekte des Tarskischen Individuenbereichs eine Struktur tragen. So gibt es neben den gewöhnlichen singularischen, "atomaren" Individuen *Summen von Individuen* zur Repräsentation von Pluralobjekten, die zusammen eine geeignete Verbandsstruktur bilden. Das gleiche gilt für die Denotate von *Massenausdrücken* wie 'Wasser'; auch sie bilden einen Verband, der jedoch im Unterschied zu den Pluralsummen keine kleinsten Teile besitzt ([7]). Eine derartige algebraische Strukturierung des nominalen Bereichs der Sprache kann auf den verbalen Bereich ausgedehnt werden, indem man den Schritt zu einer *ereignisbasierten Semantik* vollzieht, in der der Individuenbereich um einen Verband von Ereignissen erweitert wird, die die Träger der Denotation von Verbalausdrücken sind (siehe [8]). Schlagwortartig kann man sagen: *Eine detaillierte Strukturierung der Urelemente ersetzt das extensive mengentheoretische Modellieren.*

4 Sprachliche Information

Das im vorigen Abschnitt gezeichnete Bild der Semantik ist ein vollkommen *statisches* Bild: die abstrakten Strukturen sind ein Teil der angewandten Logik und besitzen als solche ein Eigenleben, welches ganz unabhängig von der Frage ist, welcher Verwendung die bedeutungstragenden Ausdrücke der Sprache zugeführt werden. Die Sprache ist jedoch dazu da, auf vielfältige Weise Information zu übermitteln: in einer sprachlichen Äußerung macht sich ein Sprecher die gegebenen semantischen Strukturen zunutze und gibt mit ihre Hilfe Information an den Hörer weiter. Die Information muß vom Hörer verarbeitet werden, wobei unterschiedliche Typen von Schlüssen ins Spiel kommen. Die reine, "statische" Semantik ist effektiv nur für einen sehr geringen Teil solcher Schlüsse verantwortlich, wenngleich sie natürlich das unverzichtbare logische Gerüst bildet. Sie *unterdeterminiert* also die Information, die in einer sprachlichen Äußerung steckt. Dies wird schon an einem so elementaren Prozeß wie dem der *Auflösung anaphorischer Ausdrücke* deutlich (das sind Pronomina, Demonstrativa, aber auch vollständige definite Nominalphrasen). Ein bekanntes Beispiel ist ein Text wie (3) *Ich habe mir einen Gebrauchtwagen gekauft. Der Motor war nach einer Woche kaputt.* Die definite NP *der Motor* ist natürlich auf den Gebrauchtwagen zu beziehen, aber das setzt beim Hörer die Anwendung einer Regel aus seinem Weltwissen voraus, die ihm sagt, daß der vorerwähnte Gebrauchtwagen ein motorgetriebenes Fahrzeug ist und somit einen Motor besitzt, von dem dann im zweiten Satz gerade die Rede ist.

Die verwendete Regel aus dem Weltwissen hat sprachlich die Form einer *generischen Aussage*: *Gebrauchtwagen sind Fahrzeuge mit einem Motor*. Die Aussage ist ziemlich gleichbedeutend mit dem entsprechenden Allsatz *alle Gebrauchtwagen etc.*, aber das ist bei generischen Aussagen die Ausnahme. Typischer sind Sätze wie das Lieblingsbeispiel der KI-ler, *Vögel fliegen*. Wenn Tweety ein Pinguin ist, dann ist er zwar ein Vogel, aber er fliegt nicht. Es wurde also vorgeschlagen, generische Sätze statt mit dem klassischen Allquantor mit einem sog. *default*-Quantor zu formalisieren; aber was ist seine Bedeutung? Hier sind wir an einer Schnittstelle zwischen *Semantik* und *Epistemik* angelangt, die noch durch ein weiteres Beispiel erläutert sei.

Nehmen wir an, der Lehrer kommt in die Klasse und erhält von dem Führer der Absentenliste die Meldung, daß alle Schüler der Klasse anwesend sind. Dies erspart ihm offensichtlich die Verifikation der Anwesenheit durch das Aufrufen jedes einzelnen Schülers: die singulären Sachverhalte *a ist anwesend* (für jeden Schüler *a*) ergeben sich durch *vollständigen Wahrheitstransfer* aus der Allaussage *alle Schüler der Klasse sind anwesend*. Hier ist also die Semantik des Allquantors *alle* die Quelle der Information. Stellen wir uns nun eine zweite Situation vor, in der der Lehrer L_2 zu Schuljahrsbeginn eine Klasse von seinem Kollegen L_1 übernimmt, welcher ihm mitteilt: "Die Mädchen sind pünktlich, aber die Jungen kommen in der Regel zu spät; ich war da machtlos." – "Dann kann ich wahrscheinlich mit dem Schüler Robin McLeach noch nicht sprechen, für den ich eine wichtige Nachricht aus seiner Heimat habe," sagt L_2. "Doch, Robin ist ein Mädchen," entgegnet L_1, "die dürfte da sein." Die Information, die L_2 in diesem kleinen Gespräch erhält, ist nicht so linear oder *monoton* wie im Fall des Allsatzes. L_2 bekommt eine Gewohnheitsregel mitgeteilt über das typische Pünktlichkeitsverhalten seiner neuen Schüler. Mit dieser *default*-Regel plus der Überzeugung, daß 'Robin' ein Jungenname ist (und der ziemlich festen *default*-Regel, daß Jungennamen von Jungen getragen werden), gewinnt L_2 die weitere Überzeugung, daß Robin McLeach ein Junge ist und daher wahrscheinlich nicht pünktlich sein wird. Diese Überzeugung hat er jedoch zu *revidieren*, als er erfährt, daß Robin ein Mädchen ist.

Die Abfolge der epistemischen Zustände von L_2 in der geschilderten Situation ergibt sich offensichtlich nicht allein aus der Bedeutung der verwendeten Ausdrücke wie im Fall des Allquantors bei unserem ersten Beispiel. Ohne Zweifel vollzieht L_2 gewisse Schlüsse, die jedoch nicht deduktiver, sondern *induktiver* Natur sind; der vollständige Wahrheitstransfer geht dabei verloren. Es handelt sich dabei im wesentlichen um die *Applikation von default-Regeln*, was in der KI den Namen "nicht-monotones Schließen" trägt. Üblich ist auch der Begriff "nicht-monotone Logik", der jedoch auf einer Konfusion von Semantik und Epistemologie beruht: *die Logik ist und bleibt monoton; was nicht-monoton ist, ist dagegen die Dynamik epistemischer Zustände*.

Ich möchte nun das eingangs erwähnte System von Spohn vorstellen, das ein Modell dafür angibt, wie man, ohne auf Wahrscheinlichkeiten zu rekurrieren, in geregelter Form neue Information in einen gegebenen epistemischen Zustand einbauen kann. Der formale Rahmen ist der folgende: Gegeben sei eine Menge W von möglichen Welten oder Ereignisverläufen; Propositionen oder Sachverhalte sind dann wie üblich Teilmengen von W. Diese Teilmengen mögen einen vollständigen Mengenkörper $\mathcal{A}$ über W bilden (d.h. $\mathcal{A} \subseteq 2^W$, $\mathcal{A} \neq \emptyset$, und $\mathcal{A}$ ist abgeschlossen bezüglich beliebiger Durchschnitts-, Vereinigungs- und Komplementbildung[1]). Dann heißt κ eine *$\mathcal{A}$-meßbare natürliche Konditionalfunktion* (kurz: *$\mathcal{A}$-NKF*), wenn κ eine Funktion von der Menge W in die Menge N der natürlichen Zahlen ist, derart daß gilt (i) $\kappa^{-1}(0) \neq \emptyset$; (ii) κ ist $\mathcal{A}$-meßbar, d.h. für alle Atome $A \in \mathcal{A}$ und alle $w, w' \in A$ gilt $\kappa(w) = \kappa(w')$. Dann sei (iii) $\kappa(A) := \min\{\kappa(w) \mid w \in A\}$ für jedes nicht-leere $A \in \mathcal{A}$. Aus dieser Festsetzung ergibt sich unmittelbar (iv) $\kappa(A \cup B) = \min\{\kappa(A), \kappa(B)\}$ für alle nicht-leeren $A, B \in \mathcal{A}$, und hieraus in Verbindung mit Bedingung (i) die Eigenschaft (v) für alle *kontingenten* $A \in \mathcal{A}$ (d.h. solche A mit $A, \bar{A} \neq \emptyset$): $\kappa(A) = 0$ oder $\kappa(\bar{A}) = 0$ oder beides

---

[1] Komplemente werden durch einen Querstrich mitgeteilt.

zugleich.

Die Interpretation dieser NKFs ist die folgende: jedes κ stellt eine *Gradierung des Mißtrauens* eines epistemischen Subjekts X in die Ereignisverläufe dar: je größer der κ-Wert eines $w \in W$, desto größer das Mißtrauen in w und damit einhergehend der "Überraschungswert" von w, sollte er sich als der wahre Ereignisverlauf herausstellen. Somit bedeutet $\kappa(w) = 0$, daß X w *nicht* mißtraut, d.h. mit seinem gegenwärtigen epistemischen Zustand für verträglich hält bzw. nicht glaubt, daß w nicht der Fall ist (wegen der Minimumsbedingung (iii) gilt dasselbe schon für einen ganzen Sachverhalt A, wenn er nur ein mit 0 bewertetes w enthält); $\kappa(w) = 1$ heißt, daß X w im Grade 1 mißtraut, $\kappa(w) = 2$, daß X w im Grade 2 mißtraut, usw. Wenn nun X von allen Ereignisverläufen $w' \in \bar{A}$ glaubt, daß sie nicht zutreffen, d.h. allen solchen w' mißtraut, dann bedeutet das, daß X von A überzeugt ist. Formal gilt dann wegen $\kappa(w') > 0$ für alle $w' \in \bar{A}$ $\kappa(\bar{A}) > 0$ und damit $\kappa^{-1}(0) \subseteq A$. Also *glaubt X an A*, wenn der *Kern* $\kappa^{-1}(0)$ von κ eine Teilmenge von A ist. Dagegen *mißtraut X A*, wenn $\kappa(A) > 0$. Nun ergibt sich aus der Bedingung (v), daß in diesem Fall X nicht zugleich $\bar{A}$ mißtrauen kann, da sonst der Kern von κ leer wäre. Sehr wohl können A und $\bar{A}$ jedoch gleichzeitig den Wert 0 erhalten (X mißtraut weder A noch $\bar{A}$), in welchem Fall X bezüglich A *epistemisch indifferent* ist.

Ferner sagen wir, X glaube bei gegebenem κ *mit Festigkeit α an A*, wenn entweder $\kappa(\bar{A}) > 0$ und $\alpha = \kappa(\bar{A})$ (d.h. der plausibelste Ereignisverlauf in $\bar{A}$ liegt α Grade entfernt) oder $\kappa(A) > 0$ und $\alpha = -\kappa(A)$ (d.h. X mißtraut A im Grade $-\alpha$ bzw. der Glaube besitzt negative Festigkeit). Die NKFs liefern somit nicht nur eine Plausibilitätsordnung auf den Ereignisverläufen in W, sondern mit dem jeweiligen Festigkeitsparameter α zugleich ein Maß für die "epistemische Distanz" zwischen einem Sachverhalt A und seinem Komplement $\bar{A}$.

Mit den gegebenen Mitteln läßt sich nunmehr die Dynamik epistemischer Zustände einer Person X modellieren. Ein solcher Zustand sei durch eine $\mathcal{A}$-NKF κ gegeben. Es werde nun eine neue Information A übermittelt, die sich X mit der Festigkeit α nahelegt. Wie ändert sich die NKF von X im Lichte dieses Datums? Nun, wenn A die gesamte Information ist, die X bekommt, dann ändert sich zwar der Wert von A (er geht auf 0), aber die *Distanzverhältnisse innerhalb von A und $\bar{A}$* bleiben dieselben. Das führt zu der folgenden Definition:

Seien $m \in N$, $A, \bar{A} \neq \emptyset$, κ eine $\mathcal{A}$-NKF und $\kappa(\cdot \mid A)$ die *Spur-NKF* auf $\mathcal{A} \cap A$ mit $\kappa(w \mid A) = \kappa(w) - \kappa(A)$ ($w \in A$). Dann ist die *A, m-Konditionalisierung* $\kappa_{A,m}$ von κ diejenige $\mathcal{A}$-NKF mit $\kappa_{A,m}(w) = \kappa(w \mid A)$, falls $w \in A$, und $\kappa_{A,m}(w) = m + \kappa(w \mid \bar{A})$, falls $w \in \bar{A}$. Somit wird der epistemische Zustand von X nach Eintreffen der Information A, welche X mit der Festigkeit m in seine Überzeugungen einbaut, gerade durch die A, m-Konditionalisierung von κ beschrieben. Die A, m-Konditionalisierung hat folgende wünschenswerte Eigenschaften ([12], S. 118f.): (i) sie ist *reversibel*; (ii) sie ist *kommutativ*, d. h. sie ist unabhängig von der Reihenfolge hereinkommender Information, sofern es sich um voneinander unabhängige Daten handelt; (iii) sie funktioniert auch bei *unverträglicher* Information, d. h. bei solcher, die zu den gegebenen Überzeugungen im Widerspruch steht (dies ist gerade der nicht-monotone Fall).

Die Konstruktion sagt nichts darüber aus, welches κ den anfänglichen epistemischen Zustand zu repräsentieren hat; hierin gleicht sie der Bayesianischen Statistik, die meist ebenfalls sehr wenig über die sog. *Apriori*-Wahrscheinlichkeit zu sagen hat. Die *Änderung* der Anfangs-NKF im Lichte zusätzlicher Information ist dagegen dem geregelten Revisionsverfahren der A, m-Konditionalisierung unterworfen.

Abschließend sei eine qualitative Anwendung auf das obige Schulbeispiel skizziert. Gegeben seien die drei Prädikate 'J' für '*Junge*', 'T' für '*typisch*' und 'P' für '*pünktlich*'; 'r' stehe für '*Robin*'. Das führt zu den acht Ereignisverläufen $w_1 = Jr \wedge Tr \wedge Pr$, $w_2 = Jr \wedge Tr \wedge \neg Pr$, $w_3 = Jr \wedge \neg Tr \wedge Pr$, $w_4 = Jr \wedge \neg Tr \wedge \neg Pr$, $w_5 = \neg Jr \wedge Tr \wedge Pr$, $w_6 = \neg Jr \wedge Tr \wedge \neg Pr$, $w_7 = \neg Jr \wedge \neg Tr \wedge Pr$, $w_8 =$

$\neg Jr \wedge \neg Tr \wedge \neg Pr$. Die Proposition Jr ist dann gleich $\{w_1, w_2, w_3, w_4\}$, $\overline{Jr} = \{w_5, w_6, w_7, w_8\}$ (d. h. Robin ist ein Mädchen), $Pr = \{w_1, w_3, w_5, w_7\}$, $\overline{Pr} = \{w_2, w_4, w_6, w_8\}$. Wir vereinfachen ein wenig und betrachten nur noch den Fall, daß Lehrer L_2 lediglich drei verschiedene Glaubenszustände Z_i besitzt, die durch die NKFs κ_i repräsentiert seien ($i = 1, 2, 3$): (i) In Z_1 ist L_2 der Überzeugung, daß Robin ein Junge ist: (i.1) $\kappa_1(Jr) = 0, \kappa_1(\overline{Jr}) > 0$; in Bezug auf Robins Pünktlichkeit ist er indifferent, d. h. es sollte gelten (i.2) $\kappa_1(Pr) = \kappa_1(\overline{Pr}) = 0$. Dagegen möge er Mädchen allgemein für pünktlich halten. Das führt etwa zu der folgenden Ausgangsbewertung: $\kappa_1(w_1) = 0, \kappa_1(w_2) = 0, \kappa_1(w_3) = 1, \kappa_1(w_4) = 1, \kappa_1(w_5) = 1, \kappa_1(w_6) = 3, \kappa_1(w_7) = 2, \kappa_1(w_8) = 4$. Man prüft leicht nach, daß hier in der Tat (i.1), (i.2) erfüllt sind. (ii) L_2 bekommt die Information, daß die Jungen in der Regel unpünklich sind, und inkorporiert die Proposition $\overline{Pr}$ mit der Festigkeit $\alpha_1 = 1$ in seine Überzeugungen. Dann gilt nach der Konditionalisierungsregel $\kappa_2 = (\kappa_1)_{\overline{Pr},1}$. Die Bewertungen in der Proposition $\overline{\overline{Pr}} = Pr$ werden damit um 1 nach oben verschoben, während die in $\overline{Pr}$ wegen $\kappa_1(\overline{Pr}) = 0$ gleich bleiben. Die neue NKF lautet: $\kappa_2(w_1) = 1, \kappa_2(w_2) = 0, \kappa_2(w_3) = 2, \kappa_2(w_4) = 1, \kappa_2(w_5) = 2, \kappa_2(w_6) = 3, \kappa_2(w_7) = 3, \kappa_2(w_8) = 4$. Also ist $\kappa_2(\overline{Pr}) = 0$ und $\kappa_2(Pr) = 1 > 0$, d. h. in Z_2 glaubt L_2, daß Robin *nicht* pünktlich ist. Nun erfährt er (iii) daß Robin in Wirklichkeit ein Mädchen ist ($= \overline{Jr}$), und diese Überzeugung hat natürlich jetzt eine hohe Festigkeit, sagen wir $\alpha_2 = 10$; dann ist $\kappa_3 = (\kappa_2)_{\overline{Jr},10}$, so daß die Bewertung von Jr um 10 Grade nach oben verschoben wird, während die Werte auf $\overline{Jr}$ wegen $\kappa_1(\overline{Jr}) = 2$ um 2 Grade verringert werden. Die resultierende Bewertung κ_3 lautet nunmehr: $\kappa_3(w_1) = 11, \kappa_3(w_2) = 10, \kappa_3(w_3) = 12, \kappa_3(w_4) = 11, \kappa_3(w_5) = 0, \kappa_3(w_6) = 1, \kappa_3(w_7) = 1, \kappa_3(w_8) = 2$. Also ergibt sich $\kappa_3(Pr) = 0$ und $\kappa_3(\overline{Pr}) = 1 > 0$; somit hat sich L_2's Überzeugung bezüglich Robins Pünktlichkeit in Z_3 gerade umgekehrt, wie es intuitiv auch sein sollte: jetzt glaubt L_2, daß Robin pünklich ist.

Literatur

[1] Austin, John (1961), 'Truth', in *Philosophical Papers*, Oxford University Press, Oxford, 117 - 133.

[2] Barwise, Jon and John Perry (1987), *Situationen und Einstellungen. Grundlagen der Situationssemantik*. de Gruyter, Berlin.

[3] Hofstadter, Douglas R. and Daniel C. Dennett (eds.) (1981), *The Mind's I. Fantasies and Reflections on Self and Soul*. Bantam Books, Toronto - New York - London.

[4] Hunter, Daniel (1988a), 'Parallel Belief Revision', Proc. of the AAAI Conference Minneapolis, Minnesota.

[5] Hunter, Daniel (1988b), 'Graphoids, Semi-graphoids, and Ordinal Conditional Functions', Ms. Northrop Research and Technology Center One Research Park, Palos Verdes Peninsula, CA.

[6] Kuhn, Thomas S. (1969), *Die Struktur wissenschaftlicher Revolutionen*. Zweite, revidierte Auflage mit Postskriptum von 1969. Suhrkamp, Frankfurt a. M.

[7] Link, Godehard (1983), 'The Logical Analysis of Plurals and Mass Terms: A Lattice-Theoretical Approach', in R. Bäuerle et al. (eds.), *Meaning, Use, and Interpretation of Language*, de Gruyter, Berlin, 302 - 323.

[8] Link, Godehard (1987), 'Algebraic Semantics of Event Structures', in J. Groenendijk et al. (eds.), *Proceedings of the Sixth Amsterdam Colloquium*, ITLI, Amsterdam, 243 - 262.

[9] McDermott, Drew (1987), 'A Critique of Pure Reason', in: *Computational Intelligence* 3, 151 - 160, mit Diskussionsbeiträgen, ebd., 161 -237.

[10] Searle, John (1981), 'Minds, Brains, and Programs', in [3], 353 – 373.

[11] Spohn, Wolfgang (1983), *Eine Theorie der Kausalität*, Habilitationsschrift Universität München.

[12] Spohn, Wolfgang (1988a), 'Ordinal Conditional Functions: A Dynamic Theory of Epistemic States', in: W. L. Harper and Brian Skyrms (eds.), *Causation in Decision, Belief Change, and Statistics, II*, 105 – 134.

[13] Spohn, Wolfgang (1988b), 'A General Non-Probabilistic Theory of Inductive Reasoning', Proc. of the AAAI Conference Minneapolis, Minnesota.

[14] Winograd, Terry and Fernando Flores (1986), *Understanding Computers and Cognition. A New Foundation for Design.* Ablex Publishing Corp., Norwood, New Jersey.

[15] Wittgenstein, Ludwig (1969), *Philosophische Untersuchungen*, in: *Schriften 1*, Suhrkamp, Frankfurt a. M.

KORRESPONDENZEN ZWISCHEN KI UND LINGUISTIK

Siegfried Kanngießer

Eine Klärung der zwischen KI und Linguistik bestehenden Beziehungen kann, da die disziplinären Matrizen beider Wissenschaften noch nicht hinreichend stabilisiert sind, nicht unter allgemeinen, rein wissenschaftstheoretischen Aspekten herbeigeführt werden, sondern muß in Auseinandersetzung mit der Forschungspraxis in KI und Linguistik erreicht werden. Objekt sowohl der KI als auch der Linguistik sind Systeme X, die eine natürliche Sprache L beherrschen. Die L-Beherrschung weist nun eine charakteristische Zwei-Ebenen-Struktur auf; sie ergibt sich auf einer abstrakten Ebene (A-Ebene) und auf einer konkreten, physikalischen Ebene (P-Ebene); diese beiden Ebenen, die durch eine Realisierungsrelation miteinander verbunden sind, sind logisch unabhängig voneinander. Daher können die Systeme der A-Ebene, bei denen es sich wesentlich durch Algorithmen beziehungsweise Kalküle repräsentierbare Regelsysteme handelt, sowohl durch einen natürlichen Sprecher/Hörer $\underline{n}$ als auch durch ein Computersystem, also eine Sprecher/Hörer-Maschine M instantiiert werden. Die Systeme M und $\underline{n}$ sind zwar, trivialerweise, physikalisch voneinander verschieden, aber A-Ebenen gleich. Die A-Ebenen-Gleichheit von M und $\underline{n}$ folgt, weil die Systeme der A-Ebene Systeme von Berechnungsverfahren sind, die nicht $\underline{n}$-spezifisch oder M-spezifisch voneinander verschieden sein können, da die L-Beherrschung sowohl formal als auch begrifflich eine Einheit darstellt. Bezüglich der A-Ebene ist die L-Beherrschung somit auf eine und nur eine Art möglich, und sowohl die Sprecher/Hörer-Maschine als auch der natürliche Sprecher/Hörer instantiiert genau diese eine Art der L-Beherrschung. Insofern besteht, sofern die A-Ebene und nur sie betrachtet wird, eine strikte Korrespondenz zwischen KI und Linguistik: Jede Spezifizierung der A-Ebene der Sprecher/Hörer-Maschine impliziert ein erklärendes Sprecher/Hörer-Modell, und jedes linguistisch entwickelte Sprecher/Hörer-Modell induziert eine Spezifizierung der A-Ebene der Sprecher/Hörer-Maschine. Diese strikte Korrespondenz ist jedoch nicht mehr gegeben, wenn die Bedingungen der Realisierung der Systeme der A-Ebene, also deren mögliche Abbildungen auf die P-Ebene betrachtet werden: Die technische Realisierung der Systeme der A-Ebene steht unter vollkommen anderen Bedingungen als die Erklärung der organischen Realisierung der abstrakten Systeme der L-Beherrschung. Dies besagt jedoch nicht, daß der Weg der KI und der Linguistik sich an dieser Stelle definitiv gabelt: Die Probleme der technischen Realisierung, die sich in der KI stellen, sind exakt die Probleme, die sich in der Computerlinguistik stellen, und sie werden in beiden Disziplinen auf die gleiche Art, nämlich vermöge der Konstruktion von Compilern und Interpretern, einer Lösung zugeführt. Somit ergibt sich eine zweite Korrespondenz zwischen Linguistik und KI, die man, weil sie nicht in Erklärungsansprüchen begründet ist, als eine semistrikte Korrespondenz von der strikten, explanativ produktiven Korrespondenz unterscheiden kann. Diese Korrespondenzen sind nicht isoliert zu betrachten; in ihnen kommt eine allgemeine, auf die Etablierung einer Kognitionswissenschaft hinauslaufende Wissenschaftsentwicklung zum Ausdruck, als deren Teil sowohl der Vorgang der KI als der der Linguistik zu verstehen ist.

1. Der Versuch, die Beziehungen zu erklären, die zwischen der Künstlichen Intelligenz (KI) einerseits und der Linguistik andererseits bestehen, kann, wie leicht einzusehen ist, nicht umstandslos ins Werk gesetzt werden. Damit er gelingen kann, ist zunächst einmal eine Eingrenzung im Gebiet der beiden Disziplinen erforderlich. Denn zwischen Untersuchungen etwa zur Bewegungsgeometrie, wie sie innerhalb der Robotik, einem KI-Teilgebiet, angestellt werden, und Untersuchungen etwa zur Rolle des Osmanischen in der interkulturellen Kommunikation, wie sie in Teilgebieten der Linguistik unternommen werden, dürfte sich weder ein historischer noch ein systematischer Zusammenhang nachweisen lassen – die Beziehungsfrage betrifft also nicht das Gesamt der beiden Disziplinen, sondern ist nur im Hinblick auf Ausschnitte aus ihnen sinnvoll gestellt. Und zwar ist sie nur dann sinnvoll gestellt, wenn sie auf die sprachorientierte Künstliche Intelligenz (SKI) einerseits und auf diejenigen Teilgebiete der Linguistik andererseits bezogen wird, die man aus guten Gründen, unter dem Begriff einer Sprecher/Hörer-Linguistik (SHL) zusammenfassen kann – wobei insbesondere die theoretische Linguistik und die Computerlinguistik zur SHL zu rechnen sind. Dabei wird man allerdings nicht erwarten dürfen, daß die Klärung der zwischen SKI und SHL bestehenden Beziehungen im Rahmen einer allgemeinen, wohlbegründeten Wissenschaftssystematik herbeigeführt werden kann. Denn die – um mit Kuhn (1969) zu sprechen – disziplinären Matrizen von SHL und SKI sind, da beide Disziplinen sich noch in der Anfangsphase ihrer Entwicklung befinden, noch derartig unterbestimmt, daß eine rein methodologische, also allein wissenschaftstheoretischen Einsichten verpflichtete Bearbeitung der Beziehungsfrage mit Sicherheit nicht zum Erfolg führen kann. Entsprechend wird man diese Frage relativ zur Entwicklung und relativ zu der in dieser Entwicklung begründeten Forschungspraxis der SKI und der SHL stellen müssen, um sie sinnvoll beantworten zu können: Der systematische Befund ist also nur in Konsequenz einer die aktuelle Forschungslage reflektierenden Analyse, also im Rahmen einer Schnittstellen-Methodologie möglich. Und die Bereiche, in denen sich SKI und SHL überlappen, sind ohne sonderliche Mühe dingfest zu machen.

Das Ziel der SKI besteht, zumindest in letzter Instanz, darin, ein Computersystem zu entwickeln, das eine natürliche Sprache L so zu beherrschen vermag, wie ein natürlicher Sprecher/Hörer n eine solche Sprache L zu beherrschen in der Lage ist. Es geht in der SKI also darum, eine Situation zu schaffen, in der alle Voraussetzungen dafür erfüllt sind, daß das System den Turing-Test zu bestehen vermag (cf. Turing 1951). Die SKI-Arbeit gilt somit, wenn man sie in der allgemeinen Perspektive betrachtet, in der sie betrachtet werden muß, der

Konstruktion eines Systemes, das man – im Prinzip – als eine Sprecher/Hörer-Maschine, kurz: als S/H-Maschine M auffassen kann.

Die SHL-Arbeit besteht demgegenüber darin, die Systeme und die diese Systeme determinierenden Prinzipien zu erklären und zu beschreiben, die den natürlichen Sprecher/Hörer n̲ dazu in die Lage versetzen, eine Sprache zu beherrschen. In diesem Sinne geht es in der Linguistik um die Erklärung der Bedingungen der Möglichkeit der Sprachbeherrschung der Individuen, und zwar bezüglich aller Aspekte, unter denen sich die L-Beherrschung von n̲ manifestiert. Diese Sprecher/Hörer-Erklärungen sind die Voraussetzung für die Erklärung der diversen Sprachstrukturen und Sprachprozesse. Eine Linguistik, die als SHL betrieben wird, ist also nicht nur Sprachwissenschaft, sondern immer auch Sprecher/Hörer-Wissenschaft – sie ist, kurz gesagt, kognitive Linguistik, und zwar notwendigerweise.

Eine systematische Beziehung zwischen SKI und SHL besteht nun, diesen Vorklärungen entsprechend, dann und nur dann, wenn der Versuch, die Voraussetzungen und die Modalitäten der Konstruktion der S/H-Maschine M zu klären – also der Versuch, sozusagen die Bedingungen der Möglichkeit einer Sprecher/Hörer-Maschine zu fixieren –, dem Versuch korrespondiert, die interne Struktur des Systemes n̲ zu spezifizieren, also eine Erklärung und Beschreibung der Prinzipien und Systeme der L-Beherrschung zu liefern. Anders gesagt: wenn klar ist, in welcher Relation die in der SKI zu leistende Konstruktionsarbeit zu der Erklärungsarbeit und Beschreibungsarbeit steht, die in der SHL zu leisten ist, und umgekehrt, dann ist zugleich auch geklärt, von welcher Art die Beziehungen sind, die zwischen SKI und SHL bestehen. Und mit dieser Klärung sind dann auch die Voraussetzungen dafür gegeben, entscheiden zu können, inwieweit diese Beziehungen systematisch begründet sind und inwieweit sie als kontingenterweise gegeben zu betrachten sind.

Gibt es also, so ist nunmehr zufragen, Korrespondenzen zwischen SKI und SHL? Und wenn es sie gibt: wie werden sie möglich, und worin sind sie begründet? – Diese Fragen vor allem stehen zur Beantwortung an, wenn geklärt werden soll, welche Beziehungen zwischen SKI und SHL bestehen. Und um sie beantworten zu können, ist es unumgänglich, näher zu charakterisieren, welche Systeme für den Aufbau der L-Beherrschung konstitutiv sind: Relativ zu den als gesichert zu betrachtenden Erkenntnissen, die in dieser Hinsicht vorliegen, wird sich dann zeigen lassen, inwieweit und mit welchen Konsequenzen von einer Korrespondenz zwischen SKI und SHL die Rede sein kann.

2. Alle Systeme X, die eine natürliche Sprache L beherrschen, weisen, wie man in Übereinstimmung mit der gesamten wissenschaftlichen Tradition feststellen kann und muß, eine Zwei-Ebenen-Struktur auf: X umfasst eine abstrakte Ebene (A-Ebene), nämlich die Ebene der Systeme und Prinzipien der L-Beherrschung, und eine physikalische Ebene (P-Ebene), auf der die Prinzipien und Systeme der A-Ebene realisiert sind. Diese beiden vermöge einer Realisierungsrelation R miteinander verbundenen X-Ebenen sind, nach allem verfügbaren Wissen, logisch unabhängig voneinander. Aus der Kenntnis der A-Ebene kann nicht begründet auf die Struktur der P-Ebene geschlossen werden, und aus der Kenntnis der P-Ebene kann keine Kenntnis der Systeme und Prinzipien der A-Ebene abgeleitet werden: die Ebenen sind unabhängig voneinander.

Die Systeme der A-Ebene (A-Systeme) sind durch Prinzipien determinierte Systeme von L-Kenntnissen; diese Systeme lassen sich zu größeren Systemeinheiten zusammenfassen, die Arten von L-Kenntnissen reflektieren. Zu unterscheiden ist hier zwischen Kenntnissen der L-Struktur, zu denen etwa grammatische und pragmatische L-Kenntnisse rechnen, und Kenntnissen, die die Verarbeitung von L-Strukturen ermöglichen; diese Kenntnisse mögen die prozeduralen L-Kenntnisse oder kurz: Typ II-Kenntnisse heißen, während die Kenntnisse der ersten Art, die Strukturkenntnisse, als Typ I-Kenntnisse bezeichnet werden sollen. Entsprechend soll auch von einer Typ I-Theorie beziehungsweise einer Typ II-Theorie der L-Beherrschung die Rede sein; diese beiden Theorien sind Subtheorien einer unfassenderen Theorie, nämlich der Typ A-Theorie, also der Theorie der gesamten A-Ebene der L-Beherrschung. Es ist wesentlich zu sehen, daß diese Theorien nicht nur solche Kenntnissysteme zum Gegenstand haben, die im üblichen Sinne des Begriffs sprach-immanente Gegebenheiten erfassen, so zum Beispiel die Gegebenheiten der Auxiliarisierung und der Infinitivbildung - zu den Objekten der Typ A-Theorie zählen auch Systeme von Wissen über die Welt, kurz: Wissenssysteme. Es ist nachweisbar, daß eine vollständige L-Beherrschung ohne ein Verfügen über die einschlägigen Systeme von Weltwissen nicht möglich ist - die Sprachstruktur-Kenntnis ist somit nicht nur grammatische Kenntnis, sondern umfasst auch von der grammatischen Kenntnis bereichsverschiedene und typdifferente Kenntnissysteme: eben Systeme von Weltwissen.

Die Systeme der A-Ebene sind, wie bereits festgestellt, vermöge einer Relation R mit der physikalischen Ebene verbunden; die Theorie dieser Relation, also die Theorie der Realisierung der Systeme der A-Ebene auf einer physikalischen Grundlage, möge die Typ B-Theorie der L-Beherrschung heißen. - Mit diesen Feststellungen, die keine neuen Einsichten beinhalten, sondern Rekapitulationen von bekannten und gesicherten Erkenntnissen sind, ist die Struktur der L-Beherrschung in groben Zügen charakterisiert. Entscheidend ist nun, daß sowohl in der SKI als auch in der SHL angenommen wird, daß die so strukturierte L-Beherrschung durch ein System von Berechnungsverfahren (im allgemeinen, mithin auch technischen Sinne dieses Begriffes) und diese Verfahren determinierende Prinzipien gegeben ist - oder schwächer formuliert: Sowohl der SKI als auch der SHL liegt die Annahme zugrunde, daß das Gesamtsystem der L-Beherrschung sich lückenlos und somit vollständig durch Systeme von Berechnungsverfahren repräsentieren läßt. Diese Prämisse - die Repräsentationsprämisse, um ihr, in Anbetracht ihrer herausragenden Bedeutung, einen Namen zu geben - ist Gegenstand einer Vielzahl von Erörterungen. Die Argumente, die für beziehungsweise gegen sie geltend gemacht werden, stehen hier jedoch nicht zur Debatte, und zwar schlicht und einfach deshalb nicht, weil die Repräsentationsprämisse sowohl für die SKI als auch für die SHL grundlegend ist. Bei dem Versuch einer Klärung der zwischen SKI und SHL bestehenden Beziehungen muß entsprechend von der Geltung, zumindest aber von der Akzeptierbarkeit der Prämisse ausgegangen werden - andernfalls stünden nicht die Beziehungen zwischen den beiden Disziplinen zur Debatte; mit der Prämisse wäre vielmehr die Möglichkeit dieser Disziplinen zur Debatte gestellt. Diese Möglichkeit aber wird hier nicht in Zweifel gezogen, und insofern ist die Repräsentationsprämisse nicht Gegenstand, sondern unabdingbare Voraussetzung auch der folgenden Betrachtungen.

Die Charakterisierung der L-Beherrschung, die mit den vorausgegangenen Erörterungen erreicht wurde, ist zweifellos sehr grob und teilweise sogar vergröbernd. Aber sie reicht, auch ohne weiterführende und tiefergehende Spezifizierungen, sehr wohl aus, um die Frage nach den zwischen SKI und SHL bestehenden Beziehungen beantworten zu können. Denn sie ermöglicht es, die Korrespondenzen zwischen diesen Disziplinen hinreichend genau zu fixieren.

3. Für den Vorgang der SKI sind zwei bereits formulierte Annahmen grundlegend: nämlich erstens, und zwar trivialerweise, die Repräsentationsprämisse, und zweitens die Annahme, daß es zwei logisch voneinander unabhängige Ebenen der L-Beherrschung gibt, nämlich die A-Ebene und die P-Ebene. Aus der Repräsentationsprämisse und der Unabhängigkeitsfeststellung folgt, daß alle Systeme Z^+ der A-Ebene auf unterschiedliche Arten physikalisch realisiert sein können; insbesondere folgt auch, daß die $Z^+(A)$ sowohl organisch als auch nicht-organisch realisierbar sind - und damit folgt die Möglichkeit einer S/H-Maschine M. M ist nichts anderes als eine nicht-organische Realisierung der Systeme Z^+ der A-Ebene. Anders gesagt: so wie der natürliche Spre-

cher/Hörer $\underline{n}$ die $Z^+(A)$ instantiiert, so instantiiert auch die S/H-Maschine M die Systeme Z^+ der A-Ebene; die Möglichkeit dieser Instantiierung macht die Möglichkeit der Sprecher/Hörer-Maschine aus.

Dieser Möglichkeitsnachweis bedarf keiner weiteren Erläuterung. Zu klären ist vielmehr, was dieser Nachweis impliziert; insbesondere stellt sich die oft erörterte Frage, ob der Möglichkeitsnachweis die A-Ebenen-Gleichheit der Systeme $\underline{n}$ und M impliziert. Mit anderen Worten: zu klären ist, ob M genau die Systeme Z^+ der L-Beherrschung instantiiert, die auch $\underline{n}$ instantiiert – oder ob die L-Beherrschung von M auf A-Ebenen-Systemen Z° beruht, die von den durch $\underline{n}$ instantiierten Systemen Z^+ grundsätzlich verschieden sind. Die Beantwortung dieser Frage ist offensichtlich entscheidend für den Versuch, die Beziehungen zwischen SKI und SHL zu klären, und eine Antwort auf sie kann in zwei einander ergänzenden Hinsichten gegeben werden; nämlich in einer formalen Hinsicht einerseits, und in einer theoretischen und empirischen Hinsicht andererseits.

Entsprechend der Repräsentationsprämisse sind die Systeme der A-Ebene sowohl im Fall von $\underline{n}$ als auch im Fall von M durch Prinzipien determinierte Berechnungssysteme. Insofern kann in formaler Hinsicht keine Differenz zwischen ihnen bestehen: denn aus der These von Church, die ernsthaft wohl nicht mehr bestritten werden kann, folgt, daß die $\underline{n}$-Systeme der A-Ebene und die M-Systeme der A-Ebene in formaler Hinsicht von gleicher Art sein müssen. (Die Behauptung ihrer formalen Ungleichartigkeit impliziert die Behauptung der Falschheit der Churchschen These.) Und aus dem Satz von der universellen Turing-Maschine folgt ferner, daß die A-Ebene der L-Beherrschung (unter Voraussetzung der Repräsentationsprämisse) stets kanonisch, also einheitlich repräsentiert werden kann. Dies gilt für die Objekte der Typ I-Theorie ebenso, wie es für die Objekte der Typ II-Theorie gilt: unerachtet des Umstandes, daß diese Objekte begrifflich differenziert betrachtet werden müssen, gilt, daß die Typ I-Kenntnisse ebenso wie die Typ II-Kenntnisse, in Konsequenz der Repräsentationsprämisse, als Berechnungskenntnisse begriffen werden müssen – und mithin müssen sie als durch die Churchsche These und Turings Satz strukturierte Kenntnissysteme begriffen werden. Aus Churchs These und Turings Satz folgt somit, zusammenfassend gesagt, die formale Einheit der Repräsentation.

Dieser formalen Einheit korrespondiert eine begriffliche, also eine theoretische und empirische Einheit der Repräsentation. Diese Einheit läßt sich exemplarisch demonstrieren. Angenommen sei, daß die Behauptung, daß jeder L-Satz $\underline{s}$ eine Phrasenstruktur, kurz: eine P-Struktur $\underline{p}$ aufweist, definitiv korrekt und unabweisbar ist. Dann folgt, daß jedes Individuum X, das L beherrscht, über $\underline{p}$-Kenntnisse verfügen muß - sie sind ein integraler, unverzichtbarer Bestandteil der Typ II-Kenntnisse von X. Und ebenso folgt, daß die Typ I-Kenntnisse von X als integralen Bestandteil Kenntnisse umfassen müssen, die X die Verarbeitung von P-Strukturen ermöglichen. Ein Individuum, das nicht über p-Kenntnisse verfügt, und das nicht über die Verarbeitung von P-Strukturen ermöglichende Kenntnisse verfügt, kann einer vollständigen L-Beherrschung nicht fähig sein. Das System n muß mithin über diese Kenntnisse ebenso verfügen, wie das System M über sie verfügen muß; der Besitz dieser Kenntnisse ist Bedingung der Möglichkeit des natürlichen Sprecher/Hörers ebenso, wie er Bedingung der Möglichkeit der Sprecher/Hörer-Maschine ist. Genau dies aber dokumentiert die begriffliche Einheit der Repräsentation; sie ergibt sich aus dem schlichten Tatbestand, daß eine Repräsentation gegen die sprachlichen Fakten nicht adäquat sein kann: Ein L vollständig beherrschendes System, das nicht über die einschlägigen Phrasenstrukturkenntnisse verfügt, ist grammatisch unmöglich. Und entsprechendes gilt, mit den relevanten Modifikationen, für alle Aspekte der L-Beherrschung. Mithin folgt, daß die Typ I-Kenntnisse und die Typ II-Kenntnisse des Sprecher/Hörers n und der Sprecher/Hörer-Maschine M in theoretischer und empirischer Hinsicht von einerlei Art sein müssen; kurz: Diese Kenntnissysteme bilden eine begriffliche Einheit, und genau deshalb gilt auch, daß die Systeme n und M A-Ebenen-gleiche Systeme sind.[1] - Der Umstand, daß sehr wohl unterschiedliche Repräsentationen einer P-Struktur p möglich sind, ergibt kein Argument gegen die Behauptung der A-Ebenen-Gleichheit der Systeme: sofern diese unterschiedlichen Repräsentationen allesamt korrekt sind, müssen sie miteinander äquivalent sein. Und falls sie nicht miteinander äquivalent sind, müssen gewisse dieser p-Repräsentationen inkorrekt sein - sie stimmen dann nicht mit den Fakten der L-Strukturierung überein und sind deshalb zu verwerfen. Was zählt, sind allein die faktenkonformen Repräsentationen - sowohl n

---

1. Diese Feststellung befindet sich vollständig im Einklang mit dem Tatbestand, daß Systeme wie das von Weizenbaum (1965) entwickelte ELIZA-System möglich sind - also Systeme, die nicht über p-Kenntnisse verfügen und insofern nicht faktenkonform konstruiert sind. Denn weil solche Systeme nicht faktenkonform sind, lassen sie sich nicht vervollständigen, also zu Systemen erweitern, die eine natürliche Sprache vollständig beherrschen.

Als nicht faktenkonformes System ist ELIZA notwendig reichweitenbeschränkt; ein solches System kann allenfalls gewisse Aspekte der L-Beherrschung imitieren - Aspekte, bezüglich derer sich gewisse Fakten der L-Strukturierung vernachlässigen lassen. Sowie diese Fakten zur Geltung gebracht werden, zeigt sich die Inadäquatheit des Systems.

Ein System wie ELIZA ist Sprachbeherrschungsmimikry. Eine solche Mimikry ist partiell möglich. Aber über die führt kein Weg zur vollständigen L-Beherrschung. Eben dies ist der Gehalt der letztlich trivialen, aber folgenreichen Feststellung, daß die Konstruktion einer Sprecher/Hörer-Maschine nicht gelingen kann, wenn sie nicht die Fakten der L-Strukturierung bewahrt.

als auch M sind nur faktenkonform möglich, trivialerweise. Die Möglichkeit voneinander verschiedener, aber miteinander äquivalenter Repräsentationen – Repräsentationen durch Bewegungstransformationen einerseits und Diagonalkategorisierungen andererseits exemplifizieren diese Möglichkeit – besagt nichts gegen diese Trivialität. Sie dokumentiert nur, daß unterschiedliche, jeweils faktenkonforme Typ A-Theorien möglich sind, zwischen denen sozusagen jenseits der Faktenkonformität, also unter Aspekten wie dem der Einfachheit, der Allgemeinheit, und so weiter, entschieden werden muß – und auch begründet entschieden werden kann. Jede derartige Entscheidung bestätigt die Behauptung, daß die Repräsentation der A-Ebene eine begriffliche Einheit darstellt: Sie bestätigt die Feststellung, daß zwischen den A-Ebenen der Systeme $\underline{n}$ und M keine strukturelle Differenz besteht. Sie bestätigt die Behauptung der A-Ebenen-Gleichheit des natürlichen Sprecher/Hörers $\underline{n}$ und der Sprecher/Hörer-Maschine M.[2]

Diese Gleichheitsbehauptung, für die Widerlegungsinstanzen wohl kaum beigebracht werden können, erhellt in einer wesentlichen Hinsicht, welche Beziehungen zwischen SKI und SHL bestehen. Denn sie besagt, daß die Typ A-Theorie, die die Erklärung der Systeme Z' der A-Ebene liefert, die für die L-Beherrschung des natürlichen Sprecher/Hörers $\underline{n}$ konstitutiv sind, zugleich auch die Theorie ist, die der Konstruktion der Systeme der A-Ebene der Sprecher/Hörer-Maschine M zugrundeliegt – und umgekehrt. Sofern nur die A-Ebene der L-Beherrschung betrachtet wird, besteht zwischen der Erklärungsarbeit, die im Rahmen der SHL zu leisten ist, und der im Rahmen der SKI zu leistenden Konstruktionsarbeit weder ein formaler noch ein begrifflicher Unterschied, der von grundlegender Bedeutung ist. Genau deshalb kann und muß man konstatieren, daß jede adäquate S/H-Maschine M ein Spre-

---

2. Diese Gleichheitsbehauptung mag spektakulär anmuten. Aber sie ist in Wahrheit weit weniger spektakulär als die gegenteilige Behauptung. Die nämlich besagt, daß es zwei grundsätzlich voneinander verschiedene Arten der L-Beherrschung gibt, deren eine durch den Sprecher/Hörer $\underline{n}$ und deren andere durch die Sprecher/Hörer-Maschine instantiiert wird.

Diese Differenzbehauptung hätte eine Entsprechung etwa in der These, daß es für Steine zwei grundsätzlich voneinander verschiedene Arten zu fallen gibt – und mithin zwei grundsätzlich voneinander verschiedene Systeme von Fallgesetzen. Diese Behauptung wäre offensichtlich unsinnig: Es gibt nun einmal ein und nur ein System von Fallgesetzen.

Entsprechend gibt es, hinsichtlich der A-Ebene, ein und nur ein System von Gesetzen der L-Beherrschung, dem die Systeme $\underline{n}$ und M gleichermaßen unterliegen. Und diese Einzigartigkeits-Feststellung ist der wesentliche Gehalt der Behauptung der formalen und begrifflichen Einheit der A-Ebenen-Repräsentation. Aus ihr folgt nicht, daß die L-Beherrschung ein Monopol von Organismen ist – aber eine solche Monopolbehauptung ist offenkundig etwas vollkommen anderes als die Einzigartigkeits-Feststellung. Und deren Evidenz ist weit höher, als es die Evidenz jemals sein kann, die für die Differenzbehauptung allenfalls beigebracht werden kann: denn es ist nicht zu sehen, was – präzise – mit der Differenzbehauptung überhaupt gemeint sein kann.

cher/Hörer-Modell induziert, und daß jedes adäquate Sprecher/Hörer-Mo-
dell eine virtuelle Sprecher/Hörer-Maschine induziert. SKI-Arbeit zu
leisten heißt, so gesehen, Simulationsmodelle des Sprecher/Hörers zu
entwickeln: Durch diese Arbeit wird im Modus der Simulation erklärt,
wie die L-Beherrschung als ein abstraktes System strukturiert ist und
wie sie funktioniert. In der SKI wird demzufolge, unter anderen Vorzeichen, eben das geleistet, was auch in der SHL geleistet wird, und
umgekehrt: Solange die A-Ebene der Sprachbeherrschung und nur sie Gegenstand der Untersuchung ist, korrespondieren SKI und SHL einander
strikt. In den beiden Disziplinen wird, im gleichen formalen Rahmen
und unter den gleichen begrifflichen Bedingungen, die gleiche explana-
tive und deskriptive Arbeit geleistet. Aus dem Nachweis der A-Ebenen-
Gleichheit der n-Systeme und der M-Systeme folgt die strikte Korrespondenz zwischen SKI und SHL. - Dieser Befund ist, selbstverständlich, systematischer Natur. Er kann somit nicht durch Hinweise auf
Differenzen in der aktuellen Forschungspraxis der Disziplinen wider-
legt werden. Die Existenz solcher Differenzen ist ohne weiteres ein-
zuräumen - Linguisten sind vorwiegend an der Entwicklung von Typ I-
Theorien interessiert, während die KI-Forscher größeres Interesse an
der Entwicklung von Typ II-Theorien haben. Linguisten untersuchen vor-
rangig Aspekte der sprachlichen Kompetenz; KI-Forscher dagegen konzentrieren sich vorwiegend auf die Untersuchung von Systemen von Weltwissen - aber Interessendifferenzen dieser Art haben kein systematisches
Gewicht. Sie reflektieren eine historisch kontingente Form der disziplinären Arbeitsteilung, die sicher produktiv ist, ohne daß ihr jedoch
methodologischer Gehalt zukommmt. Was in methodologischer Hinsicht
zählt, ist allein die Einheit der A-Ebene der L-Beherrschung. Der
Nachweis dieser Einheit impliziert die Feststellung, daß SHL und SKI
einander strikt korrespondieren; mit ihm ist demonstriert, daß es
einen Simulationsmodus der Spracherklärung gibt, und dies deshalb,
weil die n-Systeme und die M-Systeme A-Ebenen-gleiche Systeme sind.
Die Konstruktion der S/H-Maschine induziert Sprecher/Hörer-Erklä-
rungen, wie umgekehrt Sprecher/Hörer-Erklärungen Möglichkeiten der
Konstruktion von S/H-Maschinen, genauer: virtuelle Sprecher/Hörer-Ma-
schinen induzieren. Insofern gilt, daß SKI und SHL einander mit Rück-
sicht auf die A-Ebene der L-Beherrschung strikt korrespondieren.

4. Die Einsicht in die A-Ebenen-Gleichheit der Syteme n und M ist
nicht leicht, jedenfalls nicht unmittelbar zu gewinnen. Unmittelbar
einsichtig dürfte es jedoch sein, daß die Realisierung der Systeme Z'
der A-Ebene im Fall von n eine vollkommen andere ist als im Fall von
M - diese Realisierungsdifferenz macht, trivialerweise, den wesentli-

chen Unterschied zwischen dem natürlichen Sprecher/Hörer und der Sprecher/Hörer-Maschine aus. An die Stelle der Leistung des Organismus tritt im Fall der Maschine die Leistung des Konstrukteurs: Die maschinelle Realisierung der Z'(A) ist das Ergebnis dezidierter Konstruktionsarbeit. Und das heißt natürlich auch, daß die Typ B-Theorien - die Theorien der Relation R und damit der Realisierung der Z'(A) auf der P-Ebene -, die in der SHL erforderlich sind, von grundsätzlich anderer Art sein müssen als die Typ B-Theorien, die im Rahmen der SKI die Konstruktionsarbeit ermöglichen. Demzufolge gilt, daß genau dann, wenn es um die Probleme der Realisierung geht, die strikte Korrespondenz zwischen SKI und SHL endet. An dieser Stelle endet der Simulationsanspruch der SKI, und mit ihm endet auch der SKI-Erklärungsanspruch, der in der Simulationsmöglichkeit begründet ist: Die Typ B-Theorien der SKI implizieren keine Sprecher/Hörer-Erklärungen und keine Spracherklärungen. Sie sind Theorien von Konstruktionsmöglichkeiten und Konstruktionsverfahren.

Die Typ B-Theorien der SKI sind wesentlich Theorien der Compilation und der Interpretation. Die Konstruktion von Compilern und Interpretern ist die Antwort auf die Frage, wie die Systeme Z' der A-Ebene sich physikalisch realisieren lassen. Diese Antwort wird vor allem unter dem Gesichtspunkt der Realisierungseffizienz gegeben; komplexitätstheoretische Erwägungen spielen in diesem Zusammenhang eine vielleicht nicht allein ausschlaggebende, aber doch gewichtige Rolle. Erklärungsansprüche jedoch können durch sie nicht begründet werden; Compilationen und Interpretationen sind keine Simulationen: durch sie wird zur Theorie der A-Ebene der L-Beherrschung nichts beigetragen. Eine Beziehung zur theoretischen Linguistik weisen sie nicht auf.

Dies impliziert jedoch nicht, daß die Frage nach der maschinellen Realisierbarkeit der Z'(A) sich jenseits aller linguistischen Forschung stellt. Sie stellt sich aber nicht im Rahmen der theoretischen Linguistik - wohl aber stellt sich diese Frage im Rahmen der Computerlinguistik, im engeren Sinne dieses Begriffs: Denn Computerlinguistik zu betreiben, heißt auch und gerade, die Z'(A) auf die P-Ebene abzubilden, also maschinell zu realisieren. Ebenso wie die SKI eine Antwort auf die Realisierbarkeitsfrage liefert, liefert auch die Computerlinguistik eine solche Antwort. Und diese Antworten sind von gleicher Art; sie besteht in jedem Fall in der Spezifizierung von Möglichkeiten der Compilation und Interpretation. Diese Spezifizierung zielt nicht auf Theorie, genauer: auf Sprachtheorie ab - bei ihr geht es um Technologie, um die zielgerichtete und zweckbestimmte Entwicklung von Maschinerien der L-Beherrschung. Computerlinguistik und SKI überschneiden sich in diesem Bereich miteinander; mithin muß eine zweite

disziplinäre Korrespondenz konstatiert werden. Da es in diesem Über-
schneidungsbereich jedoch nicht um Erklärungen geht, ist diese zweite
Korrespondenz von anderer Art als jene, die im Hinblick auf die A-
Ebene zwischen SKI und SHL besteht – sie ist, als nicht erklärungsre-
levante Korrespondenz, nicht strikt und soll deshalb als semistrikte
Korrespondenz bezeichnet werden. Diese semistrikte Korrespondenz zwischen SKI und Computerlinguistik ist dabei nicht weniger systematisch
als die strikte Korrespondenz zwischen SKI und SHL; sie ergibt sich
lediglich unter anderen Vorzeichen: sie ergibt sich nicht bezüglich
explanativer, sondern bezüglich technologischer Aspekte. Auf Grund
dieser ihrer Systematizität ist sie auch unter methodologischen Gesichtspunkten nicht weniger gewichtig als die strikte Korrespondenz.
Sie dokumentiert, daß SKI und Linguistik sogar in Bereichen, in denen
sich Probleme der Spracherklärung nicht stellen, auf dem gleichen Weg
voranschreiten. Auf diesem Weg werden sowohl der Theorie als auch der
Technologie neue Gebiete erschlossen: insofern ist die Korrespondenz
zwischen SKI und Linguistik eine produktive Korrespondenz: sie eröffnet neue Möglichkeiten der wissenschaftlichen Erkenntnis wie auch
eines wissenschaftlich kontrollierten und mithin technologisch strukturierten Handelns.

5. Zwischen der sprachorientiert betriebenen KI und der Linguistik,
speziell der SHL und der Computerlinguistik, besteht eine systematische Korrespondenz. Dieser zuvor demonstrierte Tatbestand ist bemerkenswert. Er ist bemerkenswert, weil diese Korrespondenz zwischen Disziplinen besteht, von denen eine ihren instituionellen Ort traditionellerweise in der philosophischen Fakultät hat, während die andere
als Teildisziplin einer Disziplin fungiert, die üblicherweise zu den
Ingenieurswissenschaften gerechnet wird. Die Korrespondenz zwischen
SKI und Linguistik ist somit eine Korrespondenz zwischen Disziplinen,
die institutionell vollständig voneinander getrennt sind.[3] Und Korrespondenzen dieser Art, die über institutionell vorgenommene Wis-
senschaftaufteilungen hinaus führen, bestehen nicht nur zwischen SKI
und Linguistik. Sie lassen sich hinsichtlich aller Disziplinen nachweisen, die die Korrespondenz zwischen SKI und Linguistik ermöglichende Prämisse ebenfalls eingehen, selbstverständlich mit den jeweils

---

3. Die Annahme, daß die instituionelle Verfassung der Disziplinen den
Entwicklungen, die sich in ihnen vollzogen haben, nur noch bedingt gerecht wird,
liegt insofern nahe. Allerdings soll dieser Aspekt hier nicht weiter erörtert werden.
Nicht, weil er letztlich unwichtig wäre – sondern deshalb, weil er so wichtig ist,
daß er einer gründlicheren und sorgfältigeren Betrachtung bedarf, als sie in diesem
Zusammenhang möglich wäre.

erforderlichen Spezifizierungen, die sich disziplinenspezifisch ergeben.

Diese Prämisse läßt sich in einem Satz zusammenfassen. Sie besagt,
daß kognitive Systeme und kognitive Prozesse korrekt begriffen sind,
wenn sie als informationsverarbeitende Systeme und als
informationsverarbeitende Prozesse begriffen werden. Die L-Beherrschung ist aus kognitiven Systemen und Prozessen aufgebaut – und genau
deshalb lassen sich der natürliche Sprecher/Hörer n und die Spre-
cher/Hörer-Maschine M als Systeme gleicher Art auffassen: nämlich als
informationsverarbeitende Systeme. Die Korrespondenz zwischen Linguistik und SKI ergibt sich somit unter den Vorzeichen und im Rahmen des
vereinheitlichenden Paradigmas der informationsverarbeitenden Systeme.
Und unter dieses Paradigma lassen sich natürlich nicht nur SKI und SHL
subsummieren; die Untersuchung optischer und akustischer Wahrnehmun-
gen, das sinnvolle Treffen von Entscheidungen, das Entwerfen von Plänen – dies alles und vieles mehr läßt (im übrigen duchaus in Übereinstimmung mit der Konzeption des Turing-Tests) eine Erklärung im Rahmen
einer durch das Paradigma der informationsverarbeitenden Systeme
strukturierten Forschung zu. Zusammenfassend gesagt: die gesamte Kognitionsforschung läßt sich in allen ihren Aspekten unter das Paradigma der informationsverarbeitenden Systeme subsummieren. Und die pa-
radigmenkonform betriebene Forschung führt nicht nur zu neuen Erkenntnissen im theoretischen Bereich; sie erschließt auch neue technologi-
sche Möglichkeiten: das Paradigma ist somit nicht nur wissenschaftsin-
tern, sondern auch wissenschaftsextern produktiv.

Die Korrespondenz zwischen Linguistik und KI ist somit keine nur
lokale Angelegenheit. Sie ist vielmehr Ausdruck einer allgemeinen,
eine Mehrzahl von Disziplinen umfassenden Wissenschaftsentwicklung,
die zunehmend auf die Etablierung einer diese Disziplinen integrie-
renden Disziplin, nämlich der Kognitionswissenschaft, hinausläuft. Die
Etablierung einer Kognitionswissenschaft hätte weitreichende, nicht
nur wissenschaftlich weitreichende, produktive Konsequenzen: Konsequenzen eben der Art, die sich in exemplarischer Weise aus den Korrespondenzen zwischen Linguistik und KI ergeben.

LITERATURVERZEICHNIS

Kuhn, Th. (1970), <u>The Structure of Scientific Revolutions</u>. 2nd. ed. Chicago: University of Chicago Press

Turing, A. (1950), Computing Machinery and Intelligence. In: <u>Mind</u> 59, S. 433 - 460

Weizenbaum, J. (1965), ELIZA - A Computer Program for the Study of Natural Language Communication between Man and Machine. In: <u>Communications of the Association for Computing Machinery</u> 9, S. 36 - 45

Eine psychologische Kritik des Intuitionismus in der Kognitionsforschung.[1]

Manfred Wettler
Fachgruppe Informationswissenschaft
Universität Konstanz

1. Einleitung

Die Ursache vieler interdisziplinärer Auseinandersetzungen liegt häufig im unterschiedlichen Gebrauch von Fachwörtern. Ich möchte deshalb kurz darlegen, wie ich die drei Gebiete, um die es im weiteren geht, die Psychologie, die Künstliche Intelligenz und die Kognitionsforschung, voneinander abgrenze.

Die Psychologie verstehe ich als eine Erfahrungswissenschaft mit dem Ziel, die Regeln des menschlichen Tuns zu beschreiben. Dazu gehören einfache Reaktionen, wie das Blinzeln mit den Wimpern, aber auch komplexe Handlungen, das Verfassen eines wissenschaftlichen oder künstlerischen Werkes beispielsweise.

Die Künstliche Intelligenz verstehe ich als eine Ingenieurwissenschaft mit dem Ziel, einen Automaten herzustellen, der sich so verhält, daß man dies bei einem Menschen als intelligent oder vernünftig bezeichnen würde. Bei allen Überschneidungen, die sich zwischen diesen beiden Disziplinen in der wissenschaftlichen Praxis ergeben mögen, unterscheiden sie sich also in einem Punkt ganz klar: die Psychologie findet ihren Gegenstand vor und die Künstliche Intelligenz erschafft ihn.

Unter Kognitionsforschung, so meine deutsche Übersetzung des englischen Ausdrucks Cognitive Science, verstehe ich einen Ansatz oder eine Forschungsperspektive, welcher sowohl in der Psychologie als auch in der Künstlichen Intelligenz verwendet wird. Seine Vertreter nehmen an, daß den intelligenten Leistungen eine nicht-materielle Entität zugrunde liegt, welche man als Geist, Vernunft, auf Englisch als mind bezeichnet. Diese Vernunft, so wird in der Kognitionsforschung weiter angenommen, ist Gegenstand unseres Bewusstseins - wir seien also in der Lage, die Gründe, welche unser Handeln bestimmen, wahrzunehmen und zu beschreiben. Das menschliche Handeln wird unter diesem Aspekt als ein zielgerichteter Prozess beschrieben, bei welchem mit Hilfe von logischen Schlussfolgerungen Handlungspläne aufgestellt und abgearbeitet werden. Eine wichtige Rolle bei diesen Inferenzprozessen spielen die sog. Wissensstrukturen, Abbilder der Welt in der Form von Propositionen.

Im folgenden möchte ich eine Grenze dieses Ansatzes aufzeigen, und weiter, wie diese Beschränkung überwunden werden könnte. Dies ist m.E. dann möglich, wenn man die propositionalen, wissensbasierten Modelle der gegenwärtigen Kognitionsforschung durch assoziative Modelle mit paralleler Informationsverarbeitung ergänzt. Dies würde bedeuten, daß die Kognitionsforschung auf Inhalte der klassischen Assoziationspsychologie zurückgreift, welche man lange Zeit für überwunden hielt. Die Nützlichkeit dieses Vorgehens möchte ich dann an einem Beispiel demonstrieren, der Formulierung von Suchfragen beim Information Retrieval.

2. Die klassische Assoziationspsychologie

1894 veröffentliche der französische Psychologe Binet eine Untersuchung über das Erlernen und Behalten von sinnvollen Sätzen. Darin berichtete er, daß seine Versuchspersonen die gelesenen Sätze nur fehlerhaft reproduzieren konnten. Allerdings beträfen diese Fehler hauptsächlich solche Wörter, welche für den Sinn der Texte nebensächlich seien.

Diese Beobachtung hätte den Anlass bilden können, um sich zu fragen, worin denn der Sinn eines Textes bestehe, und wie es dazu komme, daß man die inhaltlich wichtigen Teile von Texten besser behalte als die unwichtigen. Dies geschah jedoch nicht. Anstattdessen versuchte die wissenschaftliche Psychologie jener Zeit, das menschliche Tun unter solchen Bedingungen zu untersuchen, unter denen die Fragen nach Sinn und Bedeutung umgangen werden konnten. Diese heute für viele kaum verständliche Selbstbeschränkung der damaligen Psychologie kam daher, daß sich die Psychologen als Naturwissenschaftler verstanden, welche die allgemeinen Gesetze psychischer Abläufe studierten, und dies, so meinte man, sei in kontrollierten experimentellen Bedingungen am einfachsten.

Ein wichtiger Proponent dieses Ansatzes war Herrmann Ebbinghaus. In seinen 1885 veröffentlichten "Untersuchungen über das Gedächtnis" machte er deshalb den Vorschlag, für die Untersuchung von Lern- und Gedächtnisprozessen anstelle sinnvoller Texte sinnlose Silben zu verwenden. Die Vorteile dieses Lernmaterials beschrieb er wie folgt:

Es ist zuvörderst verhältnismäßig einfach und verhältnismäßig gleichartig. Bei den zunächst sich darbietenden Stoffen, Gedichten oder Prosastücken, muß der bald erzählende, bald beschreibende, bald reflektierende Inhalt .... eine Fülle von unregelmäßig wechselnden und deshalb störenden Einflüssen ins Spiel bringen - hin- und herspielende Associationen, verschiedene Grade der Anteilnahme, Rückerinnerungen an besonders treffende und schöne Verse usw. Alles dies wird bei unseren Silben vermieden.

(Ebbinghaus, 1885, p.30)

Der traditionellen wissenschaftlichen Psychologie ging es also zunächst nicht darum, komplexes Handeln in natürlichen Situationen vorauszusagen, sondern sie versuchte, allgemeine Gesetzmäßigkeiten psychischer Prozesse zu finden und empirisch zu überprüfen. Aus diesem Ziel ergibt sich das methodologische Postulat, experimentelle Situationen zu definieren und zu verwenden, in denen diese Gesetzmäßigkeiten isoliert, d.h. unabhängig von möglichen Störvariablen untersucht werden können. Zu diesen Störvariablen zählen die von Mensch zu Mensch unterschiedlichen Kenntnisse.

Bei den grundlegenden psychischen Prozessen, welche man mit diesem Ansatz untersuchen wollte, handelt es sich hauptsächlich um die Gesetze der klassischen Assoziationstheorie, welche seit Aristoteles die Vorstellungen über das Erlernen und Erinnern bestimmt haben. Der Kern dieser Theorie lässt sich in zwei Sätzen zusammenfassen:

1. Wenn zwei Ereignisse gleichzeitig ins Bewusstsein treten, dann werden sie miteinander assoziativ verknüpft.

2. Wenn ein Ereignis ins Bewusstsein tritt, dann werden die mit ihm assoziativ verknüpften Ereignisse ebenfalls ins Bewusstsein gerufen.

Der erste Satz beschreibt das Gesetz des assoziativen Lernens und der zweite das Gesetz des assoziativen Wiederauffindens. Diese beiden Gesetze bilden auch die zwei zentralen Annahmen des Konnektionismus, auf den ich weiter unten eingehen werde.

Der assoziationstheoretische Ansatz bildete zum einen ein äusserst einflussreiches Programm insofern, als es die psychologische Forschung bis in die 60-er Jahre hinein prägte. In einer Unzahl von Experimenten mit akribischen Versuchsplänen ist untersucht worden, wie sinnlose Silben in unterschiedlichen Anordnungen gelernt, behalten und vergessen werden. Der Ansatz blieb jedoch insofern ein Misserfolg, als es nicht gelungen ist, die Ergebnisse dieser Forschungen in einer in der Praxis brauchbaren Theorie des Lernens und des Gedächtnisses zu integrieren, in einer Theorie also, welche in einem Anwendungsgebiet, der Didaktik beispielsweise oder der Mensch-Computer-Interaktion, fruchtbar gemacht werden könnte.

Die Gründe für diesen Misserfolg liegen sowohl in der verwendeten Methode als auch in den theoretischen Unzulänglichkeiten des klassischen Assoziationismus. Zum einen hat sich gezeigt, daß beim Umgehen mit sinnlosem Material offensichtlich ganz andere Mechanismen wirksam sind als bei sinnvollen Texten: Um 20 sinnlose Silben auswendigzulernen, benötigt man mehrere Minuten. Liest man jedoch innerhalb derselben Zeitspanne ein Buch, dann kann man nachher einen ganzen Aufsatz über den gelesenen Stoff schreiben. In den beiden Situationen scheinen also unterschiedliche Mechanismen wirksam zu sein.

Zudem hat man erkannt, daß die Assoziationstheorie nicht ausreicht, die Entstehung komplexen menschlichen Verhaltens zu erklären. Die Struktur natürlicher Sprachen ist beispielsweise zu komplex, als daß von einem Automaten generiert werden könnte, welcher lediglich über die Regeln der klassischen Assoziationstheorie verfügt. Ein weiteres Beispiel für das Ungenügen der Assoziationstheorie ist die eingangs erwähnte Untersuchung von Binet. In den Reproduktionen der Versuchspersonen zeigten sich spezifische Fehler, welche nicht in Abhängigkeit der zu erlernenden Wörter erklärt werden können, sondern von deren Bedeutsamkeit für den Gesamttext. Die Beispiele, an denen sich das Ungenügen der klassischen Assoziationstheorie aufzeigen lässt, ließen sich beliebig vermehren.

3. Die kognitive Wende

Die Erfahrung, daß mit dem Programm von Ebbinghaus nicht der erhoffte Kenntnisgewinn erzielt werden konnte, und die Reflektion möglicher Ursachen dieses Misserfolges bildeten die Voraussetzung und den Anstoß für die kognitive Wende in den 60-er Jahren. Diese Entwicklung wird heute häufig als eine wissenschaftliche Revolution beschrieben, welche auf einen Schlag die gesamte Psychologie umgekrempelt habe. Eine solche Sichtweise schmeichelt zwar der kognitiven Schule, sie bildet jedoch eine unzutreffende Vereinfachung des tatsächlichen Ablaufes einer facettenreichen Entwicklung. Schon vor der kognitiven Wende existierten in der Psychologie verschiedene Ansätze, welche man heute als kognitivistisch bezeichnen würde: die zu Beginn des Jahrhunderts entstandene Gestaltpsychologie, die gedächtnispsychologischen Arbeiten von Bartlett und die genetische Epistemologie von Jean Piaget, um nur die drei bekanntesten zu nennen. Zudem wurde und wird der kognitive Ansatz von verschiedenen Psychologen unterschiedlich eingeschätzt; weder ist die Psychologie als Ganzes kognitivistisch geworden, noch entwickelte sich ein Schisma zwischen Anhängern und Gegnern dieser Richtung. Es ist deshalb wenig sinnvoll, nach der Haltung d e r Psychologie gegenüber der Kognitionsforschung zu fragen.

Sinnvoll ist jedoch die Frage, inwieweit die in der empirischen Psychologie gewonnenen Kenntnisse über psychische Prozesse den kognitiven Ansatz bestätigen oder in Frage stellen. Mit anderen Worten: Verhält sich der Mensch so, wie er in der Kognitionsforschung beschrieben wird? Dabei bin ich mir durchaus im klaren darüber, daß aus einer Diskrepanz zwischen kognitiven Modellen und psychologischen Beobachtungen nicht geschlossen werden darf, daß diese Modelle in der Künstlichen Intelligenz nicht gebraucht werden sollen. Psychologische Verhaltensbeobachtungen sind für die Künstliche Intelligenz nur dann relevant, wenn sie Hinweise dafür liefern, wie

Abbildung 1: Schematische Darstellung eines wissensbasierten Benutzermodelles

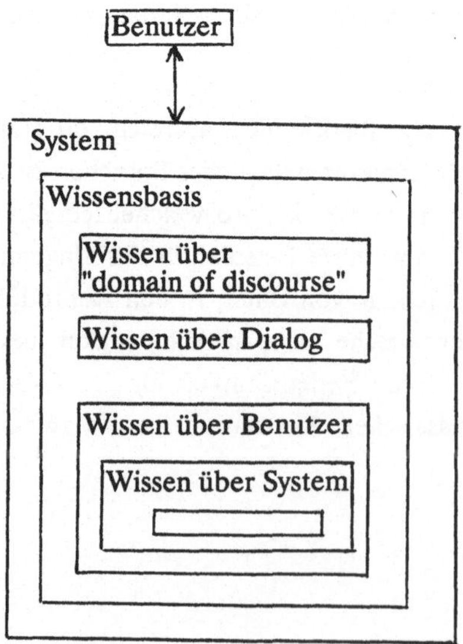

Intelligenzleistungen besser als bislang programmiert werden können. Dies trifft jedoch m.E. zu, und ich möchte dies auch mit Beispielen belegen.

Nun ist nicht nur die Psychologie eine äusserst heterogene Disziplin. Auch innerhalb der Kognitionsforschung bestehen unterschiedliche Richtungen, und es ist damit nicht sinnvoll, nach Übereinstimmungen und Diskrepanzen zwischen psychologischen Beobachtungen und d e r Kognitionsforschung zu suchen. Wenn ich im folgenden von Kognitionsforschung innerhalb der Künstlichen Intelligenz spreche, dann meine ich eine Gruppe von Modellen, welche von ihren Autoren meist als wissensbasierte Partner- oder Benutzermodelle bezeichnet werden.

Dabei handelt es sich um Systeme, welche über eine sog. Wissensbasis verfügen, d.h. über ein Abbild der Welt in Form einer Prädikatenstruktur. Dieses Weltwissen setzt sich zusammen aus der Kenntnis des Gegenstandes, über welchen der Benutzer und das System kommunizieren, aus dem Wissen über den Dialog, welchen das System mit dem Benutzer geführt hat, und dem Wissen über den Benutzer selbst, seine Kenntnisse und Interessen. Teil dieses Wissens über den Benutzer betrifft dessen Kenntnis des Systems, und Teil dieses Wissens ist das Wissen das Systems über das Wissen des Benutzers über das Wissen des Systems über das Wissen des Benutzers.

Wenn nun einem solchen System eine Frage oder eine Deklaration eingegeben wird, dann sucht es danach, warum der Benutzer diese Eingabe gemacht haben könnte und es passt seine Reaktion seinen vermuteten Plänen an. Ein bekanntes Beispiel für diese Leistung bildet das Verstehen indirekter Sprechakte. Wenn das System gefragt wird:
Weisst du, wieviel Sterne stehen?
dann sollte es nicht mit "ja" oder mit "nein" antworten, sondern es sollte inferieren, daß der Benutzer wissen möchte, wieviele Sterne stehen.

Seit gut 15 Jahren werden solche Programme entwickelt, und tatsächlich können damit jeweils einige Beispielsätze so verarbeitet werden, daß man den Eindruck gewinnt, das System sei in der Lage, die Pläne des Benutzers zu inferieren und flexibel darauf einzugehen. Allerdings beschränkt sich der Anwendungsbereich dieser Modelle auf jeweils wenige Beispielsätze und wie bei anderen Problembereichen der Kognitionsforschung, so können auch hier die Modelle, welche mit äusserst kleinen Wissensbereichen arbeiten, nicht an größere Weltwissensbereiche angepasst werden.

Damit stellt sich die Frage, ob diese Beschränktheit nicht auf einen grundsätzlichen Mangel des kognitiven Ansatzes beruht. Im folgenden möchte ich nun zeigen, daß in der Kognitionsforschung naive alltagspsychologische Vorstellungen übernommen werden, und daß solche unkritische und falsche Annahmen über den Ablauf kognitiver Prozesse dafür verantwortlich sind, daß die Kognitionsforschung, welche immerhin gut 20 Jahre alt ist, zu keinen brauchbaren Ergebnissen geführt hat.

4. Introspektion

Eine Grundannahme der Kognitionsforschung ist der Intuitionismus, d.h. die Auffassung, daß man wisse, wie Menschen Probleme lösen, wie sie Handlungen planen, warum sie etwas bestimmtes sagen usw. Ich möchte dies anhand des erwähnten Beispieles erläutern, der Interpretation indirekter Sprechakte. Nehmen wir an, ich hätte soeben einen Passanten auf der Straße gefragt:

Wissen Sie, wieviel Uhr es ist?

und er hätte mit einer Zeitangabe geantwortet. Und nun würde ich, etwa wie folgt, weiterfragen:

Erlauben Sie mir eine weitere Frage. Vorhin habe ich Sie nicht danach gefragt, wieviel Uhr es sei, sondern ob Sie wüssten, wieviel Uhr es sei. Trotzdem haben Sie mir nicht nur gesagt, daß Sie es wissen, sondern Sie haben mir auch die Zeit gesagt. Können Sie mir bitte sagen, warum Sie das getan haben?

Vorausgesetzt, daß es sich bei der angesprochenen Person um einen freundlichen und langmütigen Menschen handelt, würde er mir nun vermutlich eine Antwort der folgenden Art geben:

Nun, ich habe natürlich angenommen, daß Sie die Uhrzeit wissen wollen, und, aus Freundlichkeit, nicht direkt danach gefragt haben.

Diese Antwort meiner hypothetischen Versuchsperson entspricht also grosso modo der soziolinguistischen Erklärung des Verstehens indirekter Sprechakte; denn sie gibt an, aufgrund meiner Frage mein dahinterliegendes Handlungsziel erschlossen und ihre Antwort darauf ausgerichtet zu haben. Nach demselben Prinzip arbeiten auch die Programme zur Interpretation indirekter Sprechakte in der Künstlichen Intelligenz. Auch diese beruhen auf intuitiven und introspektiven Annahmen des Forschers über den Ablauf kognitiver Prozesse. Bei seiner Konzipierung von sog. verstehenden Systemen stützt sich der KI-Forscher also auf seine Vermutungen über seine eigenen Denkprozesse.

Damit stellt sich die Frage: wie kommt es zu solchen Beschreibungen der eigenen Denkprozesse? mit anderen Worten: ist es möglich, sein eigenes Denken zu beobachten? Verfügen wir, wie die meisten Leute meinen, über die Fähigkeit zur Introspektion? Eine große Zahl von psychologischen Untersuchungen zu diesem Thema zeigt, daß die Richtigkeit introspektiver Urteile von dem jeweiligen Problem abhängt, dessen Lösung die Versuchspersonen schildern. Wenn ich beispielsweise jemanden auffordere, zwei zweistellige Zahlen im Kopf zu multiplizieren, und ihn später frage, wie er auf die Lösung gekommen sei, dann kann er mir dies sagen:

Zuerst habe ich die erste Ziffer der ersten Zahl mit der ersten Ziffer der zweiten multipliziert, dann habe ich dieses Zwischenergebnis mit hundert multipliziert, usw.

Frage ich hingegen jemanden nach dem Vornamen seines Vaters, und später, wie er darauf gekommen sei, dann weiss er dies nicht, sondern er wird sagen:

Der Name ist mir einfach eingefallen.

Das Lösen der ersten Aufgabe, die mentale Multiplikation, bezeichnet man deshalb als einen bewussten Prozess und das Lösen der zweiten Aufgabe, das Wiederauffinden eines Namens, als einen unbewussten Prozess. Dazwischen gibt es eine ganze Reihe von Aufgaben, bei denen wir zwar den Eindruck haben, wir wüssten um den Lösungsweg, bei denen sich jedoch zeigen lässt, daß unsere introspektiven Beschreibungen falsch sind.

In seinem berühmt gewordenen Pendelexperiment führte Maier (1936) seine Vpn in einen Raum, in welchem in einer Distanz von etwa drei Metern zwei Schnüre von der Decke hingen. Auf dem Fußboden des ansonsten leeren Raumes lagen einige Geräte herum: Schraubenzieher, Nägel, Schrauben usw. Den Vpn wurde die Aufgabe gestellt, die beiden Schnüre miteinander zu verknüpfen. Dabei bestand die Schwierigkeit, daß sie zu weit auseinanderhingen, als daß man sie gleichzeitig hätte ergreifen können. Nachdem sich die Vpn eine Weile lang erfolglos um die Lösung der Aufgabe bemüht hatten, zog der Vl seine Taschenuhr aus der Westentasche und ließ sie, wie spielerisch und zum Zeitvertreib, aber für die Vpn gut sichtbar, an der Kette pendeln. Die Vpn welche dies sahen, kamen darauf "spontan" auf die Lösung des Problemes: Sie befestigten an den unteren Enden der herabhängenden Schnüre jeweils einen der herumliegenden Gegenstände. Damit verfügten sie über zwei Pendel, welche sie in eine gegenläufige Schwingung versetzten, und welche sie, im Augenblick ihres geringsten Abstandes, gleichzeitig ergreifen und miteinander verknüpfen konnten.
Dieser Lösungsweg fiel ihnen erst dann ein, nachdem der Vl ihnen das Pendeln der Taschenuhr gezeigt hatte. Nun befragte Maier seine Vpn nach dem Experiment, wie sie auf die Lösung gekommen seien. Er erhielt darauf alle möglichen Antworten. Keine der Vpn gab jedoch an, daß bei ihrer Lösung des Problemes das Verhalten des Vl eine Rolle gespielt hätte, keine erwähnte die Taschenuhr. Es handelt sich hier also um ein Problem, bei welchem die Vpn meinten, sie wüssten um den Lösungsweg, wobei sich zeigen ließ, daß dies falsch war.

Ein zweites Beispiel:

In einem Experiment von Nisbett & Wilson (1977) wurde zwei Gruppen von zufällig ausgewählten Personen ein Film vorgeführt. Bei der einen Vorführung herrschte im Raum ein unangenehmer Lärm, bei der zweiten Gruppe bestand keine solche Störung. Danach befragte man beide Gruppen, wie ihnen der Film gefallen habe, und dabei zeigten sich keine Unterschiede zwischen den beiden Gruppen. Und nun fragte man die Teilnehmer der Gruppe, die den Film unter Lärm gesehen hatten, ob dieser Lärm ihr Urteil über den Film beeinflusst habe. Diese Frage wurde bejaht, d.h. die Leute gaben ab, ohne den Lärm hätten sie den Film besser eingestuft. Sie glaubten also fälschlicherweise, die Ursachen ihrer Beurteilungen zu kennen.

In der experimentalpsychologischen wie auch in der psychoanalytischen Literatur finden sich unzählige weitere Beispiele dafür, daß Leute mit hoher subjektiver Evidenz falsche Erklärungen für ihr Tun geben. Und nun stellt sich die weitere Frage: Wie kommt es dazu?

Bei der Beurteilung des Filmes waren die Vpn offensichtlich nicht in der Lage, die Gründe ihrer Beurteilungen anzugeben. Als sie jedoch danach gefragt wurden, nannten sie einen Faktor, der ihnen plausibel schien, von dem man erwarten würde, daß er die Beurteilung einer Filmvorführung beeinflußt. Die Angaben über die Ursachen des eigenen Tuns waren in diesem Falle also nicht das Resultat von Selbstbeobachtungen, sondern von allgemeinen Regeln, mit denen man das Verhalten von anderen erklärt (Bem, 1967).

Damit läßt sich auch erklären, warum Leute in manchen Fällen die richtigen Gründe für ihr Tun angeben. Man ist dazu immer dann in der Lage, wenn dieses und durch sprachliche Regeln gelenkt ist, wie beispielsweise im Falle der Multiplikation zweier Zahlen. In allen anderen Fällen erklärt man sein Tun durch die jeweils plausiblesten Annahmen, und diese stimmen manchmal und manchmal stimmen sie nicht (Ericsson & Simon, 1980).

5. Satzbildung

Alltagspsychologische Beschreibungen psychischer Prozesse sind also immer dann richtig, wenn diese Prozesse durch sprachliche Regeln gesteuert werden. In allen anderen Fällen handelt es sich um Vermutungen. In der Kognitionsforschung werden jedoch häufig auch unbewusste Prozesse, welche nicht auf sprachlichen Regeln basieren, mit Hilfe solcher alltagspsychologischer Beschreibungen zu erklären versucht. Beispiele hierfür finden sich in den Modellen zur Satzbildung. Man nimmt an, daß sowohl die Auswahl der Wörter als auch die Stellung der Satzglieder innerhalb des Satzes durch das Ziel bestimmt werden, von seinem Gesprächspartner verstanden zu werden (Clark & Clark, 1977; Hörmann, 1976). Die Satzbildung wird von diesen Autoren also als eine Funktion der kommunikativen Intention des Sprechers erklärt. Um seinem Partner das Verstehen zu erleichtern, stellt er diejenigen Satzglieder an den Anfang des Satzes, welche bereits bekannt seien. Damit sei es dem Hörer möglich, beim Verstehen des Satzes zunächst die bekannten Inhalte mit den bereits bestehenden Wissensstrukturen zu verknüpfen und darauf, in einem zweiten Schritt, diese Wissensstrukturen durch die neuen Inhalte zu erweitern, welche gegen Ende des Satzes eingeführt werden. Diese Erklärung der Satzordnung ist darum plausibel, weil sie der rhetorischen Regel für den Aufbau einer Rede entspricht: Knüpfe an bereits Bekanntes an und verknüpfe dies mit der neu hinzukommenden Informationen.

Allerdings können mit diesem Ansatz eine ganze Reihe von Beobachtungen über die Satzstellung nicht erklärt werden: Unabhängig von dem Grad der Bekanntheit werden beispielsweise Erwähnungen von konkreten Objekten denjenigen von abstrakten Objekten vorangestellt (Taylor, 1969), kürzere Wörter werden langen Wörtern vorangestellt (Pinker & Birdsong, 1979), positiv bewertete Wörter den negativ bewerteten (Ertel, 1977) und häufige den seltenen (Landauer & Streeter, 1973). All diese Beobachtungen können nicht damit erklärt werden, daß der Sprecher die Satzglieder so anordnet, daß er von Hörer möglichst leicht verstanden werden kann.

Vielmehr scheint die Satzstellung durch automatische Prozesse bestimmt zu werden, die in der Regel vom Sprecher nicht kontrolliert werden. In einer kritischen Aufarbeitung der sprachpsychologischen Literatur zur Satzstellung konnte Kathryn Bock (1982) zeigen, daß Wörter, die leicht zu finden sind, bevorzugt an den Satzanfang gestellt werden. Dabei handelt es sich zum einen um diejenigen Wörter, welche bereits erwähnt worden sind, aber auch um die häufigen, kurzen und positiv bewerteten Wörter.

Nach Bock (1982) werden bei der Satzbildung die verschiedenen Satzglieder gleichzeitig elaboriert. Dieser Prozess dauert unterschiedlich schnell. Er ist bei denjenigen Satzgliedern am schnellsten abgeschlossen, deren Wörter im Langzeitgedächtnis am leichtesten aufgefunden werden können. Unter den verschiedenen möglichen syntaktischen Strukturen wählt der Sprecher diejenige aus, bei welcher die leicht lexikalisierbaren Satzglieder am Anfang stehen. Also:

Ich sah einen Hund vorbeirennen. <u>Er</u> jagte eine Katze.

aber:

Ich sah eine Katze vorbeirennen. <u>Sie</u> wurde von einem Hund gejagt.

Die Positionen der Satzglieder geben nun dem Hörer Hinweise, die ihm das Verstehen des Satzes erleichtern, sie haben also eine kommunikative Funktion. Diese Funktion ist jedoch nicht die Ursache, weswegen ein Sprecher eine bestimmte Satzstruktur auswählt. Ich möchte dieses Argument an einem anderen Beispiel verdeutlichen: Wenn der Hund mit dem Schwanz wedelt, dann wissen wir, daß er sich freut - das Wedeln mit dem Schwanz hat also eine kommunikative Funktion. Selbst ein hartgesottener Kognitivist würde jedoch nicht behaupten, daß der Hund darum mit dem Schwanz wackelt, weil er signalisieren möchte, daß er sich freut.

Diese Vermischung von Ursache und Funktion findet sich nicht nur in den kognitiven Theorien zur Satzstellung, sondern auch bei anderen Bereichen der Satzgenerierung, so z.B. in den Erklärungen des bestimmten und des unbestimmten Artikels. Nach Clark & Marshall (1981) hängt die Entscheidung, ob man "der Hund" oder ob man "ein Hund" sagt, davon ab, ob man glaubt, daß der Hund Teil des gemeinsamen Wissens bilde. Nun stellt sich die Frage, auf Grund welcher Kriterien ein Sprecher entscheidet, ob dem Hörer ein Gegenstand bereits bekannt ist. Brewer & Treyens (1981) und Shanon (1981) nehmen an, daß dabei Wissensschemata, sog. "frames" verwendet werden: ein Gegenstand würde immer dann als Teil des gemeinsamen Wissens betrachtet, wenn er Bestandteil eines aktiven Gedächtnisschemas bilde. Diese Erklärung würde allerdings erst dann weiterhelfen, wenn man angeben könnte, wann ein Gegenstand Bestandteil eines Schemas ist und wann nicht.

Zudem können mit dem kognitiven Erklärungsschema auch eine ganze Reihe von Regeln über den Gebrauch des bestimmten und des unbestimmten Artikels nicht erklärt werden. Dazu gehört etwa die Beobachtung, daß der bestimmte Artikel bevorzugt dann gebraucht wird, wenn das folgende Substantiv eine passende Beschreibung des benannten Objektes bildet (Wettler, 1985, 1986). Ein Sperling wird eher als "der Vogel" bezeichnet und eine Gans als "ein Vogel" . Auch dies kann durch Lexikalisierungsprozesse erklärt werden: Fällt die Zuordnung zwischen Wort und Gegenstand leicht, dann wird dem Wort der bestimmte Artikel vorangestellt und sonst der unbestimmte.

Ich halte diese Beispiele deshalb für bedeutsam, weil es sich bei der Satzstellung und bei der Artikelwahl um zwei Paradebeispiele der Kognitionsforschung handelt, mit denen die funktionale Erklärung sprachlicher Prozesse gerechtfertigt werden soll.

6. Kontrollierte und automatische Prozesse.

Satzstellung und Artikelwahl sind Beispiele dafür, daß die Kognitionsforschung sehr schnell an Grenzen stößt, wenn sie ausschließlich sprachlich-logische Regeln verwendet und keine Annahmen über die sog. low-level-Prozesse einführt. Die Untersuchung der Unterschiede und der Beziehungen zwischen diesen beiden Arten von Prozessen ist ein zentrales Thema der gegenwärtigen Psychologie. Zu den bewussten Prozessen, welche durch sprachliche Regeln gesteuert werden, gehört das Multiplizieren von zweistelligen Ziffern und zu den unbewussten Automatismen das Auffinden von Wörtern aus dem Langzeitgedächtnis.

Diese zwei Arten von Prozessen unterscheiden sich nicht nur dadurch , daß die einen verbalisierbar sind und die anderen nicht, sondern zusätzlich in einer ganzen Reihe weiterer Charakteristika. Sprachlich-logische Prozesse sind bewußt, d.h. man ist in der Lage, sie zu beschreiben (Posner & Snyder, 1975). Nach Schneider & Shiffrin (1977) handelt es sich um kontrollierte Prozesse, d.h. daß man in der Lage ist, sie willentlich zu steuern. Zudem hemmen sie sich gegenseitig (Kahneman, 1973). So kann man beispielsweise nicht zugleich eine Mathematikaufgabe lösen und einen Brief schreiben. Automatische Prozesse hemmen sich nicht: man kann gleichzeitig spazierengehen, eine Zigarette rauchen, sich Kopf kratzen usw. Man schließt daraus, daß kontrollierte Prozesse seriell verlaufen und die automatischen parallel. Im Gegensatz zu den Automatismen ist der Ablauf der kontrollierten Prozesse stimmungsabhängig: in depressiven Zuständen werden hauptsächlich die kontrollierten Prozesse beeinträchtigt (Levy & Maxwell, 1968).

In der Kognitionsforschung innerhalb der Künstlichen Intelligenz ist der Unterschied zwischen diesen beiden Arten von Prozessen lange Zeit ausser acht gelassen worden. Man hat zwar zugegeben, daß neben den logisch sprachlichen auch sog. "low-level"-Prozesse ablaufen. Solche Automatismen sind jedoch höchstens in Randbemerkungen erwähnt worden, und man hat versucht, auch diese Prozesse als zielgerichtete Handlungen zu beschreiben. Dies hat dazu geführt, daß viele Probleme, welche sich bei der Simulation intelligenten Verhaltens stellen, in den Hintergrund gedrängt wurden, und daß die Modelle in der Cognitive Science nur selten praktisch angewendet werden können.

Automatische Prozesse wie beispielsweise die Wortfindung können mit Hilfe von konnektionistischen oder neuralen Netzen simuliert werden. Da sich der Beitrag von G. Palm über Informationsverarbeitung in neuronalen Netzen hauptsächlich mit dieser Art von Modellen befasst, werde ich im folgenden lediglich auf einige allgemeine Aspekte dieser Modelle eingehen, und darauf ein Beispiel geben, wie der logisch-sprachliche und der konnektionistische Ansatz innerhalb eines gemeinsamen Systemes integriert werden könnten.

Der Konnektionismus ist eine Erweiterung der traditionellen Assoziationstheorie, mit der er in den zwei grundlegenden Annahmen übereinstimmt: dem Gesetz des assoziativen Lernens und dem Gesetz des assoziativen Wiederauffindes. Er unterscheidet sich vom früheren Assoziationismus zunächst in der verwendeten Fachsprache: dem assoziativen Verknüpfen von Elementen entspricht im Konnektionismus das Erlernen der Gewichte zwischen Einheiten, erregende und hemmende Verbindungen entsprechen positiven und negativen Gewichten, und anstelle von Bewusstheit spricht man von Aktivität.

Der Konnektionismus bildet insofern eine Erweiterung des klassischen Assoziationismus, als nicht nur die Assoziationen zwischen jeweils zwei Elementen analysiert werden, sondern die assoziativen Strukturen, welche bei der Interaktion zwischen vielen Elemeten entstehen. Zudem bietet dieser Formalismus die Möglichkeit, einzelne Ereignisse nicht durch diskrete Elemente sondern durch verteilte Muster von Merkmalen darzustellen.

Im folgenden möchte ich nun ein Gebiet herausgreifen, welches zu den traditionellen Themen im Bereiche der Künstlichen Intelligenz gehört, die automatische Suchfragengenerierung beim Information Retrieval. Dabei möchte ich zeigen, daß durch die Erweiterung propositionaler Modelle durch konnektionistische Netze auch solche Verhaltensbereiche simuliert werden können, welche mit dem sprachlich-logischen Ansatz allein nicht erfassbar sind.

7. Kontrollierte und automatische Prozesse beim Information Retrieval.

Eine häufige Form der Informationssuche in Datenbanken ist die sog. vermittelte Recherche. Dabei erhält der Rechercheur eine fach- oder umgangssprachliche Beschreibung des Suchproblems eines Endnutzers und soll daraus einen passenden Ausdruck einer Abfragesprache generieren. Das folgende Beispiel zeigt die Problembeschreibung und die Abfrage bei einer Recherche, die von einem professionellen Rechercheur einer psychologischen Informationsvermittlungsstelle durchgeführt wurde.

Kinderpsychologe N.N. will für einen Volkshochschulvortrag wissen, welche Auswirkungen Gewaltdarstellungen im Fernsehen auf Kinder haben.

```
1.  188  FIND TELEVISION/CT
2. 1277  FIND (VIOLEN$ OR AGGRESS) OR
           GERM (GEWALT$ OR AGGRESS$)
3.   33  FIND 1 AND 2
```

Wie man sieht, hat der Rechercheur bei der Übersetzung der Problembeschreibung in die Suchfrage zwei Inhaltswörter weggelassen (Auswirkungen und Kinder), und das Wort Aggression durch Gewalt ergänzt. Die Frage ist nun, aufgrund welcher Regeln solche Leistungen zustandekommen. Zum Teil handelt es sich dabei vermutlich um sprachlich-logische Strategien, wie sie in der traditionellen Kognitionsforschung beschrieben werden. Dazu gehören etwa die Regeln, daß die Extension einer Suchfrage erweitert wird, wenn ein zusätzliches Wort mit der Konjunktion ODER hinzugefügt wird oder wenn Wörter aus der Problembeschreibung auf den Wortstamm reduziert werden. Auf dieser Ebene der Beschreibung können die Strategien des Rechercheurs durch Zielbäume dargestellt werden. So beschreiben Brooks, Daniels und Belkin (1986) die Generierung von Suchfragen als einen Problemlösungsprozess, dessen allgemeines Ziel darin besteht, dem informationssuchenden Klienten eine optimale Anzahl von Hinweisen auf Dokumente zu verschaffen, welche das von ihm formulierte Suchbedürfnis möglichst gut abdecken. Aufgrund dieses allgemeinen Zieles würden Unterziele generiert. Dazu gehörten beispielsweise das Bestimmen der Systemkenntnisse des Benutzers oder das Auswählen von Suchbegriffen.

Irgendwann innerhalb dieses Problemlösungsprozesses muss der Rechercheur entscheiden, welche Teile der Problembeschreibung genügend relevant sind, um in der Suchfrage berücksichtigt zu werden, und welche weggelassen werden können. Dabei mag er möglicherweise ebenfalls gezielte Strategien verwenden, in deren Verlauf er auf sein propositionales Wissen über das Sachgebiet, über den Klienten und über das Informationssystem zugreift. Sicher beruhen diese Entscheidungen jedoch auch auf automatischen Prozessen; denn die Wörter "fallen einem einfach ein", und dabei scheinen Kenntnisse über die Häufigkeiten und Verteilungen der Wörter innerhalb der Datenbank eine entscheidende Rolle zu spielen.

Abbildung 2: Automatische und sprachlich-logische Prozesse beim Information Retrieval

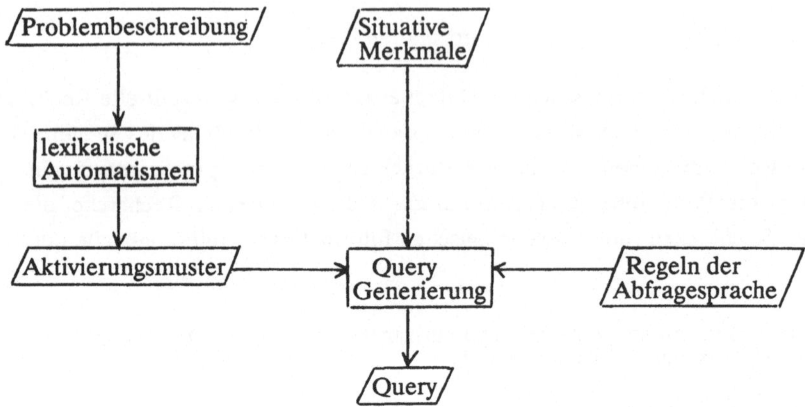

Abbildung 2 zeigt, wie diese beiden Arten von Prozessen beim Information Retrieval zusammenwirken könnten. Danach wäre die Suchfrage eine Funktion von drei Arten von Daten: der Problembeschreibung des Informationssuchenden, des situativen Kontextes, in welchem die Recherche stattfindet, und der Regeln der Abfragesprache. Es wird angenommen, daß die Situation und die Regeln der Abfragesprache sprachlich kodiert sind, während die Problembeschreibung automatischen Prozessen unterworfen wird. Dabei werden den Wörtern Aktivitäten zugeordnet, welche ihre Aufnahme in die Abfrage bestimmten.

Diese automatischen Prozesse können durch assoziative Vorgänge in einem konnektionistischen Netz beschrieben und erklärt werden. Darin entspricht jeder Knoten einem Wort und die Stärke der Verbindung zwischen zwei Knoten ist eine Funktion der Häufigkeit des gemeinsamen Auftretens dieser beiden Wörter.

Abbildung 3 zeigt einen Ausschnitt eines solchen konnektionistischen Wortnetzes. Die dabei und in den weiteren Beispielen verwendeten Angaben über die Häufigkeiten der Wörter und des gemeinsamen Auftretens von Wörtern wurden der psychologischen Datenbank PsycLit entnommen.

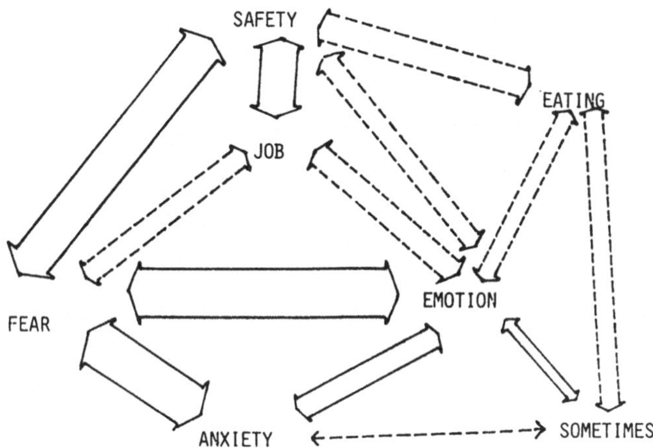

Abbildung 3: Ausschnitt eines konnektionistischen Wortnetzes. Mit durchgezogenen Linien gezeichnete Verbindungspfeile bezeichenen positive, mit unterbrochenen Linien gezeichnete Pfeile bezeichen negative Gewichte. Die Breite der Pfeile zeigt die absolute Stärke der Gewichte.   .

Die Vorgabe der Problembeschreibung bewirkt nun beim Rechercheur, daß die Knoten für die darin enthaltenen Wörter aktiviert werden. Diese Aktivierungen werden an die anderen Einheiten weitergegeben und im Verlaufe dieses Propagierungsprozesses entsteht innerhalb des lexikalischen Netzes ein neues Gleichgewicht. Diejenigen Wörter, welche dabei die höchsten Aktivitäten haben, werden vom Rechercheur in die Suchfrage aufgenommen.

Die Abbildungen 4a und 4b zeigen die Aktivitätsmuster, welche sich während des Propagierungsprozesses herausbilden, wenn einzelne Wörter des Netzes aktiviert werden. In Abbildung 4a wurden die Wörter "effect", "television" und "aggression" aktiviert. Dabei entstand nach einigen Zyklen ein Muster, welches der Wortwahl des Rechercheurs bei der weiter oben gezeigten Beispielrecherche entspricht.

Diese Aktivitätsmuster bestimmen die Prioritäten, mit denen die verschiedenen Wörter in die Abfrage aufgenommen werden. Sie legen beispielsweise fest, welches Wort verwendet werden soll, wenn ein Wort aus der Problembeschreibung durch ein Synonym ergänzt werden soll, oder welche Wörter aus der Problembeschreibung bei der Abfrage weggelassen werden können. Die Anzahl der Wörter, welche in die Suchfrage aufgenommen werden sollen, wird jedoch, aufgrund des situativen Kontextes, mit Hilfe von sprachlich-logischen Strategien festgelegt.

Abbildung 4: Propagierung von Aktivitäten

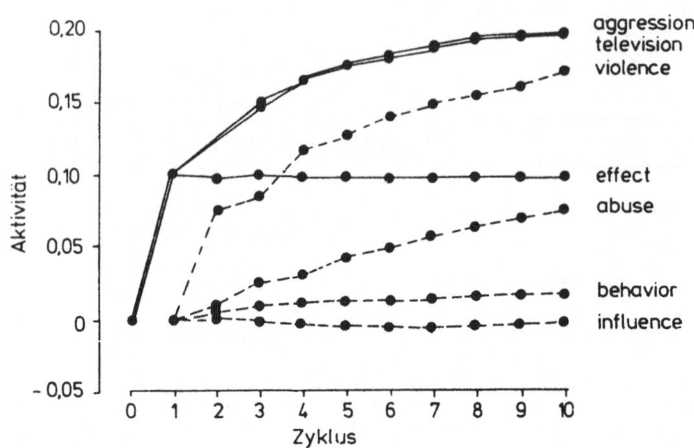

a) bei Aktivierung der Wörter "effect", "television" und "aggression".

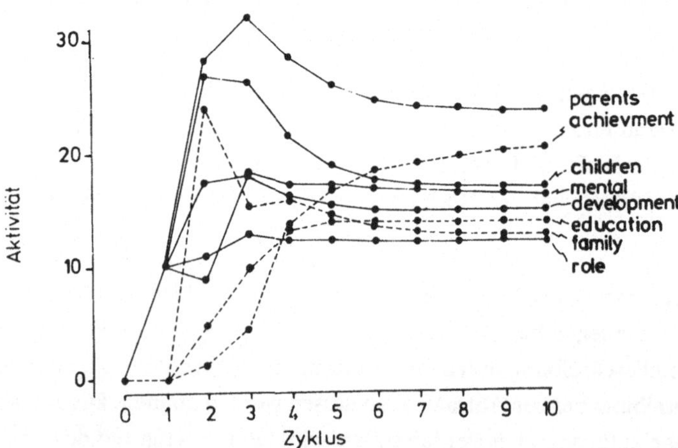

b) bei Aktivierung der Wörter "role", "parents", "mental", "development" und "children"

Diese Darstellung der Suchfragenformulierung ist unvollständig und muß v.a. in bezug auf die dabei verwendeten kognitiven Strategien ausgearbeitet werden. Sie sollte jedoch zeigen, daß sprachlich-logische und assoziative Regelsysteme sich nicht gegenseitig ausschließen sondern sich sinnvoll ergänzen können.

8. Zusammenfassung.

Unbewusste Automatismen spielen eine wichtige Rolle bei sprachlichen Prozessen. In der Kognitionsforschung besteht die Tendenz, auch solche Verhaltensweisen, welche durch Automatismen gesteuert werden, mit Hilfe von sprachlich-logischen Regeln zu erklären. Dies hat dazu geführt, daß der Anwendungsbereich kognitive Modelle eingeschränkt bleibt. Dieser Mangel kann überwunden werden, indem man sprachlich-logische Regelsysteme durch konnektionistische Netze ergänzt.

Literatur

Bem, D.J., Self-perception: An alternative approach of cognitive dissonance phenomena. Psychological Review, 74 (1967), 183-200.

Binet, A, & Henri, V., La mémoire des phrases. L'année psychologique, 1 (1894), 24-59.

Bock, Kathryn, Toward a cognitive psychology of syntax: Information processing contributions to sentence formulation. Psychological Review, 89 (1982), 1-44.

Brewer, W.F. & Treyens, J.C., Role of schemata in memory for place. Cognitive Psychology, 13 (1981), 207-230.

Brooks, H.M., Daniels, P.J., & Belkin, N.J., Research on information interaction and intelligent information provision mechanisms. Journal of Information Science, 12 (1986), 37-44.

Clark, H.H. & Clark, E.V., Psychology of Language: An Introduction to Psycholinguistics. New York: Harcourt Brace Jovanivich, 1977.

Clark, H.H. & Marshall, R.C., Definite reference and mutual knowledge. In: A.K. Joshi, B.L. Webber & I.A. Sag (eds.), Elements of Discourse understanding. Cambridge: Cambridge University Press, 1981, 10-63.

Ericsson, K.A & Simon, H.A., Verbal reports as data. Psychological Review, 87 (1980), 215-251.

Ertel, S., Where do subjects of sentences come from? In: S. Rosenberg (ed.), Sentence Production: Developments in Research and Theory. Hillsdale, N.J.: Erlbaum, 1977.
Ebbinghaus, H., Über das Gedächtnis. Leipzig: Duncker, 1885.

Hasher, L. & Zacks, R.T., Automatic and effortful processes in memory. Journal of Experimental Psychology: General, 108 (1979), 356-388.

Hörmann, H., Meinen und Verstehen. Frankfurt/M.: Suhrkamp, 1976.

Kahneman, D., Attention and Effort. Englewood-Cliffs, N.J.: Prentice Hall, 1973.

Landauer, T.K. & Streeter, L.A., Structural differences between common and rare words: Failure of equivalence assumptions for theories of word recognition. Journal of Verbal Learning and Verbal Behavior, 12 (1973), 119-131.

Levy, R. & Maxwell, A.R., The effect of verbal context on recall of schizophrenics and other psychiatric patients. British Journal of Psychiatry, 114 (1968), 311-316.

Maier, N.R.F., Reasoning in humans: II. The solution of a problem and its appearance in consciousness. Journal of Comparative Psychology, 12 (1931), 181-194.

Nisbett, R.E & Wilson, T.D., Telling more than we can know: Verbal reports on mental processes. Psychological Review, 84 (1977), 231-251.

Pinker, S. & Birdsong, D., Speakers' sensityvity to rules of frozen word order. Journal of Verbal Learning and Verbal Behavior, 18 (1979), 497-508.

Posner, M.I. & Snyder, C.R.R., Attention and cognitive control. In: R.L. Solso (ed.), Information Processing and Cognition: The Loyola Symposium. Hillsdale, N.J.: Erlbaum, 1975.

Shanon, B., What is in the frame? - Linguistic indicators. Journal of Pragmatics, 5 (1981), 35-44.

Schneider, W. & Shiffrin, R.M., Controlled and automatic human information processing: I. Detection, search, and attention. Psychological Review, 84 (1977), 1-66.

Taylor, I., Content and structure in sentence production. Journal of Verbal Learning and Verbal Behavior, 8 (1969), 170-175.

Wettler, M., Informationsverarbeitende Prozesse beim Benennen alltäglicher Objekte. Forschungsberichte aus dem Psychologischen Institut der Universität Bern, 5, 1985.

Wettler, M., Lexicalization and the assessment of shared knowledge. In: F. Klix & H. Hagendorf (eds.), Human Memory and Cognitive Capabilities. Amsterdam: Elsevier, 1986, 823-832.

[1] Diese Arbeit entstand mit Unterstuetzung der Deutschen Forschungsgemeinschaft im Rahmen des Projektes 524/88.

Informationsverarbeitung in neuronalen Netzen

G. Palm

C.-u.-O.-Vogt-Institut für Hirnforschung

Moorenstraße 5

D-4000 Düsseldorf 1

1 Was sind neuronale Netze ?

In unserem Gehirn befindet sich ein Netzwerk mit mehr als 10^{10} Neuronen oder Nervenzellen,
die jeweils mit mindestens 10^4 anderen verbunden sind. Neurone sind weitverzweigte baumartige Gebilde. In ihren *dendritischen* Verzweigungen werden Eingangssignale von anderen Neuronen eingesammelt, dann wird ein Ausgangssignal produziert, das wiederum in den *axonalen*
Verzweigungen an viele Neurone weitergegeben wird (d.h. zu deren Eingangssignalen wird). Die
Signalübertragungsstellen von einem Neuron zum nächsten heißen *Synapsen*. Die Signale, die übertragen werden, sind komplizierte Spannungsveränderungen an der Zellmembran der Nervenzelle.
Die Signalübertragungseigenschaften einzelner Neurone und einzelner Synapsen sind im Detail
recht kompliziert und in der biochemischen bzw. biophysischen Forschung an vielen Einzelfällen
untersucht (s.z.B.[Katz 71]).

Will man nun verstehen, was passieren kann, wenn man eine große Zahl solcher Neurone zu einem Netzwerk zusammenschaltet, so muß man von den wirklichen Neuronen zu stark vereinfachten
Modellneuronen übergehen. Diese werden durch Iterationsvorschriften oder Diffentialgleichungen
beschrieben, und man kann dann größere Netzwerke auf dem Rechner simulieren. Der Input zum
Netzwerk wird meist über zusätzliche "afferente" Synapsen zu den Neuronen des Netzwerks realisiert.

In der Technik werden heute solche simulierten oder anderweitig technisch realisierten Netzwerke aus Modellneuronen als **Neuronale Netzwerke** bezeichnet. Der einfachste Typ des hierbei
verwendeten Neuronenmodells ist das sogenannte **Schwellenneuron**:

> Zunächst wird eine lineare Kombination, also eine gewichtete Summe der Eingangswerte
> des Neurons gebildet; diese wird dann in eine nichtlineare monoton wachsende Funktion
> gesteckt, und das Ergebnis ist der Ausgangswert des Neurons. Die Gewichtsfaktoren
> modellieren die Übertragungsstärke der Synapsen; sie können positiv, negativ oder null
> sein, entsprechend erregenden, hemmenden oder nicht vorhandenen Synapsen.

In der Technik fragt man sich nun, zu welchen Informationsverarbeitungsaufgaben solche Netzwerke
effektiv eingesetzt werden können. Man hofft aus den folgenden Gründen damit weiter zu kommen
als mit konventionellen sequentiellen Rechnern:

1. Die Erregungsausbreitung in einem solchen Netzwerk erfolgt hochgradig parallel (10^4 Ein- und Ausgänge pro Neuron). Das ermöglicht im Prinzip eine entprechende Erhöhung der Rechengeschwindigkeit.

2. Das Entwerfen von parallelen Algorithmen für Rechnernetzwerke ist äußerst schwierig. Da unser Gehirn trotz viel langsamerer Schaltzeiten immer noch in vielen Bereichen (insbesondere Mustererkennung) den Rechnern überlegen ist, scheint in ihm das Organisationsproblem gelöst zu sein. Man glaubt heute, daß die neuronalen Verschaltungen im Gehirn sich durch Lernen (im Rahmen allerdings einer genetisch vorgegebenen Grundverschaltung von absehbarer Komplexität) den Aufgaben anpassen können.

Im folgenden wollen wir die Informationsverarbeitungsmöglichkeiten künstlicher (und auch natürlicher) neuronaler Netze ein wenig untersuchen.

2 Schwellenlogik

Nehmen die Ausgangswerte der Schwellenneuronen nur **zwei** verschiedene Werte an, etwa 0 und 1, so kann man die Neuronen als logische Schaltelemente betrachten. In diesem Fall ist die Nichtlinearität des Neurons diskontinuierlich: bis zu einer Schwelle Θ ist der Funktionswert 0, dann springt er auf 1.

Man kann sich leicht überlegen, daß man mit solchen Schwellenneuronen jedes logische Gatter realisieren kann (für die Negation braucht man z.B. nur ein negatives synaptisches Gewicht, sowie einen konstanten positiven Eingang, den man sich durch Selbsterregung eines zweiten Neurons erzeugen kann). Diese Überlegung zusammen mit der Möglichkeit, einen Aktivitätswert in beliebig langen Zyklen kreisen zu lassen und so zu speichern, verschafft den neuronalen Netzwerken eine logische Universalität, die der Turing-Universalität sehr nahe kommt (s. [McCulloch, Pitts 43], [Kleene 56]).

Man kann also, wie gesagt, mit genügend großen, richtig zusammengeschalteten Netzwerken alles machen. Die Frage ist nur, wieviele Neurone man für eine bestimmte vorgegebene Aufgabe braucht.

3 Optimierung

Ist ein Netzwerk aus Schwellenneuronen symmetrisch (d.h. daß die Verbindung von Neuron i zu Neuron j genau so stark ist, bzw. den gleichen Koeffizienten hat, wie die umgekehrte Verbindung von Neuron j zu Neuron i — und das für alle Paare von Neuronen), dann gibt es eine einfache Ljapunov-funktion für die Netzwerkdynamik. Diese Funktion erhält man, in dem man für jedes Neuron die gewichtete Summe der Eingangswerte mit seinem dazugehörigen Ausgangswert multipliziert und dies über alle Neurone aufsummiert (s. [Hopfield 82]). Der Wert dieser Ljapunov-funktion wird (das ist gerade die Definition einer Ljapunov-funktion) im Verlaufe der Netzwerkdynamik immer kleiner. Das Netzwerk findet somit automatisch lokale Minima dieser Funktion — man sagt auch, es *relaxiert* in sie.

Wenn man nun Minima einer Funktion sucht, so könnte man versuchen, ein Netzwerk zu konstruieren, dessen Ljapunov-funktion gerade die vorgegebene Funktion ist. Dies sollte für eine große Klasse von Funktionen möglich sein (s. [Hopfield, Tank 86], [Palm 87]).

Es fragt sich allerdings, wie diese Netzwerk-Optimierung im Vergleich zu sonst üblichen Optimierungsverfahren abschneidet. Wieviele Operationen braucht man, um die passenden Verknüpfungen des Netzwerks zu berechnen und zu realisieren? Wieviele Neuronen braucht man? Wie lange dauert die Relaxation? In einigen Anwendungsbeispielen (wie dem *Travelling Salesman Problem*) entsteht der Eindruck, daß die Netzwerklösung letztlich nicht mit bereits bekannten Verfahren konkurrieren kann (s. [Palm 87], [Wilson, Pawley 88], [Johnson 87]).

4 Informationsspeicherung

Die naheliegenste Art, Information in einem neuronalen Netzwerk zu speichern, besteht darin, es in einen stabilen stationären Aktivitätszustand zu bringen — oder in einen stabilen Zyklus von Aktivitätszuständen. Die Information besteht hierbei in der Auswahl eines stabilen Zyklus' unter sämtlichen stabilen Zyklen, zu denen das Netzwerk fähig ist. Die Zahl der stabilen Zustände wächst sicher höchstens exponentiell in N, der Zahl der Neurone im Netzwerk. Der Informationsgehalt in der Auswahl eines dieser Zyklen ist also höchstens proportional zu N.

Diese Art, Informationen zu speichern, entspricht wahrscheinlich unserem Kurzzeitgedächnis. Unser Langzeitgedächnis hat eine höhere Speicherkapazität und beruht auf einer dauerhafteren Veränderung des Systems. Man glaubt heute, daß sich die Effizienz der Synapsen zwischen den Neuronen auf Dauer verändern kann, und zwar gesteuert durch die Aktivität der Neurone in unmittelbarer Nachbarschaft der Synapse.

Will man dies modellieren, erhält man also zusätzlich zu den N Variablen, die die N Neurone beschreiben, noch weitere S Variablen, die die S Synapsen beschreiben. Die heute fast ausschließlich in Lernmodellen verwendeten Regeln zur Veränderung der synaptischen Effektivität sind Korrelationsregeln (s. [Palm 82]): sie verstärken jede Synapse proportional zur Korrelation der Aktivitäten der beiden Neurone, zwischen denen die Synapse verbindet.

Donald Hebb [Hebb 49] war wohl der erste, der eine derartige Regel zur Veränderung von Synapsen postuliert hat. Inzwischen konnten solche Korrelationsregeln an bestimmten biologischen Synapsen experimentell nachgewiesen werden (s. [Byrne 87], [Kelso et al. 86], [Wigström, Gustafsson 85]).

Unter einem assoziativen Speicher wird hierbei ein Speicher verstanden, der auch auf leicht fehlerhafte Eingaben mit der richtigen gespeicherten Ausgabe reagiert. Diese wichtige Eigenschaft der Fehlertoleranz beim Auslesen wird in dem lernenden neuronalen Netzwerk zwanglos z.B. durch Schwellendetektion erreicht. Dabei wird (bei konstanter Eingabe ins Netzwerk) die Erregungsschwelle sämtlicher Neurone im Netzwerk langsam heruntergefahren, bis zum ersten Mal nennenswerte Aktivität im Netzwerk entsteht. Dieses Aktivitätsmuster wird dann als Ausgabe interpretiert (s. [Palm 88]).

Mit Hilfe von Korrelationsregeln lassen sich assoziative Informationsspeicher in neuronalen Netzwerken realisieren, deren Speicherkapazität proportional zur Zahl S der Synapsen ist (s. [Hopfield 82], [Palm 80]). Ein solcher Assoziativspeicher kann in einer optimalen Konfiguration sehr wohl klassischen Pattern-Matching-Methoden überlegen sein (s. [Palm 87]).

Literatur

[Byrne 87]   J.H. Byrne, Physiol. Review **67**, 329 (1987)

[McCulloch, Pitts 43]   W. McCulloch, W. Pitts: *A locical calculus of the ideas immanent in nervous activity*. Bull. Math. Biophys. **5**, 115 (1943)

[Hebb 49]   D. Hebb: *The Organisation of Behavior*. New York 1949

[Hopfield 82]   J.J. Hopfield: *Neural networks and physical systems with emergent collective computational abilities*. PNAS **79**, 2554 (1982)

[Hopfield, Tank 86]   J.J. Hopfield, D.W. Tank: *Computing with neural circuits: a model*. Science **233**, 625 (1986)

[Johnson 87]   D. Johnson, Nature **330**, 525 (1987)

[Katz 71]   B. Katz: *Nerv, Muskel und Synapse*. Stuttgart 1971

[Kelso et al. 86]   S.R. Kelso, A.H. Ganong, T.H. Brown: *Hebbian synapses in the hippocampus*. PNAS **83**, 5326 (1986)

[Kleene 56]   S.C. Kleene: *Representation of events in nerve nets and finite automata*. in: Automata Studies, Shannon, McCarthy (eds.), Princeton 1956

[Palm 80]   G. Palm: *On associative memory*. Biol. Cybern. **36**, 19 (1980)

[Palm 82]   G. Palm: *Neural Assemblies*. Heidelberg 1982

[Palm 87]   G. Palm: *Computing with neural networks*. Science **235**, 1227 (1987)

[Palm 88]   G. Palm: *Assoziatives Gedächnis und Hirntheorie*. Spektrum der Wissenschaft Juni 1988

[Wigström, Gustafsson 85] H. Wigström, B. Gustafsson: *On long-lasting potentiation in the hippocampus: a proposed mechanism for its dependence on coincident pre- and postsynaptic activity*. Acta Physiol. Scand. **123**, 519 (1985)

[Wilson, Pawley 88]   G. Wilson, G. Pawley: *On the stability of the Travelling Salesman Problem Algorithm of Hopfield and Tank*. Biol. Cybern. **58**, 63 (1988)